U0874193

伊斯兰金融和银行体系

——理论、原则和实践

苏丁·哈伦（**Sudin Haron**）
万·纳索非泽·万·阿兹米（**Wan Nursofiza Wan Azmi**） 著
刚健华 译

Islamic Finance and Banking System

Philosophies, Principles & Practices

中国人民大学出版社
·北京·

序　　言

在挑战四起、危机不断的全球金融环境下，伊斯兰世界的金融系统却仍旧能够高效地承担起金融媒介的作用，且保持丰厚回报率和蓬勃茁壮的发展趋势。伊斯兰金融递进式的稳健发展和积极转型如今已经延伸到国际舞台，具备国际影响力，并在国际金融系统里成为日益重要的组成部分。这些发展促进了国际金融创新，加快了世界资本参与伊斯兰世界的金融市场。

马来西亚因其在建立一个全面的伊斯兰金融系统的成功经验令其跻身于金融领域发展和进步的前沿。其中，最重要的一个部分在于金融领域的发展源于一个健康、规范的结构。这个结构的存在可以保障金融系统的健康和稳定。这一特质吸引了伊斯兰世界主流金融服务大鳄对马来西亚的注意力。马来西亚伊斯兰金融体系被认为是世界上最全面的金融体系之一。

伊斯兰金融界的可持续发展和强劲的竞争力主要依赖人力智慧资源的发展和研究领域的投资。为了保障新产品的创新和迎合多样化经济服务，高质量的金融领域专业人才的培养迫在眉睫。目前摆在我们眼前的任务是如何满足对世界级伊斯兰金融领域专业人才的需求——这些人才不仅具有金融专业知识，而且熟悉伊斯兰教法。所以通过教育重点加强人力资源发展是解决这一需求的关键。虽然伊斯兰金融领域有许多问题仍需探讨，但是新的研究发现可以为开拓和加深伊斯兰金融市场、加强领域发展铺平道路。

《伊斯兰金融和银行体系》强调理论、概念和操作层面，探讨伊斯兰银行体系的法律法规、伊斯兰金融市场以及伊斯兰教体系。它的出版无疑是一个重要的行动。书中与伊斯兰金融相关领域的信息帮助人们进一步了解伊斯兰金融。我真诚地希望此书的付梓能够使读者对伊斯兰金融基本层面有更深的了解。更深的了解能够提高伊斯兰金融的知名度，更深的了解也能促进伊斯兰金融成为全球金融体系金融媒介的巨大潜力。

扎蒂·阿克塔·阿齐兹博士（Dr. Zeti Akhtar Aziz）
马来西亚央行行长

前　言

最初伊斯兰银行起源于一个神学上的理想，如今已经发展为一个客观存在的现实，并在世界范围内被普遍认可。伊斯兰银行和金融从20世纪70年代产业的雏形，成长为一个可替代现有传统金融系统的最为可行有效的金融媒介模式。伊斯兰金融服务行业持续保持两位数的增长，其业务也已经扩展到超过全球75个国家和地区。现如今纳入伊斯兰金融系统的总资产估计已经超过1万亿美元。

不断增长的以伊斯兰教义为基础的投资需求和不断强化的投资意识标志着伊斯兰金融融入全球经济体，伊斯兰金融的体系规范化发展是伴随着伊斯兰金融的不断发展，并不断加强与世界金融业的接轨。但是，伊斯兰银行业的成功也给该行业带来全新的挑战。诸如缺乏标准金融合同和产品、流动性不足、对流动风险管理的担忧、在国家层面规范机构间的不协调等问题，需要和谐地规范。

伊斯兰金融机构的成功和面临的挑战已经被广为记载。但是，对世界范围内的伊斯兰金融体系的概念和应用，提供全面的全球伊斯兰金融体系方方面面的介绍的论著仍然十分匮乏。在过去的20年中，我们密切关注伊斯兰金融和银行业发展，并且在该课题领域做了相当广泛的工作，我们觉得需要在文献资料中加强对这方面研究空白的专门阐述。

本书的根本目的是为了提供关于伊斯兰银行的广泛的知识体系并强调当代伊斯兰金融体系在全球的发展。本书的前四章为本书的其余部分定下了基调。将伊斯兰银行业和金融体系的历史和发展介绍给了读者，并且给读者提供了关于伊斯兰银行业和金融体系理论基础和基本概念的深入的讨论。剩下的四章涵盖了伊斯兰银行业、伊斯兰教和伊斯兰资本市场，它们都因为投资的多元化而经历了加速增长。最后一个章节阐述了伊斯兰金融系统中的特定部门的角色和发展。我们在书中也试图给读者展示存在于不同国家的多种多样的伊斯兰金融系统模型的概览。然而，本书的主要功能是为了阐述讨论伊斯兰金融现代化的各种方式，为此我们需要涵盖所有伊斯兰银行业和金融业的相关部门。

近期金融危机是由于全球性的信用危机，伊斯兰金融在此次危机中表现出了更为强大的生命力。全球信贷危机彰显出对伊斯兰金融规则的需求。伊斯兰金融中的规则禁止投机和高负债，鼓励审慎的金融行为。伊斯兰教禁止不道德的交易，鼓励通过风险和奖励共同承担的社会正义和具有社会责任感的投资行为。这些道德的守护在传统系统里却是缺失的。在金融危机四伏的环境中，全球正在寻找一个全新的经济秩序，伊斯兰金融面临着一个伟大的机遇，将获得更大的认可。我们真诚地希望此书能够帮助读者更好地了解伊斯兰银行和金融业，以及它们在新的经济秩序中为填补资金流的缺口发挥的重要作用。

此书是团队协作的成果。我们诚挚地感谢家人和朋友的支持和鼓励。我们感谢阅读过书稿的读者无价的评论。最后，我们愿意对书中的错误、缺失和缺点承担责任。

苦丁·哈伦
万·纳索非泽·万·阿兹米

CONTENTS **目录**

第六章　伊斯兰金融体系的业务状况与实践

第七章　伊斯兰金融市场

第八章　伊斯兰保险体系

第九章　伊斯兰银行体系的相关机构

第一章

Chapter one

伊斯兰经济体系的基本原理

本章对目前世界上现行的经济体系做出了简略描述。如果你想要了解伊斯兰经济的各个方面，那么这一章作为基础知识是你必须掌握的。这一章解析了关于伊斯兰经济体系发展这一概念及其精华所在，其中伊斯兰银行是一个分支。

简介

伊斯兰理念和价值被运用到经济领域始于20世纪70年代，至今还不到30年的时间（Siddiqi，1996）。如果我们接受这一观点，那就意味着伊斯兰经济体系在此之前并不存在。然而，这一结论显然不正确甚至是荒谬可笑的，因为伊斯兰经济体系与伊斯兰同存。可能Siddiqi所说的30年是指经济领域对伊斯兰原理再吸收的过程。伊斯兰经济学的存在通过《古兰经》筵席（Surah al-Maidah）一章被证实，其中真主（Allah，s. w. t.）提到：

> 今天，我已为你们成全你们的宗教，我已完成我所赐你们的恩典，我已选择伊斯兰做你们的宗教。《古兰经》（5：3）

通过上述诗句显而易见，伊斯兰教包括人类生活的所有方面。如果我们接受这一观点，那么言下之意就是伊斯兰教有它自己独特的经济体系（Chapra，1994）。先知穆罕默德（The Prophet Muhammad，p. b. u. h.）在年轻的时候与他的妻子西蒂·赫蒂彻（Siti Khadijah）一起以利润分享（mudharabah）理论为基础，通过贸易实施了这一经济体系。事实上，他参与了一切有关伊斯兰经济学实施与发展的活动。战争胜利所获得财富的分配方法就运用了早期伊斯兰经济学的概念，这样的伊斯兰经济活动在先知日之后不断得到丰富和发展。例如，在哈里发·奥马尔的时代（Caliph Omar al-Khattab，634—644），为了伊斯兰世界，或者更为确切来说，为了穆斯林的利益，大量的交易都是通过协调和实行经济活动而完成的。许多其他政党也因此开始实行经济活动。不幸的是，人们并没有真正理解伊斯兰经济学的理念，甚至遗忘了其中一部分。穆斯林所接触到的经济体系反而是由非穆斯林学者建立和发展起来的。作为结果，整个伊斯兰社会不得不去学习和了解西方经济体系，久而久之，他们对资本主义、社会主义和马克思经济学反而更为熟悉。

经济学的定义

巴恩哈特（Barnhart，1988）将“经济”（economy）定义为家庭经济经营管理活动。“经济”一词首次使用于1440年，它的起源可能是法国中期时代的一个词“economie”，也可能是拉丁文“oeconomia”，也可能是希腊语“oikonomia”（由oikonomos发展而来，意为管家或者守卫）。1651年，“经济”一词被用来表示对一国资源的经济管理活动。

现代经济学的历史始于1776年，亚当·斯密（Adam Smith）出版了他的著作《国民财富的性质和原因的研究》。在该书中斯密描述了市场经济原理，论述了有关确定商品价格、土地价格、劳动力价格和资本价格的问题，并对市场机制的利弊进行了分析。亚当·斯密提出的所有观点和理论至今仍然适用。然而，斯密仅仅提出了微观经济学的概念（经济学的两个分支分别为“微观经济学”和“宏观经济学”），微观经济学是对个体经济行为的研究，例如，市场中一个特定商品的定价，抑或一个特定消费者或企业的经济行为。

宏观经济学的概念是由约翰·梅纳德·凯恩斯（John Maynard Keynes）于1936年提出的。宏观经济学领域研究整体的经济现象，包括有关生产、收入、价格水平、国际贸易、失业以及劳动力等方面的内容。在他的著作《就业、利息和货币通论》中，凯恩斯阐述了刺激经济危机的因素、投资的决定因素、中央银行在管理货币和利率方面所扮演的角色，以及为什么一些国家迅速发展的同时另一些国家却停滞发展的原因。凯恩斯还阐述了政府对于平稳商业周期波动的重要作用（Samuelson and Nordhaus，1995）。因此，凯恩斯理论包括金融和银行两个概念。我们需要通过与这位西方学者所提出的宏观经济学的概念相比较来进一步了解伊斯兰金融学的概念。

除此之外，学者们对“经济学”一词做出了各种各样的定义。Low and Toh（1997）列举了多条由一些著名经济学者给出的定义，它们如下：

1. 亚当·斯密：经济学或者政治经济学是对自然世界的研究，也是国家财富的缘由。

2. 纳索·威廉·西尼尔（Nassau William Senior）：政治经济学是一门有关自然世界的科学，它包括财富的生产和分配。

3. 艾尔弗雷德·马歇尔（Alfred Marshall）：政治经济学或经济学是对人们日常生活的研究，它分为两个部分，第一部分是财富，第二部分也是最重要的部分，则是人类本身。

4. 莱昂内尔·罗宾斯（Lionel Robbins）：经济学是一门科学，它把人类行为作为目的与可以有其他用途的稀缺资源之间的联系来研究。

5. 米尔顿·弗里德曼（Milton Friedman）：经济学是一门研究方法的科学，这些方法被一些特定社会用来解决它们的经济问题。

6. 理查德·利普西（Richard Lipsey）、彼得·斯坦纳（Peter Steiner）、道格拉斯·珀维斯（Douglas Purvis）和保罗·库兰特（Paul Courant）：经济学是一门研究如何将有限资源运用于无限需求的科学。

7. 保罗·萨缪尔森（Paul Samuelson）和威廉·S·诺德豪斯（William S. Nordhaus）：经济学是一门研究如何将有限资源用来生产有价值的商品并将它们分配给不同阶级的人的科学。

8. 鲁珀特·彭南特·雷（Rupert Pennant-Rea）和比尔·埃莫特（Bill Emmott）：经济学是相当难以定义的东西，但是大多数人可以在第一时间察觉到它。总的来说，经济学是一门研究当代世界社会生活方式的科学。更专业来说，经济学是一门研究如何将有限资源用于生产和分配商品和服务来满足人们需求的科学。

萨缪尔森和诺德豪斯（1995）总结概括了这些学者的经济学定义。他们得出结论，经济学就是这样的科学：

1. 研究劳动力成本、资本成本和土地成本的确定方法以及以资源分配为目的的成本计算方法。

2. 将探索金融市场行为和分析资本分配方法对经济的影响作为一个整体。

3. 分析政府管理对市场效率的影响和作用。

4. 研究收入分配，并在不损害经济效益的前提下，提出为穷人提供帮助的建议和方法。

5. 考察政府财政支出、赋税和预算赤字对经济发展造成的影响。

6. 考察由劳动消耗和生产而产生的商业周期的上升和下降，制定政府政策促进经济增长。

7. 考察各国之间的贸易形式，分析贸易禁运的影响和作用。

8. 研究发展中国家的经济增长以及为提高资源利用率提出建议。

Kamus Ekonomi（1993）将经济学定义为社会科学的一个领域，研究从有限资源来满足无限需求的过程中人们的行为，而有限的资源和无限的需求始终处于此消彼长的状态。

有一个问题始终循环出现在上述的经济学定义中，这也是社会所面临的问题——如何通过做出明智的抉择使有限的资源能够满足无限的需求。要使整个社会获益，这些有限的资源必须被最高效地使用，在社会分配方面也必须做出努力。因此，尼米（Niemi，1978）定义经济学是对方法的研究，通过这种方法，在分配有限资源去满足无限需求的时候，社会能够做出明智的选择，使得整个社会都获益，并且获得的利益与付出的努力相对等。

这里提到的资源是指人力资源和物质资源。人力资源也被称为劳动力要素，其组成部分包括管理者和企业家。这里的劳动是指能够推动经济的劳动力，它可以被拆分为两个部分：一部分由思想者和管理者组成；另一部分由工人组成，它们只需按照命令执行任务。物质资源由土地要素和资本要素组成，它们也被称作生产要素。在这种情况下，生产商品的生产者在消费者使用商品或服务之后，希望获得回报。生产者会尽最大努力使生产要素利用最大化，而消费者会选择购买能够最大限度满足其需求的物有所值的商品。

世界经济体系

根据格雷戈里和斯图尔特（Gregory and Stuart，1999）的研究，经济体系是一系列用来制定和执行有关某个特定区域的生产、收入和消费等决策的机制和制度。因此，经济体系是在一定的规定和说明之下，一个组织的参与者在产品和服务生产、分配和消费领域的一种交互作用。一种经济体系也可以被看做是一种规则，通过这种规则，社会可以决定生产哪种产品，如何生产这种产品（这其中的有关事项包括组织或制度、所使用的设备和分配到的资源形式），以及在售出产品和服务之后，收入的取得方式（Bronstein，1994）。为了能够将不同的经济体系进行比较，我们必须建立一个基本原则作为衡量差别的标准。布朗斯坦（Bronstein）认为有三个因素能够对一个经济体系的形成造成影响，即经济发展水平、社会文化因素和环境。

格雷戈里和斯图尔特（1999）阐述了能够区分两种经济体系的四个主要特征。第一个特征有关决策制定方法，第二个特征有关信息提供机制和决策协调，第三个特征有关财产权，最后，第四个特征包括制定目标机制和激励群众执行特定行为的机制。

最为主要的特征也是决策安排组织的问题，包括方法的制定以及包括政府在内的组织或经济代理商实施决策的过程。社会组织通常由多名成员组成，这些成员时常与其他组织相互交流，以此来开展活动。一个组织通常有发展信息的意图，同时规定了假设与行为。在作出决策的时候，所有这些都有着一定的作用。既然一个组织由许多成员组成，在组织目标和个人目标之间必然存在着矛盾。为了克服这个问题，组织必须对小团体的形成、工作分配、行为监督和协调以及奖励措施制定明文规定。这些规章制度会决定一个组织的结构，最终成为能够区分两个经济体系的基础。我们可以从两个角度来分析组织结构。

第一个角度基于组织实施一个特定活动的方法。在这一范畴中，组织可分为两种类型，一种基于等级制度，另一种基于人际关系。在等级制度类型组织中，由高层制定决策，普通成员仅仅只需接受命令、执行决策并取得既定目标。在人际关系类型组织中，由全体成员集体制定决策，这种组织中没有领导和员工这层关系。第二个角度基于组织分配资源的方法。在这一范畴中，组织可分为非中心组织和中心组织两种类型。在非中心组织中，由底层制定决策；而在中心组织中，由高层制定决策。

第二个特征有关信息提供和决策协调机制，指的是两种经济模式，即计划经济和市场经济。在计划经济中，由中心机构记录和制定指令，其他所有机构根据这一系列指令相互协调。制订计划的当局还会制定一系列限制和鼓励措施，机构必须遵循限制、实施指令。实施者所能获得的回报取决于他们实施指令的完成情况。然而，在市场经济中，一个组织根据供需双方的博弈情况决定资源的利用。这就意味着一个经济单位在制定决策的过程中，会根据市场状况不断调节决策。计划经济和市场经济的最主要区别在于决策制定者的不同。在市场经济中，顾客有选择的权利，他们有权使用任何想用的产品；而在计划经济中，计划制定者决定了生产活动以及生产何种产品，在这种情况下，计划决策者的优先权取代了广大消费者的优先权。

第三个特征区分了各种经济体系在社会中所享有的不同的财产所有权。财产所有权可分为三个种类：第一，转让所有权，包括赠与、转让和出售财产；第二，使用财产权；第三，有权使用所持财产所产生的一切收益。财产所有权又可分为三个主要形式：个人或私人所有权、公共所有权和共同所有权。在私人所有权中，个人拥有以上三种权利，而在公共所有权中，这些权利由国家所有。

第四个特征通过在社会管理经济活动的过程中得到的奖励方式来区分不同的经济体系。奖励是一种用来鼓励和刺激人们做事的工具。通常而言，当局会采用两种奖励的手段，即物质奖励和道德激励。物质奖励在现行的经济体系中十分常见，它又可被分为私人奖励和集体奖励。集体物质奖励的目的是为了提高人们的社会意识和社会团结，而私人奖励是为了鼓励竞争和个人主义。道德激励则通过使受激励者获得更高的社会地位，从而激励他对社会负更多的责任。但是，这种激励模式无法给受激励者带来可见的收益。

基于对以上四个特征的解释和分析，世界上的经济体系可以分为几大组。最为常见的一组是资本主义和社会主义。尽管存在着许多关于这两个经济体系的理论，但在此书中，我们对这些理论不加以探讨。资本主义经济体系的特征是生产要素的个人所有权。决策的过程掌握在生产要素所有者的手中，而决策的制定则基于市场机制或与市场机制相协调。市场成为所有者获取信息的场所，而物质奖励成为激励人们的手段。1776 年，亚当·斯密在《国民财富的性质和原因的研究》一书中首创了这一方法。他认为，最高效的经济体系存在于有市场竞争而无政府干预的经济大环境中。世界上有许许多多的资本主义形式，施尼茨沙（Schnitzer，1994）在他的《比较经济体系》（*Comparative Economic systems*）一书中提到，可以将资本主义分为两大类，分别是个人资本主义和社会资本主义。个人资本主义体系通常又被称为市场经济体系或开放经济体系，而社会资本主义通常被称为混合经济体系。

个人资本主义是由盎格鲁-撒克逊人（Anglo-Saxon）实行的体系。19 世纪，英国是实行这一体系的领导国家。而到了 20 世纪，美国成为领导国家。与此同时，一些欧洲国家比如德国、东方国家比如日本和一些东南亚国家实行起了社会资本主义。在这一体系中，政府在促进经济发展和提供社会福利方面扮演了重要的角色。通过这一经济体系，员工对公司的忠诚度提高，合作公司通过制定战略相互获益。也就是说，在资本主义体系中，政府和私人部门之间存在更明智的伙伴关系。

对于社会主义体系，存在着许多不同的概念和定义。例如，包括法国在内的一些东欧国家与包括苏联、古巴、朝鲜和越南在内的另一些国家对于社会主义体系的概念就存在着分歧。西方的观点是，共产主义政权国家比如俄罗斯、古巴、朝鲜和越南并不是社会主义国家，而是实行共产主义的国家。“社会主义”是一个相对较新的词汇，由英国和法国在19世纪初期提出。然而，这一概念早在柏拉图时代（公元前427—公元前347）就被哲学家提出了。事实上，一位基督教思想家托马斯·阿奎那（Thomas Aquinas，1125—1274）认为，个人可以拥有财产但应该为大众所用（施尼茨沙，1994）。在文艺复兴时代（从14世纪跨度到17世纪，欧洲经历了巨大的文化变革），许多学者认为他们所希望看到的社会成型了。大部分学者渴望乌托邦社会，在这个社会中，社会体制相当完善，人们生活和谐幸福，社会主要实体是经济和社会因素，而非宗教。乌托邦社会主义基于这样的理论：世界存在的意义就是为人们提供欢乐和幸福，而每个人生来就有获得幸福的权利（Fly，1983）。

现代社会主义体系是由社会变革发展而来，这场社会变革由11世纪中叶英国开展的工业革命而引发的野蛮行径所导致。工业革命是指通过经济产业化使传统社会向现代社会变迁。英国社会主义学家罗伯特·欧文（Robert Owen）于1800年开启了现代社会主义新纪元，他通过改变个人信仰建立了一个社会变革计划。他认为只有使别人快乐，自己才能获得真正的快乐（施尼茨沙，1994）。19世纪中叶，社会主义开始席卷英国政治体系。此时的英国经济正处于萧条阶段，由经济萧条引起的大规模裁员成为这一意识形态发展的主要条件。社会主义运动随后得到了多方支持，包括工会和那些认为政治和经济结构应该为工人的利益做出改变的学者。19世纪末，社会主义如同政治运动般广为传播。1900年，法国和德国建立了基于这一意识形态的政党。正如资本主义一样，社会主义也有各种不同的形式。

格雷戈里和斯图尔特（1999）将社会主义分为两个组成部分，即市场社会主义和计划社会主义。市场社会主义的特征是生产要素的公共（国家）所有权以及非中心决策（非高层决策）。市场社会主义社会基于市场机制，下放决策权力，运用物质奖励和道德激励来鼓励群众。然而，在计划社会主义下，生产要素同样是公共所有权，但不同的是由高层作出决策，计划者制定命令，其余人执行命令，计划社会主义社会也运用物质奖励和道德激励来鼓励群众。

无论是基于马克思主义意识形态还是非马克思主义意识形态，社会主义都需要分类。马克思主义者认为为了建立社会主义意识形态，革命有着它的必要性。然而，非马克思主义者则认为可以对现有的经济、政治和社会体系作出调整以避免革命。卡尔·马克思（1818—1883）首创了马克思主义社会主义体系，他认为从资本主义向共产主义的转变是不可避免的。由于资本主义剥削劳动工人，产生组织摩擦，因此，资本主义会被共产主义所替代。马克思重视共同所有权。

共产主义体系由社会主义体系演变而来，其特征是缺少市场和货币，必需品的分配取决于需求的大小。希腊哲学家柏拉图曾在他的著作《理想国》(*Republic*) 中阐述过共产主义的概念，他认为一个完善的国家必定是一个共产主义社会，任何事物都是集体所有，至少社会上层阶级要做到这一点。社会上层阶级统治和管理国家，他们在同一座房子里睡觉，在同一间礼堂里吃饭，而普通百姓甚至可以从他们那里获得帮助。

马克思在他的著作《资本论》(*Das Kapital*) 中提出了他对社会主义的看法。在《资本论》中，马克思阐述了他的经济理论，即共产主义意识形态的雏形。马克思强调政府，即列宁 (1870—1924) 所强调的"国家"，在社会主义社会扮演着极其重要的角色。列宁是 20 世纪最为杰出的革命思想家之一，他坚信不平等和资本主义特性仍存在于社会主义之中，因此，他认为政府的严厉行为是必要的。然而，马克思和列宁仅仅提到了他们对于社会主义社会中国家地位和收入分配方法的看法，却没有说明分配有限资源的方法。

卡尔·马克思被誉为现代共产主义的开启者之一，而列宁则是这一意识形态的发展者之一。在 1917 年的"十月革命"(Bolshevick Revolution) 中，列宁成功地建立了苏联，随后又于 1918 年 3 月建立了共产党。之后的多任领导者，例如约瑟夫·斯大林 (Joseph Stalin，1924—1953 年执政)、尼基塔·赫鲁晓夫 (Nikita Khrushchev，1953—1964 年执政)、列昂尼德·勃列日涅夫 (Leonid Brezhnev，1964—1982 年执政) 持续捍卫着苏联及其共产主义意识形态。第二次世界大战之后，共产主义的影响更为深远，它开始扩散至世界各地，包括东欧、中国、朝鲜、古巴和越南。在它的鼎盛时期，几乎全球三分之一的人民都生活在实施共产主义体系的国家之中。

共产主义发源于苏联，1985 年米哈伊尔·戈尔巴乔夫 (Mikhail Gorbachev) 上台之后，共产主义体系开始进入过渡时期。戈尔巴乔夫采用了激进的手段来改革经济、政治和社会结构。最终，这场改革导致了苏联的解体，见证了共产主义在苏联的彻底终结。戈尔巴乔夫引进了"重组"、"公用事务开放性"和"民主化"(意为考虑低等阶层的意愿) 等概念。

苏联由 15 个共和国组成，在其中 3 个即爱沙尼亚、拉脱维亚和立陶宛于 1990 年宣布了它们的独立主权之后，苏联正式走向解体。1991 年，一些激进的共产主义者企图推翻戈尔巴乔夫夺取政权。尽管最后没有成功，但是作为共产主义政体结构崩塌的后果，戈尔巴乔夫最终失势并被迫下台。俄罗斯总统鲍里斯·叶利钦 (Boris Yeltsin) 利用了这一机会，取代了戈尔巴乔夫成为苏联新一任的领导者。然而，在这一时期中，苏联的多个共和国纷纷开始宣布独立并瓜分苏联财产。1991 年 12 月，3 个主要共和国即俄罗斯、乌克兰和白俄罗斯同意建立独立国家联合体，1991 年 12 月 21 日，8 个苏联加盟共和国同意回归联合体，随之苏维埃社会主义共和国联盟正式解体 (施尼茨沙，1994)。

苏联执政者所实施的变革成了其他共产主义国家的典范。政治变革同样也发生在由共产主义者执政的东欧国家，比如民主德国、捷克斯洛伐克、保加利亚、波兰和匈牙利。这些变革通常分为两个阶段，第一阶段中，共产主义变革者取代了共产主义执政者的地位，他们准备与非共产主义组织分享权力，并最终侵蚀共产主义政党的垄断权；第二阶段中，非共产主义者取代了政府的地位，并希望执政党能与西方合作，建立市场经济。时至今日，许多共产主义国家比如中国、越南、朝鲜和古巴都开始与西方建立商业合作关系，由此允许在它们国家建立市场经济。

伊斯兰经济体系

基于这一章节前几个部分已经给出关于经济和经济学的定义，我们可以得出结论：经济学是一门学问，它是关于人们运用现存资源创造产品和服务，从而满足他们所需的方法论。在伊斯兰世界，人们努力工作来获得食物，使用真主提供的资源来满足当前和身后的需要。这一事实反映出，伊斯兰必定存在着一门有关经济的学问。在《古兰经》中有许多诗句与经济有关，除此之外，许多《圣训》都对先知给出的经济一词给出了引导和教训，提出了看法和见解。事实上，真主提到经济学问题与早期先知时代有关。举例来说，以下这两句诗描述了亚伯拉罕（Abraham）时代与舒阿卜（Shu'ayb）时代的经济学问题：

> 我以他们为世人的师表，他们奉我的命令而引导众人。我启示他们：应当力行善事，谨守拜功，完纳天课。他们是只崇拜我的。《古兰经》（21：73）
>
> 你们应当用足量的升斗，不要克扣。你们应当以公平的秤称货物。你们不要克扣他人所应得的财物。你们不要在地方上为非作歹，摆弄是非。《古兰经》（26：181－183）

除了以上两句，《古兰经》中还有许多其他经文与经济有关。另外，先知穆罕默德也常常在他的《圣训》中阐述经济和商业问题。

鉴于以上的解释，我们可以显而易见地发现，伊斯兰信仰并不仅仅只是关于人类和他们的创造者，它还阐述了人们如何利用地球上的现存资源的原因和目的。以下经文可以解释这一点：

> 他已为你们创造了大地上的一切事物，复经营诸天，完成了七层天。他对于万物是全知的。《古兰经》（2：29）
>
> 他制服海洋，以便你们渔取其中的鲜肉，做你们的食品；或采取其中的珠宝，做你们的装饰。你看船舶在其中破浪而行，以便你们寻求他的恩惠，以便你们感谢。《古兰经》（16：14）；另见《古兰经》（30：46；35：12；45：12）
>
> 你说：“真主为他的臣民而创造的服饰和佳美的食物，谁能禁止他们去享受呢？”你说：“那些物品为信道者在今世所共有，在复活日所独享的。”我为有知识

的民众这样解释一切迹象。《古兰经》(7：32)

从这些经文中我们可以发现，伊斯兰教并不是一个仅仅关注永生和归宿的宗教，它还关注世间事。然而，伊斯兰的经济知识并没有代代相传下来。实际上，更令人揪心的是，一直认为是西方学者建立和发展的经济学基础其实是从伟大的伊斯兰学思想家的著作中窃取的。许多伊斯兰学者做了大量的调查研究之后发现，西方学者的经济学观点与比他们更早期的伊斯兰思想家的观点存在相当多的相似之处。以下列出了其中一些思想家的观点(Karim，2002)。

(ⅰ) 帕累托最优理论源于 Imam Ali r. a. 的著作 *Nahjul Balagh*。

(ⅱ) Syariac Jacobite 教堂的 Bar Hebraeus 牧师抄录了 Imam Ghazali 的书 *Ihya Ulumuddin* 中的好几个章节。

(ⅲ) 西班牙奥多米尼加(Ordo Dominican)教堂的 Raymond Martini 牧师抄录了 Imam Ghazali 的众多著作包括 *Ihya Ulumuddin*、*Tahafata al-Falasifa*、*Maqasida al-Falasifa*、*Al-Munaqid* 和 *Misykat Al-Anwar* 中的好几个章节。

(ⅳ) 圣·托马斯·阿奎那从 al-Farabi 的书中抄袭了许多章节。

(ⅴ) 亚当·斯密的著作《国民财富的性质和原因的研究》与 Abu Ubayad 的书 *al-Amwal*(又称为《财富》)中存在着许多相似观点。

除去这些被西方学者剽窃的早期伊斯兰经济学思想家的著作之外，还存在着许许多多伊斯兰学者和思想家写的关于经济学的书。根据 Karim(2002)的研究，早期伊斯兰思想家的经济学著作包括：

(ⅰ) Abdullah bin al-Muqaffa 关于政治和公共财政管理的著作 *Risala al-Shahabah*。

(ⅱ) Abu Yusuf 关于财政管理的著作 *Kitab al-Kharaj*。

(ⅲ) Yahya bin Adam al-Quraisy 的关于穆罕默德言行录的汇编集 *Kitab al-Kharaj*。

(ⅳ) Abu Ubaid al-Qasim bin Salam 关于政治和公共财政的著作 *Kitab al-Amwal*。

(ⅴ) Abu Hamid bin Zanjawaih 的著作 *Kitab al-Amwal*。

伊斯兰思想家关于经济学的言论从伊斯兰时代中期开始到伊斯兰文明终结，最终直到以土耳其为中心，Uthmaniah 统治的时代从未得到过重视和发展。作为结果，只有少量的伊斯兰经济学被记载下来，最终没有形成任何体系，而这门学问也几乎没有得到传播。一位当代伊斯兰学者 Kahf(1989)认为，人们没有好好回顾和学习那些由过去伊斯兰思想家提出的观点和引导，那些思想家包括 Abu Yusuf，Yahya bin Adam，al-Ghazali，Ibn Rushad，al-Izz bin Abdus-Salam，al-Farabi，Ibn Taymiah 和 Ibn Khaldun。由这些思想家提出的观点和理念能够促进和鼓舞其他穆斯林经济学家来学习伊斯兰经济学的历史发展历程，以此穆斯林经济学家能够对新发展的伊斯兰经济学的适用性进行再评估，以确定它的发展和规模能够满足现代人的要求。

Khan（1989）认为目前存在着三大类穆斯林学者，他们都对伊斯兰经济学的复兴问题作出过贡献。第一类称为乌里玛（ulama）学者（他们都对伊斯兰文化有着深入的了解，深得他人尊敬），他们重新开始对伊斯兰经济学的概念进行探讨。这一类学者是运动的先驱者，他们认为伊斯兰经济和经济学的教导是囊括一切的，可以用来解决人们所面对的经济问题。他们倾向于使用有确凿来源的古老方法来解决问题。第二类则是现代学者，他们对有确凿来源的方法进行再解释，并对传统乌里玛（ulama）进行修改使之能适应现状。然而这一类学者的观点有时得不到公众的支持。第三类学者是那些受过西方教育的经济学家，他们具备经济学领域的一切专业素质，他们根据乌里玛的观点进行分析，这一类学者对伊斯兰经济学的先进理念作出了巨大的贡献。

至今为止，尽管已经存在大量关于伊斯兰经济学的著作和研究，但是仍然还有很多经济学问题有待从伊斯兰经济学的角度去解决，以此来填补这一角度的空白。

伊斯兰经济学方法论

根据 Kahf（1989），一个经济体系需要建立于一个意识形态之上，这一意识形态将其分为两个部分，一部分是基本和目标，另一部分由原理和概念组成。换言之，要理解伊斯兰经济学体系，我们必须先理解伊斯兰经济学方法论。Blaug（1980）认为某一特定知识体的方法论能够检验该知识体的概念、理论和原理。基于这一事实，伊斯兰经济学作为一门学问还没有得到完全的发展。因此，对伊斯兰经济学方法论存在着大量不同的看法。尽管如此，还是有大量关于伊斯兰经济学的著作存在，但是其中大部分仅仅只提到概念而脱离了具体理论。Khan（1989）认为这些作品都是概念性的，因为它们都围绕着伊斯兰教义引发评论和观点；这些作品并非是理论性的，因为它们没有把人类现状考虑进去。事实是目前那些应作为伊斯兰经济体系入门必备读物的作品还未诞生，这表明对伊斯兰经济学的深入发展还有很长的一段路要走。根据 Siddiqi（1982）的研究，大量西方经济学方法论中存在着三方面相似之处：

（ⅰ）基本假设：人们总是关注自身利益并始终保持理性。

（ⅱ）人们的主要目标是物质收益。

（ⅲ）人们总是倾向于将自身物质财产分配最优化，并且能做出最优决策。

上述是西方经济学方法论关于行为人的三个假设。然而，这些观点的权威性有待在发展伊斯兰经济学的过程中得到加固。《古兰经》已经列出了几条人类的天性，它们包括：

> 真主欲减轻你们的负担；人是被造成怯弱的。《古兰经》（4：28）
>
> 迷惑世人的，是令人爱好的事物，如妻子，儿女，金银，宝藏，骏马，牲畜，

禾稼等。这些是今世生活的享受；而真主那里，却有优美的归宿。《古兰经》(3：14)

当人遭遇灾害的时候，便卧着、或坐着、或站着向我祈祷。等我解除他们的灾害后，他们就继续作恶，仿佛不曾祈求我解除他们的灾害一样。过分的人们是这样为他们的行为所迷惑的。《古兰经》(10：12)；另见《古兰经》(39：49；17：67和17：83)

你的主对于世人，确是有大恩的，但他们大半是不感谢的。《古兰经》(27：73)；另见《古兰经》(7：10；23：78和39：49)

在这《古兰经》里，我确已为众人阐述了各种比喻，人是争辩最多的。《古兰经》(18：54)；另见《古兰经》(17：8；14：34；25：50；30：8；22：66和96：6－7)

人确是被造成浮躁的，遭遇灾殃的时候是烦恼的，获得财富的时候是吝啬的。《古兰经》(70：19－21)；另见《古兰经》(17：100和100：6－8)

人祈福不厌，一遭祸患就灰心绝望。《古兰经》(41：49)

人是生来急躁的，我将要昭示你们我的迹象，所以你们不必催促我。《古兰经》(21：37)

我只派遣你为全人类的报喜者和警告者，但世人大半不知道。《古兰经》(34：28)；另见《古兰经》(30：6；34：36；39：49和45：26)

从以上这些经文中我们可以看出，人类的天性包括：对物质的喜爱、容易受误导和动摇、不领情、好争论、吝啬、绝望、急躁而又无知。尽管这些可能是人类的天性，但这并不意味着穆斯林就应该延续这些天性。穆斯林有他们必须坚持的指导方针，这些指导方针与上述的人类天性恰恰相反，这是伊斯兰的一大特性。真主想要测试一个伊斯兰信徒对其教条的遵守程度，比如，伊斯兰教禁止信徒自私自利。伊斯兰教不仅鼓励穆斯林变得慷慨大方，而且要求他们愿意为他人牺牲。《古兰经》中的许多经文都要求穆斯林为彼此行善并赞美他人的无私。(见《古兰经》4：36；5：93；16：90；16：128；17：23；28：77；42：40和60：8)其次，对于穆斯林而言，不应该将拥有财富和财产作为他们的目标，这是因为世间万物都属于真主。比如，在《古兰经》黄牛章中，真主说道：

难道你不知道真主有天地的国权吗？除真主之外，你们既没有任何保护者，又没有任何援助者。《古兰经》(2：107)；另见《古兰经》(2：284；3：109 and 129；4：126，131 and 132；5：120；6：12；9：116；10：66；16：52 and 77；18：26；20：6；21：19；22：64；24：42 and 64；25：2；30：26；31：26；34：1；39：44；42：4，49 and 53；45：27；48：4，7 and 14；53：31和57：2 and 5)

除此之外，先知穆罕默德的生平显示了他和他的同伴们的生活方式非常地平和。平和在伊斯兰教中是一个相当重要的概念。一个以这种生活方式生活的人能够避免出现极端的情绪或者对财富产生贪婪和欲望，也或者变得自私和不乐善好施。相反他陷于圣战之中（为了真主的每个理想努力斗争），下列经文和《圣训》可以作为指引。

> 你应当节制你的步伐，你应当抑制你的声音；最讨厌的声音，确是驴子的声音。《古兰经》(31：19)
>
> 信道的人们啊！真主已准许你们享受的佳美食物，你们不要把它当作禁物，你们不要过分。真主的确不喜爱过分的人。《古兰经》(5：87)；另见《古兰经》(2：190；6：141；7：31 and 55；17：29 and 110；64：16 和 73：20)
>
> 由 Abu Huraira 权威证实，先知穆罕默德曾说：信仰有 70 多个或 60 多个分支，其中最卓越的信仰是承认世上只有真主没有上帝，其中最卑微的信仰是除去前进道路上的一切荆棘，谦逊也同样是信仰的分支之一。(Sidiqi，未注明日期，p. 27)

尽管穆斯林必须以平和的方式生活，但这并不意味着伊斯兰教阻止穆斯林追求财富。事实上，拥有财富能够使穆斯林执行圣战，交纳天课并帮助他人。《古兰经》忏悔章中第 20 和 21 经文中提到：

> 信道而且迁居，并借自己的财产和生命为主道而奋斗者，在真主看来，是品级更高的；这等人就是成功的。他们的主以自己的慈恩、喜悦和乐园向他们报喜，他们将在乐园里享受永恒的恩。《古兰经》(9：20 and 21)；另见《古兰经》(2：43，110，177，195，277 and 267；4：95 and 162；5：35 and 55；9：41 and 103；14：31；22：78；29：6 and 69；34：39；45：15；57：10 和 92：17－18)

除了以上这些经文，《古兰经》中还有许多诗句解释了那些行善的人得到的恩惠。(另见《古兰经》2：25，245，261 and 265；3：198；4：57，85，122，124 and 173；5：9；6：160；10：26；11：23；14：23；15：45－48；16：30 and 97；18：30－31；22：23 and 50；27：89；29：7 and 58；30：15；31：8；32：19；35：33；39：10 and 20；43：71；55：48－76；56：11－40；57：11 and 18；64：17；73：20；76：5－6 and 12－22；78：31－36 和 85：11)

第三，人们不知道什么对他们而言是最好的，因此，人们需要在生活中得到引导。在伊斯兰教中，只有真主是通晓一切的。鉴于人们所掌握的有限知识，人类有必要学习《古兰经》和《圣训》以便获得引导行使他们的责任。因此从西方角度分析经济与从伊斯兰角度有着显著区别，存在着一个不同的伊斯兰经济论坛。Khan (1989) 认为伊斯兰经济方法论包括以下几点：

(ⅰ) 方法论的最主要功能是获得真理。因此，伊斯兰经济学的支柱由《古兰经》和《圣训》教学组成，它们的来源是纯正的，它们代表着真理。只有当这两者没有给出明确的导引时，人类的方法论和观点才存在。

(ⅱ) 伊斯兰经济学领域与伊斯兰价值相契合，分析了经济的实际状况，从现存经济的方法和途径转变为伊斯兰经济模式。伊斯兰经济学的支柱仅仅为一些小问题提供了指导，所以绝大部分的经济问题有待人们从伊斯兰教学框架中获得观点和看法。

（ⅲ）发展一个经济模型包括归纳推理和演绎推理两个概念。这意味着人们需要运用他的智力和逻辑来完成某项决策或表达某一观点。伊斯兰教并不禁止归纳推理，事实上，《古兰经》要求人们观察自然世界和天地万物。西方经济学家则使用演绎推断，他们假设人们拥有完善的知识来预测未来。然而，伊斯兰经济学的发展采用了这一概念的修正版：即使人们拥有知识和技能，他也无法对未来作出准确的预测。因此，建立一个模型应该将各种因素和方面都考虑进去。

（ⅳ）西方阐述经济学的时候建立了许多假设。例如，人们总是关注自身利益，倾向于将自身物质财产分配最优化的理性人假设，等等。然而，在阐述伊斯兰经济学时，我们必须基于《古兰经》和《圣训》建立假设。

（ⅴ）一代又一代的伊斯兰教专家和思想家研究了伊斯兰经济学。他们关心的是他们所处的时代的经济学问题，并尝试提出解决的观点和方法。绝大多数伊斯兰思想家使用规范的多学科方法，这一传统应该被沿用来发展如今的经济学。本着这一点，在发展伊斯兰经济学的过程中，我们应巩固其他领域的知识，并将它们考虑进来。

基于上述这些详尽的细节，我们可以总结出伊斯兰经济体系中的几个主要特征，它们如下：

（ⅰ）伊斯兰经济学所用框架的主要来源是《古兰经》和《圣训》，这两者的真理性是不容置疑的。这与西方经济学的基本概念大为不同，西方经济学的基本概念的真理性有待考证，并且它会随着时代的改变而改变。

（ⅱ）伊斯兰经济学的发展必须使用归纳的方法，这一方法为正确性提供了解释，或以其他方式为基于合理性和经验性的假设和预期提供解释。

（ⅲ）伊斯兰经济学是基于道德价值，比如正义、公平、适度、合作、帮助和利他主义。这些价值必须存在于伊斯兰经济的所有行为中。

（ⅳ）伊斯兰经济学是自然标准化的，这意味着它拥有适用一切的全方位准则。

（ⅴ）伊斯兰经济学考虑的问题与普通经济学有所不同，它关注人类的最终成功(falah)，并最后引导社会走向成功。

在伊斯兰世界，任何一门学问的发展都需要有明确的目标。伊斯兰经济学这门学问的目标就是将伊斯兰信仰的各个方面考虑进去。

伊斯兰经济学的本质

基于西方学者给出的一系列定义，我们可以看出经济学问题的症结在于将现存的有限的资源去满足人们无限的需求。因此，基本经济学概念的关键点在于：我们应该生产什么？如何去生产？以及为谁生产？因而我们必须深思熟虑的问题是，伊斯兰经济学的发展是否要与传统经济学的发展走同一条路？

首先需要被更正的观点是，传统经济学认为地球表面现存的资源是有限和缺乏的。因此，西方经济体系创立了有限资源的分配方法。这些有限资源也被称为经济物品。如果一个人想要的任何东西他都能够得到而且对资源不造成任何消耗，经济学这门学科就没有存在的必要了。如果我们也认为由真主创造的资源是有限的，那么伊斯兰经济学的分配机理也就同样基于西方经济学的那些假设了。

然而，一些伊斯兰经济学家认为伊斯兰教中并不存在有限资源这一观点。根据Ariff（1989）的研究，真主为人类创造了足够的资源，这些资源直到人类世界终止才可能用尽。资源的缺乏并不是因为它们不存在或者消耗殆尽，而是人类对探索的松懈，并将类似资源作为替代品。举例来说，真主常常鼓励穆斯林在地球上寻找他的赏赐。我们可以在下列经文中找到线索：

> 你们的主为你们而使船只在海上航行，以便你们寻求他的恩惠。他对你们确是至慈的。《古兰经》（17：66）
>
> 你应当借真主赏赐你的财富而营谋后世的住宅，你不要忘却你在今世的定分。你当以善待人，象真主以善待你一样。你不要在地方上摆弄是非，真主确是不爱摆弄是非者。《古兰经》（28：77）；另见《古兰经》（30：41）
>
> 当礼拜完毕的时候，你们当散布在地方上，寻求真主的恩惠，你们应当多多地记念真主，以便你们成功。《古兰经》（62：10）
>
> 他为你们而使大地平稳，你们应当在大地的各方行走，应当吃他的给养，你们复活后，只归于他。《古兰经》（67：15）

在以上经文中我们可以发现，《古兰经》中从未提到过真主恩惠会被穆斯林消耗殆尽。不过，这些经文确实提供了一些需要穆斯林遵守的准则和指令。这些准则和指令是：

（ⅰ）真主的赏赐和财富并不局限于某一地区。换而言之，穆斯林为了寻求真主的恩惠而分散在大地四方。真主的赏赐在所有地方都大量存在着，只是需要人们去探索和发现。

（ⅱ）在寻找财富的过程中，我们不能忘记后世仍有生命。因此，人们在努力寻找赏赐的时候，应该考虑到他要为后世的行为负责。

（ⅲ）在探索和寻求赏赐的时候，我们不能对环境造成破坏。这里所指的破坏是广义的，它是指人们在地球上寻求尽可能多的赏赐的同时不能损害环境以至于危害到地球上的万物生灵，也不能消耗不可再生的资源。

在发展经济学的过程中，西方认为第二点重要因素是人们无限的欲望。随着人们无法满足的欲望的无限扩张，经济会持续发展，产品会持续生产来满足人们的需要。在讨论人们欲望的时候，西方提出了许多理论。

西方为大家所接受的早期理论之一是亚伯拉罕·马斯洛（Abraham Maslow）提出的需求层次理论。根据这一理论，人们有五个层次的需要，必须先满足底层需要，之后才能依次满足下一层需要直至达到最高层需要（Maslow，1943）。第一层需要称为基础需要或生理需要，在这一层次中，人们需要食物、住所和远离疾病。第二层需要是安全需要，远离威胁和危险。第三层需要是社会需要，即情感和归属的需要。第四层需要是自我尊重和被他人肯定。第五层需要也是最后一层需要，是自我实现的需要。这里，一个人需要以自身的能力和才能来满足其欲望。除了马斯洛以外，还有许多西方理论家也都阐述了他们关于人类需求和欲望的观点。

Zarqa（1989）在从伊斯兰角度分析人类行为的书中提到了 al-Gazali 和 al-Shatibi 的观点，将穆斯林的欲望分为三个主要层次，即必需品、便利品和精美品。举例来说，“需要”一词包括形成、发展和维持能完善伊斯兰世界的五个方面，即信仰、生活、思想、子孙和财富。大量现存的基于《古兰经》和圣行（Sunnah）的教导教育人们走向完善的伊斯兰世界。那些想满足其他需求的其他活动也必须由伊斯兰教诲所引导。

第三个要考虑进伊斯兰经济学发展的因素是对西方建立的经济理论的再评估。这是非常有必要的，因为西方的理论可能不适合作为伊斯兰经济学发展的基础。Ariff（1989）曾列举了一些有待考证的西方经济理论和一些不能被完全用于伊斯兰经济学发展的理论。这些需要被再审查的理论是：竞争理论、收益最大化理论和与利率有关的理论。

基于上述关键性事实，我们可以得出结论：伊斯兰经济学的本质与西方经济学大相径庭。更甚，伊斯兰经济问题的发展与伊斯兰社会和个人的发展密切相关，这一发展必须符合由《古兰经》和圣行提出的准则。Karim（2002）总结出伊斯兰经济学发展必须建立在五个主要基础上：真主的统一性、正义、先知、代表性以及人类的最终命运。

真主的统一性是指根据真主创造人类的目的来定位人类行为的框架。由于人类是被创造来供奉和崇拜真主的，这意味着人类必须对自己的行为负责任。因此，所有与经济发展和商业有关的行为都必须伴随着责任。任何人的任何行为只要与伊斯兰教义相悖，他就必须对自己的行为负责。正义或公平的概念包括不对他人作恶或者被他人冤枉的哲学理念。因此，剥削和不忠将不复存在。先知的概念是指人类必须由先知引导其行为和行动。其性质包括信任、责任与守信、机灵聪明与睿智以及尊敬他人的观点和与他人交流的能力。代表性的概念是指人类是世间万物的领导者和看守者。因此，人们对使用资源负有责任，这些资源不仅应该用来为人类服务，还应该用来造福世间万物。最后一个概念即人类的最终命运是指审判日的存在。根据这一概念，人们行善是为了在审判日那天获得回报。

Chapra（1971）陈述了下列伊斯兰经济学的目标和价值：

（ⅰ）经济福祉存在于伊斯兰道德价值的框架之中。

（ⅱ）博爱和正义。

（ⅲ）公平与收入财富的合理分配。

（ⅳ）在社会福利方面的个人自由。

第一，伊斯兰教的美和力量之一在于它十分注重收获恩泽，不仅在今生更是在后世。伊斯兰教鼓励穆斯林通过在世间寻找尽可能多的真主的赏赐来提高自身的生活质量。这就证实了伊斯兰教并不禁止财富的积累。在《古兰经》17：66/28：77/62：10/67：15 等经文中我们可以找到线索，穆斯林被要求在世间寻找真主的赏赐。除此之外，《古兰经》还陈述了世间万物都是为了穆斯林而创造的，例如以下经文：

> 他已为你们创造了大地上的一切事物，复经营诸天，完成了七层天。他对于万物是全知的。《古兰经》（2：29）
>
> 你说："真主为他的臣民而创造的服饰和佳美的食物，谁能禁止他们去享受呢？"你说："那些物品为信道者在今世所共有，在复活日所独享的。"我为有知识的民众这样解释一切迹象。《古兰经》（7：32）

如果穆斯林们能够借助真主的慷慨而改善自己的经济状况，这将会带来许多好处。例如，一个穆斯林可以用他的财富贡献于天课（穆斯林每年一次的慈善捐款），发放救济品，为他人提供帮助，以及努力参与利他事业，这正是伊斯兰教所推崇的。以下经文都提到了这个道理：

> 你们当谨守拜功，完纳天课，与鞠躬者同齐鞠躬。《古兰经》（2：43）；另见《古兰经》（2：110，117 and 277；4：162；5：55；9：103 和 92：178）
>
> 信道的人们啊！你们当敬畏真主，当寻求亲近真主的媒介，当为主道而奋斗，以便你们成功。《古兰经》（5：35）；另见《古兰经》（4：95；9：20－21；9：41；22；78；29：6；45：15 和 29：69）
>
> 你们当为主道而施舍，你们不要自投于灭亡，你们应当行善；真主的确喜爱行善的人。《古兰经》（2：195）；另见《古兰经》（2：267；14：31；34：39 和 57：10）

除了以上这些要求穆斯林寻求真主赏赐并善用它们以便在今生后世得到回报的《古兰经》经文，还有许多《圣训》也传达了同样的信息。举例来说，先知穆罕默德建议穆斯林用他们的一部分时间来执行世俗的承诺，另一部分时间来追求后世，他还要求穆斯林用他们的财富多多行善来实现真主的祝福。在收益或利润问题上也有同样的例子。在西方经济学中，与利润有关的理论就是利润最大化理论，而在伊斯兰经济学中，利润问题不仅从货币收益或者经济增强的角度来分析，还考虑到提升信仰。在伊斯兰，利润需要从长远的角度去分析，就如同今生和后世的收益一样。《古兰经》对那些成功的人们以及他们所拥有的品质给出了定义（见《古兰经》2：2－5；3：200；5：35，90 and 100；6：21 and 135；7：8－9；8：45；9：88；35：29；41：35；42：20；45：30 和 64：16）在伊斯兰世界，那些成功的人是忠贞于真主的，《古兰经》中也要求成功人士具备这一品质。

第二，伊斯兰经济学发展的目标在于强化博爱和社会经济公正的概念。这意味着伊斯兰经济学的发展不会仅仅使一个穆斯林集体获益而令其他穆斯林集体陷于苦难之中，博爱的概念在伊斯兰教中深得重视。事实上，我确已从一男一女创造你们，我使你们成为许多民族和宗族，以便你们互相认识。(见《古兰经》49：13)。对于博爱重要性的强调可以在《古兰经》和《圣训》的许多经文中找到，督促着穆斯林多多行善。以下摘录或许能作为指引：

> Abdullah bin Umar 陈述道，先知穆罕默德曾说："穆斯林之间彼此是兄弟，因此不能相互压迫，或交由他人压迫对方。任何一个满足其兄弟需要的穆斯林，真主都会来满足他的需要；任何使其兄弟脱离痛苦的穆斯林，真主都会在复活日带走他的痛苦；任何庇护其兄弟的穆斯林，都会在复活日得到真主的庇护。"(Khan，1986，p. 373)
>
> Anas 陈述道，先知穆罕默德曾说："帮助你的兄弟，无论他是压迫者还是受压迫者。"人们问道："真主啊！如果他是受压迫者我们当然要帮助他，但如果他是压迫者我们该如何帮助他呢？"先知回答道："通过阻止他压迫他人来帮助他。"(Khan，1986，p. 373)
>
> Abu Musa 向先知报告说："信徒与信徒之间犹如一块块的砖头，相互之间支撑着彼此。"(Sidiqi，未注明日期，p. 1368)
>
> Nu'man bin Bashir 向先知报告说："信徒之间的关系犹如我们身体各部分的关系，当我们头痛的时候，全身都感到疼痛，这是由于失眠和发烧。"(Sidiqi，未注明日期，p. 1368)

以上《圣训》明确证明了伊斯兰教中博爱的概念。因此，在发展伊斯兰教的过程中一个重要的指引就是基于伊斯兰教博爱的框架而引发的相互牺牲和合作的概念。博爱的概念与伊斯兰教中另一个相当重要的概念，即公正紧密相关。《古兰经》中的许多经文陈述了这一事实，其中有一句如下：

> 信道的人们啊！你们当尽忠报主，当秉公作证，你们绝不要因为怨恨一伙人而不公道，你们当公道，公道是最近于敬畏的。你们当敬畏真主。真主确是彻知你们的行为的。《古兰经》(5：8)；另见《古兰经》(4：58；6：152 和 49：9)

根据 Chapra (1994) 的研究，公正的概念应该被分为两个部分，即社会公平和经济公平。社会公平与穆斯林之间不论种族、肤色和信条的关系密切相关。因为在伊斯兰教中唯一能区分个体的因素是信仰和虔诚。根据这一点，穆斯林被要求多多行善，帮助他人，这样才能加强伊斯兰教的博爱。《古兰经》的许多诗句强调了对于多行善事的呼吁，它包括通过言行和举止行善。(见《古兰经》2：95 and 104；4：36 and 48 and 148－149；5：93；16：90 and 128；17：23 and 153；28：77；29：46；42：40 和 60；

8)。经济公平意味着不存在为了自身利益而剥削和滥用他人权利的情况，换而言之，就是需要时刻遵守道德和伦理的概念。举例来说，《古兰经》众诗人章第 183 经文陈述了：

> 你们不要克扣他人所应得的财物。你们不要在地方上为非作歹，摆弄是非。《古兰经》(26：183)

上述经文表明伊斯兰教禁止人们为了自身利益和意愿剥夺他人权利。因此，在伊斯兰经济学中，生产者不仅需要了解其自身权利，还需要了解那些为他生产产品的工人的权利以及购买他产品的消费者的权利。

第三，在伊斯兰经济学中，Chapra 提出的第三个目标是收入的公平合理分配。这一目标显然与伊斯兰教中公平的概念相关。伊斯兰教中的基本概念就是确保每一位穆斯林都能享用真主在世间的赏赐。《古兰经》对这一概念尤为强调：地球上的所有资源都是为人类所创造的，人类是资源的主人（见《古兰经》2：30；6：165 和 35：39)。针对这一点，在发展伊斯兰经济的过程中，对于不幸者的财富和资源分配是绝不能被忽略的。

对于不幸者的财富分配可以分为三大类。第一类是帮助那些没有资产的人并确保他们能够得到合理的工资。第二类则强调对于强制慈善的收款，这些分配不仅用来帮助穷人还用来改善穆斯林的生活。第三类是对于死者的财产必须立即分配，而不该冻结其资产。收入的公平合理分配并不是指每个穆斯林都要得到一部分收入，无论他是否作过贡献。伊斯兰教并不禁止个人积累财富或者取得更多收入或获得更高社会地位。以下经文表明伊斯兰教中存在着地位、财富和生活状况的不均等：

> 他以你们为大地的代治者，并使你们中的一部分人超越另一部分人若干级，以便他考验你们如何享受他赏赐你们的恩典。你的主确是刑罚神速的，他确是至赦的，确是至慈的。《古兰经》(6：165)
>
> 你的主必为他所意欲者而使给养富裕，必为他所意欲者而使给养窘迫，你的主对于他的众仆，确是彻知的，确是明察的。《古兰经》(17：30)；另见《古兰经》(17：21；2：269；13：26；16：15；9：21 and 62；30：37；34：36 and 39；39：52 和 42：12)

第四，根据 Chapra 的研究，伊斯兰经济学的终极目标是在社会福利方面的个体自由。自由是个人的绝对权利，在伊斯兰教中人类仅仅是被创造来崇拜真主的。然而，即使人们被赋予自由，我们也应该遵守其局限性。这些限制是指人们的行为不能有违伊斯兰法或者可能对自己或他人造成伤害。伊斯兰法学家认为伊斯兰的个体自由必须遵守以下准则：

（ⅰ）集体利益高于个人利益。

（ⅱ）尽管减轻负担和寻求利益是伊斯兰法的两个主要目标，但是减轻负担更为首要。

（ⅲ）为避免大损失，小的损失是可以容忍的；为获得大的收益，小的收益是可以割舍的。

伊斯兰经济学的法律基础

一个系统的建立不能够脱离管理其系统操作的定律和规章制度。在伊斯兰国家中，穆斯林的日常生活受制于一部名为伊斯兰教法（Syariah）的规章制度（第五章中对此有详细阐述）。因此，伊斯兰经济系统由伊斯兰教法的法律和规章制度所约束。

伊斯兰教法由四个源头衍生而来，第一个源头是穆斯林的圣书——《古兰经》。《古兰经》是伊斯兰教法名副其实且永恒的源头，其中涵盖了由真主传授给先知穆罕默德的名言警句，这些十分基本，包容一切且永恒的言语用来指导全人类。

伊斯兰教法的第二个源头是穆罕默德言行录（Hadith），其重要性仅次于《古兰经》。穆罕默德言行录包括先知穆罕默德的圣行中关于信息、账目、历史、奇闻轶事和记录的摘录。代代相传的圣行维护着穆斯林的信仰并且指导着他们的行为。圣行描述了先知的风俗习惯和他所使用的物品。圣行同样还涉及先知的行为、动作、造化及不同生活条件和情境下的口头回应和评论。

第三个源头叫做公议教法（ijma），公议教法是在某个法律问题上教法权威阐述人（mujtahid）的共同看法或伊斯兰法理学家达成的一致意见。教法权威阐述人是伊斯兰法律和宗教领域其他分支的专家。任何一个采取独立的理性思考——伊智提哈德（ijtihad）或者坚持绞尽脑汁解决问题尤其是宗教问题的人都被称为教法权威阐述人。

第四个也是最后一个源头叫做类比推理（qiyas），这个词原本的意思是“测量”或“总结出两样东西之间的相似性”（Ali，1950）。若用伊斯兰教法的说法来解释，类比推理是教法权威阐述人在解决教条或实践中出现的疑难问题的过程中所使用的类比法。该过程包括将那些使用过《古兰经》或者伊斯兰教法所解决的类似问题或事件和现有问题相比较。

《古兰经》和穆罕默德言行录同样被称为代表了绝对意见或者观点的 al-adillat-al-qatiyyah，其真理性不容辩驳。因为这两个源头包含了伊斯兰教的绝对真理和毋庸置疑的基本教条，这两个源头有时也被认为是伊斯兰教法、公议教法（ijma）和类比推理（qiyas）的来源和基础；另一方面，这两个源头也被认为是 al-adillat-al-ijtihadiyyah 或者由努力而来的意见或观点。这两个源头也通常被称为 furu 或是伊斯兰教法的分支。面对如今错综复杂的世界，伊斯兰教法四大源头的使用被赋予一个制高点，使其能够解决现代生活中的各类问题。

总结

经济学是知识领域中解决地球表面的资源分配和人类需求的一个分支。现有的资源十分稀缺，而人类的需求却是无止境的。因此，必须优化这些资源的使用，防止浪费，以尽可能地满足人类的需求。传统的经济知识可分为两类：宏观经济学和微观经济学。宏观经济学涵盖了生产因素、总收入、价格杠杆、资金、失业和劳动力。除此之外，宏观经济学同样包括经济危机的起因、投资和消费定量分析法（determination of methods of investment and consumption）、国家金融和利率的管理。微观经济学讨论了个人或者公司在决定市场商品供需环节中的个体行为。

在宏观经济学和微观经济学概念的基础上，西方思想家建立且实现了一个系统，该系统能够满足社会中包括个人、公司和政府的每个单元的需求。最终，拥有不同特征的资本主义者和社会主义者应运而生。资本主义系统强调了生产环节中所有因素的个人享有权，并且由市场机制来做大部分的决定。从另一个角度来看，社会主义系统聚焦于公共享有权，每个决策都由中央级别（central level）制定。

虽然资本主义制度和社会主义制度在发展世界上不同种族和社会的过程中取得了胜利，然而在这些系统的实践过程中也出现过瑕疵和弱点。在 20 世纪 80 年代末期和 20 世纪 90 年代，许多社会主义国家倒下了，同时资本主义社会也处于秩序混乱中。这些情景说明了这些系统不能够解决全世界的金融问题。与此相关的是，作为一个完整的宗教体系，伊斯兰拥有自己独特的经济系统。伊斯兰经济体系拥有和西方经济学家所建立的系统所不同的原理、精华和特性。进一步地说，伊斯兰经济系统的目标包括以下方面：在伊斯兰价值观和道德观的范围内的经济发展，四海之内皆兄弟的公平信念，财产的公正分配和受制于社会福利的个体自由。

与传统的经济系统相反，伊斯兰经济系统不要求人们遵守人为制定的规定，伊斯兰经济系统遵循两组法律，第一组法律是伊斯兰教法立法，该法包含了衍生自四个源头——《古兰经》、穆罕默德言行录、公议教法和类比推理的规则。原则上，伊斯兰经济系统的发展与实现受伊斯兰教法所监督。伊斯兰经济系统中与伊斯兰银行业相关的知识同样也在发展着。

参考文献和延伸阅读

Ali，Maulana M. *The Religion of Islam*. Lahore（Pakistan）：The Ahmadiyyah

Anjuman Ishaat Islam, 1950.

Ariff, Mohamed. "Economics and Ethics in Islam." In *Readings in the Concept and Methodology of Islamic Economics*, edited by Aidit Ghazali and Syed Omar, 96–119. Kuala Lumpur (Malaysia): Pelanduk Publications, 1989.

Bahr, Laurens, Bernard Johnston and Louise A. Bloomfield. *Collier's Encyclopedia*. New York (USA): Collier, 1969.

Barnhart, Robert K. *The Barnhart Dictionary of Etymology*. New York (USA): The H. W. Wilson Company, 1988.

Blaug, Mark. *The Methodology of Economics*. Cambridge (USA): Cambridge University Press, 1980.

Bronstein, Morris. *Comparative Economic Systems, Models and Cases*. 7th ed. Illinois (USA): Irwin, 1994.

Chapra, M. Umar. *The Economic System of Islam*. Karachi (Pakistan): Bureau of Composition, Compilation & Translation, University of Karachi, 1971.

Chapra, M. Umar. *Islam and the Economic Challenge*. UK: Leicester Islamic Foundation, 1994.

Fly, Richard T. *French and German Socialists in Modern Times*. New York (USA): Harper, 1983.

Gregory, Paul R. and Robert C. Stuart. *Comparative Economic System*. 6th ed. Boston (USA): Houghton Mifflin Company, 1999.

Grolier Academic Encyclopedia. New York (USA): Grolier International, 1987.

Kahf, Monzer. "Islamic Economics and Its Methodology." In *Readings in the Concept and Methodology of Islamic Economics*, edited by Aidit Ghazali and Syed Omar, 40–48. Kuala Lumpur (Malaysia): Pelanduk Publications, 1989.

Kahf, Monzer. "Islamic Economics System: A Review." In *Readings in the Concept and Methodology of Islamic Economics*, edited by Aidit Ghazali and Syed Omar, 69–89. Kuala Lumpur (Malaysia): Pelanduk Publications, 1989.

Kamus Ekonomi. Kuala Lumpur (Malaysia): Percetakan Dewan Bahasa dan Pustaka, 1993.

Karim, Adiwarman. *Ekonomi Mikro Islam*. Jakarta (Indonesia): The International Institute of Islamic Thought, 2002.

Khan, Muhammad Akram. "Islamic Economics: The State of the Art." In *Readings in the Concept and Methodology of Islamic Economics*, edited by Aidit Ghazali and Syed Omar, 49 – 68. Kuala Lumpur (Malaysia): Pelanduk Publications, 1989.

Khan, Muhammad Muhsin, trans. *The Translation of the Meanings of Sahih al-Bukhari* Vol. 3. Lahore (Pakistan): Kazi Publications, 1986.

Loucks, William N. and William G. Whitney. *Comparative Economics Systems*. 9th ed. New York (USA): Harper & Row, 1973.

Low, Linda and Toh Mun Heng. *Principles of Economics*. Revised ed. Singapore: Addison Wesley Publishing Company, 1997.

Maslow, Abraham H. "A Theory of Human Motivation." *Psychological Review*, July 1943.

Maslow, Abraham H. *Motivation and Personality*. New York (USA): Harper, 1954.

Niemi, Albert W. Jr. *Understanding Economics*. Chicago (USA): Rand McNally College Publishing Company, 1978.

Nomani, Farhad and Ali Rahnema. *Islamic Economic Systems*. London, UK and New Jersey (USA): Zed Book Ltd., 1994.

Samuelson, Paul A. and William D. Nordhaus. *Economics*. New York (USA): McGraw-Hill, Inc., 1995.

Schnitzer, Martin C. *Comparative Economic Systems*. Ohio (USA): South-Western Publishing Co., 1994.

Siddiqi, Hamid, trans. *Sahih Muslim* Vols 1 and 4. Beirut (Lebanon): Dar al Arabia Publishing, Printing & Distribution, undated.

Siddiqi, M. Nejatullah. "An Islamic Approach to Economics." Working paper presented at the Seminar on Islamization of Knowledge, Islamabad (Pakistan), January 1982.

Siddiqi, M. Nejatullah. *Teaching Economics in Islamic Perspective*. Saudi Arabia: Scientific Publishing Centre, King Abdulaziz University, 1996.

Smith, Adam. *The Wealth of Nations*, edited by Edwin Cannan. New York (USA): Modern Library, 1937.

Zarqa, Anas. "Islamic Economics: An Approach to Human Welfare." In *Readings in the Concept and Methodology of Islamic Economics*, edited by Aidit Ghazali and Syed Omar, 21 - 39. Kuala Lumpur (Malaysia): Pelanduk Publications, 1989.

第二章

Chapter two

伊斯兰金融体系的历史和发展

本章讨论伊斯兰世界金融体系的创立和发展。伊斯兰世界的金融体系最早可追溯到伊斯兰教创立初期，诞生于麦加。但是，它并没有继续扩张进而逐渐发育成熟，而是直到20世纪60年代才重新进入发展轨道，到70年代才进入快速发展期。伊斯兰银行的发展也经常被某些国家用来作为比较研究的例子进行深入讨论，这是因为并非所有伊斯兰国家的政府都对本国商业银行给予全力支持，一些国家的商业银行还必须面对很多的发展障碍。其中有一些伊斯兰银行一开始受到了政府的优待，但是在随后的发展中，这种优待又被拿走了。当然，也有一些银行被给予特殊的地位从而得到诸多法律上的豁免权。

简介

伊斯兰金融体系（IBS）是指一种银行运作建立在伊斯兰教义原则基础上的金融体系。这就意味着所有伊斯兰银行的运作都必须遵循伊斯兰教原则，即伊斯兰银行中有关存款、融资等交易行为必须以伊斯兰教原则为基础。这些原则还包括像金钱交易秩序、保函、信用证及其他银行外汇交易。伊斯兰银行与传统银行机构的主要区别在于伊斯兰银行的监管是严禁任何形式的交易涉及与利息（riba）相关的元素。这是因为伊斯兰教义严禁给予或接受利息。一家涉及任何形式的利息给付的银行都不能被看做是伊斯兰金融机构。除此之外，伊斯兰银行建立的主要目的是为配合穆斯林的银行交易需要。银行的经营管理是基于正义和公平的原则并且符合整体社会利益。伊斯兰银行也必须遵从《古兰经》和《圣训》的基本原则和约束。

伊斯兰的金融机构是真正以伊斯兰教原则为基础的，这一事实相对于传统银行业是相当新的现象。现代传统银行业体系创立于约420年前——是以1587年在威尼斯的Banco Della Pizza at Rialto的创立为标志的（Homoud，1985）。然而，现代传统银行业在英格兰的首次亮相却是1640年之后的事情了——英格兰银行（Bank of England）直到1694年才成立（Sumner，1971）。1963年开业的埃及盖姆尔储蓄银行（Mit Ghamr Savings Bank）是真正建立在伊斯兰教原则基础之上的，它的建立标志着现代早期伊斯兰银行业的存在，并且立即成为伊斯兰学者和全世界经济学家的新关注点。伊斯兰银行业在满足客户存款和信贷等金融需求方面所取得的成功证明伊斯兰教原则对于现代商业是普遍适用的，因此是可以被现代商业所采纳的。从那以后，诸多伊斯兰银行在全世界建立起来，尤其是在伊斯兰国家。国际货币基金组织发布的数据表明，截至2007年底，伊斯兰银行存在于世界上的75个国家中，全世界共有超过300家的金融机构是运作于伊斯兰教原则基础之上的。伊斯兰银行的资产价值年增长率超过15%。据估计，2007年全世界伊斯兰金融机构的资产价值总量为2 500亿美元（www. imf. org）。开展的业务包括传统银行的所有业务、商业银行业务、投资活动、保险服务、抵押贷款活动、分期付款、咨询服务和其他银行交易。伊斯兰银行不仅仅建立于伊斯兰国家。伊斯兰银行系统已立足于非伊斯兰国家。例如，1978年在卢森堡成立的伊斯兰银行系统国际控股公司（The Islamic Banking system International Holdings），是在非伊斯兰国家成立的第一个伊斯兰金融机构。1981年伊斯兰金融总部 Dar al-Mal al-Islami 在瑞士成立。除此之外，在伦敦和欧洲其他金融中心也开始使用伊斯兰银行系统的技巧和方法来迎合他们的伊斯兰客户和伊斯兰银行合作伙伴的需求。大多数欧洲和阿拉伯国家合作成立的银行都提供基于伊斯兰教义原则的交易品种“穆拉巴哈”（murabahah）。

非伊斯兰国家的传统银行目前也提供一些使用伊斯兰教原则的金融产品，大多数提供的产品和服务是以伊斯兰教原则为基础的投资证书的形式，比如佳活宾信（Kleinworth Benson）在1986年提供了伊斯兰信托基金（Islamic Unit Trust）。瑞士银行（UBS）也提供了伊斯兰投资基金（Wilson，1990）。伊斯兰银行在西方世界的存在并非偶然。事实上，各种各样提供伊斯兰金融产品和服务的金融机构在西方国家（包括美国、英国和澳大利亚）比比皆是。

在美国，不论金融机构还是教育系统都会涉及伊斯兰金融概念。超过20多家的伊斯兰金融机构提供储蓄设备、金融和基金管理；同时，许多教育机构设置了关于伊斯兰金融的课程和讲座。比如哈佛大学每年都举办关于伊斯兰金融的论坛。美国金融公司（American Finance House，LARIBA）——建立于1987年的美国最高端的伊斯兰金融机构，目前业务分布于美国35个州。这家金融机构提供住房金融服务、中小规模企业融资和贸易融资（www. lariba. com）。英国第一家伊斯兰银行——英国伊斯兰银行（Islamic Bank of Britain Plc）成立于2004年8月6日，这预示着英国境内的180万穆斯林将有机会使用此家银行所提供的金融业务（www. banking-business-review. com）。

同时，成立于1989年的澳大利亚穆斯林社区合作组织（The Muslim Community Co-operative Australia，MCCA）——从最初的22 300澳元的初始资本、仅10个会员如今已经成长为总资产达2 600万澳元、拥有5 619个会员的机构。这些数字表示平均每月都有50个会员的增长（www. mcca. com. au）。这个组织遵循伊斯兰教义诸原则，提供伊斯兰化的存款和融资服务（murabahah，mudharabah，musyarakah，and qard hassan）。除此以外，澳大利亚穆斯林社区合作组织还负责扎卡特（zakat，也称“天课”，穆斯林每年一次的慈善捐款）的收集和发放。

苏联的解体为伊斯兰银行在曾经被其统治的地区开展业务提供了契机。Albaraka 集团（Albaraka Group）在哈萨克斯坦建立了 Albaraka 哈萨克斯坦银行（Albaraka Kazakhstan Bank），并在乌兹别克斯坦也建立了一个合资银行。另外，伊斯兰银行在阿尔巴尼亚也崭露头角（Rudnick，1992）。除了以上地区，在俄罗斯联邦（BADR Bank）和中国（宁夏伊斯兰国际信托投资公司）也都有以伊斯兰教义为原则的金融机构。

尽管伊斯兰银行在伊斯兰和非伊斯兰国家中成长迅速，但也有一些伊斯兰银行遭遇了失败。比如，穆斯林社区信贷联盟（Muslim Community Credit Union，MCCU），是一家于 2000 年在澳大利亚成立的伊斯兰金融机构，此机构以合作的形式提供金融产品，却在 2002 年停业。这家机构的倒闭归咎于过失性的和不当的融资所造成的损失（Shaban，2002；www. mcca. com. au/mcca_the_mccu_story. pdf）。

伊斯兰金融的历史

尽管伊斯兰金融在 20 世纪 60 年代才崭露头角，但伊斯兰历史上却早就存在金融活动的痕迹。在伊斯兰教创立的早期和传播期间就已经存在被认为是现代银行行为的活动。例如，接受存款、贷款保险、货币兑换和汇票交易。

在伊斯兰教诞生之前，麦加作为贸易的中心，是商人们穿过北部的城市到南部边界的中转站，所以储蓄和贷款行为发展迅速，包含货币兑换的交易成为主要的金融活动。甚至在伊斯兰教植根于麦加和麦地那之后，这种金融活动仍旧持续着。从历史的角度来看，伊斯兰金融可以被分成三个主要时代：第一个时代是从伊斯兰教在麦加创立之初到 Caliph ar-Rashidin 时期；第二个时代是从 Caliphates 时期到 Uthmaniyah 帝国时期；第三个时期是现代伊斯兰金融时期。

伊斯兰金融体系的初期

在公元 610 年的麦加希拉（Hira）山上，伊斯兰教创始者穆罕默德获得了来自真主的启示之后，伊斯兰教由此诞生。接着在 613 年的萨拉（Sara）山上，伊斯兰教被公开传播。在此之前，麦加是一座贸易之城，在伊斯兰教扎根之后，商业活动仍旧持续地繁荣发展着，保存货币和昂贵财务的金融活动仍然持续运行着。这些存储的交易在富人之间开展，储蓄由具有很高威望的人保管。先知穆罕默德就是由于他的诚信闻名，并被人民所信任。他一直监管着很多存款者的储蓄，直到他从麦加移居至麦地那。在他离开麦加之前，先知穆罕默德委托 Sayidina Ali 将所有经由他保管的储蓄交还给所有者（Homoud，1985）。

在伊斯兰教传入麦加前后，储蓄就被看做是保存财物的有效方式，储蓄保管人需要宣誓按期归还所监管的财务。但是，在先知时期，穆罕默德的伙伴 Az-Zubair al-Awwam 却拒绝接受储蓄者，他偏爱前来贷款的人。Abdullah az-Zubair 解释道，当人们向他的父亲要求存款时，他的父亲会将这笔委托存款当做贷款而非储蓄，因为他担心如果是储蓄的话，这些钱会丢失。Az-Zubair 的做法是充满智慧的，这样达到了两个目的。首先，将存款当做贷款的话，他们便有权利使用这笔钱；其次，如果存款没有被使用，对其所有者来说其实是一种损失。另外一方面，把存款作为贷款，对存款者来说是更安全的，因为它对其所有者来说代表一种安全的保证，原因是借贷者有义务将存款归还给存款人。

通过 Az-Zubair 的故事，展示出了早期伊斯兰金融的历史中存款概念上的变化。即从最开始的信托到后来的贷款。另外，存款机构并不是一个人或者一群人设立的，而是一个公众的机构，并且存储人的数量明显众多；因为 Az-Zubair 去世之后，即使在他还清了他父亲所有的欠款之后，他的儿子 Abdullah 非常不情愿与其兄弟姐妹分自己死去父亲的财产。在四个朝觐的时节，Abdullah 催促存款者来找他提取款项，那个时代麦加的社区只知道两种使用金钱的方式：首先，将钱财信托给某人用于以 qirad 或 mudharabah 为基准的商业用途，然后分享交易产生的利润；其次，将资金作为贷款贷出去以获取利息（riba）。利息的使用在伊斯兰教存在之前就广泛流行——不仅阿拉伯人之间采取这样的方法，在阿拉伯人和居住在阿拉伯半岛上的犹太人之间也采用这种金融方式。

当伊斯兰教传入之后，利息的给付被严格禁止了。但是，这个禁令并未给日常金融生活的操作和贸易的发展带来任何阻碍。除此之外，物物交换和货币交换的行为在伊斯兰早期也同时存在着。先知穆罕默德在很多场合不得不用与货币相关的方式来解决问题。这在艾布·敏哈勒（Abu al-Minhal）叙述的《圣训》里有详实的记载：

> 我就兑换一事请教了白拉·本·阿齐卜和栽德·本·艾尔盖姆，他们二人说："在使者时代，我俩都是商人，我们也曾就此事请教使者。使者说：'当面换清可以，赊购不行。'"（Khan，1989，p. 157）

除此以外，与货币兑换相关的贸易在早期的伊斯兰时期不仅包含一种货币对另外一种货币的交换，有一些行为跟如今的汇兑相似。据说，Ibn al-Abbas 接受了一种货币名为 Warik（一种由银子制成的 Dirham（货币单位），3 克重的纯银货币），并发了一套认可证给 Kufah（中世纪时期伊拉克的一座城市）。同样，相似的 Abdullah Az-Zubair 从麦加的社区接收到了存款，然后给他在伊拉克的兄弟 Mis'ab bin Az-Zubair 写了一个接收证明，当存款人到达伊拉克之后，便立即收到了由 Abdullah 的兄弟所支付的存款。

伊斯兰金融体系的中期

伊斯兰金融体系的中期开始于哈里发奥斯曼（Caliph Uthman）统治时期的末期

（公元 661 年）。接替他的是以大马士革（Damsyik）为中心的哈里发倭马亚王朝（Caliph Umaiyyah，661—750）的统治，再接下来是以巴格达为中心的哈里发阿巴斯王朝（Caliph Abbasiyyah，750—1258）、西班牙的哈里发倭马亚王朝（756—1031），以及 Uthmaniyah 帝国（1350—1918）。

伊斯兰中期延续了早期伊斯兰金融行为。比如说，类似于 Az-Zubair 的子嗣进行的汇兑行为，已经成为行业规范。除此以外，在第四 Hijrah 世纪的中期，伊斯兰金融开始展现新的发展。Homoud（1985）从艾哈迈德·爱敏（Ahmad Amin）撰写的《伊斯兰正午时期》（*Zuhr al-Islam*）书中的第一部分选出一个故事。据书中记载，Saif Dawala al-Hamadani，他是 Amir of Aleppo，在访问巴格达期间发行了支票。在巴格达期间，Saif 造访了当地的一个商铺 Bani Khaqan 时买了一杯饮料，离开前他向商铺的主人索取了一张纸，在纸上他写上名字和欠款 1 000 第纳尔。商铺的主人拿着这张纸在换钱的地方收回了所欠的款项。当商铺主询问写这张纸的人是谁，换钱的人回答他说是 Amir of Aleppo，Saif Dawala al-Hamadani。

以贸易为目的的支票的使用在巴格达成为一个标准，因为巴格达有关印章和证人已经形成了规矩。在回历年 400 年即公元 1010 年，货币兑换在 Basrah 比比皆是。在那个时期，船商和穆斯林商人在国家之间旅行贸易。在波斯行者 Naser Khasro 出版的著作 *Safarnama* 中，他叙述了自己在回历年 437 年到回历年 444 年间的旅行经历。在他访问 Basrah 期间，他描述了每天在三个不同地方的市场。清晨，Khaza 开市，然后正午时间移到 Uthman 市场，晚上人们又到 Qaddahin 贸易。贸易和商业活动在每个市场用货币交易商发行的支票进行。这些支票用来购买买家需要的任何物品。但是，买家只能在 Basrah 使用这些支票。

公元 400 年末期罗马帝国的衰亡和席卷欧洲的黑暗时代（5 世纪到 10 世纪）给伊斯兰国家的经济活动带来了巨大的负面效应。直到 12 世纪欧洲国家经济兴起和传统金融系统的复兴，传统金融体系才从欧洲大陆来到伊斯兰国家。尽管伊斯兰金融在此时期衰落了，但通过穆斯林 muamalat 和包含利息的法学家，发展是以 fatwa 法律形式开始。这个时期许多知名的法学专家或乌里玛，例如，Imam al-Azam Abu Hanifah（60 H/698 - 150 H/767），Imam Malik ibn Anas（93 H/712 - 179 H/795），Imam Ahmad ibn Hanbal（164 H/778 - 241 H/855）and al-Shafii（150 H/767 - 204 H/820），他们都是 Hanafi，Maliki，Hanbali 和 Shafii 思想学派的创始人。这些乌里玛的观点，特别是在 muamalat 主题上，为现代伊斯兰金融时期的乌里玛提供了选择和判断乌里玛的参考准则，例如，哪些行为是合法的，它们是否与伊斯兰教准则一致。

现代伊斯兰金融

也许现代伊斯兰金融体系的发展起始于埃及盖姆尔储蓄银行的建立，但这并不意味着没有更早期建立伊斯兰金融体系的尝试。一些学派认为，马来西亚在 20 世纪 40

年代中期建立了一个无利息的银行是第一个尝试，但是这个建立在伊斯兰教义上的机构最终失败了（Erol and El-Bdour，1989）。另一个类似的尝试是在 20 世纪 50 年代的巴基斯坦乡村。这个本土的机构对贷款不收利息（Wilson，1983）。

盖姆尔储蓄银行建立在埃及尼罗河河谷的乡村地区，它的建立标志着现代伊斯兰金融体系的来临，为其他伊斯兰银行的建立开创先河。这家银行提供基本的银行金融服务，例如，建立存贷款账户、提供证券中介业务、直接投资和社会服务。这些建立在伊斯兰教义基础上的金融服务受到了本地居民的热烈欢迎。储户的数量激增，从第一年（1963/1964 财年）运营的 17 560 储户到 1966/1967 财年底的 251 152 户；同样，储蓄额也从第一年的 40 944 埃及镑，到 1966/1967 财年底的 1 828 375 埃及镑。这家银行的成功经营，使许多客户不再从放高利贷者处寻求帮助。另外一个原因是它在客户之间建立了一种归属感。但是，由于埃及的政治骚乱，这家银行业务萎缩。在 1967 年中期，这家银行被埃及国家银行（National Bank of Egypt）和埃及中央银行（Central Bank of Egypt）所收购。结果，无息存贷款的概念不复存在了，这家银行恢复了收取利息的方式。1971 年，在总统安瓦尔·萨达特（Anwar al-Sadat）执政时期，无息存贷款的理念得以恢复，建立了一家新的金融机构——纳赛尔社会银行（Nasser Social Bank）。

尽管盖姆尔储蓄银行在得以将业务延伸至其他商业领域之前不得不提前终止它的银行业务，它的尝试却显示了伊斯兰世界这样的一个事实：伊斯兰教义在当今的商业社会是可行的。这个现象也激发了全球许多伊斯兰学者展开关于对盖姆尔储蓄银行无息金融业务的研究。但是，学者们由于缺乏一套全方位的伊斯兰教资料指南而感到困惑。当然，这些阻碍并未使希望回归宗教的人退缩，伊斯兰精神的复兴启发了人们对伊斯兰金融的兴趣，激励了伊斯兰学者继续在全球范围内对伊斯兰金融进行一系列研究。由于认识到了无息金融业务的操作准则和方法缺乏正确的指导，学者们首要的任务是建立一系列切实可行的伊斯兰金融体系的指南和基本框架，这个任务由伊斯兰的神学家、经济学家来完成。

但是，如果想找到既熟悉伊斯兰金融领域，同时又了解伊斯兰教法律的经济学家，实在是难上加难。经常是那些了解经济领域的专家并不熟悉伊斯兰教义，反之亦然。更糟的是，大部分伊斯兰的经济学家是在西方经济体系接受的教育，很少有人具备对博大的伊斯兰经济体系的了解。例如，当巴基斯坦总统齐亚·哈克（Zia ul-Haq）准备建立一个研究和制定引入伊斯兰金融体系的专家小组时，19 位指定成员里，只有一位可以被称为是伊斯兰经济的专家。其中 11 位基本没有受过正统的伊斯兰宗教学校的教育（Gieraths，1990）。

在 20 世纪 70 年代，建立伊斯兰教义基础上的银行的需求达到了顶峰。最初这些尝试来自私营部门而非政府。而且建立这些银行的步骤在伊斯兰各个国家均有所不同。沙特阿拉伯已故国王费萨尔·伊本·阿卜杜勒·阿齐兹·沙特（Faisal bin Abdul Aziz al-Saud）功绩显著，他为推动伊斯兰金融的发展做出了重大贡献。他的王国启动了伊斯兰会议组织（Organization of Islamic Conferences）的建立，敦促伊斯兰国家建立适应各自国情的伊斯兰金融体系（Ali，1988）。1975 年成立的伊斯兰发展银行（Islamic Development Bank）促进了伊斯兰国家建立它们各自的伊斯兰银行。例如，迪拜伊斯兰银行（Dubai Islamic Bank）作为首家私营无息银行与伊斯兰发展银行在同一年创立。1977 年，另外三家伊斯兰银行也相继成立，它们分别是埃及费萨尔伊斯兰银行（Faisal Islamic Bank of Egypt）、苏丹费萨尔伊斯兰银行（Faisal Islamic Bank of Sudan）和科威特金融公司（Kuwait Finance House）。20 世纪 70 年代和 20 世纪 80 年代早期成立的伊斯兰银行显示在表 2—1 中。在东南亚，采纳伊斯兰金融系统的操作方法起始于菲律宾。1973 年时任总统费迪南德·马科斯（Ferdinand Marcos）发布了第 263 条总统令，批准建立菲律宾 Amanah Bank（www. islamicbank. com. ph）。

表 2—1　　成立于 20 世纪 70 年代至 80 年代的伊斯兰银行

名称	国家	成立年份
纳赛尔社会银行	埃及	1972
伊斯兰发展银行	沙特阿拉伯	1975
迪拜伊斯兰银行	阿拉伯联合酋长国	1975
埃及费萨尔伊斯兰银行	埃及	1977
苏丹费萨尔伊斯兰银行	苏丹	1977
科威特金融公司	科威特	1977
伊斯兰银行系统国际控股公司	卢森堡	1978
约旦伊斯兰银行	约旦	1978
巴林伊斯兰银行	巴林	1979
Dar al-Mal al-Islami	瑞士	1981
巴林伊斯兰投资公司	巴林	1981
伊斯兰国际投资发展银行	埃及	1981
伊斯兰投资公司	约旦	1981
Albaraka 投资发展公司	沙特阿拉伯	1982
沙特-菲律宾伊斯兰发展银行	沙特阿拉伯	1982
马来西亚伊斯兰银行	马来西亚	1983
国际伊斯兰银行	孟加拉国	1983
国际伊斯兰银行	丹麦	1983
Tadamon 伊斯兰银行	苏丹	1983
卡塔尔伊斯兰银行	卡塔尔	1983
Bait Ettamouil Saudi Tounsi	突尼斯	1984
西苏丹伊斯兰银行	苏丹	1985
Albaraka 土耳其金融公司	土耳其	1985
费萨尔金融公司	土耳其	1985
Al-Rajhi 汇兑贸易公司	沙特阿拉伯	1985
印度 Al-Ameen 伊斯兰金融投资有限公司	印度	1985

资料来源：Haron and Shanmugam，1997.

大多数在表 2—1 中所提到的银行，至今已经运营超过 30 年。这些银行不仅提供传统银行业务，而且表现出良好的业绩和利润。除此之外，伊斯兰银行还吸引了许多非穆斯林的客户。尽管伊斯兰国家的伊斯兰银行由私营机构建立，但来自政府的大力支持对于伊斯兰银行的成功也是不可或缺的。一些国家包括巴基斯坦、伊朗、苏丹在内的政府已经完全将它们的金融体系伊斯兰化。其他伊斯兰国家采用了双轨制银行体系——伊斯兰银行和传统银行并存的金融体系。在政府给予大力支持的国家中，伊斯兰金融体系的发展，规划良好、进步神速。另一方面，在政府介入不多的国家中，伊斯兰银行的发展却进步缓慢。比如，在马来西亚，政府的支持为这个国家伊斯兰金融的全面发展奠定了基础。在 1993 年初期，马来西亚中央银行（Central Bank of Malaysia）和马来西亚国家银行（Bank Negara Malaysia）开发了 21 家以伊斯兰教义为基础的金融机构。同年年底，21 家金融机构参与了无息银行计划。

1994 年初期伊斯兰银行间货币市场的建立极大促进了马来西亚伊斯兰金融体系的迅猛发展。这个体系包括银行间金融工具的贸易、伊斯兰银行间投资、伊斯兰银行间支票清算体系（Bank Negara Malaysia，1994）。伊斯兰银行间货币市场体系，促进了马来西亚银行间与伊斯兰教义基础一致的投资和短期贷款行为。为了进一步加速伊斯兰金融体系的成长，马来西亚政府在 2001 年发布了 2001—2010 年金融领域大蓝图（Financial Sector Master Plan 2001—2010）。这个计划为国家金融系统的发展，特别是伊斯兰金融体系的发展制定了一个战略蓝图。为了进一步促进积极贸易、扩大在全球范围内使用伊斯兰金融工具，马来西亚、巴林、文莱、印度尼西亚与伊斯兰发展银行合作建立了一个全球伊斯兰金融市场。这个机构的总部在巴林，建立在皇家法令的框架之内，于 2002 年 4 月 1 日开始运营。参与建立这个机构的具体成员包括伊斯兰发展银行、巴林金融当局、纳闽境外金融服务局（Labuan Offshore Financial Services Authority）、苏丹中央银行、印度尼西亚中央银行和文莱财政部。该组织的其他成员包括伊朗中央银行、科威特金融公司、阿布扎比伊斯兰银行（Abu Dhabi Islamic Bank）和巴林沙密尔银行（Shamil Bank of Bahrain）。

由于伊斯兰金融机构的运作和目的与普通传统商业银行有所不同，所以它们的会计和审计方式也是独树一帜的。因此，为在伊斯兰金融业建立起会计和审计行业的统一标准和操作方法，1990 年 2 月 27 日（1 Safar 1410 H）在阿尔及利亚首都阿尔及尔建立了伊斯兰金融机构会计与审计组织（Accounting and Auditing Organization for Islamic Financial Institutions，AAOIFI）。该组织是于 1991 年 3 月 27 日（11 Ramadhan 1411 H）在巴林登记的。另一个国际水平的伊斯兰银行业的发展是伊斯兰金融服务委员会（IFSB）的建立。伊斯兰金融服务委员会的总部设在吉隆坡，正式成立于 2002 年 11 月 3 日，2003 年 3 月开始运作。有三大类成员，即正式成员、准成员和观察员会员类别。2008 年，共有 21 名成员、21 个准成员和 136 个观察员（www. ifsb. org）。

艾哈迈德·穆罕默德·阿里博士（Dr. Ahmad Mohamed Ali）——伊斯兰发展银行行长，在美国哈佛大学主办的 2002 年第五次伊斯兰金融论坛发表的工作论文中，将伊斯兰银行和金融机构的发展分为六个阶段。第一阶段，发生在 20 世纪 50 年代，被认为是伊斯兰金融和银行的出发点。在此期间，伊斯兰知识分子开始定义伊斯兰银行的概念，以取代传统的银行系统。伊斯兰金融组织的基本框架是建立在混合法（twin mudharabah）的基础上的。伊斯兰银行机构的初步发展是在 20 世纪 60 年代，例如，埃及盖姆尔储蓄银行于 1963 年成立，马来西亚朝圣者协会（Lembaga Tabung Haji）所建的伊斯兰银行于 1966 年成立。就伊斯兰金融体系的发展来说，20 世纪 80 年代是最活跃的时期。在这十年中，成立了许多银行，引入了新产品。传统银行也对通过窗口概念提供伊斯兰银行业务产生了极大兴趣。此外，为扩展知识的目的，与这个知识分支相关的许多研究项目、教学和培训被引入到具有更高学识的机构。国际货币基金组织参与研究活动促进了伊斯兰银行在世界范围内的发展壮大，有关伊斯兰银行的文章发表也推动了伊斯兰银行的发展。基于伊斯兰教义而建立的信托基金得以推出。20 世纪 90 年代，伊斯兰银行在美国资本市场上得到发展，而美国资本市场公布了道琼斯伊斯兰指数。另外，伊斯兰金融的会计准则由伊斯兰金融机构会计与审计组织公布。不同时期发生的事件体现在表 2—2 中。

表 2—2　　不同时期伊斯兰金融和银行机构的发展

20 世纪 50 年代	● 伊斯兰学者与经济学家开始提出金融与银行体系模式以取代基于利率的银行体系。 ● 用于伊斯兰金融模式的混合法（twin Mudharabah）被提出。
20 世纪 60 年代	● 伊斯兰金融准则开始实践。 ● 伊斯兰金融机构的运营机制被提出。 ● 1963—1967 年，埃及盖姆尔储蓄银行的振兴与衰落。 ● 1966 年，马来西亚朝圣者协会成立。
20 世纪 70 年代	● 伊斯兰银行与伊斯兰非银行金融机构成立。 ● 开始组织学术活动。 ● 开始建立学术机构。 ● Mudharabah 金融机制开始建立。 ● 吉达伊斯兰经济研究中心成立。 ● 以伊斯兰金融为主题的书籍出版。包括的主题为利润和风险共享、mudharabah 和租约。 ● 1975 年，迪拜伊斯兰银行成立。 ● 1975 年，伊斯兰发展银行开始运营。 ● 1976 年，第一届国际伊斯兰经济研讨会议在麦加举办。
20 世纪 80 年代	● 政府介入支持伊斯兰银行。 ● 成立更多私人银行部门。 ● 多种伊斯兰金融产品被引入。 ● 西方学者和团体对伊斯兰金融的关注增加。 ● 传统银行开始实现用于提供伊斯兰金融产品的窗口概念。 ● 研究项目、教学和培训的增加。 ● 伊斯兰指数（Islamic index）和信托基金的发展。 ● 巴基斯坦、苏丹、伊朗、马来西亚和其他国家转变其金融体系或采用伊斯兰金融体系。 ● 国际货币基金组织发行有关伊斯兰金融的文件和材料；有关伊斯兰金融的研究与出版进入繁荣期。 ● Fiqh Academy of OIC 和其他 Fiqh Boards 成立。 ● 全世界范围内伊斯兰信托基金成立。

续前表

20 世纪 90 年代	● 伊斯兰窗口概念的发展。 ● 基于资产的金融工具的发展，以及对伊斯兰金融机构重要性的承认。 ● 伊斯兰指数在道琼斯和《金融时报》公布。 ● 对监督与管理的关注。 ● 伊斯兰金融机构会计与审计组织发布行业规范。 ● 开始建立支持机构。
21 世纪早期	● 风险挑战下的持续发展与成熟。 ● 伊斯兰金融结构的完成。 ● 对风险管理和机构控制的关注。 ● 伊斯兰银行通过合并而进行资本化。 ● 资产证券化市场的建立。 ● 马来西亚在 2002 年成立伊斯兰金融服务委员会。 ● 巴林成立国际伊斯兰评级机构。

伊斯兰金融体系在特定国家的发展

现在，伊斯兰银行在大多数伊斯兰国家运营。然而，不同国家之间的银行经验各异。差异体现在成立历史、遵守的法律以及有关政府提供的机会和支持等方面。如果相关国家的政府坚定地致力于伊斯兰金融体系的发展，那么伊斯兰银行就不会遇到困难。由于以上提到的种种差异，下面将简要地描述在一些特定国家中伊斯兰银行的成立。伊斯兰银行的历史开始于埃及，因此埃及入选。在苏丹，伊斯兰银行最初获得特殊待遇，但之后由于执政政府的变更，特殊待遇也被取消了。土耳其的宪法规定国家的非宗教形式，且将宗教与政治分离。伊朗和巴基斯坦将其原有的金融体系全部变为伊斯兰金融体系。马来西亚则是一个坚持实行伊斯兰金融体系的国家。

埃及伊斯兰金融的历史

埃及伊斯兰金融始于 1963 年盖姆尔储蓄银行的建立，随后出现了 1972 年的纳赛尔社会银行、1977 年的费萨尔伊斯兰银行和 1980 年建立的国际投资发展银行（International Bank for Investment and Development）。Ahmed al-Naggar 建立的盖姆尔储蓄银行被认为是现代伊斯兰金融的里程碑。盖姆尔储蓄银行在伊斯兰教的基础上提供五种金融服务。这些服务包括存款账户、金融账户、参股、直接投资、社会服务。这个银行提供两种储蓄账户：存款账户和投资账户。存款账户不提供任何回报或者利息，投资账户建立在利润和风险共享的情况下。相似地，另外还有两种金融方式可供选择——非投资金融与投资金融。

非投资金融是给在银行有存款账户的客户提供融资的一种金融方式。借款方无须付费，只需要还清所借款项即可。投资金融则是给予小企业主的一种在利润和风险共享的情况下的融资方式。融资回报既不是在融资期间，也不像按揭付款那样每期都付。这是一个参股的概念，是银行作为经营伙伴，提供先期资本给有意向的企业。利润则根据发行资本金的比例以及经过银行和参与方协商的比例分享。而直接投资方式，则是银行自己发行资本启动生意。社会服务是银行收集伊斯兰教徒每年的慈善捐款（即天课）的时候提供的服务，同时将这些捐款提供给友好的项目和社会。

伴随着盖姆尔储蓄银行的出现，尼罗河流域内部地区的居民不再依靠高利率的金融方式融资，农户的贷款负担减轻。这些成功使这家银行获得了美国福特基金会（Ford Foundation）的赞许和认同。在福特基金会1967年的报告中，赞扬了此银行赢得农民和村民的支持（El-Ashker，1990）。盖姆尔储蓄银行的存款人和存款总量的上升体现在表2—3。在其营业的4年间，增长十分显著。存款人数量从1964年到1965年增长了73%，从1965年到1966年增长了400%，从1966到1967年增长了65%。整个存款总量相对应增长了367%、360%和108%。

表2—3　盖姆尔储蓄银行的存款人和存款总量（1963/1963—1966/1967）

年份（财年）	总存款人数量	总存款量
1963/1964	17 560	40 944
1964/1965	30 404	191 235
1965/1966	151 998	879 570
1966/1967	251 152	1 828 375

资料来源：El-Ashker，1990，p.61.

遗憾的是，由于埃及政治环境的变化，这家银行的业务在1967年中期遭受重创，被埃及国家银行收购，重新启动了利息的使用。伊斯兰金融系统重新回到利息体制导致存款人数迅速削减。但是，伊斯兰金融的概念还是在1971年得以复苏，在总统安瓦尔·萨达特执政时期的1972年建立了纳赛尔社会银行。纳赛尔社会银行和盖姆尔储蓄银行类似，提供全面的银行金融服务和包括外汇业务在内的多项投资项目。但跟盖姆尔储蓄银行完全私有化不同的是，纳赛尔社会银行为了维持金融运转，接受了政府支持和补助。

除了纳赛尔社会银行，另外两家伊斯兰银行也在20世纪70年代末期在埃及建立，它们分别是：埃及费萨尔伊斯兰银行和伊斯兰国际投资发展银行（Islamic International Bank for Investment and Development，IBID）。埃及费萨尔伊斯兰银行是沙特阿拉伯和埃及的合资企业，建立在一项很特殊的法令下（法令第48/1977号），这项法令给予埃及费萨尔伊斯兰银行特殊的地位，提供来自政府的特殊待遇，使其处于埃及中央银行的监管之下。法令同时规定了总投资额的比例——埃及拥有51%的股权，沙特阿拉伯拥有49%的股权。此法令也允许沙特阿拉伯出售其股权给阿拉伯社会团体和埃及的非穆斯林团体。埃及费萨尔伊斯兰银行也同时受另外几项法律的管辖，它们分别为：公司法（Company Act）、阿拉伯投资及外国基金法（Investment of Arab and Foreign Funds Act）、金融及管理法（Banking and Control Act）。

伊斯兰国际投资发展银行建立于1980年，这家银行的建立基于一个内阁法令，同时要遵循阿拉伯投资及外国基金法和1974年第43号自由区法令（Free Zones Law (number 43) of 1974）。与埃及费萨尔伊斯兰银行不同的是，伊斯兰国际投资发展银行由埃及政府全额控股。

这两家银行提供基本的与其他商业银行类似的服务。埃及费萨尔伊斯兰银行提供活期储蓄（不包含透支）的服务和不提供定期存款业务。但是客户可以建立个人投资账户，在一定期限内，在利润分享的机制下获得投资回报。这家银行还提供另外两种融资方式——短期融资和中长期融资。短期融资一般都是建立在成本加成(murabahah）的原则之上的，而中长期投资建立在合伙关系的原则之上。费萨尔伊斯兰银行也通过参股的方式和建立下属公司的方式参与运营。

社会服务方面，埃及费萨尔伊斯兰银行为伊斯兰经济的腾飞和稳步增长提供平台和支持，通过积极地组织各种会议和多种形式的论坛、投资与伊斯兰经济相关的出版物、建立自己的图书馆——所有这些社会活动和积极投资均来自为社会服务而建立的基金，或者来自于伊斯兰社会的捐助。与埃及费萨尔伊斯兰银行不同的是，伊斯兰国际投资发展银行为客户提供定期存款服务，而且还提供基于定期存款账户的投资服务，鼓励存款人投资，投资人可以在任何需要的时候提取现金。这项服务与传统意义上的常规投资账户不同的是，传统投资账户只能在到期日才能提取现金，但是两项存款的回报都是在利润分享的基础之上的。伊斯兰国际投资发展银行为各种项目提供融资服务，范围囊括农业、工业和商业。这些金融融资服务，可以为短期、中期或者长期服务，通常都建立在利润分享和合伙关系的原则基础之上。

2006年6月，埃及中央银行决定将伊斯兰国际投资发展银行与两家传统银行——埃及联合银行（United Bank of Egypt）、尼罗河银行（Nile Bank）——合并建立联合银行（United Bank），目的是为了重建和整合全国的银行系统。合并也是为了解决这三家银行自身的金融问题。例如，伊斯兰国际投资发展银行不仅被多年来的高负债所拖累，而且就其自身的能力而言难以增加其核心资本至5亿埃及第纳尔的最低标准——这个标准是由埃及监管当局和埃及中央银行在2005年颁布的银行机构最低资本充足率规定的。

埃及中央银行拥有99.9%的联合银行股份，联合银行由此一跃成为全埃及第三大银行。在联合银行所有的34个分支机构中，有7个是伊斯兰分支银行。这些伊斯兰分支银行既提供传统商业银行服务，又针对穆斯林客户提供伊斯兰金融银行服务。在其传统的金融产品和服务中，包括投资账户、定期存款账户、延期存款账户、传统票据、信用卡、存款保险箱、汇款服务、股票经纪服务、公司薪资信用存款服务(www. theubeg. com)。

联合银行的投资账户和有回报的储蓄存款服务是近似的，储蓄人只被允许在 3 个月后才能从账户中提取现金。定期存款账户包括投资定期存款账户，普通定期存款账户，麦加朝圣者（umrah）的存折，美元存款。在传统票据里，联合银行提供钻石票据（一个拥有绑定回报率的 3 年到期的票据），黄金票据（拥有累计捆绑回报率的 3 年期票据），拥有固定回报率的 5 年期票据，拥有固定回报率的 3 年期美元票据，和百万票据（符合伊斯兰教法的票据）。

联合银行也提供在繁荣“Rakha'a”名义下的伊斯兰金融服务。这个领域是在伊斯兰国际投资发展银行和埃及联合银行以及尼罗河银行的伊斯兰教法下的业务合并之后的产物。在伊斯兰金融的领域里，银行使用的概念包括：musyarakah、mudharabah、murabahah、bai salam、istisna、bai ajil 和 ijarah 在其融资和投资的各项目里。银行同时也提供“Dyar”的伊斯兰房地产金融服务，这些服务提供在伊斯兰教法基础上的房产购买、翻新装修和建造房产的各项融资服务。在这些融资体系下，银行提供短期到长期（1～15 年）的按揭。

埃及的另一家伊斯兰银行是 AlBaraka 银行集团（AlBaraka Banking Group）的分支机构——埃及沙特阿拉伯金融银行（Egyptian Saudi Finance Bank，EFSB）。埃及沙特阿拉伯金融银行拥有在国内的 18 家分支机构和办公室，提供符合伊斯兰教法的各种银行业务——包括零售金融、对外贸易服务、信用证服务、存款服务、投资信用人服务、umrah 的工具、对冲基金服务，以及证券和托管服务。这家银行同时也完成其社会责任，包括伊斯兰社会捐款基金和伊斯兰社会发展基金的运营。后者用来进行支持小型和新型的成长型金融发展项目。这家银行提供各项中长期的金融融资服务，包括电信行业、机场、空运、公共停车服务、医药卫生和医疗器械、各种出口轻重工业、旅游业和石油开采加工行业。

虽然埃及是最早建立伊斯兰银行的国家，近些年来却被巴林和马来西亚在相关伊斯兰金融系统的运营和监管方面所赶超，在整个伊斯兰世界金融业的份额只占据 5%。造成这一落后的主要原因是，20 世纪 80 年代高调的丑闻。根据 El-Gamal（2006），20 世纪 80 年代，埃及伊斯兰金融管理公司的失败一定程度上损害了伊斯兰金融的公共形象。到 2008 年，埃及共有两家伊斯兰教义下建立的金融机构——埃及费萨尔伊斯兰银行和埃及沙特阿拉伯金融银行，以及 13 家为穆斯林客户开设伊斯兰窗口服务的传统商业银行。但是在这 13 家传统银行运营的成千上万家分支机构中，只有 128 家分支机构提供伊斯兰金融产品（www. sukuk. net）。

苏丹伊斯兰金融系统的历史

与其他伊斯兰国家相比，苏丹伊斯兰银行、金融系统有其独特性。这源于苏丹的伊斯兰金融发展的两个不同于别国的特殊时期：一个时期源于政府的全面支持，另一个时期是金融系统的全面萧条。在得到政府全面支持时期，伊斯兰金融在苏丹飞速发展，大多数执行的法令都是为了支持银行业的快速成长。但是当这些政府支持一经撤销，苏丹银行业便面临诸多困境，不得不为了顺从各种规章制度而延缓自身的发展。

1977 年，苏丹费萨尔伊斯兰银行的建立标志着伊斯兰金融的概念被正式引进到苏丹国内。苏丹费萨尔伊斯兰银行建立于一个特殊的法令之下——苏丹费萨尔伊斯兰银行国民议会法令（FIBS Act of the National People's Council），此银行于 1978 年 5 月开始营业。最初，苏丹费萨尔伊斯兰银行拥有许多服务，而且不受很多规则的约束，这些规则包括金融服务、保险、审计、增值税税率。这些优惠条件在 1984 年苏丹政府全面伊斯兰化金融系统的时候被撤销了。和其他伊斯兰银行一样，苏丹费萨尔伊斯兰银行提供储蓄服务，包括定期存款账户、活期存款账户和投资存款账户，这些服务都是基于利润分享的原则。这些原则包括 mudharabah、musyarakah 和 murabahah。苏丹费萨尔伊斯兰银行初期的成功鼓励了政府建立更多的伊斯兰银行。1983 年建立了 3 家，分别是：Tadamon 伊斯兰银行（Tadamon Islamic Bank）、苏丹伊斯兰银行（Sudanese Islamic Bank）和伊斯兰合作发展银行（Islamic Cooperative Development Bank）。1984 年，另外两家银行也开始运营——Albaraka 银行［苏丹］（Albaraka Bank［Sudan］）和西苏丹伊斯兰银行（Islamic Bank for Western Sudan）。

1983 年 9 月，苏丹政府启动了伊斯兰法律，所有的银行系统被要求将其业务转化为与伊斯兰教法相一致的业务。到 1984 年 9 月，苏丹全国的银行系统应当都是在伊斯兰教法基础下运营。但实际上，传统银行继续操作带有利息的金融活动。对伊斯兰化金融系统的反抗不仅来自传统的银行，也来自于苏丹中央银行的权威们。当企图全面伊斯兰化金融系统的政府被推翻之后，所有的传统银行停止提供在伊斯兰教法基础上的金融服务，只有伊斯兰银行继续提供这样的服务。1991 年，苏丹政府企图重新全面伊斯兰化金融系统，当地媒体报道其转化的过程比上一次更加认真及有条理（Ahmad，1994）。

2005 年苏丹政府和南部的苏丹人民解放运动签署了一项和平条约——《全面和平协议》（CPA），从而结束了 1983 年以来长达几十年的苏丹内战。随着协议的签订，《2002 年苏丹中央银行法令》（Central Bank of Sudan Act 2002）于 2006 年被重新修订，在这个法令的第五项里，苏丹银行系统由双轨制的银行系统组成——北方伊斯兰金融系统和南方传统银行各自继续运营。苏丹南方银行（The Bank of Southern Sudan，BOSS）作为苏丹中央银行的分支银行，是为了规范和监管南部普通商业银行而建立的——当然，它也同样规范和监管伊斯兰银行在南方的分支银行。尽管南部的银行系统被赋予自治权，但是传统银行和伊斯兰银行都采用了一个全国的货币体系（Mohamed Rajab，2006）。到 2007 年底，苏丹共有 32 家银行运营，其中有 8 家伊斯兰银行、2 家传统银行在苏丹南部运营（苏丹中央银行，2007）。

土耳其金融银行的历史

尽管土耳其有99%的人口信仰伊斯兰教，然而土耳其并不认为自己是伊斯兰国家，相反它却选择成为一个非宗教国家。这一变化起始于1928年。现代土耳其的创始人穆斯塔法·凯末尔·阿塔图尔克（Mustafa Kamal At-Taturk）提出一个理念，即土耳其社会的进步一定是建立在努力追赶西方发展模式的基础上的，于是他将宗教和其他所有事务分离开来，这种情形一直持续至今。在土耳其国家宪法的第二章里，明确说明土耳其是一个民主且非宗教的社会主义国家。第二十四章也清楚地写明宗教必须与政治、社会事务、经济、法律和与国家相关的所有事务分离开来，人们的信仰宗教仅出于个人目的。到了20世纪60年代，土耳其政府关于宗教的观点开始逐渐软化，原因可归结为三点：第一，受过西方教育的社会精英开始接受伊斯兰的存在，允许在土耳其境内建立在伊斯兰教义上的政党；第二，政府同意并批准了建立在宗教基础上的教育——结果从1965年起，10%的初中和40%的高中成为伊斯兰宗教学校；第三点来自于中东国家伊斯兰运动的兴起，正是由于这些来自中东国家伊斯兰的力量，援助了土耳其境内的伊斯兰宗教活动。除此以外，一些伊斯兰大会组织成员国以及伊斯兰发展银行向土耳其政府施压，要求在土耳其境内建立伊斯兰银行。

鉴于以上诸多原因，1983年第十届全国大选，新当选的土耳其政府颁布正式法律法规，允许建立伊斯兰银行。时任土耳其首相图尔古特·厄扎尔（Turgut Ozal）认为，个人应当被赋予权利来选择他们所属意的银行机构，厄扎尔对伊斯兰银行的支持也是这位首相对他的虔诚的伊斯兰教支持者的奖励。即便这样，这项举措仍然遭到诸多的反对，特别是那些强硬的持非宗教立场的代表人物和来自传统银行的领袖。

1983年12月16日颁布的特殊法令——《法令83/7506》，之后被印刷为第18256号政府公报（1983年12月印刷），为土耳其建立伊斯兰银行扫清了障碍。这项法令包括17个条款，具体描述了伊斯兰金融机构的建立方法和基本规则、法律容许的活动以及与“特别金融委员会”（Special Finance Houses）相关联的有关事务（这些金融机构的建立是专门为了提供无息的金融产品和金融服务）。另外，在1984年2月25日由财政和外贸部次长颁布的第18232号政府公报全面规定了关于伊斯兰银行的具体规则。这些规定包含35个条款，涵盖了众多领域，包括伊斯兰金融机构建立运营和资金流动，例如，建立的总投资额、机构董事会的成员数、服务的种类，等等。这项法令同时也规定了如何实施这些服务的方法和如何计算利润的具体办法。

土耳其伊斯兰金融业的另外一项法律由土耳其中央银行颁布。该法令于1984年3月21日随着18348号政府公报的公布而诞生。这项法令共包含18个条款，涵盖领域包括取得银行经营执照的具体规定、中央银行在规范资金流动利率上的监管权限和中央银行规范和监督伊斯兰银行的权力。尽管伊斯兰银行需要遵守的三项法律是有差异的，但是这三项法律都未包含诸如伊斯兰和伊斯兰教义词语。伊斯兰银行仅仅被认为是

“特别金融机构”。同样的概念也被应用到伊斯兰银行所提供的诸多服务里，这些规定并没有提及包括 mudharabah、musyarakah 等基于伊斯兰教义原则。因为伊斯兰教义被认为是“参与账户”或“利润分享和损失分享账户”等与传统银行完全不同的交易原则。政府这样做被认为是企图避免形成一个公开的与国家宪法的根本目的和基本原则相抵触的重要尝试（Baldwin，1990）。

到 1994 年底，在土耳其境内运营的只有 3 家伊斯兰银行。第一家于 1985 年开始营业，它的名字叫做 Albaraka Turk Ozel Finans Kurumu。该银行的最大股东是来自沙特阿拉伯的 Albaraka 投资和发展公司。第二家银行也是同年开始营业的——费萨尔金融机构公司（Faisal Finans Kurumu），投资基金来自于 Dar al-Maal al-Islami 信托集团，该集团也来自沙特阿拉伯。Turk-Kuveyt Evkaf Finans Kurumu 作为第三家在土耳其的伊斯兰银行开始营业于 1988 年，这是一家由伊斯兰发展银行、科威特金融公司（Kuwait Finance House）、Vakiflar Bankasi 三家金融机构合资的银行。到 2004 年底，土耳其共有 7 家伊斯兰性质的金融机构：Albarakah Turkish Finance House，Emin Sigorts A. S.，Family Finans Karamu（原名 Faisal Finance Institution），Faisal Islamic Bank of Kibris Ltd.，Ihlas Finance House，Kuwait-Turket Evkaf Finance House 和 Asya Finans Kurumu A. S.（www. islamic-banking. com/banking）。

2005 年 11 月，第 5411 号银行法令正式施行。在该法令下所有的伊斯兰银行（所谓的“特别金融机构”）必须转化为“参与银行”，由此它们便获得了正式的银行地位，被国家所承认。参与银行在国家银行监督和规范机构的监管下运营。为了和 2005 年颁布的银行法保持一致，参与银行被授权在“利润与损失分享、参与账户”和“特别活期储蓄”的项目下吸收储蓄。参与银行也可以提供两种融资方式，一种为 murabahah，另外一种为融资租赁。截至 2008 年底，土耳其共有四家参与银行——Albaraka Turk，Bank Asya，Kuvyet Türk 和 Türkiye Finans。总的来说，截至 2007 年底，这些参与银行的全国储蓄占有率为 4.2%，全国贷款占有率为 3.3%（www. byegm. gov. tr）。

马来西亚伊斯兰金融系统的历史

和其他伊斯兰国家一样，在 20 世纪 70 年代由知识分子所掀起的伊斯兰复兴运动中，一些个人、团体以及机构呼吁马来西亚政府建立伊斯兰银行，以满足马来西亚国内伊斯兰民众的需求。在 1980 年的马来人经济议会（Bumiputra Economic Congress）上，一项要求政府允许马来西亚朝圣者协会建立一个穆斯林吸收储蓄和进行投资的伊斯兰银行的决议被通过。

1981 年在全国伊斯兰发展理念研讨会上，与会者呼吁马来西亚政府出台一个特别法令，允许建立基于伊斯兰原则的银行和金融实体。之后，马来西亚政府于 1981 年 7 月 30 日成立了伊斯兰金融全国指导委员会，委员会主席为 Tan Sri Raja Mohar bin Raja Badiozaman，朝圣者协会行使秘书职能。为了准备这个报告，这个委员会研究了埃及费萨尔伊斯兰银行和苏丹费萨尔伊斯兰银行的运营情况（Connors，1988）。最终的报告于 1982 年 7 月 5 日上交马来西亚政府。委员会做出了以下几点建议：

（ⅰ）建立一家伊斯兰银行的标准为其运营必须与伊斯兰教义相一致，不得抵触；

（ⅱ）伊斯兰银行应当作为一个公司成立，该公司必须符合《1965 年公司法令》（Companies Act 1965）的诸项条款；

（ⅲ）由于《1973 年金融法》（Banking Act of 1973）对伊斯兰银行的运营并不适用，一个全新的金融法令——《1982 年伊斯兰金融法令》（Islamic Banking Act 1982）必须被引入，以作为颁发执照的基准，并起到监督伊斯兰银行机构的作用，马来西亚中央银行拥有监管和执行这项法令的权力；

（ⅳ）伊斯兰银行应当建立它们各自的伊斯兰教监督委员会，其功能是为了保证伊斯兰金融机构的运营和伊斯兰教义相一致。

为了给伊斯兰银行的建立扫清障碍，马来西亚政府公布了《1983 年伊斯兰金融法令》，并于 1983 年 4 月 7 日正式实施。这项法令公布了在马来西亚运营的伊斯兰银行所必须遵守的基本规定和马来西亚中央银行在监管和规范马来西亚境内的伊斯兰银行的权力。同时（1983 年），政府也通过了政府投资法令，授予政府可以颁发基于伊斯兰教原则的政府投资执照。

马来西亚第一家伊斯兰银行是马来西亚伊斯兰银行（Bank Islam Malaysia Berhad，BIMB），该家银行于 1983 年 3 月 1 日成立，符合《1965 年公司法令》；同年 7 月 1 日，该银行开始正式运营。马来西亚伊斯兰银行提供普通的金融产品和服务，这些金融产品和服务与其他传统商业银行所提供的相一致，区别在于这家银行遵守伊斯兰教义的基本原则。马来西亚伊斯兰银行的分支机构也同样遵守伊斯兰教义原则，这些分支机构包括：Syarikat A-Ijarah Sendirian Berhad（一家租赁公司），Syarikat Al-Wakalah Nominees Sendirian Berhad（提供代理服务）和 Syarikat Takaful Malaysia Sendirian Berhad（这家分公司的主要职能是提供普通保险包括家庭保险）。马来西亚伊斯兰银行于 1992 年 1 月 17 日在吉隆坡证券交易市场主板上市。直到 1999 年马来西亚政府才正式批准第二家马来西亚境内的伊斯兰银行建立。

马来西亚中央银行的长期目标是建立一个与传统银行系统相平行的伊斯兰银行系统。这个目标只有具备三个组成部分才能最终实现：第一，该系统必须拥有足够数量的参与者；第二，其服务和产品必须覆盖所有金融系统；第三，必须建立和伊斯兰教义原则相一致的银行间市场。

为了建立一个和传统银行系统相平行的伊斯兰银行系统，总数为 21 个的伊斯兰金融产品在 1993 年初被引入。1994 年 3 月 4 日，马来西亚中央银行建立了一个无息银行体系，在这个体系下，金融机构可以提供伊斯兰金融产品和服务。这个体系的试点包括马来西亚三大商业银行，第二阶段有十余家金融机构参与了这个体系。

1993 年底，马来西亚的伊斯兰金融系统包括 1 家伊斯兰银行，20 个传统金融机构——包括 10 家商业银行、8 间金融公司和 2 家商人银行——提供在伊斯兰教义原则基础上的产品和服务。另外，1994 年 1 月 3 日，伊斯兰银行间资本市场建立起来，该市场包含以下三个方面：

（ⅰ）银行间关于伊斯兰金融工具的贸易和交换。

（ⅱ）伊斯兰银行间相互投资。

（ⅲ）伊斯兰银行间支票清算。

为了加强马来西亚金融体系的发展，1997 年 5 月 1 日马来西亚中央银行建立了针对伊斯兰金融和穆斯林保险（Takaful）的全国伊斯兰教义咨询委员会（National Shariah Advisory Council）。该委员会包括十个成员，其中一名为国际成员。委员会作出了很多决定，包括允许给不能还清融资的借款人提供担保和赔偿，允许妇女律师和非穆斯林律师亲临阅读金融文件，允许第二担保人，等等。“无息金融”的称呼被更改为“伊斯兰金融”，并且“参与银行”应当提升具有资深级别的领导所在部门的地位。1999 年 10 月 1 日，随着政府同意第二家伊斯兰银行——Bank Muamalat Malaysia Berhad——的建立，马来西亚伊斯兰银行的垄断地位被最终打破。第二家伊斯兰银行是 Bank Bumiputra Malaysia Berhad 和商业银行合并的产物，在合并安排中，Bank Bumiputra Malaysia Berhad 的伊斯兰金融资产和商业银行以及 BBMB Kewangan Berhad 共同形成了 Bank Muamalat Malaysia Berhad。第二家银行刚开业就有了 40 家分支机构和 1 000 名员工。

马来西亚政府促进伊斯兰银行发展的决心在它不断实施的计划中彰显了出来。在其 2001—2010 年的“金融领域大蓝图”中，到 2010 年伊斯兰金融产业和保险将具有以下特征（Bank Negara Malaysia，2001，p. 79）：

（ⅰ）占有银行和保险市场 20%的份额，对马来西亚经济金融领域具有杰出贡献。

（ⅱ）产生出一批强大的和高度资本化的伊斯兰金融机构和保险的运营商并提供全面完整的伊斯兰金融产品和服务。

（ⅲ）带有全面性且具备可操作性的以伊斯兰教基本原则为基础的规范框架。

（ⅳ）被一个强调伊斯兰金融和保险的法制系统的专有机构所支持。

（ⅴ）被一个具备足够数量，接受过良好培训，具有专业素质的个人和管理团队所支持。

（ⅵ）马来西亚成为区域伊斯兰金融中心。

Tan Sri Nor Mohd. Yakop，第二任财政部部长，在 2004 年 3 月 1 日举行的由伊斯兰银行机构和马来西亚财政部主办的非伊斯兰金融机构研讨会上表示，伊斯兰金融系统已经进入了第三个发展阶段。第一个发展阶段引入了伊斯兰银行的概念；第二个发展阶段指的是伊斯兰金融市场的诞生；最近的十年代表着第三个阶段。第三个阶段涵盖了伊斯兰资产和金融工具的发展和扩张，这些金融工具与 waqf、信托、小额信贷、qard hassan 和 zakat 相关联。

为了使马来西亚成为伊斯兰金融的中心，马来西亚中央银行通过了 3 家外国伊斯兰金融机构在马来西亚运营的申请。2004 年 5 月 27 日，科威特金融公司被授予了营业执照。此后不久，沙特阿拉伯拉吉哈银行和投资公司（Al Rajhi Banking & Investment Corporation）和一个由三家金融机构组成的投资集团——这三家金融机构分别是卡塔尔伊斯兰银行（Qatar Islamic Bank）、RUSD投资银行（RUSD Investment Bank Inc.）和全球投资机构（Global Investment House）——也于2004年10月14日获发营业执照。科威特金融公司于2005年8月开始营业。拉吉哈银行在2006年10月开设了在吉隆坡的第一家分支金融机构，如今该银行在马来西亚已经拥有19家分支金融机构。2007年1月，亚洲金融银行（Asian Finance Bank）作为第三家伊斯兰银行在马来西亚开业，卡塔尔伊斯兰银行和其相关机构拥有该家银行70%的股份，沙特阿拉伯RUSD投资银行占有20%的股份，巴林金融资产公司（Financial Assets Bahrain W. L. L.）占有10%的股份（www.asianfinancebank.com）。

与进步的伊斯兰金融产业的发展和“金融领域大蓝图”的关于加强参与伊斯兰金融体系的银行机构体系建设的建议相一致，马来西亚国家银行于2005年批准了以伊斯兰附属公司来代替伊斯兰营业窗口这样的机构体系。于是，七家国内的传统银行可以将它们当前的伊斯兰营业窗口转变成为本集团内部的伊斯兰附属公司，但是这个转化本身并不是强制性的。在该结构下，传统银行的伊斯兰附属公司受到《1983年伊斯兰金融法令》的监管，而并不是《1992年银行及金融机构法令》（Banking Financial Institutions Act 1992）。这个新的结构排除了原来伊斯兰营业窗口为非传统的金融交易提供服务的诸多障碍。例如，批发和零售贸易，资产购买和已购置资产，通过合资和资产组合等衍生产品所购买的证券等。

2006年，随着马来西亚国际伊斯兰金融中心（Malaysia International Islamic Financial Centre，MIFC）于当年8月的建立，马来西亚的伊斯兰金融格局再一次发生深刻改变。马来西亚国际伊斯兰金融中心是由马来西亚国家银行、马来西亚证券委员会、马来西亚纳闽境外金融服务局和马来西亚交易所（Bursa Malaysia）所共同建立的机构。该中心包括代表银行业、穆斯林保险（Takaful）和资本市场在内的成员。马来西亚国际伊斯兰金融中心的主要目的是为了将马来西亚打造成为一个全球伊斯兰金融的中转站，为了创造一个在马来西亚境内操作伊斯兰金融交易的有利环境，该中心建立了一套激励机制。作为该激励机制的一部分，在马来西亚的境内外银行可以使用国际货币交易单位以外币的形式在金融机构间进行伊斯兰金融交易。伊斯兰分公司的外国投资者参股份额可上升为最高49%，这一份额在2007年上升为可允许在马来西亚国际伊斯兰金融中心建立的金融机构中的全额外资控股。马来西亚国际伊斯兰金融中心的激励机制也允许国内的金融机构展开许多国际伊斯兰金融的交易和以建立国际伊斯兰银行为方式的以国际货币进行的穆斯林保险。国际伊斯兰银行接受《1983年伊斯兰金融法令》的监管，可以是一家分支机构，也可以是一个在某个母机构旗下的子公司。它们必须符合国际货币交易单位的同样的激励机制。

现在马来西亚共有17家伊斯兰金融机构（9家国内传统金融集团的伊斯兰子公司，2家国内伊斯兰银行，6家外国伊斯兰银行）。另外还有2家国际伊斯兰银行和16家伊斯兰金融机构通过商业银行、投资银行和开发性金融机构的伊斯兰营业窗口来运作业务。截至 2008 年底，伊斯兰金融资产占马来西亚全部金融系统资产的 17.4%（马来西亚国家银行，2008）。截至 2007 年底，全部伊斯兰银行储蓄额占全部国内银行总储蓄额的 11.9%。同时，伊斯兰金融体系到 2007 年底的贷款额占马来西亚银行业总贷款额的 13.7%（James，2009）。

伊朗伊斯兰金融体系的历史

与巴基斯坦一致，伊朗将其全部金融系统转化为伊斯兰金融体系。伊朗伊斯兰金融体系的历史开始于 1979 年在伊朗境内的伊斯兰革命，新政权的第一个行动即为占领伊朗境内的所有商业银行。根据时任伊朗首相迈赫迪·巴札尔甘（Mehdi Bazargan）陈述，接管银行的行动是不可避免的，当时银行没有利润且完全是不良资产，政府的举措完全是为了保卫国家的财富，重新建立经济体系（Aryan，1990）。银行的接管和重组的结果是仅剩 6 家商业银行和 3 家特别银行，而接管和重组前却是 30 家商业银行。另外政府又建立 22 家省级银行——正好一省一个（Hedayati，1993）。

伊朗的伊斯兰金融体系是一个逐渐建立的过程，整个过程花费 6 年时间才得到彻底的贯彻。许多原因导致在实施过程当中的延误，例如，全国化金融体系的过程、不可预测的政治态势、伊朗海外资产的冻结、经济萧条和战争。伊斯兰金融体系的第一步是建立一个收费服务系统来代替 1981 年的利息系统。通过这个体系，银行向贷款收缴 4%的服务费；另一方面，储户被给予了一个最低利润保证。同时，由银行家、学者、商人和 Ulama 组成的委员会着手起草一个伊斯兰化金融体系的全面立法草案。最后，在 1982 年 3 月，委员会向革命委员会提交了该项立法，并于 1983 年 8 月作为《无高利贷金融法案》(Law for Usury-Free Banking) 被通过。

这项法律要求伊朗银行从法令通过日起，在 3 年内全面将所有业务与伊斯兰教义保持高度一致，在 1 年内将带有利息的储户转变为无息储户（Aryan，1990）。从 1984 年 3 月 21 日起，储户不能将他们的钱存入存在利息的账户，而且银行也不能提供存在利息的信用服务。从 1985 年 3 月起，伊朗境内的所有金融系统转化为伊斯兰金融体系。同时，伊朗中央银行（Bank Markazi）是作为伊朗境内负责监管伊斯兰金融体系的唯一机构，但是所有国际贸易和交易依然可以带有利息。外国银行最初可以在自由贸易区内运营，但是从 2004 年起，外资银行可以在伊朗境内开设分支机构，条件是所提供的贷款是基于利润和损失共享的原则（《德黑兰时报》，2004-05-01）。2007 年，3 家外资银行被允许在伊朗开展金融活动，而另外 6 家外资银行则在伊朗开设了金融分支机构（《德黑兰时报》，2008-04-29）。到 2008 年底，伊朗共有 7 家商业银行、4 家特别银行、6 家私人银行和一个类银行的金融机构（www.cbi.ir）。

巴基斯坦伊斯兰金融体系的历史

巴基斯坦伊斯兰金融体系的历史以 1977 年 7 月齐亚·哈克（Zia-ul-Haq）将军发动的军事政变为起点。1977 年 9 月 29 日，齐亚·哈克将军指定伊斯兰意识形态委员会（Council of Islamic Ideology，CII）研究和准备一份关于在国家金融经济体系内消除利息的报告。1977 年 11 月，伊斯兰意识形态委员会任命了 15 名金融专家协助准备该份报告。1980 年 2 月，专家小组向委员会递交了《消除经济体内利息的报告》（Report on the Elimination of Interest from the Economy）。在数次修改之后，委员会在 1980 年 6 月向齐亚·哈克将军交付了最终报告。

委员会提交的报告是全面和涵盖许多特别话题的。特别话题包括：在经济体内消除利息而可能发生的争议、问题和战略；以及实施伊斯兰金融体系可能的步骤、商业银行操作相关问题分析——这些问题包括，贷款和接受储蓄与特别金融机构，例如巴基斯坦工业信贷和投资公司（Pakistan Industrial Credit and Investment Corporation）、巴基斯坦工业发展银行（Industrial Development Bank of Pakistan）、全国发展金融公司（National Development Finance Corporation）、巴基斯坦农业发展银行（Agricultural Development Bank of Pakistan）、小企业金融公司（Small Business Finance Corporation）、股权参与基金（Equity Participation Fund）和保险公司等相关的操作。另外，委员会在这份报告里也列举了巴基斯坦国家银行（State Bank of Pakistan，巴基斯坦的中央银行）在以伊斯兰金融体系为基础的控制和制定金融政策上的责任和功能。

除了伊斯兰意识形态委员会，其他机构也在研究从国家经济体中最终消除利息的具体过程。比如巴基斯坦财政部长任命了一个伊斯兰化委员会来进行一些研究，结果一项名为《伊斯兰经济改革日程表》（Agenda on Islamic Economic Reform）的报告在 1980 年 4 月由伊斯兰化委员会递交给巴基斯坦财政部长。巴基斯坦国家银行也组成了六个工作组对经济运行各个领域中消除利息的过程进行检查和提出意见。1979 年 11 月，该工作组提交了报告。类似的，巴基斯坦金融委员会也组成了一个特别行动组，目的是为了贯彻伊斯兰金融体系的具体实施提出相应的规章和步骤，特别行动组在 1980 年 8 月 4 日提交了他们的报告。

尽管不同的工作小组对在巴基斯坦消除利息进行了研究并最终作出了报告，但巴基斯坦一系列金融机构已经在这些报告提交之前，就开始提供基于伊斯兰教义的金融服务了。1979 年 7 月，房产金融建设公司（House Building Finance Corporation）、全国投资信托（National Investment Trust）和巴基斯坦投资公司（Investment Corporation of Pakistan）等三家金融机构，将旗下的所有金融业务转为与伊斯兰教义一致的业务。另一家金融机构于 1979 年 10 月开始营业的银行家证券有限公司（Bankers Equity Limited）也将伊斯兰教义纳入其所有业务范围之内。

和伊朗类似，巴基斯坦的伊斯兰金融体系的实施也是分阶段进行的。这些阶段包括：

（ⅰ）1981 年 1 月 1 日，巴基斯坦所有银行接受的储蓄须以利润分享的形式存在，宣告了第一阶段的开始。

（ⅱ）同年，政府宣布了《1981 年 Mudharabah 公司和 Mudharabah 规定》（Mudharabah Companies and Mudharabah Rules 1981），商业银行可以遵循由巴基斯坦中央银行所列出的以交易为目的使用储蓄的金额。当然这种投资方式受到一些限制，但银行可以选择是以伊斯兰教义为基础或者以利息为基础的运营方式。

（ⅲ）1984 年 6 月 14 日，巴基斯坦财政部长在其预算演讲中，宣布所有带利息的交易（正在进行的或是即将发生的）都将在 6 个月内被停止。

（ⅳ）从 1985 年 1 月开始，所有政府和政府机构的金融交易必须在伊斯兰教的原则之下进行。

（ⅴ）1985 年 4 月，上述同样的规定适用于所有个人和公司。

（ⅵ）1985 年 7 月 15 日起，所有在金融机构的存款都必须是无利息的。

尽管在原则上所有商业银行的存款和贷款都是无息的，但以外币进行结算的存贷款还都是有利息的。1991 年 11 月，联邦沙里亚法庭（Federal Shariat Court）裁定，所有巴基斯坦银行操作的过程没有遵循伊斯兰教义的原则，政府和金融机构向巴基斯坦最高法院沙里亚上诉法庭上诉。1999 年 12 月 29 日，上诉法庭驳回了这项上诉，要求所有涉及收取利息的法律必须被宣布无效。

为了实施法院的决定，政府建立了许多委员会和工作组研究实施这项法案的最好办法。研究结果最后确认，在短期内将整个金融系统进行转变是不可行的。相反，马来西亚概念中伊斯兰金融体系和传统体系并存的局面被接受。与此相关，巴基斯坦中央银行采取了很多办法，包括出台政策促进伊斯兰金融的逐渐蓬勃发展。2001 年 12 月，巴基斯坦中央银行最终颁布了建立伊斯兰银行的细则。依照此项细则，Al-Meezan 银行要求转化为伊斯兰银行，该银行于 2002 年 1 月获得执照，3 月开始运营，成为巴基斯坦境内在 Meezan 银行名下的第一家全面伊斯兰化银行。三家已经存在、但未全面伊斯兰化的银行——穆斯林商业银行（Muslim Commercial Bank）、阿尔法拉银行（Bank Alfalah）、克什米尔银行（Bank of Kashmir）共建立了七个在伊斯兰教义基础上运作的分支机构。哈比卜银行（Habib Bank Limited）开设了一个伊斯兰教分支机构。2004 年，巴基斯坦中央银行收到了商业银行要求建立 24 个伊斯兰教分支机构的申请（Husain，2004）。

为了允许巴基斯坦开设伊斯兰银行的子公司，2002 年 11 月，《1962 年金融公司法令》（Banking Companies Ordinance 1962）第 23 条进行了相关修订。第二年，巴基斯坦中央银行为建立全面伊斯兰银行、伊斯兰金融子公司而开发了指南，也为独立伊斯兰金融分支机构建立了相对应的说明。这些指导意见在 2003 年 1 月通过 BPD 1 号通告（BPD Circular No. 1）发行。2004 年 4 月，IBD 2 号通告（IBD Circular No. 2）发布，其中对伊斯兰银行、伊斯兰金融子公司和伊斯兰金融分支机构的最低伊斯兰操作标准做出了规定（伊斯兰金融办公室，2008）。2003 年，中央银行建立了金融办公室，该部门对所有伊斯兰金融事务负责。同年也建立了由两个伊斯兰教专家和三个金融、会计和法律的专家组成的伊斯兰教委员会。

2007 年底伊斯兰银行的所有存款和所有资产为 1 470 亿卢比和 2 060 亿卢比，现在巴基斯坦共有 6 家全面伊斯兰化的银行、12 家传统银行运营的 506 个伊斯兰分支机构。2002 年重建伊斯兰金融体系后，巴基斯坦中央银行制定了伊斯兰金融产业战略发展规划，根据该规划，伊斯兰金融产业到 2012 年应当占有全部金融产业的 12%。截至 2008 年 6 月底，伊斯兰金融产业的存款市场份额和固定资产市场份额分别为 4.5%和 4.2%（www. sbp. org. spk）。

总结

现代伊斯兰金融历史始于 1963 年埃及盖姆尔储蓄银行的建立，但是伊斯兰金融活动的历史却可以追溯到伊斯兰的早期时代。金融活动，例如，存款、旅行支票担保、货币凭证、货币兑换服务在先知和他的同伴的时代就已经存在了。遗憾的是，这些金融活动并没有得到相应的发展，也没有任何为了这些活动的繁荣发展而建立的具体组织机构。第一个收集和发行货币相关活动的组织是 Baitulmal，但是，该机构的理念和目标并不包括对客户的服务，例如，存款和贷款等。

12 世纪，欧洲传统银行的兴起逐渐扩展至伊斯兰国家，伊斯兰国家开始采纳了欧洲商业银行的运作方式，伊斯兰化的金融活动却逐渐停止了。结果，伊斯兰国家早期的岁月里就存在的伊斯兰金融体系并没有得到发展。在 19 世纪末 20 世纪初，伊斯兰再次兴起的时候，穆斯林使用利息就成为讨论的热点问题。伊斯兰宗教学者乌里玛和穆斯林中的知识分子一直在进行讨论，并为此感到担忧，直至当代社会建立起伊斯兰金融机构。经济学家 Ahmed al-Naggar 博士迈出了勇敢的一步，率先建立起了无利息的金融体系，他通过建立埃及盖姆尔储蓄银行证明了伊斯兰金融体系可以作为传统银行操作利息的反例和替代品。盖姆尔储蓄银行作为现代伊斯兰金融的实验，启发了当代伊斯兰国家建立自己国家的伊斯兰银行，最终推动了整个伊斯兰银行体系的建立。但是，伊斯兰银行的发展在国家之间有很多不同。伊朗、巴基斯坦和苏丹将它们的整个银行体系伊斯兰化；而在其他国家，伊斯兰银行和传统银行共存。伊斯兰发展银行和国际伊斯兰银行组织也大大促进了伊斯兰金融在世界的发展。

到 2008 年底，在伊斯兰国家和西方国家，共有超过 300 家伊斯兰银行在正常运营，西方世界传统银行也开始提供以伊斯兰教义为基础的金融服务。除了伊斯兰银行之外，基金管理公司也在运营无利息的金融活动，这些公司据说管理着超过 8 000 亿美元的伊斯兰基金。其他金融活动，例如保险和住房按揭贷款也可以通过伊斯兰教的方式进行管理。另外，金融市场开始运用与伊斯兰教义一致的金融工具。在一些国家，例如马来西亚，伊斯兰金融市场的建立完善了伊斯兰金融体系，伊斯兰金融体系拥有着无比光辉的前途。即使伊斯兰金融体系没有被当做传统金融体系的代替，它至少也可以在迎合全球金融需求的巨大市场内，与传统银行齐头并进。

参考文献和延伸阅读

Ahmad, Ziauddin. "Islamic Banking: State of the Art." Jeddah (Saudi Arabia): Islamic Development Bank, 1994.

Ahmed, Osman. "The Role of the Faisal Islamic Bank." In *Islamic Financial Markets*, edited by Rodney Wilson, 76-99. London and New York: Routledge, 1990.

Ali, Muazzam. "A Framework of Islamic Banking." In *Directory of Islamic Financial Institutions*, edited by John R. Presley, 3-13. London: Croom Helm, 1988.

Aryan, Hossein. "Iran: The Impact of Islamization on the Financial System." In *Islamic Financial Markets*, edited by Rodney Wilson, 155-170. London and New York: Routledge, 1990.

Baldwin, David. "Turkey: Islamic Banking in a Secularist Context." In *Islamic Financial Markets*, edited by Rodney Wilson, 33-58. London and New York: Routledge, 1990.

Bank Islam Malaysia Berhad. *Bank Islam, Penubuhan dan Operasi*. 2nd ed. Kuala Lumpur, 1989.

Bank Negara Malaysia. *Money and Banking in Malaysia*. Kuala Lumpur: Economic Department BNM, 1994.

Bank Negara Malaysia. *Financial Sector Master Plan*. Kuala Lumpur, 2001.

Bank Negara Malaysia. *Financial Stability and Payment Systems Report*. Kuala Lumpur, 2008.

Central Bank of Sudan. *Annual Report 2007*.

Connors, Jane. "Towards a System of Islamic Finance in Malaysia." In *Islamic Law and Finance*, edited by Chibli Mallat, 57 – 67. London: Graham & Trotman, 1988.

De Belder, Richard T. and Mansor Hassan Khan. "The Changing Face of Islamic Banking." *International Financial Law Review*. Vol. 12, Iss. 11 (Nov. 1993): 23 – 26.

El-Ashker, Ahmed. *The Islamic Business Enterprise*. London (UK): Croom Helm, 1987.

El-Ashker, Ahmed. "An Evaluation of the Major Islamic Banks." In *Islamic Financial Markets*, edited by Rodney Wilson, 59 – 75. London and New York: Routledge, 1990.

El-Gamal, Mahmoud Amin. "Overview of Islamic Finance." Occasional Paper No. 4 (August 2006): 1 – 13.

Erol, Cengiz and Radi El-Bdour. "Attitudes, Behaviour and Patronage Factors of Bank Customers Towards Islamic Banks." *International Journal of Bank Marketing*. Vol. 7, No. 6 (1989): 31 – 39.

Gieraths, Christine. "Pakistan: Main Participants and Final Financial Products of the Islamization Process." In *Islamic Financial Markets*, edited by Rodney Wilson, 171 – 195. London and New York: Routledge, 1990.

Haron, Sudin and Bala Shanmugam. *Islamic Banking System – Concepts and Applications*. Selangor Darul Ehsan (Malaysia): Pelanduk Publications, 1997.

Hedayati, Seyed A. A. "Islamic Banking, as Experienced in the Islamic Republic of Iran." Working paper presented at the International Seminar of Islamic Banks, Sydney (Australia), 9 – 10 November 1993.

Homoud, Sami Hassan. *Islamic Banking*. London (UK): Arabian Information Ltd., 1985.

Husain, Ishrat. "Evolution of Islamic Banking." Speech given during the opening ceremony of the seminar on Islamic Banking organized by Meezan Bank, Pakistan, February 2004.

Islamic Banking Department, State Bank of Pakistan. "Pakistan's Islamic Banking Sector Review." http://www.sbp.org.pk/ibd/Islamic-Banking-Review-03-07.pdf

Islamic Development Bank. *Annual Report* (various issues). Jeddah (Saudi Arabia).

James, S. "Good Prospects for Islamic Banking." *Malaysian Business*. FindArticles.com. http://findarticles.com/p/articles/mi_qn6207/is_200080301/ai_n24977546

Khan, Muhammad M. The Translation of the Meanings of Sahil Al-Bukhari, Vol. 3. Lahore (Pakistan): Kazi Publications, 1989.

Mannan, Muhammad Abdul. *Islamic Economics: Theory and Practice*. Cambridge (UK): Hodder and Stoughton, 1986.

Mohamad Rajab, Dalal. "Naivasha Peace Agreement Analysis and Evaluation Part 1." *Sudanese Journal for Human Rights' Culture and Issues of Cultural Diversity*. Iss. 2 (March 2006): 1-31.

Rudnick, David. "Islamic Banking: Praying for Profit." *Euromoney* (Nov. 1992): 23-25.

Shaban, Mohamed Abu. "The MCCU Story." www.mcca.com.au/ mcca_the_mccu_story.pdf

Siddique, Muhammad. *Islamic Banking System: Principles and Practices*. Islamabad (Pakistan): Research Associates, 1985.

Sumner, William Graham (ed.). *A History of Banking in All the Leading Nations*. Vol. II. New York (USA): Augustus M. Kelly-Publishers, 1971.

Syedain, Hashi. "Counting the Quran." *Management Today* (Mar. 1989): 104-108.

Tehran Times. "Iran Approves Foreign Bank Branches." 1 May 2004.

Tehran Times. "6 Foreign Banks to Open Branches in Iran." 29 April 2008.

Wheeler, Skye. "South Sudan Orders Islamic Banks to Leave." http://www.reuters.com

Wilson, Rodney. *Banking and Finance in the Arab Middle East*. London (UK):

MacMillan, 1983.

Wilson, Rodney (ed.). *Islamic Financial Markets*. London and New York: Routledge, 1990.

www.asianfinancebank.com

www.banking-business-review.com

www.byeqm.gov.tr

www.cbi.ir

www.imf.org

www.islamicbank.com.ph

www.Lariba.com

www.mcca.com.au

www.sbp.org.spk

www.sukuk.net

www.theubeg.com

第三章

Chapter three

伊斯兰金融的目标、原理和原则

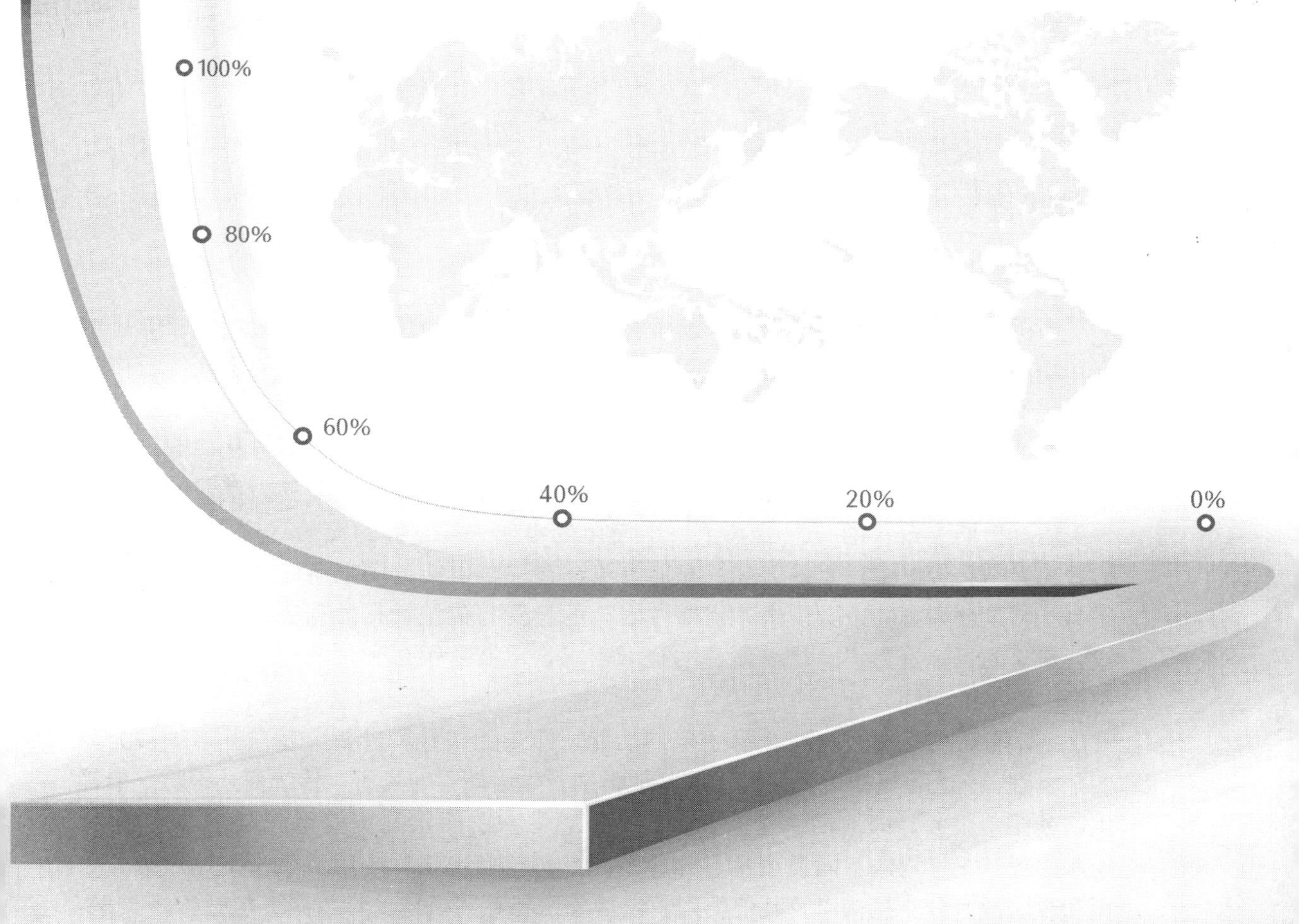

本章描述了一个伊斯兰经济体应当遵循的商业目标和原理，同时，也讨论了世界范围内的伊斯兰银行在运营过程中所应当遵循的伊斯兰教原则。读者可以通过这些讨论了解伊斯兰银行的经营者和领导者的想法和形成最终决策的原因。本章解释了如何获取融资来源，以及伊斯兰银行究竟如何利用这些资源。最后，本章讲述伊斯兰银行和客户之间关系稳定的基础。

简介

当伊朗、巴基斯坦和苏丹政府准备全面伊斯兰化其经济金融体系时，将建立一个全新经济秩序的转换过程引起了广泛的理论概念方面的思考，特别是关于新经济体系实施的类型。那时只有三种经济体系存在——社会主义、社会资本主义和资本主义体系，而缺乏一个适当的模型促使三个国家选择金融领域作为全面伊斯兰化的起点。全面伊斯兰化经济包括一个重要的环节，那就是在所有储蓄和金融交易中消除利息。许多人质疑伊斯兰银行的合理性基于一个简单的事实——它们的交易尽管不包括利息，但看起来却和传统银行相差无几。显而易见，在许多伊斯兰国家所建立的伊斯兰银行是为了满足穆斯林的金融需求，伊斯兰银行的经营与传统银行并驾齐驱。由于伊斯兰银行建立的目标是为了满足穆斯林的金融需求，伊斯兰银行和传统银行的功能、活动彰显出很多的相同之处。

基本上，传统银行有两个最主要的功能，即接受储蓄和借贷。客户基本上被分为四个类别：个人、机构、公共机构和其他类别。作为储蓄的场所，传统商业银行一般提供四种储蓄服务，即活期储蓄账户、定期存款账户、固定利率储蓄和定期存款证明。这些服务基于客户的不同类型也有相应变化，传统商业银行一般提供贷款给个人、公司和政府及其分支机构以及其他类别，包括公司和不同机构。贷款服务包括很多类型，包括透支服务、信用证、担保证明以及其他服务。另外，传统银行提供例如汇票、货币兑换以及咨询等领域的服务。商业银行的角色根据时势而改变。当今，商业银行开始提供一些服务，这些服务在过去只在某些金融机构中提供；同样，一些金融机构开始提供过去只在商业银行中提供的服务。正如商业银行一样，伊斯兰银行提供储蓄和金融服务。作为一个货币储蓄的场所，伊斯兰银行提供跟普通商业银行近乎一致的各种金融、信托服务，例如定期存款、活期存款和固定利率存款。伊斯兰银行同时也向其客户提供金融服务，客户范围包括个人、公司、政府和其他需要金融支持的团体。其他服务包括汇票服务、货币兑换服务和咨询服务。所有这些服务都不包括利息。

尽管伊斯兰银行和传统银行的功能和服务看起来十分相似，但并不表示它们是基于相同的概念和理念基础上的银行。伊斯兰银行和普通传统银行在建立的基础上不同，两者的差别主要基于两者建立的平台不同，伊斯兰银行是为了执行基于宗教教义的金融活动而建立的组织。另一方面，传统银行则完全是基于商业目的而建立的，不包含任何宗教的因素。

伊斯兰银行建立的目标和商业原理

原则上，商业机构将利益最大化作为首要动机。一家机构期望获得的利润总量通常取决于这家机构的所有者和管理层所坚持的原则。经济学原理表示，一个商业机构存在的目标即是利润的最大化。对于私营企业而言，获取利润的动机则更为明确，私营企业主会努力工作而获得最高的利润，因为企业主本身将获取最终所有的利润。每个商业伙伴也会为了商业的成功而努力奋斗，这个目标对私营有限公司来说也是成立的。因为公司的股东（所有者）就是该公司的具体管理者。公共有限公司则需要额外的员工具体进行管理和执行的工作，因为股东可能并不参与公司的具体管理。也就是说，管理人员并非股东，他们只是拿薪水的员工。管理层的任免由股东决定，股东们通常由董事会来代表。这样激励经营者和管理层采取他们认为正确的战略方针从而产生最大化的利润来实现股东的想法。巨额利润对于大型商业机构来说是十分重要的，主要表现在两个方面：第一，巨额利润有助于形成一种印象，即该机构运营高效，这种印象本身就可以强化管理层的形象；第二，股东们通常希望他们的投资获得尽量多的回报，利润通常是由分红的形式分给股东，所以当公司持续分发给他们高额的年度分红时，股东们就会非常高兴。分红和资产利润（如果有一些的话）被认为是投资风险补偿的一部分，这一事实证明了为什么商业银行的最终目的是为股东追求投资回报的最大化（Elstone，1987）。

与传统银行以利益获取为主要目标所不同的是，伊斯兰银行建立的基础基于两个方面，即宗教和利润。当一个机构建立在宗教的平台上，其内部必须达成一种协调和教化共享的机制，参与运作的人们必须懂得这个宗教对于其机构的建立和运营是息息相关的。由于伊斯兰银行是建立在伊斯兰教基础上的，所以伊斯兰银行必须与伊斯兰教义保持一致。伊斯兰教的教化会帮助伊斯兰银行形成一个将道德因素凌驾于其他因素之上的一系列机构，特别是和传统银行相比较而言。这些道德元素包括关于信仰和信念（iman）的美德，以及伊斯兰教关于商业的原则。在这些道德义务之外，伊斯兰银行也期望从其运营中获取利润，这是因为作为商业机构，伊斯兰银行希望能够获取利润以继续其运作发展。

根据 Ali（1988）的研究，伊斯兰金融体系不仅仅是消除了利息，其实伊斯兰金融体系将伊斯兰关于社会公平的基本准则引入并且融合到伊斯兰银行运营的规则、操作、条例、步骤和工具里面，以帮助实现正义、公正和公平的维护和普遍存在。正义的概念应当建立在《古兰经》关于正义的理解之上。所以，在伊斯兰银行的建立目标上，伊斯兰银行必须整合和找到一个合适的均衡点，这个均衡点是建立在强调一神教（tauhid）、道德空间和商业空间三者之间的平衡点之上的。这个商业空间更多地强调利润和利益，如果只是将道德元素放到重要的地位，则这个银行就将面临损失和停业的风险。如果这些发生，那么存款人将丧失他们的储蓄，还会给伊斯兰世界带来重大损失。

同样的，如果将商业利益放在首要地位，银行则会偏离伊斯兰银行须建立在正义和公平的基础之上的初始精神。社会则会认为伊斯兰银行和传统银行并无区别。在这样的情况下，社会会选择传统银行而非伊斯兰银行。因为客户更加熟知传统银行的体系，即传统体系在为社会提供金融服务上更加稳定和有效率。

Khan（1983）表示，伊斯兰银行的目标是发展、培育和促进在所有银行交易、金融和其他相关领域中关于伊斯兰原则、法律和传统的使用。除了推广在所有金融领域的全面伊斯兰化，伊斯兰银行也肩负着促进投资公司的建立和其他商业实体建立的责任。条件是，这些公司不能涉及被伊斯兰教所禁止的活动。伊斯兰银行的建立并不只是为了追求利润，所以，越来越多的伊斯兰银行将道德和社会元素引入到它们的商业目标和商业蓝图里。例如，马来西亚伊斯兰银行在其建立之初就设定了这样的目标（马来西亚伊斯兰银行，1985）：

> 这家银行的目标是提供建立在伊斯兰原则、规定和操作上的金融工具和服务，这些工具和服务面向所有的少数民族团体和这个国家的所有公民。这些原则、规定和操作本质上是伊斯兰关于金融和银行交易的 mualamah 原则（ahkam al-mualamat al-Islamiah）。银行旨在提供其可偿付能力范围内的金融工具和服务，以保证其不断地增长和扩大。

由于当今商业社会需求的变化和日益增长的伊斯兰金融版图，随着其 2007 年 8 月新公司的建立，马来西亚伊斯兰银行重新对其前景和使命进行了新的规划。银行新的目标和使命有以下几项（www.bankislam.com.my）：

目标：

> 成为伊斯兰金融领域的全球领袖。

使命：

> （ⅰ）继续发展和创新与伊斯兰教宗旨相一致的被广泛接受的金融秩序和方案。

（ⅱ）提供合理的和可持续发展的回报给股东。
（ⅲ）提供一个有利的工作环境并成为市场上优秀人才的最佳雇主。
（ⅳ）使用国家最先进的技术提供具有全球水准的全面金融解决方案。
（ⅴ）成为负责任、审慎的公司法人。

如果仔细地研究这家银行的新目标和使命，人们就会发现其重点放在如何成为伊斯兰金融产品领域内的全球领袖，以及如何更好地保护股东利益。

马来西亚第二家伊斯兰银行——Bank Muamalat Malaysia Berhad，目前制定了如下目标和使命（www. muamalat. com. my）：

目标：

为股东提供最好的价值和升值服务。

使命：

成为地区内最受欢迎的伊斯兰金融服务提供者。

迪拜伊斯兰银行建立于 1975 年，是世界上最早的伊斯兰银行之一。在其建立初期，重视防止穆斯林参与有关利息的交易，因为这种操作被真主（s. w. t.）所禁止。因此，穆斯林没有陷入伊斯兰教中最严重的罪恶。随着时代的变迁，迪拜伊斯兰银行和马来西亚伊斯兰银行一样，逐渐修改其目标，以更好地反映它们迅速的成长和变化。迪拜伊斯兰银行现在已经成长为在提供与真主（s. w. t.）的规则一致的、创新的金融服务中最先进的一家银行。自 1999 年以来，迪拜伊斯兰银行建立了以下目标和使命（迪拜伊斯兰银行，1999）：

目标：

在真主的指引之下成为创新金融服务的领先提供者。

使命：

成为全球范围内最早的伊斯兰银行，将真实的伊斯兰经济原则转化为现实可行的操作，这些都是基于坚实的信仰，人类需要一个最终建立在启示录之上的经济体系。在与我们的合作伙伴在清真收入方面，在采用最佳商业操作方法、最新的金融服务技术和我们对于真主的信任上——我们坚信我们能成功。

银行制定的详细的价值观如下：

（ⅰ）生活方式：我们相信遵循伊斯兰价值观和原则的生活。

（ⅱ）客户：我们珍惜每一位客户，客户的满意度是我们的最高追求。我们的客户是我们亲密的朋友和最有价值的资产。

（ⅲ）准确和高效：我们理解我们的客户的时间十分宝贵。所以，提供准确、高效和快速的服务是我们的目标。

（ⅳ）牢固的关系：我们追求客户的忠实度，不断改善工作来强化与客户的关系。

（ⅴ）创新：我们将不同的客户体验放在首要位置，不断创新和改进服务水平。

（ⅵ）团队合作：团队合作对我们的工作至关重要。我们珍惜和尊重所有能够帮助机构改善工作水平的想法和观点。

（ⅶ）社会：发展资源和推动经济增长是我们促进社会发展的方式。

跟这些观念相同的是，迪拜伊斯兰银行制定的发展目标涵盖高质量的服务、实现利润和社会责任。这些综合目标如下：

- 提供最高品质的和伊斯兰教相一致的不包括利息的金融服务，使用最先进的科技手段，例如，电脑、电信和信息化系统。
- 投资谨慎，为银行和客户双方利益，获得最令人满意的而非最大化的回报。
- 与其他秉承伊斯兰教原则操作的金融机构协作、合作和共同行动，为建立一个伊斯兰金融系统的基础和规则做出努力。
- 通过投资产业、农业、贸易和房地产业，支持伊斯兰社会经济层面的发展，创造更多的就业机会。
- 通过伊斯兰的方式，特别是天课（zakat），即伊斯兰教徒每年一次的慈善捐款，促进伊斯兰社会内部互相帮助的善意。
- 促进与伊斯兰五个重要理念相一致的社会福祉。这五个重要理念——保护生命、心灵纯正性、财产权、荣誉感和社会公平。
- 根据伊斯兰教原则，使用适合个体需要的金融和投资工具来鼓励储蓄习惯和理智投资。
- 为企业家提供相关资金，开发经济项目，开发适用的和遵循伊斯兰教义的金融工具。

但是，2000年以来，这家银行没有在其年报里提到其价值观和目标。

孟加拉国伊斯兰银行（Islami Bank Bangladesh Limited，IBBL）作为孟加拉最大的私营商业银行，有着别出心裁的特点。这些特点围绕着社会责任和在伊斯兰教基础上发展穆斯林经济的抱负。穷人和弱势群体是这家银行服务的主要群体。这些目标最初是这样表述的（Islami Bank Bangladesh，1999）：

（ⅰ）所有的活动应当与伊斯兰教为基础的无利息的体制及方法保持一致。

（ⅱ）投资范围在伊斯兰教义允许的范围之内。

（ⅲ）在利润分享（mudharabah）的原则下，根据储户的储蓄做出合理的分配比例，投资的收益应当与储户共享。

（ⅳ）引进一个以福利为主导的金融系统，建立一个贸易和商业领域的公平和公正原则。

（ⅴ）鼓励社会经济的向上发展，为低收入群体特别是农村地区的低收入群体提供金融服务。

（ⅵ）在人力资源发展和刺激就业特别是刺激失业年轻人群的就业方面发挥重要作用。

（vii）通过多元化的投资操作，特别是在重要领域和国家欠发达地区，获得均衡的经济增长和公平的发展。

但是，为适应当前的发展和全球化的要求，孟加拉国伊斯兰银行不久修改了它的服务对象和服务目标（www. islamibankbd. com）：

- 开展无利息的金融服务。
- 建立参与式的金融服务而不是建立在借款人和贷款人关系上的金融服务。
- 投资建立在利润和风险共同承担的基础上。
- 在利润分享和信托（wadiah）的原则上接受储蓄。
- 建立一个以福利为导向的银行体制。
- 扩大和穷人、身处困境的和低收入群体的合作，帮助他们提高经济待遇。
- 在人力资源和刺激就业方面发挥显著作用。
- 通过投资手段，特别是在欠发达地区的投资，促进均衡的经济增长和发展。
- 通过不断地发展，实现伊斯兰经济体系的最终目标。

印度尼西亚 Muamalat 银行（Bank Muamalat Indonesia）的最初目标是这样制定的（Bank Muamalat Indonesia，1998）：

为了将印度尼西亚 Muamalat 银行建成为乌玛（ummah）的骄傲，也就是成为其领域内最好的银行之一，银行的目标是：

（i）保持健康的发展和良好的金融状态。衡量标准是其发展是否和伊斯兰教的原则和规章相一致。

（ii）获得利润。

（iii）使其股票对社会充满吸引力。

（iv）与有全球商业能力的实体建立一个广泛的工作网络。

（v）为每一位员工提供一个事业进阶的高效平台。

印度尼西亚 Muamalat 银行的最初使命是：

（i）在印度尼西亚的经济发展竞赛中发挥重要作用，特别是通过努力来提升伊斯兰企业家和催化伊斯兰教金融委员会的扩大。

（ii）为股东提供适宜的利润。

（iii）为最优的运营增长而努力。

（iv）为伊斯兰社会作出贡献。

（v）保持和加强工作质量。

印度尼西亚 Muamalat 银行的最初目标和使命在 1999 年的时候被修改，于 2005 年执行。它的新目标是：

（i）成为印度尼西亚排在首位的伊斯兰银行。

（ii）成为伊斯兰教市场内的主要从业者。

（iii）在理性市场内受到尊重。

它的新使命是：

（i）成为一个强调专业化和出色管理、以市场为导向、重视创业精神的伊斯兰银行。

（ii）为伊斯兰银行组织提供一个发展模式。

（iii）成为投资领域里最具创新意识的银行。

但是，2006 年印度尼西亚 Muamalat 银行再度修订了它的宗旨。这些变化是由于印度尼西亚伊斯兰金融体系的变化引起的。一系列伊斯兰银行在印度尼西亚建立，其中包括 Perkreditan Rakyat 银行（BPR），这家银行积极提供伊斯兰教金融产品。2008 年底，印度尼西亚伊斯兰金融系统已经发展到 5 家伊斯兰商业银行、13 家作为私人投资者管理的国家银行的分支机构的伊斯兰金融单位、15 家在地区政府银行拥有分支机构的伊斯兰金融单位和 128 家伊斯兰农村信贷银行（www. bi. go. id）。为了应对日益加剧的激烈竞争带来的伊斯兰金融领域的种种挑战，到 2007 年底仍然作为印度尼西亚领先的伊斯兰银行的印度尼西亚 Muamalat 银行制定了全新的目标和宗旨（www. muamalatbank. com）：

目标：

> 成为印度尼西亚首屈一指的伊斯兰银行，宗教市场的主导者，在理性市场受到尊重。

宗旨：

> 成为世界范围内的伊斯兰金融机构的模范，鼓励创业，出色管理，以创新投资为主导，为股东带来最大化利益。

这些在利润和社会责任方面取得平衡的概念在东南亚的其他银行也被接受。比如，建立于 1990 年 1 月 26 日的菲律宾的 Al-Amanah Islamic Investment 的伊斯兰投资机构，在 1991 年 2 月 11 日开始运行，强调其建立的公司宗旨是（www. islambank. com. ph）：

> 通过投资银行、金融和投资运营，参与农业、贸易、产业领域，采用伊斯兰银行系统的概念，促进和加速自治地区的社会经济发展。

泰国伊斯兰银行（The Islamic Bank of Thailand）是这个国家唯一的与伊斯兰教义保持一致的商业银行。这家银行建立于 2002 年，它的目标如下（www. isbt. co. th）：

> 首先，这家银行的运营基于伊斯兰规则之上。拥有卓越的服务、高效的管理和良好的监管，这家银行理应日益强壮和稳定。

同时，泰国伊斯兰银行的宗旨是：

（i）保持银行不涉及利息经营的形象。

（ii）加强组织的稳定性。

（iii）提供出色的服务。

（iv）提供全面的商业指导和监督。

（ⅴ）促进社会发展。

伊斯兰金钱之家信托基金（Dar al-Maal al-Islamic Trust）是一家建立于1981年的伊斯兰金融机构，同时是四个大洲21家经营伊斯兰银行和保险业务的金融机构的控股公司。其于1992年发布的集团公司的战略目标是（巴林费萨尔伊斯兰银行，Faysal Islamic Bank of Bahrain，1992）：

（ⅰ）提供金融服务给所有的穆斯林，以完成他们的金融业务。现阶段，这些金融服务是严格遵循伊斯兰独有的社会伦理价值的，绝不与神圣的利息禁令相抵触。

（ⅱ）在伊斯兰教的公平原则下，为所有的穆斯林群体提供真实经济的发展和繁荣所必需的金融资源，并服务于其流通和利用。同时，保障所有个人和集体的权利与义务。

（ⅲ）服务于伊斯兰群体和其他发展中国家，通过互利金融往来促进经济增长，维护周边和平，从而加强与其他发展中国家的手足情谊。

伊斯兰金钱之家信托基金与时俱进地调整了它的目标，并增加了如下的新经营理念（伊斯兰金钱之家信托基金，1998）：

（ⅰ）在现代竞争环境中创建伊斯兰银行与金融机构。

（ⅱ）成为伊斯兰金融领域的第一集团，提供高标准、高质量的产品和服务。

（ⅲ）提高集团的收益能力，为合伙人、股东和员工带来持续的价值增值收益。

（ⅳ）为集团所处的、投资的或者有商业合作的国家的经济发展做出贡献。

（ⅴ）在推动金融机构间合作的进程中起主导作用。

（ⅵ）与传统的金融机构发展友好关系。

伊斯兰金钱之家信托基金的经营理念是：

（ⅰ）遵循伊斯兰教义的基本原则，现行的业务规范正是基于这些原则。

（ⅱ）维护合法利润的取得和稳定发展，提高效率。

（ⅲ）作为一个集团维护整个组织的利益。

（ⅳ）重视提供给利益相关者和客户的服务，培养信任、团结和互利的关系。

但是，从2000年开始，伊斯兰金钱之家信托基金不再在其年度报告中公布集团的目标和经营理念。

除了伊斯兰金钱之家信托基金，另一家在伊斯兰金融领域有所涉猎的巨头公司是达拉·巴拉卡集团（Dallah Albaraka）。达拉·巴拉卡集团成立于1969年，并与遍布44个国家的300家公司有利益关系，其总资产超过了70亿美元。在金融行业，达拉·巴拉卡集团与23家基于伊斯兰教义建立的银行和金融机构利益相关。集团的目标和经营原则是（www.albaraka.com）：

目标：

> 通过组织负责任的社会活动为我们所居住和经营的社区服务，满足客户要求，提供高质量的产品和服务。提供给股东高的资本回报率，精选并开发低风险的、

精细的、多样化的、有发展潜力的产品。我们承诺，为我们的员工提供专业的、富于创新的工作环境，其特点是公开、开放、实行问责制度，并且尊重所有人。

使命：

作为一个多目标的投资集团，我们致力于提供符合伊斯兰教义的投资和金融服务，并将继续在中东地区乃至全世界提高我们产品种类的多样性，尤其是在娱乐、保健、环境、食品生产和不动产领域。我们从事的一切业务均遵循诚实正直的高标准的道德要求。

达拉·巴拉卡集团的目标和原则是它所有的子公司所信奉的经营理念，这可以从它的一个子公司——巴林的巴拉卡伊斯兰银行（Albaraka Islamic Bank）——的目标和使命中看出来（www. barakaonline. com）：

目标：

成为一家具有领先地位、多样化经营的国际化伊斯兰银行，通过提供多品种的高质量产品与服务、结成战略联盟来获取竞争优势。

使命：

我们致力于成为一家在区域内居于领先地位的伊斯兰银行，促进我们的目标市场的经济与社会发展，最大化客户和股东的利益，并且在创造与革新的氛围中注重人力资源的开发。

经过对所有伊斯兰银行的所设目标的考察，可以得出结论，大多数伊斯兰银行注重社会责任的履行，由此可以将其与传统的银行相区分。然而，虽然传统银行没有宗教义务要履行，但这并没有阻止它们履行其社会责任。实际上，确有传统银行在社会项目中作出更显著贡献的事例。这些项目包括教育、为残疾人减轻负担以及提高贫困人口的生活水平。如果伊斯兰银行只注重利润最大化而忽视了社会责任，穆斯林会感到被忽视了，但他们也不希望伊斯兰银行完全只关注社会责任的履行而无视其效率和盈利能力。

伊斯兰银行的社会活动

全世界大多数伊斯兰银行对社会责任很敏感，与此相伴的是机构设立时的有道德的盈利目标。不管一家伊斯兰银行是承担其社会责任还是改善穆斯林的社会经济福利，都可以从其所引导的社会活动中看出来。有些银行并没有明确地指出它们的社会责任，但实际上它们的很多活动表明它们正在朝这一方向努力。此外，还有一些银行并不详细地披露其所引导的社会活动。

因社会活动而享有盛誉的伊斯兰银行有约旦伊斯兰银行（Jordan Islamic Bank，JIB）、孟加拉国伊斯兰银行和社会投资银行（Social Investment Bank）。马来西亚伊斯兰银行（Bank Muamalat Malaysia）也在承担社会责任方面表现很积极。

约旦伊斯兰银行从建立伊始就积极地为约旦的教育机构提供和安装教学设施，并且每年都将其部分利润用于大学、科学研究和职业培训。比如，在 2007 财年结束之际，高达 189 230 约旦第纳尔[①]的投资被用于约旦的高校，同样的数量被用于支持职业培训和科学研究。除此之外，约旦伊斯兰银行还积极捐助清真寺、慈善组织和社团，在 2007 财年这一金额是 201 500 约旦第纳尔。与此同时，基于伊斯兰教行善、利润分享风险共担和合伙经营教义的资金援助也向穷人、即将结婚的年轻人以及手工业者开放。到 2007 年末，银行针对手工业者的援助项目达到 71 个，共计 160 万约旦第纳尔（约旦伊斯兰银行，2007）。

孟加拉国伊斯兰银行的社会活动通过一个专门设立的机构——伊斯兰银行基金会（The Islamic Bank Foundation）进行。截至 1998 年，这个基金会建成了两家现代医院以及服务中心和销售中心，并开展了多个孟加拉国的社会经济发展项目。基金会还建立了两个类型的培训中心：给失业的青年人提供职业技能培训的职业发展机构和提供宗教以及道德教育的高等院校。为了实现提高穷人收入水平的目标，基金会还设立了一个销售中心给面临困难的穷人和妇女销售自制的产品。此外，基金会还设立有特别基金用于支援遭受洪水以及其他灾害的受灾人群。

与孟加拉国伊斯兰银行一样，孟加拉国社会投资银行也高度重视其社会责任。银行不仅通过多样化的活动来履行自己的社会职责，还积极援助那些开展项目帮助整个伊斯兰民族发展的公众和客户。援助通过专设的机构进行，这些机构有利于激活有志于福利目标的公共基金。基金的募集有两个主要渠道：一种形式是遗产信托凭证，在这一形式下，捐赠的财产不会再归还给捐赠者而是被用于约定的目的；另一种形式是发行债券。通过发行债券筹资时，债券的面值将在约定的到期日偿还给债券持有人，但交易产生的收益将被用于债券的买方所选择的项目中。为了实现基金的福利和声誉等社会目的而创造的金融工具有（www. siblbd. com）：

- 信托财产发展债券（常规的和专用的）。
- 信托现金存款凭证（常规的和专用的）。
- 家庭信托凭证。
- 清真寺财产发展债券（常规的和专用的）。
- 清真寺团体股份。
- 福利贷款凭证（常规的和专用的）。
- 天课和税收支付凭证。

---

① 约旦的官方货币是约旦第纳尔，JOD。

- 朝觐储蓄凭证。
- 非穆斯林信托财产发展债券（常规的和专用的）。
- 地方议会发展债券（常规的和专用的）。

除了出于行善目的的筹资外，社会投资银行还设立一个叫做社会基金（Social Fund）的储蓄基金。基金的资金来源于银行经营的利润——捐款、救济金和天课等形式的公众捐赠同样也构成其资金来源，筹集的资金用于资助穷人、以奖学金形式资助教育和医疗补贴。

印度尼西亚伊斯兰银行（Bank Muamalat Indonesia，BMI）也没有忽视其为印度尼西亚的穆斯林群体作出贡献的职能。其社会活动的安排有：

（ⅰ）促进小型企业发展。

（ⅱ）设立社会经济发展项目。

（ⅲ）设立储蓄基金来募集公众捐赠的救济金和天课。

（ⅳ）分配利用国际发展基金会筹集的资金。

（ⅴ）设立退休基金。

BMI制定了收益共享风险共担方案。截至2007年，38.6%的BMI的投资是通过这一形式发放的。BMI与其合作者Baitumaal Muamalat（BMM）一起完成了许多的社会责任项目，其中包括2007年提供给遭受自然灾害的民众的价值960万卢比的慰问金，以及代表伊斯兰发展银行提供给亚齐（Acheh）飓风灾害孤儿的奖学金计划。2007年，这一计划共有1 600个奖学金项目颁发给了受灾学生（印度尼西亚伊斯兰银行，2007）。

马来西亚伊斯兰银行还有社会援助计划。除了从天课筹资外，银行还设立一个专门的项目，名叫“仍有人关心”（Masih Ada Yang Sayang）。通过这个项目，银行得以筹集资金来帮助需要经济支援的学生。

除了引导社会活动之外，伊斯兰银行还努力让它们的客户知道伊斯兰银行与传统银行是非常不同的。这一认知非常重要，因为若没有这一认知，客户将会感觉这两类银行没有什么不同。这一错误认知是非常不利的，尤其当一个客户光顾伊斯兰银行的目的仅仅是为了从他的储蓄和投资中获取利润而不是基于宗教因素考虑时。

一些研究表明有些客户与伊斯兰银行交易仅仅是为了获取利润（Erol and El-Bdour，1989；Haron and Planisek，1994），亟须通过一个综合的、全面的方式将伊斯兰金融理念传递给社会。伊斯兰银行和教育机构应该相互合作，学生们在学校就应该接触有关于伊斯兰金融的知识。

伊斯兰银行经营理念形成的影响因素

影响一个组织的经营理念形成的因素可以分为两类，分别称为外在因素和内在因素。外在因素通常是组织所不能控制的，比如经营地的法律法规、环境、客户想法和观点、竞争者的行为、经济发展变化和上天安排的变故。而内在因素是可以由组织自身控制和改变的。

当设立一家伊斯兰银行时，经营理念将会受到外在和内在因素的影响。比如，在以下的任一情况下，一家新成立的伊斯兰银行需要考虑社会因素的影响：

（ⅰ）法律要求银行将其部分利润用于教育、研究或者伊斯兰民族的发展事业。

（ⅱ）法律要求银行提供部分资金给予福利形式的贷款，或者援助贫困和低收入群体。

（ⅲ）许多竞争者都在从事社会公益活动，于是，银行也必须参与类似的活动来彰显其社会责任感。

（ⅳ）银行是所在社区关注的中心，它的社会公益项目总能得到它的客户的全力支持。比如，一个有着社会目标的基金发起设立了，银行的客户们将全力支持。

内在因素在银行设立之初起到一定作用。比如，当投资者们出资设立一家伊斯兰银行时，他们通常想获得高回报，于是银行的经营倾向于使利润最大化。然而实际上，由于设立银行需要大量的资本，所有者和管理者通常由不同的群体组成，这使得银行的经营理念受到两个主要因素的影响：一个是所有者对银行管理的干预程度，另一个是管理者在管理银行过程中信奉的理念和实践。

在通常情况下，银行管理受到三个观念的影响。第一个观念是股东一定要求投资的高额回报。如果这一观点成立，管理者将会为给股东带来高额利润返还而努力工作，期望继续受托经营银行。高额利润同时也显示了管理者的出色表现和效率。第二个观念与管理者获得的报酬相关。如果管理者认为他们所获得的薪酬很大程度上取决于经营所得利润，他们将会努力实现利润最大化。这是基于如下看法：利润越高，管理者以奖金和年度工资涨幅来体现的报酬就越高。第三个观念是存款人也要求高回报，否则他们将转向其他银行，这一行为将会使被转换的银行留下负面形象。在这种情况下，管理者同样也需要努力实现利润最大化来提供给存款人高额回报。

因此，这三个关键的促进因素——为了取悦股东获得职业发展机会而获取高额利润，为了最大化薪金、年终奖以及其他报酬而获取高额利润，为了防止存款人转向其他银行而提供高额回报——都将使银行的最高管理层重视利润最大化的经营理念而忽略社会职责和伊斯兰民族的福利追求。社会公益活动——比如福利贷款的提供和对小型企业的贷款等，将会被放在最不重要的位置上。

尽管全世界的伊斯兰银行机构数以百计，但都可以归入如下三个大类：

（ⅰ）提供伊斯兰银行产品和服务的普通金融机构。

（ⅱ）经营普通银行业务的伊斯兰金融机构。

（ⅲ）提供伊斯兰银行产品和服务的伊斯兰金融机构。

伊斯兰银行机构的分类基于其业务和所宣称的经营理念。第一类的金融机构提供的服务仅仅是不为伊斯兰教义所禁止，并不遵循教义的其他商业准则。第二类机构自认为是伊斯兰金融机构，但实际上它们提供的产品和服务与普通的金融机构相类似。第三类机构被认为是最纯粹的伊斯兰金融机构，因为它们不仅仅提供伊斯兰银行服务，并且在基于伊斯兰教义的商业准则上经营。认为伊斯兰银行和金融机构应该仅仅专注于利润的观点是从传统银行的经营中得来的。在追求利润最大化的背景下，一个伊斯兰银行的典范应该反复重申，尽管盈利是重要的，但它必须与社会公平相平衡。

于是，伊斯兰银行的建立目标是宗教目的和商业目的的混合。因此，所有的与金融交易和银行业务有关的商业活动必须与伊斯兰教义和法律相一致。这些银行也被禁止从事伊斯兰教义不允许的商业活动。伊斯兰教义鼓励它的信奉者们从事像《古兰经》“黄牛”章 275 节所描述的那样的贸易活动，真主允许穆斯林做生意，但不允许收取利息。先知穆罕默德在早年是一名商人，他的同伴们也如此。伊斯兰银行最重要的特点是银行的经营必须在不收取利息的前提下进行。支付或者收取利息的行为是《古兰经》和《圣训》明令禁止的（关于利息的详细讨论见本书的第四章）。

Siddiqi（1986）认为利息被看做有损道德、危害社会并且阻碍伊斯兰民族的发展。Siddiqi 提到了一位伊斯兰学者 Iman Razi（543 H/1149—606 H/1209）的观点，Iman Razi 谴责利息，是因为利息会侵蚀别人的财富。由于有能力放贷的富人占少数，利息会使得穷人愈发贫穷从而引发社会冲突，这又会败坏放贷者的名声。不论做什么生意，不确定性是一定存在的。每一单生意都不能保证成功并且随时都有损失的可能。由于生意能否成功是不确定的，所以放贷一方要求借钱做生意的一方不论生意盈亏都要支付一定数量的固定利息的行为是不公平的。也就是说，即便商人的生意亏损了，放贷者也能够从他放出的贷款中获得收益。而商人，即便在生意不盈利的时候也要向贷款者付利息。

然而，一家不收取也不发放利息的银行并不具备成为真正的伊斯兰银行的资格，因为禁止利息并不是唯一的伊斯兰商业原则。伊斯兰教义列出了一系列的准则供其追随者在打理生意时遵循。除了遵循这些条理分明的经营的指导原则外，伊斯兰银行还必须遵守那些规范穆斯林个人行为的法律法规。只有遵守了所有的规章后，这家银行才能被认为是伊斯兰银行。一旦一家伊斯兰银行理解了它的身份和必须遵守的规则，制定它的经营原则就轻而易举了。

商业原则涵盖了广泛的领域，包含伊斯兰银行在经营中必须遵守的各种信仰、惯例和准则，还包括银行与它的储户、投资者以及其他需要银行服务的当事人的关系类型。此外，不仅政策制定者，执行者也要遵守这些商业准则。通常，相关的当事人包括银行的董事会、经理层和员工。有时，商业原则的要求会与银行的使命甚至于银行力求实现的经营目标有所差别。

Al-Azuhaily（2003）认为如下描述的金融机构可被认定为伊斯兰金融机构：

> 伊斯兰金融机构的职能是筹集资金并代表它的参与者（基于利润分享风险共担原则将钱存入银行的客户）投资运用资金。机构的目标是复兴穆斯林社会，实

现穆斯林民族的团结合作，同时遵从伊斯兰立法的基本原则。法令要求经营不得涉及利息和其他遭禁的契约，利润分配按照无偏颇的比例进行，不允许存在不公正的行为。机构还致力于以无息贷款帮助需要帮助的人，支持穆斯林社会经济发展。

Al-Azuhaily 还强调了伊斯兰银行突出其与传统银行的差异的重要性。

除了遵循伊斯兰法律法规之外，伊斯兰银行还必须有能力与传统银行竞争，满足穆斯林的金融和经济需求。伊斯兰银行区别于传统银行的主要特征有：

（ⅰ）伊斯兰金融机构必须完全遵守伊斯兰信仰的要求，不得从事任何与利息有关的业务和其他被伊斯兰教义明令禁止的业务。

（ⅱ）伊斯兰金融机构必须更关心和了解它们的客户面临的财务困难。

（ⅲ）伊斯兰金融机构不将利润最大化作为基本目标，而将目标设定为促进社会经济发展和消除贫困。

（ⅳ）伊斯兰金融机构的每一笔业务都更透明。这样，存款人很清楚他们的资金用途和可以获得的收益。类似的，透明的融资发行确保不存在剥削。

（ⅴ）伊斯兰金融机构的经营方式区别于传统银行，包括吸收存款和融资方面。

（ⅵ）伊斯兰金融机构必须向所有的社会公众提供服务，不论客户的社会地位和身份。

（ⅶ）伊斯兰金融机构必须且只能向客户收取与提供服务发生的实际成本相一致的费用。

伊斯兰金融原理起源

一般来说，传统的金融机构在制定原理时并没有预设的参考来源。通常，原理的创造和选择是基于过去的经验和未来的发展方向的，管理思想也对组织所支持的原理形式有所影响。然而，这个问题在伊斯兰体制下并不存在，这是因为作为一个在伊斯兰教义界限内建立的商业实体，其经营理念的基础就是那些已经在纯净、绝对的伊斯兰起源——《古兰经》中被揭示了的原理。真主在《古兰经》仪姆兰的家属（Ali-Imran）章 132 节中说：

> 你们当服从真主和使者，以便你们蒙主的怜恤。《古兰经》（3：132）

真主在《古兰经》妇女（an-Nisaa）章 59 节中说：

> 信道的人们啊！你们当服从真主，应当服从使者和你们中的主事人，如果你们为一件事而争执，你们使那件事归真主和使者（判决），如果你们确信真主和末

日的话。这对于你们是裨益更多的，是结果更美的。《古兰经》(4：59)

更进一步，真主在《古兰经》筵席（al-Maidah）章 92 节中说：

你们当服从真主，当服从使者，当防备罪恶。如果你们违背命令，那么，你们须知我的使者只负明白的通知的责任。《古兰经》(5：92)

除了以上的章节，其他相关的章节为妇女章的第 64 节和第 80—81 节《古兰经》(4：64，80-81)，易卜拉欣（Ibrahim）章的第 12 节《古兰经》(14：12)，战利品（al-Anfaal）章的第 20—25 节和第 46 节《古兰经》(8：20-25，46)，光明（an-Nur）章的第 51—52 节和第 54 节《古兰经》(24：51-52，54)，穆罕默德（Muhammad）章的第 33 节《古兰经》(47：33)，相欺（at-Taghaabun）章第 11—12 节《古兰经》(64：11-12)。因此，伊斯兰银行的核心原理应该与《古兰经》所揭示的以及穆罕默德言行录相一致。《古兰经》揭示的原理和穆罕默德言行录要求穆斯林支持正义和美德，这些在伊斯兰银行处理它们的商业事务时起着指导原理的作用。除了这两大起源以外，另外两个伊斯兰教起源分别是类比推理（qiyas）和公议教法（ijma)。在基于伊斯兰教义所建立的、并且大多都由穆斯林来领导的体制中，应该着重考虑这些伊斯兰资料。伊斯兰银行在阐述它们的原理时，如果无视这些伊斯兰资料，而是用西方起源作为它们的引导和参考，并且将其融入它们的公司目标和政策之中，则会被视为是愚蠢的。

伊斯兰银行经营理论的本质

伊斯兰教将贸易视为一种要求诚实的努力，是穆斯林的生计来源之一。虽然先知在被指派为真主的使者前的早期生涯中，他就同许多同伴一样是一位商人，但必须记住的是，伊斯兰教主张穆斯林根据宗教所规定的原理进行商业活动。伊斯兰教义中《古兰经》创造者（Fatir）章第 29 节中最好地解释了正直的贸易，其中说：

诵读真主的经典，且谨守拜功，并秘密地或公开地分舍我所赐予他们的财物者，他们希望这经营永远不破产。《古兰经》(35：29)

上面的章节指出那些谨遵《古兰经》的教诲，从不怠慢礼拜和做善事的人，他们在商业经营中将会成功。这一章节也指出，信徒们以从事慈善方式进行的贸易所得并非不明来源，而是来源于真主的赐予。因此，进行贸易的穆斯林应该遵循两点：第一，他对他所拥有的财产并没有绝对的所有权；第二，他不能像那些将财产部分留用于再投资来增加资产的贸易者那样运用其所有的财产。这是因为穆斯林有义务将他们的部分财产用于天课和进行慈善活动。信徒们进行的商业活动将不会失败，也不会遭受波折，因为真主已经保佑了他们的收益，甚至还额外增加恩惠（Ali，1989)。诚实可信的商业活动带来现世以及来世的利润，这与穆罕默德言行录中 Tirmizie（d. 279H/893）所叙述的一致，先知曾经说：

诚实的商人与先知同在，先知是诚实的，并是受难者。(by Tirmizie)

除了诚实的定义外，伊斯兰教义还强调了确实性。其概念是在《古兰经》妇女章第 58 节中真主所传达的一条信息：

真主的确命令你们把一切受信托的事物交给应受的人，真主又命令你们替众人判决的时候要秉公判决。真主用来劝戒你们的事物真优美！真主确是全聪的，确是全明的。《古兰经》(4：58)

除了以上的章节，《古兰经》战利品章的第 27 节也提到了确实性。在这一章节中，真主说：

信道的人们啊！你们不要背叛真主和使者，不要明知故犯地不忠于你们所受的信托。《古兰经》(8：27)

在从事商业活动的过程中，伊斯兰银行应该对所使用的资源和其获取收入的方式给予足够重视。这是至关重要的，因为伊斯兰教义始终强调生计营生的合法性。《古兰经》妇女章第 29—30 节中有：

信道的人们啊！你们不要借诈术而侵蚀别人的财产，惟借双方同意的交易而获得的除外。你们不要自杀，真主确是怜恤你们的。谁为过分和不义而犯此严禁，我要把谁投入火狱，这对于真主是容易的。《古兰经》(4：29－30)

基于宗教的规定，伊斯兰银行必须根据需要来控制它们的支出。这意味着支出不能够超过它们所能够获得的收益。当开支不能够被潜在的回报所弥补时，即发生损耗，这是在伊斯兰教义中被禁止的。伊斯兰银行有义务为穆斯林乌玛（ummah）获取利益，但其形式不一定限于现金。这种规避损耗以及在有益的事务上支出的规定在《古兰经》黄牛章第 219 节中体现：

他们问你饮酒和赌博（的律例），你说："这两件事都包含着大罪，对于世人都有许多利益，而其罪过比利益还大。"他们问你他们应该施舍什么，你说："你们施舍剩余的吧。"真主这样为你们阐明一切迹象，以便你们思维今世和后世的事务。《古兰经》(2：219)

《古兰经》妇女章第 36 节也指出了对穆斯林来说正确的行为，这对伊斯兰银行在处理它们的商业事务时以及寻求潜在客户时也是适用的。经文中称：

你们当崇拜真主，不要以任何物配他，当孝敬父母，当优待亲戚，当怜恤孤儿，当救济贫民，当亲爱近邻、远邻和伴侣，当款待旅客，当宽待奴仆。真主的确不喜爱傲慢的、矜夸的人。《古兰经》(4：36)

以上的章节指出，伊斯兰银行必须注意那些需要帮助的人以及期望得到帮助的人。在《古兰经》黄牛章第215节中也可以找到相似的要求：

他们问你他们应该怎样费用，你说："你们所费用的财产，当费用于父母、至亲、孤儿、贫民、旅客。你们无论行什么善功，都确是真主所全知的。"《古兰经》(2：215)

《古兰经》妇女章第36节和黄牛章第215节在要求伊斯兰银行有帮助那些需要的人的职责这一点上一致。有两种人需要这种帮助，其中一种是那些将银行当做储存他们货币的地方，另一种人是那些需要银行以融资工具形式提供财政支持的个人或是交易者。因此，向这两个群体提供帮助是银行的职责。在《古兰经》筵席章的第1节中有言：

信道的人们啊！你们当履行各种约言。《古兰经》(5：1)

这一节中"约言"或"义务"都有广泛的意义，既可以包括明确的职责也可以包括隐含的职责。明确的职责体现在伊斯兰银行向特定的群体，如政府或公众发布的公告中。形式可以是在公告中阐述银行的目标和职能，以及在建立的协会的备忘录中进行说明。另一方面，隐含的职责则体现在银行作为一个以伊斯兰教的名义、并由穆斯林来管理的机构所必须履行的全部责任义务，包括人类对于真主、先知、自己、其他人、社会以及真实世界所应该承担的责任。

尽管伊斯兰银行有责任向那些有需要的人提供帮助，但这种帮助是非常有限的。这是因为伊斯兰银行同时有责任保证投资人和存款人委托给他们管理的财产的安全。因此，他们必须小心地区分效益和提供援助的优先次序。

同样有章节指出伊斯兰银行应当进行所有的活动。除了《古兰经》妇女章第29节《古兰经》(4：29) 以外，同样一章的第135节也提到了同样的话题，称：

信道的人们啊！你们当维护公道，当为真主而作证，即使不利于你们自身，父母和至亲。无论被证的人，富足的，还是贫穷的，你们都应当秉公作证；真主是最宜于关切富翁和贫民的。你们不要顺从私欲，以致偏私。如果你们歪曲事实，或拒绝作证，那末，真主确是彻知你们的行为的。《古兰经》(4：135)

关于公平的言论在《古兰经》蜜蜂 (an-Nahl) 章第90节中有：

真主的确命人公平、行善、施济亲戚，并禁人淫乱、作恶事、霸道；他劝戒你们，以便你们记取教诲。《古兰经》(16：90)

事实上，当这一公平的概念被扩展至金融的范畴，将不存在对客户的歧视问题，因为伊斯兰银行必须公平地对待它们的客户。更进一步地，当伊斯兰银行确定利润率或是向它们的投资者或生意伙伴收取费用时，公平是它们最根本的导向。就像在《古兰经》筵席章第87节中指出的，伊斯兰银行被禁止从客户那里收取额外的款项：

信道的人们啊！真主已准许你们享受的佳美食物，你们不要把它当作禁物，你们不要过分。真主的确不喜爱过分的人。《古兰经》(5：87)

Mannan (1986) 认为，在伊斯兰社会体系下，只有当经济资源的分配达到如下状态时福利才达到最大化：在《古兰经》和穆罕默德言行录的约束下，不可能使一个人的情况变得更好的同时而不损害其他人的利益。因此，任何在《古兰经》和穆罕默德言行录中没有被明确禁止、且与其精神相一致的事情可能被认为是符合伊斯兰教义的。因此 Mannan 认为，只要伊斯兰银行的活动没有被《古兰经》和穆罕默德言行录所禁止，那么这件事情就是无害的。在伊斯兰教中，所有事物的绝对所有权都是属于真主的，在《古兰经》仪姆兰的家属章第 189 节中有所表述：

天地的国权归真主所有。真主对于万事是全能的。《古兰经》(3：189)

这种绝对所有权并非指真主为其自己创造了所有的事物。相反的，在《古兰经》黄牛章第 29 节中指出：

他已为你们创造了大地上的一切事物，复经营诸天，完成了七层天。他对于万物是全知的。《古兰经》(2：29)

Mannan (1986) 强调真主创造的万物均属于整个人类社会。除此之外，伊斯兰教承认并认可法律上的个人所有权，即对财产的拥有权、享用权和转让权。然而，所有的所有权都受制于道义上责任。事实上，就算是动物也有权利去分享万物。在《古兰经》播种者 (az-Dhariyat) 章第 19 节中，提到道义上责任：

他们的财产中，有乞丐和贫民的权利。《古兰经》(51：19)

确切来说，善行不仅仅是向穷人和提出需要的人提供帮助，也是向那些有需要但又因为特定的原因而无法表述他们的需要的人提供帮助。那些真正仁慈的人将会帮助后者。人们需要帮助却并未寻求帮助有许多种原因 (Ali, 1989)：

(ⅰ) 他们因为怕失去自尊而羞于开口。

(ⅱ) 他们极大地被理想主义形式的思想影响，因而根本不会想到去寻求帮助。

(ⅲ) 他们没有意识到实际上他们需要帮助，尤其是涉及精神财富方面时。

(ⅳ) 他们不知道其他人拥有的东西能够满足他们的需求。

(ⅴ) 他们是无知的和弱势的。这时，福利就是一种有能力的人对能力较逊的人的协助方式。

对于伊斯兰银行，尽管创造利润是可以被接受的，但是不为改善社会而进行的利润积累是被禁止的。基于这一条，伊斯兰银行应该更加关注穆斯林社会的需求，提升社会福利机构和活动的水平，为贫穷者提供更多。伊斯兰教义禁止个人专门为了其个人利益而进行的财富积累，或是对财富不受限制地拥有。实际上，伊斯兰教义要求通过合法的方式获得的财产或财富，不应因为私利而被贮藏起来，因为这样将会妨碍经济的增长，并导致社会的不均衡。

在《古兰经》仪姆兰的家属章第180节中，真主说：

> 吝惜真主所赐的恩惠的人，绝不要认为他们的吝惜，对于他们是有益的，其实，那对于他们是有害的；复活日，他们所吝惜的（财产），要像一个项圈一样，套在他们的颈项上。天地间的遗产，只是真主的。真主是彻知你们的行为的。《古兰经》（3：180）

在《古兰经》诽谤者（al-Humazah）章的第1—4节中有：

> 伤哉！每个诽谤者，诋毁者，他聚积财产，而当作武器，他以为他的财产，能使他不灭。绝不然，他必定要被投在毁灭坑中。《古兰经》（104：1-4）

以上经文所揭示的道理提醒那些经营伊斯兰银行的人，在处理资产时应当更加小心谨慎，禁止在不当的基础之上积累资产。伊斯兰银行的财富应该被用于那些需要的人身上以及用于改善社会状况，如果不这样做银行积累的财富就很可能毁灭。这种毁灭作用于银行各方面之上，比如不值得信赖的员工、职员们理不清债务、投资面临着损失，等等。这些都是可能导致一家银行巨额损失的因素，并可能最终迫使其停业。

伊斯兰银行的操作原理

和传统的金融机构一样，伊斯兰银行的主要职能是将存款引导到那些需要的人的手中，将资产用于有利可图的用途。由于伊斯兰教义禁止支付和收取利息，因此伊斯兰银行只能向其潜在的客户提供符合伊斯兰教义的金融服务。在提供任何金融服务之前，第一步就应该是参考伊斯兰法律最可靠的并且是基础的来源，即《古兰经》和穆罕默德言行录，有关商业的任何原理或是禁止的事项都应该被仔细研读。在《古兰经》中，有许多章节提到了可信赖性、公平、对贿赂行为的禁止、提供真实的证据、保证准确的重量和度量，以及其他问题。另外，还有章节规定契约要以书面形式订立，并在有见证人的情形下执行，提供担保并且要履行所有的义务。

穆罕默德言行录也给出了指导路线，尤其是有关销售和购买方面的事项，比如预付（salam，通过先支付，一段时间后再交货的方式进行的销售与购买）、雇佣、债务融资（al-hawala，债务从一个人向另一个人的转移）、贷款、贷款的偿还、资产的冻结、破产、合伙、租赁、商业证明和商业条款。然而，尽管《古兰经》许多章节以及穆罕默德言行录中都有许多关于商业基础的规定，但是这些据此概括出来的原理有时看起来与现代金融世界并无太多关联。因此，那些学者及法学家（伊斯兰的立法专家）们有义务制定不违背伊斯兰教义并且适用金融体系的商业原理。

伊斯兰教义对银行所提供的特定服务有规定，在世界范围内，伊斯兰银行用各种术语来描述这些原理。有些银行用阿拉伯术语，有些用阿拉伯与英语的混合，其他也有用伊斯兰银行所在地的语言的。伊斯兰银行在一些特定国家所采用的伊斯兰教原理将在第六章进行讨论。不管用什么样的术语，这些伊斯兰银行体系中所使用的伊斯兰教原理可以被分为五类：一是盈亏共担原理；二是买卖原理；三是费用厘定原理；四是免费服务原理；五是辅助原理。

一些被大多伊斯兰银行所使用的原理有：mudharabah，musyarakah，murabahah，ijarah，ijara wa-iqtina，bai muazzal，istisna，qard hassan，wadiah 和 rahn。除此之外，还有一些在特定国家的伊斯兰银行所采用的原理，例如，马来西亚就有附加的原理，如 bai al-dayn，al-ijarah，thumma al-bai，al-wakalah，al-hiwalah，al-ujr 和 al-wadiah yad dhamanah。同时，伊朗也有附加的原理，如 jo'alah，muza'arah 和 masaqat。运用这部分伊斯兰原理有时会令人产生疑惑，质疑这些原理在现实中是否被伊斯兰教义所采纳，或是仅仅是 hila（hiyal 的复数形式）。hiyal 是一种为了达到某些目的而创造的工具，这些目的在基本意义上是违背伊斯兰教义的。在制定伊斯兰教原理时，并非所有的伊斯兰立法者对 hiyal 都持有相同的立场。Hanafi 学派支持使用这一原理，大部分 Hanafi 学派的法学家都在他们的作品中支持了这一观点。但 Shafiis 学派的学者中，只有后期的学者支持这种观点，并且他们的立场实际上是与 Shafiis 学派的立场相悖的。

另外两个学派则拒绝使用 hiyal 的概念。在 Malikis 提出 saddadah-dhara'i 原理（本质上为阻止使用任何立法允许的方法去达到那些最初为非法的目的）后，这种反对变得更加明显。也有来自 Hanbali 学派法学家的许多反对声音，这些人强烈反对并且认为使用这些原理是有罪的。

合伙关系（Musyarakah）原理

Musyarakah 或 syarika 在英语中指合伙关系。伊斯兰教义将合伙公司分为两类，资产合伙（syarikat mulk）和股份合伙（syarikat'aqd）。合伙公司的另一种形式是利润分享型，但这一原理在大多数伊斯兰法律书籍中都另外讨论。总的来说，资产合伙仅仅涵盖对特定财产的共同拥有权，而不涉及任何财产发展或混合中的共担风险。股份合伙则相反，它强调了资产的共同开发以及在盈利和亏损方面的共享和共担（Saleh，1986）。

有三种方法建立股份合伙。如果现金形式的投资是在建立合伙关系时的主要标准，那么这种合伙关系被称为金融合伙关系（syarikat mal）。如果合伙关系是基于合伙人的经验或是专门技术，那么这种合伙关系被称为所谓的劳动力合伙关系（syarikat a'mal）。而若是以信贷或是其他控股公司建立的合伙关系，这种合伙关系就是所谓的投资合伙关系（syarikat wujuh）。合伙关系可以为无限合伙、平等伙伴关系（Hanafis 学派中所谓的 mufawada)，或是有限投资合伙关系（syarikat ‘inan)。

在伊斯兰金融中，相关的合伙关系原理为有限金融投资合伙关系（inan syarikat mal)。这一原理更容易被理解为参与融资，因为现金形式的投资为满足合伙关系存在的主要依据。简单来说，合伙关系意味着在一项具体的商业活动或是一项以营利为目的的具体项目中两群人之间的合资协议。这项协议可以是在某一时间或是在满足了特定的条件情形下终止。这一原理下，合伙双方都必须提供资产，投资者或是贷方可能也要参与管理，利润分配或是损失分担事先就已经决定，不一定由合伙人出资总额决定。

利润分享（Mudharabah）原理

Mudharabah 是伊斯兰银行最经常使用的术语，这一原理也被称为 qirad 或 muqaradah。学者们对这个词有多种翻译，比如信托金融、受托人之间的利润分享、权益分享和利润分享。基本上在这一种解释之下，那些拥有资产的人（即投资者）将他们的钱分派给另一方（即企业家）去进行投机或是从事商业活动。投资者不参与商业活动，但在规定的时期最后，企业家要将本金和经营获得的部分利润归还给投资者。实际上，利润分享原理早在伊斯兰教义揭示出之前就已经被阿拉伯人使用，并且至今仍在使用（Saleh，1986)。一位有名的伊斯兰法学家，Iman Saraksi，在他的 *al-Mabsut* 一书中对 mudharabah 进行了定义，并且解释了这一词是如何产生的。下面即引用自他的书：

> Mudharabah 一词是由词 darb 而来的，意思是地球表面之上（的辛劳)。这个词之所以是这样的意思，是因为 mudarib（运用其他人资产的人）有权利因其辛勤劳作的美德而得到利润的分配。除了获取利润外，他还有权利运用资产为了达到自己的目标而努力。Madinah 的人称这种合同为 muqaradah。这一个词是来自于词 qard，意思是“呈递”。这种情况下，资产的拥有者将他对自己资产的权利呈递给 amil（资产的使用者)。(Uzair，1980，p. 45)

Ibn Rushad 在他的 *Bidayat al-Mujtahid* 一书中写道：

> 在对待贷款原理的合法性上，穆斯林之间是没有异议的。这一原理在伊斯兰教义揭示出它之前就已经被实践过，伊斯兰教也是允许这一原理的。众所周知，这一原理指的是一个人将他的资产移交给另一个群体，令后者可以在商业活动中使用。在特定情况下，资产使用者能够获得一部分的利润，这部分利润是经过双方协议的，可以是三分之一，四分之一，甚至可能是一半。(Uzair，1980，pp. 45-46)

基于以上的解释，利润分享原理可以被定义为至少两个群体之间的一项协议，这些群体可以是投资者（rabb al-mal），企业家（mudarib），或是代理经理人。在这一协议中，投资者同意为投机行为出资，或将自己的财富委托企业家管理，企业家以协议商榷的方式进行贸易，然后将本金和事先协议好的那部分利润交还给投资者。利润率是由制定合约时达成的协议决定的，且企业家并不向投资者保证该项投资一定会盈利。当情况超出企业家的控制时一种结果即为亏损，投资者要承担所有的损失，而企业家仅仅是损失了时间和他的努力。

关于这一原理在商业交易中的运用，各法律院校之间没有达成一致意见。Maliki学派和Shafii学派的观点是利润分享应该受限于交易的执行和其他与贸易有关的活动。利润分享不能够包含在资产运用者那里用于生产功能的那部分资产，因为这种行为被视为是制造合约，称为istisna（istisna是伊斯兰教的融资模式，伊斯兰银行和金融机构广泛用于资助建筑物、住宅楼、别墅及相关产品的建造，以及飞机、轮船、机器及设备等制造业）。

Istisna是从伊斯兰教义而来的一种合约，其中买家要求卖方建造或制造一项特定的项目，使用卖方自己未加工过的材料，并彼此商议达成一个价格。这一理念与预付合约（bai salam）的理念非常相似，涉及在达成协议时还不存在的项目。但是，在预付合约中，在达成协议的同时就要付款，而在istisna中，则是在项目交付或是完成时才进行付款。

Hanafis学派并不反对这一原理在制造业活动中的运用。另一方面，Hanbali学派认同投资者和企业家有两份分开的协议，即对其中的制造协议采用istisna，另一份合约则用利润分享原理，只要两份协议互相不强加条件即可（Saleh，1986）。

在伊斯兰金融体系中，利润分享原理被用于两种不同的情况，第一种是银行与资金的提供者之间，第二种为银行与资金的使用者之间。在第一种情况下，银行作为企业家，存款人作为投资者。在另一种情况下则是银行作为投资者，企业家作为投资者。这一原理在伊斯兰金融系统中被视为一项高尚的原理，因为在伊斯兰教义所允许的背景之下，它将金融和人力劳动这两个基本元素统一了起来。尽管提供资产的投资者实际上并没有为了从投资中获得回报做出任何努力，但他同时也要准备承担损失。如果这项投机活动盈利，投资者将拿回自己的资产和分配给他的那部分利润；而如果这项投机活动亏损，投资者不仅得不到利润回报，甚至还很可能损失他初始的本金。

成本加成（Murabahah）原理

基本来说，成本加成指的是商品的销售价格是购买时的价格再加上双方都同意的边际利润。这一定义将传统的租借活动转换成一项购买和销售的协议，这一协议中，出借方购进借方需要的未加工过的材料、机器或其他设备，并以一个双方协议好的更高价格卖给借方。这一理念也可以理解为补偿价格。如果使用这一理念，伊斯兰银行就不会再使用盈亏分配理念，而是作为一个普通的商业实体进行买卖，进行贸易物品的交易。

所有学派都认同利润分享原理作为一种工具在商业交易中使用，但是，在实施的方式上他们却有不同意见。第一，是以调整成本加成数的方式，还是调整当商品被转卖给客户时银行能够获取的利润量。第二，当买家发现价格过高或是不合理时，他们有权利做出选择。为了在利润分享原理下对销售的商品进行定价，Hanbali 学派的观点是所有与商品有关引起的支出都应该计入销售价格。但是，应该告诉买家这些合计的数量和额外支出的源头。尽管 Shafis 学派认同这一观点，但有一个附加条件，即卖家向第三方支付的费用不应被包含在成本价中，除非事先买方已经同意。Hanafis 学派的意见则更加灵活，他们允许将所有与加价销售的商品贸易有关的支出都包含进去。

同时，Malikis 则将这些支出划分为三类：第一类为能够被计入资产（商品销售价格）的支出，并可以成为计算利润的基础。第二类为能够计入资产但是不能够成为利润计算的基础。第三类为不能被计入计算利润的支出。

根据 Shafiis 学派的观点，在成本加成原理下，买家如果发现卖价过高，或是卖家擅自提高价格并且商品仍在买家处时，买家可以将商品退回并获得退款。另一种选择是，买家可以保留商品，对于提高的价格量提交申诉。与 Malikis 的观点相似，买家可以选择以合理的价格购买商品或是将商品退回。Hanafis 学派认为买家必须决定是否以给定的价格继续交易还是退换商品并退款。但是，如果商品已经不在买家处，那么买家没有别的选择，而只能接受这一交易（Saleh，1986）。

租赁（Ijarah）原理

Ijarah 意为租赁、租用或雇佣的合约。因此，ijarah 的实际意思是涉及一项财产的使用者与拥有者不同的一份合约或是销售业务。根据伊斯兰教的观点，有一些规则适用于此。第一条为 khiyar al-ru'ya，即当买家看到商品的那一刻，买家有权取消合约。第二条为 khiyar al-'ayb，即由于商品品质低劣而有取消合约的权利。第三条为 khiyar al-shart，即撤销权。第四条为 fasakh，即撤销或取消。最后一条为 ikala，即关于赔偿和替代问题。

Malikis 学派认为租赁与销售合同相似，这份销售合同中的价格随着 munafa'a 或称商品的用途而改变。这份合约需要决定 munafa'a 是基于使用时间还是商品本身。以 Malikis 学派的观点来看，租赁合约在两种情况下可能是无效的。第一种，如果租入或是出租的商品被用于伊斯兰教义所禁止的目的，比如将一项财产用于不道德的活动或是赌博，或是用于生产酒精或其他被禁止的商品，那么这份租赁合约无效。第二种，如果是合约强制性质的，如雇用一位母亲去哺育她自己的孩子，那么这一合约也是无效的。

Hanafis 学派将 ijarah 限定为有关有形资产（or'ayn），为了伊斯兰教义允许的目的服务，以及有固定期限的合约。同时，Shafiis 学派认为 ijarah 是一份关于事先就可以确定出租或租入的商品的合约。这些商品必须是伊斯兰教义所承认的，能够被转移并且提供固定的收益或是固定的租金。Hanafis 学派则将 ijarah 视为商品的拥有者授予承租人使用商品的权利，并要求一定的支付作为回报的合约。这些商品必须是有形的，而且它们的用途必须被伊斯兰教义所接受。

所有法律院校都承认租赁合约是一种有法律约束力的契约（lazim），但是在对待租赁合约的撤销问题上仍然存在争议。Malikis 学派和 Shafiis 学派的观点为，租赁合约只有在出租或租入的商品存在较大缺陷时才能够被撤销。另外，如果租入或出租的商品不再被用于原目的，那么这份合约也应该被撤销。Hanafis 学派的观点为，只要有可接受的理由，那么租赁合约就可以被撤销。同时，Hanbalis 学派还认为若租入的商品灭失或是有较大缺陷时，该租赁合约即可被撤销。租赁合同不仅可以基于使用时间，还可以基于想要实现的目标。如果租赁合同是基于时间的，那么时间就必须被清楚地说明，并且时间框架必须是合理的。如果租赁涉及农业土地，就必须注意某些情况。可能导致承租人损失的租赁行为是被禁止的；例如，当庄稼仍然需要水分时，却要求承租人开凿运河将水引走。假若发生庄稼还没有收割，租期却已满的情况，租赁合约仍然有效直至庄稼被收割，并且承租人仍要支付相关的租金。

涉及农业部分的租赁活动，也有一些伊斯兰教原理，即 mozaraah 原理和 masaqat 原理（用于农业活动的两种合同）。根据这些原理，租金由作物产量比决定。这两项原理在伊斯兰金融体系中均被使用。Mozaraah 是土地所有者（mozare）之间的合约，他们将他们的土地授权给其他的群体（即承租人或 amel）使用一段特定的时期，用于农业用途。作为回报，双方以商议好的比例分享土地产出。Masaqat 则正相反，是作物的拥有者与 amel 之间的合约，以收割产物为目的。产出的形式可以是水果、树叶或花，并且在合约双方之间进行分配（Hedayati，1993）。

另一个理念是租购合同（ijarah waiqtina）。这一理念涉及财产的租赁，且不管为动产还是不动产，还涉及对其拥有权的选择。这种情况下，承租人希望拥有这一项财产，对其租金的预付款也被视为购买价格的一部分。在马来西亚，租购合同这一理念与 al-ijarah thumma al-bai 相似，在后者这一理念中，在租赁之后就是买卖。租购合同涉及两份独立的合约，一份租赁合约和一份买卖合约。在第一份合约中，客户同意在商议好的时期内租入，在租期满时从财产所有者那里以双方同意的价格购入该项财产（马来西亚国家银行，1994）。在马来西亚还实施了另一种租赁理念，即 al-ijarah al-muntahiah bit-tamlik 理念。这种理念将租赁的结束与所有权转让给承租人联系起来。

免息贷款（Qard Hassan）原理

在马来西亚这一原理也被称为 al-qardhul hasan，在伊朗为 qard al-hasanah，在巴基斯坦为 qarz-e-hasna。这是一种仁慈的贷款，借款者得到恩惠，只需要将所借的本金还给出借方。但是，借款者也可以自行决定付出多于本金数目的还款，以此酬谢出借方。这一原理是唯一一种伊斯兰教义允许的贷款形式，对社会和经济的公平十分有意义。真主在《古兰经》铁（al hadid）章第11节说：

> 谁以善债借给真主呢？真主将加倍偿还他，他还受优厚的报酬。《古兰经》（57：11）

像Saleh（1986）所说的，伊斯兰银行应该在以下几种情况下提供这种贷款：

（i）如果银行的贷款大多数都贷给了合伙企业，那么银行应该提供这种免息贷款。如果所有的融资都为合伙企业的融资，那么银行有很大的几率获得比客户更高的收益。免息贷款能够用来作为周转资金。

（ii）这一原理下，资金应该提供给那些有现金流问题的客户。这种贷款可以提供给那些银行有兴趣投资，或是值得信赖的客户，或是信用度很高的客户。

（iii）这种贷款可以提供给那些在银行有大量资产的客户。当面临财政困难时，这些客户往往选择取出存款或是向银行寻求财政帮助。因此，为了避免可能发生的麻烦并保障银行的形象，可以向这一类客户提供免息贷款。

免息贷款原理确实被伊斯兰银行广泛用于履行它们的社会义务。比如，约旦伊斯兰银行根据这一原则，帮助它的那些面临财务困难的客户们。这种融资方式也通常用于发展和援助微型企业。

信托（Wadiah）原理

Wadiah或是“trusteeship”（托管）指的是在资产的拥有者与其他人群之间的协议，即资产的拥有者许可受托人经营他的资产，只要这些资产还在受托人的手中。根据这一原理，资产所有者可以指派另一个人作为资产的保管者或是受托人，这就在所有者和受托人之间形成了一条互相信任的纽带。对受托人的指派必须是由资产所有者或是他的家人完成的。如果受托人未能归还财产或是否认他被委托管理财产，那么他就会被认为是非法获取了这些财产，就必须为他的行为承担相应的责任。如果受托人将自己的财产与受托于他的财产相混淆，也适用于上述规定。

在伊斯兰金融体系中，信托是指一个客户将他的钱或是其他资产存于银行委托其保管，银行向客户征求许可而使用这些资产，但是在这些资产存于银行中时，银行自担风险。客户可以在任何他需要的时候撤回部分或是全部的资产，银行必须保证遵循客户的请求。在马来西亚，这一原理被扩展，也被称为al-wadiah yad dhamanah，即保管与担保，这一概念指的是财产所有者让其他人保管他的财产。信托涉及对钱财的保管，在其他的资产问题上，受托人扮演着担保人的角色，因此当得到指令时，受托人必须保证支付或是归还所有的或部分的资产。存款人不会获得任何收益，但是伊斯兰银行可以给予存款者一定的赠与来表达对存款人的感谢。

抵押（Rahn）原理

Rahn意为抵押或典当，是一种抵押合约。在这一合约中，债权人同意以个人财产为担保贷款，只要其拥有抵押物时，合约就是有约束力的。抵押物的所有权仍为最初的所有者（债权人）持有，并不转移给接受抵押者或称承典人。只有在合约中约定的特定情况下，所有权才发生转移。承典人对抵押物的责任限于资产价值和提供的信贷中较低的那一个。但是对由于承典人的过失导致的资产损失，承典人的责任限额就为资产的实际价值，并且当债务人全数归还贷款后，承典人就有义务归还完整的抵押物。如果到期时债务人没能偿付清债务，承典人有权利要求出售抵押物用销售收入弥补剩余的债务。如果销售收入仍然不足以偿还债务，债务人有义务偿还剩余部分。另一方面，偿还债务后超出部分必须还给债务人或是资产所有者。

其他原理

除了已经提到的这些原理，世界上的伊斯兰银行还使用了其他一些原理。这里需要注意的是，这些原理的使用并不能涵盖所有方面；一些原理只在少数国家的伊斯兰银行被使用，更有一些只在特定的国家使用。除此之外，一部分原理最近才刚刚获得了特定国家的伊斯兰教监督委员会的批准。以下为一些在伊斯兰金融体系中被使用的原理：

延期付款成本增长（Bai bithaman ajil）

延期付款成本增长原理或称al-bai bithaman ajil，涉及的是延期付款的贸易。在马来西亚这一原理被广泛使用，与成本加成原理相似，只不过在成本加成原理下为立即付款，而在这一原理下付款是延迟的。这一原理有时也被称为bai muajjal。

债务融资（Bai al-dayn）

Bai al-dayn指的是债务的交易，即债务融资。根据这一原理，可以通过对贸易单证的销售和购买进行融资，为了生产、贸易和服务等目的进行资金的融通。只有当存在单据来证明贸易确实存在时，这种交易才可以发生。

回购协议（Bai al-inah）

这一原理涉及的是一种销售合约，其中卖家将其资产销售给买家，并且同时承诺从买家处购回这项资产。卖家将资产赊销给买家并且稍后就以现金形式回购这项资产，回购的价格通常低于双方协定的销售价格。一些穆斯林法律院校不认可这一原理在伊斯兰金融体系中使用。

客户与供应商协议（Bai istijar）

这是一种买卖合约，是在供应商与买家之间达成的协议。根据这一合约，买家同意在连续的基础上进行购买，在最初的协议终止后，买家与卖家之间不再有其他的交易。

预付协议（Bai salam）

这一原理涉及的是买卖合约。在这一合约中，买家同意预先支付款项，而资产则在一段时间后移交。

转账（Hiwalah）

Hiwalah 指的是资金从存款人账户或债务从债务人账户转移到接收者或债权人的账户。银行为所提供的服务收取一定的手续费。

制造合约（Istisna）

这是一项买卖原理，买卖双方达成协议。在这一合约中，买家同意购买尚不存在但是将要根据规范或是指定进行生产或建造的商品。买家可以在合约订立之初或当预定的商品已经准备好交工时进行货款的支付，因此，这一原理也被理解为生产制造合约。这与预付协议原理正好相反，协议中被购买的商品不需要一定已经存在或是已经被生产出来。另外，在预付协议中，买家还必须要协议的最初阶段支付全款，而在制造合约中，要购买的商品必须是由制造厂商生产的。在生产过程中，这项协议也不得被终止。

服务费（Jo'alah）

Jo'alah 指的是服务费。这一原理在伊朗实行。雇主（ja'el）承诺向 jo'al，即依据固定条款提供特定的服务的群体，支付一定费用。提供服务的群体被称为企业家（amel）或承包方。

担保（Kafalah）

Kafalah 意为担保。根据这一原理，资产所有者将其资产放置或是保存于第三方组织，某一个人（即担保人）向其提供担保。在这种情况下，若第三方组织未能履行赔付义务，那么担保人就必须承担赔付的责任。

Musawamah

这一原理涉及的是买卖交易，与利润分享（mudharabah）相似，不同之处是购买者对成本价格没有参考物，而且卖家不需要披露成本价格。

Sarf

Sarf 是买卖外汇的合约，即将一种货币兑换为另一种货币的合约。然而，如果合约包含了期货交易，一些教派是不允许货币兑换的。期货交易，是在未来某一特定时间以合约购买时确定的价格（即汇率）来完成外汇买卖的交易行为。

Ujr

这个原则是指提供服务需要收取费用和佣金。

Urbun

Urbun 源自 bai al-urbun 的概念，指预付或者预收。在这个原则下，买方购买商品并为此支付一笔存款。在伊斯兰的银行体系下，这笔存款可能被银行用来代表客户履行特定的职责。它也可能被使用在资本市场上，比如用在购买或者出售某一种证券的期权上。期权被赋予了某种购买或出售证券的权利，基于 urbun 原则，购买者需要为这项权利支付费用。

Wakalah

Wakalah 是代表的意思。这个原则是指一个人可以指定别人代表自己完成交易的情形。

Tawarruq

这是一个反向加价的赊购。这个原则包含了两层交易。首先，买方以赊购的方式向原始卖家买入商品。然后，买方再将其转让给第三者以获取现金。

伊斯兰教义原则在使用中的优先权

穆斯林学者们有一个共识，伊斯兰银行所采用的众多原则可以被划分为两类。一类是被提倡的原则，或者称为强伊斯兰原则；另一类是不被提倡的原则，或者称为弱伊斯兰原则（Mirakhor，1987）。强伊斯兰原则是那些在形式与实质上都与伊斯兰教的目标相一致的原则。弱伊斯兰原则是指那些在形式上与伊斯兰教的标准符合，但在实质上却不符的行为。判断一项原则是强伊斯兰还是弱伊斯兰的依据，是它对实现伊斯兰经济的目标的贡献程度。因此，只有那些允许资金的提供者和使用者共担风险与回报的原则才能被认为是强伊斯兰的。穆斯林学者认为只有风险投资和存款这两项原则是强伊斯兰的。但是，大多数学者建议在无法实现风险与收益的共担时使用余下的原则。

虽然如此，大多数伊斯兰银行只对存款服务使用伊斯兰教义原则，尤其是对投资账户。在资金的使用上，利润分享的原则并不被广泛采用。比如，马来西亚伊斯兰银行使用在合伙关系（Musyarakah）和利润分享（Mudharabah）上的资金占总资金的比例在 2007 年 6 月末与 2006 年 6 月末分别是 0.6%和 0.7%。卡塔尔伊斯兰银行使用在这两项业务上的资金占总资金的比例在 2006 年末为 4.2%，并且在 2007 年末显著增加至 10.7%。迪拜伊斯兰银行使用在这两项业务上的资金比例最高，分别为 2007 年末的 19%和 2006 年末的 16.7%。

虽然穆斯林学者一贯认为收益与损失共担的原则是更好的原则，但是伊斯兰银行似乎更偏好那些不被提倡的原则。这可能是因为它们的简易性、伊斯兰银行厌恶风险的特性以及回报率可以在资金投入的期初确定的事实。比如，利润分享与租赁原则，根据比例在确定商品标价时使用。伊斯兰银行使用的一些原则与传统银行相似，特别是在重视客户的商誉与借贷双方关系的维护上。但也存在着一些原则被滥用，从而为高利贷开启后门的危险（Ahmed et al.，1983）。

然而，穆斯林学者所表达的观点并不被金融界的专家所认可。后者认为在伊斯兰银行体系中单独地应用收益与损失共担的概念意味着银行体系的目标并不明确。并且，为了确保这种努力取得成功，伊斯兰银行体系在实行这些原则时必须保持警惕。伊朗中央银行——伊朗伊斯兰共和国中央银行（Bank Markazi Jomhouri Islami Iran），在其 1984 年年报中强调：

> 银行存款是属于形形色色的存款者的；他们中有的非常富裕，有的是存款账户可能仅有 1 000 伊朗里亚尔的普通人。银行作为托管人将这些钱贷给借款人。因此，银行必须能够保护存款者的利益并且为他们提供足够的回报。如果存款者没有受到保护，那么公平概念的缺失将使得银行体系被认为是不公正的。然而公平的概念是所有伊斯兰体系的重点（Mirakhor，1987，p. 186）。

基于以上的陈述，很明显，虽然大多数伊斯兰学者建议广泛使用收益与损失共担的原则，伊斯兰银行却没有这么做。它们认为，作为托管人的伊斯兰银行应该考虑到银行的安全性和稳健性。而安全性与稳健性与其所承担的风险相关。因此，与其他原则相比，收益与损失共担原则较少被使用。

资金的来源与使用

除了自有资本，伊斯兰银行的主要资金来源是客户的存款。传统银行提供存款服务是基于个人有资金需要持有或者保管的假设。根据凯恩斯的理论，人们持有货币有三个目的，即用于交易、预防或者投机。因此，银行提供的第一类存款服务是活期存款。活期存款服务是为那些持有货币用于交易的人提供的。这项服务提供了利用支票提取资金的便利。存款者并不重视回报或者利息。在提供活期存款服务时，银行一般都会收取服务费及其他强制性费用，如税金、印花税等。然而，由于日益激烈的竞争，一些银行开始对活期存款支付利息，但是存款者必须满足特定的条件才有权获得利息收益。

由于活期存款没有利息，伊斯兰教义允许伊斯兰银行提供类似的服务。伊斯兰教义原则中的免息贷款原则或者信托原则被提供活期存款服务的伊斯兰银行所采用。存款者可以根据需要随时提取现金，从而建立存款者对伊斯兰银行提供的存款的信心。

第二类存款服务是储蓄存款。在传统银行，储蓄账户是为那些既希望储蓄资金，同时又希望获得收益的人提供的。储蓄存款的存款者持有货币是出于预防的动机。这些存款者通常来自工薪阶层和低收入群体。使用信托、利润分享和免息贷款原则的伊斯兰银行业提供储蓄存款服务。但是，在利润分享原则下，客户不能按自己的需要随时提取现金，因为银行会将存款用于投资，而储蓄者则通过投资利润获得回报。

第三类存款是定期存款。银行为有投资目的的客户提供这类存款服务。这类存款者通常拥有闲置资金并且寻求较高的回报率。在伊斯兰银行业，这类存款被称作投资存款，有时又称作利益与损失共担存款。这类存款服务是在利润分享原则下开展的。在这种情况下，伊斯兰银行充当企业家的角色，存款者充当投资者的角色。客户可以自由选择存款的期限。银行并不保证收益或者承诺固定的回报。在利润分享原则下，客户按事先约定的比例分享银行获得的收益。如何在存款者与银行之间分配收益与损失的约定是在存款期间的期初订立的，除非双方同意，否则不能在存款期间内更改。

除了存款服务以外，伊斯兰银行业可以通过发行投资证书的方式筹集资金。不同于包含利率要素的一般的投资证书，伊斯兰银行发行的投资证书并没有固定的收益。利润分享和免息贷款原则适用于这类服务。在利润分享原则下，储蓄者获取的回报取决于银行的年利润。而在免息贷款原则下，储蓄者获取的回报完全由银行自行决定。

在马来西亚，伊斯兰银行也可以通过在同业拆借市场交易金融工具来获取资金。与传统银行类似，伊斯兰银行向个人与企业客户提供金融服务。然而，伊斯兰银行所采用的方法与传统银行不同。作为根据宗教基础建立的实体，伊斯兰银行被预期遵守所有《古兰经》与《圣训》的规则与制度。因为它们的宗教义务与信仰，伊斯兰银行并不以利润最大化为目标。相反，它们的首要目标是伊斯兰世界的进步，它们的整个商业哲学也是建立在公平与正义的基础上的。因此，伊斯兰银行有帮助有需求的客户的义务，无论他们是个人还是企业。非商品交易是被伊斯兰教义严格禁止的。由于伊斯兰教义认为钱是非商品项目，为了获取利润而向客户提供贷款是违法的（Siddiqi，1986）。因此，伊斯兰银行积累的资金大多用于参股与分红的方式。在帮助面临资金短缺困境的商业客户时，利润分享、合伙关系和成本加成的原则被伊斯兰银行普遍采用。伊斯兰银行提供的金融支持被用于投机或是作为流动资本。与此同时，赋税承包制原则被应用于出租与租购服务。

伊斯兰银行也为个人客户提供多样的服务，以减轻他们的经济负担，或者是帮助他们购买诸如住房和消费品等资产。为了减轻客户的经济负担而提供的服务，其基础通常是由免息贷款原则形成的；而为了帮助客户购买资产的服务，采用的是利润分享与 bai muazzal 原则（在马来西亚，此原则也被称为 bai bithaman ajil）。

以上的讨论证明了伊斯兰银行是有能力实现客户不同类型与形式的经济需求的。这并不意味着伊斯兰银行满足于自己目前的产品与服务。伊斯兰银行正在不断地开发新的产品来适应客户与市场的需求。伊斯兰银行提供的其他一些银行服务，例如担保书、汇票、旅行支票、保险箱和汇款服务，都是收费服务。在马来西亚，这些服务是基于 al-wakalah、al-hiwalah、al-kafalah 和 al-ujr 原则提供的。

伊斯兰银行与其客户的关系

伊斯兰银行的基本功能，即存款储蓄与资金转移，与传统银行类似。它们所提供的服务也与传统同行基本相似。若是这样，在银行与客户的关系上，伊斯兰银行与传统银行是否也类似呢？对于传统银行，银行与客户的关系是债权人与债务人的关系。这种关系是在 1948 年福利对希尔（Foley vs. Hill）等案例中确定的。在这个案例中，人们认为当客户将钱存进他的银行账户时，银行就成为债权人，而客户则成为债务人。此时，因为银行向客户借用了这笔资金，它就变成了银行的财产。

一般而言，银行有权使用客户存入银行的资金，并且有权决定资金的使用方式。但是，银行有义务按客户的要求归还本金与利息（如果有利息的话）。这种债权债务关系可以经由双方同意而解除。但在一般情况下，按照订立解除债权债务关系之初的约定，任何一方都可以做出解除关系的决定。银行业的快速发展使得银行与客户之间的关系也发生了变化。两者之间的关系不再局限于债权人与债务人的关系。根据银行提供的不同服务，银行与客户之间的关系可以是受托人与受益人的关系、承租人与出租人的关系，等等。当传统银行向客户提供负债业务时，债权人与债务人的关系就建立起来了，双方分别享有债权人与债务人的权利。伊斯兰银行与客户之间发生的争议，很少能在法庭上得到解决。在马来西亚，此类争议由民事法庭而非伊斯兰宗教法庭受理。由于伊斯兰宗教法庭尚未做好充足的准备来解决关于 muamalat 的争议，民事法庭被认为会在未来的一段时间内继续负责处理此类争议。

与资金提供者的关系

伊斯兰银行与存款者的关系并不总是债权人与债务人的关系。在建立两者之间的关系时所采用的伊斯兰教义原则决定了这种关系的种类。如果在提供存款服务时采用过了免息贷款原则，就产生了债权人与债务人的关系。如果所采用的是信托原则，产生的则是受托人与受益人的关系。而如果采用了利润分享原则，产生的则是投资者与企业家的关系。当采用免息贷款原则时，意味着存款者将他的资金借给银行并且不期望得到任何回报。托管原则的基础是客户对伊斯兰银行的信任，使用托管原则时的情形与免息贷款原则类似。存款者信任伊斯兰银行的安全性，将资金交由银行保管。因此，伊斯兰银行的活期存款与储蓄存款客户并不以盈利为目的。而选择采用利润分享原则的客户则期望从存款中获利。然而，即使伊斯兰银行确实存在盈利的要素，它也绝不应该是吸引人们光顾伊斯兰银行的主要因素。伊斯兰银行是以宗教为基础建立的商业机构，因此，由此产生的各种关系也必须建立在宗教的基础之上。

就像伊斯兰银行不以盈利为首要目的一样，其客户也不应该以获取利润为首要目的。这意味着伊斯兰教徒（穆斯林）不应该因为伊斯兰银行能够提供比传统银行高的回报而选择伊斯兰银行，反之亦然。这一点与影响穆斯林经济决策的一些基本原则相关。这些基本原则包括：相信世界末日与生命轮回的存在，伊斯兰教关于富裕的概念和伊斯兰教关于成功的概念（Kahf，1980）。伊斯兰教义期望这三项原则对穆斯林的经济决策产生重要的影响。对于那些对世界末日与生命轮回有强烈信仰的人们，第一项原则将对他们的行为与决策过程产生影响。因此，他们在作出决策时，考虑的不仅是此时的经济收益，还有来世的经济收益。所以他们在选择与伊斯兰银行建立关系时，考虑的并不是盈利，而是获得真主（s. w. t.）的保佑。

因为伊斯兰银行是遵照伊斯兰教义建立的伊斯兰机构，存款者的行为将会受到真主的保佑。不仅如此，光顾伊斯兰银行的行为还体现出他们对增加伊斯兰世界财富这一伊斯兰银行的目标与哲学的支持。另外，选择伊斯兰银行的行为也符合《古兰经》忏悔（at-Taubah）章第20节的叙述：

> 信道而且迁居，并借自己的财产和生命为主道而奋斗者，在真主看来，是品级更高的；这等人就是成功的。《古兰经》（9：20）

因此，将圣战（在真主的事业中奋斗）作为与伊斯兰银行建立关系的动机确保了这些客户不会将盈利的目标放在首位。除了以上的原则，伊斯兰教关于财富的概念也是银行与客户建立关系的一项基础。这可以在《古兰经》仪姆兰的家属章，第189节《古兰经》（3：189）中找到依据。第189节是这样阐述的：天地的国权归真主所有。财富是真主（s. w. t.）的恩赐，人们应该为了财富而奋斗，正如《古兰经》聚礼（al-jumu'ah）章第10节所说的：

> 当礼拜完毕的时候，你们当散布在地方上，寻求真主的恩惠，你们应当多多地记念真主，以便你们成功。《古兰经》（62：10）

财富本身被视为人们在到达最终目的过程中的一种重要的手段。所有的人都被劝诫要工作来谋生并且积累财富。但是，在伊斯兰，赚取、拥有和处置财富的方式必须符合伊斯兰教义。有许多《圣训》劝诫穆斯林要依靠自己的努力而不是依靠别人努力得来的收入来获取财富。下面的这条《圣训》是由布哈里（Al-Bukhari）收集，并由阿依莎（Aishah，穆罕默德的妻子）叙述的：

> 真主的使徒们过去常常从事手工劳动，所以他们身上散发出汗臭味，人们建议他们洗澡。（Khan，1989，p. 162）

al-Miqdam 描述穆罕默德曾经这样说，这条《圣训》与上一条相似：

> 人们用自己的劳动得来的果实是最香甜的。真主的先知，大卫过去常常通过自己的劳动来谋生。（Khan，1989，pp. 162－163）

在一条由 Abu Hurairah 叙述的《圣训》中，穆罕默德曾说：

> 毫无疑问，你应该自己收集木材背在肩上，以此来谋生，而不是向别人乞讨。（Khan，1989，p. 163）

除此之外，伊斯兰教并不根据个人拥有的财富或者财产的多少来定义富裕的概念。相反，伊斯兰教根据人们对真主的服从程度，而并不是他们积累的财富，来定义成功。这种服务与服从可以来源于对真主赋予的能力与资源的积极利用。这在以下两条由穆罕默德收集，并由 Abu Hurairah 叙述的《圣训》中都有所提及：

> 真主肯定不会在意你的外貌与财富，相反，他在意的是你的内心与行动。（Siddiqi，Vol. 4，p. 1362）
>
> 富裕并不是充裕的（世俗的）物质，而是灵魂与内心本身的富足。（Siddiqi，Vol. 2，p. 501）

根据伊斯兰教义，如果一个人真的愿意为真主效劳，那么他所得以使用的自然资源、财产与财富，以及他所获得的地位，不能被视为他的优先权利；相反，应该被看做真主命令他尽自己全力效劳的责任与义务。这与《古兰经》战利品章第 27 节《古兰经》（8：27）的经文一致，经文要求穆斯林履行真主与穆罕默德托付给他们的职责。

有上述三条原则作为指导，伊斯兰教义期望伊斯兰银行的客户在将钱存入伊斯兰银行时不以盈利为动机。相反，他们应该将把钱存入伊斯兰银行的原因视作是为了获得真主的保佑，并且这种行为也是对真主给予的资源的最好利用。因此，积累财富的最佳方式是通过自己的努力获取，而不是从他人劳动的收入中获利。人们获得的任何形式的回报与收益都应该被视为真主的恩赐，人们应该怀着对真主深切的感激之情接受这些回报与收益。通过向客户们灌输这些理论，他们不会将伊斯兰银行所能提供的收益与传统银行相比较。然而，客户在选择银行时，并没有达到完全不将经济回报作为考虑因素的状态。研究者们已经证明了仍然有很多人是因为考虑到收益与成本因素才选择了伊斯兰银行。

与资金使用者的关系

伊斯兰银行与其资金使用者的关系取决于银行在提供某项特定服务时所使用的原则。这项服务是否是以收益与损失共担原则、买卖原则、费用与固定支付原则或者免费服务原则为基础的将决定伊斯兰银行与其资金使用者的关系。如果使用的是收益与损失共担（mudharabah 或者 musyarakah）原则，那么伊斯兰银行与其资金使用者的关系是合伙者的关系，或者投资者与企业家的关系。如果使用的是买卖原则，那么他们之间的关系是交易商与客户的关系。如果使用的是收费与费用原则，那么他们之间的关系是雇主与雇员的关系，或者是雇主与他的代表之间的关系。在提供免费服务的情况中，伊斯兰银行与客户之间的关系是拥有财产并且想要将它们用出去的一方与想要接受它们的一方之间的关系。正如伊斯兰银行与其资金提供者之间的关系一样，此处伊斯兰银行与其资金使用者的关系也必须建立在相关的宗教基础之上。

在建立双方关系时，伊斯兰银行与其资金使用者都必须将宗教基础放在核心地位。双方都应该赞成《古兰经》筵席章第 1 节（《古兰经》5：1）的内容，其中要求所有的穆斯林去完成他们的职责。无论客户的身份与业务的大小，银行都有责任去帮助那些有需要的人。同时，从伊斯兰银行获取资金的客户也应该相应地清偿自己对银行的债务。如果一个穆斯林从伊斯兰银行获得了经济上的援助，日后却拒绝归还银行的债务，这当然是不公平与不可接受的。虽然根据伊斯兰教的原则，穆斯林有义务偿还他们的债务，但实际上，伊斯兰银行也面临着坏账的困扰。如果审查伊斯兰银行的年报，我们会发现坏账占据了伊斯兰银行一大部分的资金，说明伊斯兰银行确实有一部分拖欠债务的客户。客户与伊斯兰银行之间的关系必须建立在责任感与诚信的基础上。在伊斯兰银行方面，它们应该为客户提供更多的支持。如果客户无力偿还贷款，银行不能苛刻地对待他们。这与《古兰经》黄牛章第 280 节的内容相符：

> 如果债务者是穷迫的，那末，你们应当待他到宽裕的时候；你们若把他所欠的债施舍给他，那对于你们是更好的，如果你们知道。《古兰经》（2：280）

在企业家的创造、塑造与发展过程中，伊斯兰银行应该更善于接受他们，并且表现得更加积极。以利润分享原则为例，它是一项创造新企业家的激烈机制。拥有业务专长但缺少资金的穆斯林可以向伊斯兰银行寻求经济上的支持。利润分享原则不仅支持现有的企业家扩展业务，也鼓励新企业家的诞生。接受这项服务的企业家可以从两方面获利。一方面，他们不需要担心贷款的偿还问题。伊斯兰银行只从企业家的业务利润中分取应得的份额。如果出现亏损，企业家付出的时间和精力将无法获得报偿，而损失的风险则完全由银行承担。另一方面，伊斯兰银行作为企业家的合伙人，在企业家追求利润的过程中，它将全力提供道德上和经济上的支持。这与传统银行正好相反，在传统银行业务中，利息因素是在贷款之初就确定的，银行业也并不关心企业家业务的进程。这是因为，即使项目失败或者面临亏损，传统银行业可以继续获得企业家偿还的贷款。

伊斯兰银行所起到的另一个作用，是将企业家塑造得更具宗教和伦理色彩。这个作用在两方面得到有效的实现。首先，作为投资人或者合伙人，伊斯兰银行受限于伊斯兰教义。因此，可用的资金只能投资于生产领域或者其他被允许的领域。与不道德活动、赌博、酒精、算命、造神和高利贷相关的投资活动都被认为是不合法的。其次，伊斯兰教规定了与贸易和商业相关的原则，这些原则必须被遵守。交易商必须本着诚实、忠诚和互利的精神进行商业交易。由于企业家必然要面对各种挑战和困难，伊斯兰银行应该保证对支出的资金的有效监管。如果没有有效的监管，企业家可能会滥用资金，将其用于非法的商业活动，最终导致银行与客户双方的损失。

总结

传统银行建立的首要目标是为人们提供保存财产的地方，并且向那些面临经济困难的人提供债务服务。作为一个普通的商业主体，利润最大化是传统银行的首要目标。利率用于决定支付给存款人的回报以及银行向资金使用者支付的回报。因此，传统银行会为存款者制定较低的利率，为贷款者制定较高的利率。这两项利率的差别越大，银行获得的利润越多，反之亦然。据此，银行实际获得利润在一定程度上由银行决定，而并非使用银行服务的客户。

与传统银行相反，伊斯兰银行是在利润和宗教这两项基础上建立的。因此，伊斯兰银行在遵守伊斯兰教义经营业务的同时，也希望通过经营获取利润，并将这些利润用于完成其道德和社会义务。然而，伊斯兰银行履行其社会责任与义务的方式不尽相同。一些伊斯兰银行会把它们的社会目标以书面形式明确地列示，并且通过各种不同的活动来实现这些目标。

作为以宗教学术为基础建立的主体，伊斯兰银行必须遵守《古兰经》与《圣训》中所强调的哲学与商业原则。银行的经营必须符合伊斯兰教义。伊斯兰银行必须遵守诸如公正、平等、信任、诚实、不歧视、互利、无浪费、履行职责等因素。

高利贷的借贷行为被禁止，伊斯兰银行遵照伊斯兰教义所允许的原则而经营。这些原则被分为五大类：收益与损失共担原则、买卖原则、费用与收费原则、免费服务原则和辅助原则。

在收益与损失共担原则下被主要使用的两项原则是利润分享与合伙关系原则。买卖原则包括的原则有成本加成、bai muajjal、bai bithaman ajil、bai murabahah、musawamah、istisna 和 bai salam。费用与收费原则包括 ijarah、jo'alah、wakalah、kafalah、ujr 和 hiwalah。免息贷款原则属于免费服务原则，而 wadiah 和 rahn 是支持伊斯兰银行活动的辅助原则。由于对增进伊斯兰世界的经济发展有重要作用，收益与损失共担原则被广泛提倡。而免费服务原则在伊斯兰银行完成社会活动时被使用。

各种各样适用的伊斯兰教义使得伊斯兰银行得以提供全面的产品与服务。因此，大多数伊斯兰国家的客户可以选择是否接受伊斯兰银行提供的服务。然而，伊斯兰银行与客户之间的关系的状态和类型取决于银行在提供该项服务时所采用的伊斯兰教义原则。由于伊斯兰银行在经营业务时遵照伊斯兰教义原则，穆斯林应该赞成并且支持伊斯兰银行的建立。

对生命轮回的信仰以及伊斯兰教中财富与成功的概念培养了穆斯林对伊斯兰银行的忠诚。不仅如此，由于银行职员与客户双方高度的责任感与诚信，伊斯兰银行的金融业务有极大的可能帮助其客户扩展业务。同时，它们成功地将穆斯林客户塑造成了企业家，反过来，这些企业家也将践行伊斯兰教关于创业的相关原则。

参考文献和延伸阅读

Ahmed, Ziauddin, Iqbal, M. and Khan, M. F. *Money and Banking in Islam*. Pakistan: Institute of Policy Studies, 1983.

Ali, Abdullah Y. *The Holy Quran*, *Text*, *Translation and Commentary*. Maryland: Amana Corporation, 1989.

Ali, Muazzam. "A Framework of Islamic Banking." In *Directory of Islamic Financial Institutions*, edited by John R. Presley. London (UK): Croom Helm, 1988.

Al-Zuhaili, Wahbah. *Financial Transactions in Islamic Jurisprudence*. Vol. 1. Translated by Mahmoud A. El-Gamal. Beirut (Lebanon): Dar al-Fikr, 2003.

Bank Islam Malaysia Berhad. *Annual Report* (various issues).

Bank Muamalat Indonesia. *Annual Report* (various issues).

Bank Muamalat Malaysia. *Annual Report* (various issues).

Bank Negara Malaysia. *Money and Banking in Malaysia*. Kuala Lumpur (Malaysia): BNM, 1994.

Departemen Agama Republik Indonesia. *Al-Quran dan Terjemahannya*. Jakarta (Indonesia), 1974.

Dubai Islamic Bank. *Annual Report* (various issues).

Elstone, R. G. "Objective of Profit-making Intermediaries and of Co-operative Institution." In *The Economics and Management of Financial Institutions*, edited by D. Johannes Jutter and Tom Valentine, 11 - 21. Melbourne (Australia): Longman Cheshire, 1987.

Erol, C. and El-Bdour, R. "Attitudes, Behaviour and Patronage Factors of Bank Customers Towards Islamic Banks." *International Journal of Bank Marketing*, Vol. 7. No. 6 (1989): 31 - 39.

Faysal Islamic Bank of Bahrain. *Annual Report* (various issues).

Haron, S., Ahmad, N. and Planisek, S. "Bank Patronage Factors of Muslim and Non-Muslim Customers." *International Journal of Bank Marketing*, Vol. 12, No. 1 (1994): 32 - 40.

Hedayati, S. A. A. "Islamic Banking as Experienced in the Islamic Republic of Iran." Working paper presented at the International Conference on Islamic Banking, Sydney (Australia), 9 - 10 November 1993.

Islami Bank Bangladesh Limited. *Annual Report* (various issues).

Jordan Islamic Bank for Finance and Investment. *Annual Report* (various issues).

Kahf, Monzer. "A Contribution to the Theory of Consumer Behaviour in Islamic Society." In *Studies in Islamic Economics*, edited by Khurshid Ahmad, 19 - 36. Leicester (UK): The Islamic Foundation, 1980.

Khan, M. Fahim. "Islamic Banking as Practised Now in the World." In *Money and Banking in Islam*, edited by Ziauddin Ahmed, Munawar Iqbal and M. Fahim Khan, 259 - 276. Jeddah (Saudi Arabia), International Centre for Research in Islamic Economics, King Abdul Aziz University, 1983.

Khan, Muhammad M. *The Translation of the Meanings of Sahih Al-Bukhari*, Vol. 3. Lahore (Pakistan): Kazi Publications, 1989.

Mannan, Muhammad Abdul. *Islamic Economics: Theory and Practice (Foundations of Islamic Economics)*. London: Hodder and Stoughton, 1986.

Mirakhor, Abbas. "Short-term Asset Concentration and Islamic Banking." In *Theoretical Studies in Islamic Banking and Finance*, edited by Mohsin S. Khan and Abbas Mirakhor, 185 - 199. Houston (Texas, USA): Institute for Research and Islamic Studies, 1987.

Qatar Islamic Bank. *Annual Report* (various issues).

Sadeq, A. H. M. *Islamic Banking and Economic Development*. Working paper presented at the International Conference on Islamic Banking, Sydney (Australia), 9 - 10 November 1993.

Saleh, Nabil A. *Unlawful Gain and Legitimate Profit in Islamic Law: Riba, Gharar and Islamic Banking*. London: Cambridge University Press, 1986.

Siddiqi, Hamid, trans. *Sahih Muslim*. Vols 2 and 4. Beirut (Lebanon): Dar al Arabia Publishing, Printing & Distribution, undated.

Siddiqi, Muhammad Iqbal. *Model of an Islamic Bank*. Lahore (Pakistan): Kazi Publications, 1986.

Uzair, Muhammad. "Some Conceptual and Practical Aspects of Interest-Free Banking." In *Studies in Islamic Economics*, edited by Khursid Ahmad, 37 - 58. Leicester (UK): The Islamic Foundation, 1980.

www. albaraka. com

www. alislami. co. ae

www. bankislam. com. my

www. barakaonline. com

www. bi. go. id

www. isbt. co. th

www. islamibankbd. com

www. muamalatbank. com

www. siblbd. com

第四章 Chapter four

利息和高利贷的概念

本章详细讨论利息、高利贷的意思。由于对“利息”一词的定义很多，因此这是非常必要的。除了穆斯林和犹太人还有基督徒对该词的理解看法外，还将呈现罗马人和希腊人的观点以作比较之用。穆斯林之中对该词的不同看法也将被讨论。

简介

伊斯兰教禁止接受和支付利息。因此，伊斯兰银行业的所有操作必须在不含有任何与利息相关的要素下进行。绝大多数的穆斯林知识分子认为不仅涉及利息的实施操作是不道德的，而且也阻碍了社会的发展。人们认为利息可以造成一个人的财富受侵蚀，可以成为道德败坏的源头，可以使社会产生阶级，以至于产生摩擦。利息同时也可能使富人更加富有，穷人更加贫穷。

为什么伊斯兰教禁止穆斯林接受或者支付利息呢？伊斯兰教并不是唯一禁止其教徒接受利息的宗教。犹太教和基督教在早期的时候，绝不宽恕其教徒接受利息的行为。实际上，基督教会将接受利息看成是一项严重的罪名。伴随着 12 世纪贸易和商业的复苏，关于利息的讨论在基督教的学者和神学者之间以更加科学的方式展开。最终，在一系列的讨论之后，基督教宗教法庭（Christian Holy Office）于 1836 年，在罗马颁布了一条法令规定法律允许利息的存在，并且每个人都可以接受利息。

公元前 3000 年，在苏美尔（Sumerian）文明期间，接受和支付利息的行为就已经存在。在苏美尔文明时期（公元前 3000 年—公元前 1900 年），就有证据证明一个系统性的信贷体制的存在，该体制的贷款采用两套价值标准：粮食以数量计价，白银以重量计价。这些贷款里就包含了利息的元素，小麦贷款的利率是每年 33.33%，白银贷款的利率是每年 20%。在巴比伦（Babylonian）时期（公元前 1900 年—公元前 732 年），汉谟拉比国王颁布了一项法令（大约是在公元前 1800 年），被称为汉谟拉比法典（Code of Hammurabi）。该法典承认利率是在苏美尔时期产生的，并接受其为一法定利率。这一利率被使用了差不多 1 200 年（Homer，1977）。

这一接受利息的实践一直持续进入亚述人（Assyrian）时期（公元前 732 年—公元前 625 年），新巴比伦（Neo Babylonian）时期（公元前 625 年—公元前 539 年），波斯时期（公元前 539 年—公元前 333 年），希腊时期（公元前 500 年—公元前 100 年）和罗马时期（公元前500年—公元前400年）。在基督教的早期，也就是在第3世纪的时候，从不宽恕其教徒接受利息的行为。尽管牧师和教会强烈反对接受利息，商人们照做不误。有证据显示在欧洲国家的国王统治期间，被发放的贷款也是建立在利息的基础上的（Homer，1977）。

利息和高利贷的定义

Kamus Dwibahasa（1985）认为，利息（interest,）是因为使用钱而必须支付的钱或是被支付的钱。这个总和，被描述成是所借的钱的一个百分比，被加进贷款。高利贷（Usury）则是在高昂的或是非法的高额利率的基础上借钱的行为。《牛津字典》（Oxford Dictionary，1989，p. 1099）将利息定义成如下：为了使用借来的钱而根据一固定比例来支付的钱，或者是为了债务的承担而支付的这样的一笔钱。

这本字典给了高利贷两个定义，第一个如下：

> 以一定的利息借钱，在以后的时间里在所贷款项的基础上以超额的或是非法的利率索要、拿取或是立下合同接受的钱。

第二个定义如下：

> 在所给予的金钱或是物品的基础上的溢价或利息，或是通过贷款获得的钱，通过借钱得到的收入。

《牛津字典》和 *Kamus Dwibahasa* 所给的概念与早期人们所持有的对利息和高利贷的理解并不一样。“interest”一词源自拉丁中时期（mid-Latin）的语言，也就是“interesse”，在 *Barnhart Dictionary of Etymology*（1988）中它的意思是指为损失支付的赔偿。根据 Divine（1959），在罗马法律中，interest 一词，或是拉丁语中的 id quod interest，指的是为借款人没有在合同中指定的日期还清贷款而给借款人造成的损失所支付的赔偿。Noonan（1957）认为拉丁词语 intero 的意思是指失去的东西。这样的话，利息并不是指一种获得，相反却是指一种损失，也就是说，是因为借贷而给借方带来损失而支付的赔偿。换句话说，利息在一个广义的层次上说是指损失，这包括可能给借方带来的利益损失（Homer，1977）。关于利息的这一定义一直沿用到中世纪时期（第12和第13世纪）（Divine，1959）。

Usury 这个词来源于拉丁词 usura，根据 *Barnhart Dictionary of Etymology*（1988）它在拉丁中期指的是 usuria。在希腊语中，usury 被写成 tokos，意为产生。因此，在谈及贷款的时候用及 usury，它指的是为了使用贷款而支付的价格。在更加广义的范畴里，高利贷包含所有因为借物品或金钱而产生的费用，包括在拉丁语中的 mutuum。mutuum 是指借贷马上要消费的东西。它牵扯到拥有权从借方到贷方的转移。它可以是食品产品的形式或是用来购买食物的金钱的形式，就像借贷来的将被使用的物品，例如，房屋和设备。由于实际上大多数贷款都是以金钱的形式存在，高利贷因此是指为了使用金钱而支付的费用。基督教实际上严格禁止其教徒接受高利贷。但是 usury 这个词在当时却鲜有被基督教牧师们所解释，尽管在当时的贷款里都有它的出现。圣盎博罗削（St. Ambrose，339—397），早期的基督教牧师之一，认为高利贷指的是超过了所借的东西的一切支付，在这里所借的东西可以是金钱、食物、衣物、设备或是其他东西。同时期的圣奥古斯丁（St. Augustine，354—430）说：

> 高利贷放贷者是一个想要得到多于他所给予的东西的人，无论是金钱、粮食、葡萄酒、油或是其他的一切东西。（Divine，1959，p. 30）

这就是说圣奥古斯丁认为高利贷指的是借方所得到的超过其所借的东西的确切数量的总和，而这超出的部分可以是金钱、粮食、葡萄酒、油或是其他的任何东西。在中世纪时期（1000—1500 年）由教皇大利奥（Pope Leo the Great，440—461）在他的 capitulary of Nynweger of 806 中 颁布的第一个高利贷的定义是：

> 被索取的超过所给予的东西。（Noonan，1957，p. 15）

换句话说，高利贷是当一个人索取超过他之前所给予的东西时存在的。1515 年的第五次拉特兰会议（Fifth Lateran Council）给出了高利贷的这个定义：

> 对贷方而言没有劳动支出、花费或者风险地从一件东西的使用中而不是该东西本身所寻求的增益。（Divine，1959，p. 64）

Cardinal de Lugo（1593—1623），一个基督教改革者，将高利贷做了如下定义：

> 高利贷是指从消费借贷中立即被强制征收的获利……如果该获利不是来自于消费借贷，而是购买或是销售，尽管是不公平的，也不算是高利贷；同时如果它不是被强制收取，而是出于好意、感激或者友谊的原因而被支付的话，也不算是高利贷。（Dempsey，1948，pp. 164-165）

根据第五次拉特兰会议对高利贷的定义，高利贷是指出借人期望从其所借物品中获取的利润，该利润不是来自此物品所创造的回报，同时该出借者不需付出任何努力或花费并且没有任何受损失的风险。同时，de Lugo 将高利贷解释为从借贷的过程中而不是从购买与销售中产生的。12 世纪的贸易和商业复兴加剧了借贷的行为。因此，基督教学者和神学家开始展开对利息进行更加科学的讨论。这段时间被称为经院学者时代（Age of Scholasticism，从 12 世纪到 16 世纪）。

该哲学理论被当做是 16 世纪至 18 世纪的改革者讨论的前提基础，这些改革者们都认同贷方拥有从其所借款项中获取回报的权利。这笔来自借方的钱或回报并不被认作是高利贷，而是由贷款产生的超额的利息。利息一词的意思是由基督教宗教法庭于

1836年颁布的一项公共法令确定的，该法令允许其教徒接受利息。利息是借钱的价格并被认为是现钱在将来的价格的溢价。也就是从这天起，usury一词被用来表示超额的利率，而interest一词则被用来表示法定利率。

现代经济学家也对interest一词给出了其他的解释。Bohm-Bawerk（1851—1914），一位著名的奥地利经济学家，在他的书中将interest一词的原形描写成Capital and Interest。Bohm-Bawerk，相信时间会对物品的价值产生影响，物品的现有价值比其将来的价值高许多。

另一方面，公众更加喜欢现货而非期货。然而，有人准备等候或者推迟消费以在晚些时候使用物品。这种推迟消费的意愿被称为交换价值。这种价值，Bohm-Bawerk认为是现货和期货之间的一种关系，而且是interest一词的根基。Fisher（1954）在他的《利息理论》（*The Theory of Interest*）一书中将利息定义为一种在确定的日期对金钱所收取的一定的百分比的费用，该费用必须在下一年内交付。同时，凯恩斯（Keynes，1939）在他的《就业、利息和货币通论》一书中将利率定义为一种给予愿意舍弃货币或是放弃货币流通性的奖励。利率取决于人们对于持有货币的喜好。

Riba一词是一个阿拉伯单词，其意为增长（Ahmad，1992）。Ibn Manzur在他Lissanul Arab一书中讲到，它的根基是增长，金钱的利息就是其增长的部分（Homoud，1985）。根据一些乌里玛成员，比如Al-Khatib、Al-Sirbini和Al-Ramli（沙斐仪学派）还有Ibn Abidin（哈乃斐学派）的说法，数量的增长即是riba。同时，罕百里学派将riba这个词限定为特定物品的增长（Al-Zuhayli，2003）。

Al-Tabiri，一个口译员，认为riba一词与rabia一词或者是hill有联系，正因为它在高度上更高并俯瞰周围的地势所以才有这种叫法。Riba一词可以用于两种不同的语境下。首先，它可以是指物品本身的增长，另外，它可以是一种源自两种物品比较或是差异的增长。

Riba一词也被伊斯兰教创立以前的阿拉伯人所使用。按他们的说法，riba是他们在金钱增加的基础上所经营的，同时还要考虑到时期的延展，从到期日或是从债务产生的一日起计算。因此，在很多情况下，现代穆斯林学者经常将riba一词与贷款联系在一起，并且使用该词在伊斯兰教创立之前的意思来解释riba一词。

Khan and Mirakhor（1987）认为riba是在时间的基础上对本金数量的增加，该时限可以是从借贷之日算起，也可以是从支付延期之日算起。Salleh（1986）在他对riba的注释中这样写道：

> 在伊斯兰教规中，广泛认为riba可被定义为一种不合法的从任何旨在影响两种或是更多品种的交换的价值数量不平等的交易中的获得，这些品种都属于同一类别，并由同一条例管理，延期的这些品种交换的完成，或是不同类别的品种但是由同一条例管理，这些获得都被称为riba，不管这种推迟是否伴随着任一等值交换中的增长。

非穆斯林对利息和高利贷的概念的理解

在非穆斯林中，对于利息和高利贷也同样存在着各种不同的观点。然而，本书所讨论的仅限于其中特殊的群体。第一个群体是在基督教产生前的文明时期，包括犹太人、希腊人和罗马人。第二个群体由基督教徒组成。为什么选择这两个群体有三个原因。首先，伊斯兰教认可犹太人的先知，也就是亚伯拉罕、易司哈格、穆萨和基督教的先知——尔撒。这些先知的名字时常出现在《古兰经》里。比如在《古兰经》牲畜章中说：

> 我赏赐给他易司哈格和叶尔孤白，三个人我都加以引导。以前，我曾引导努哈，还引导过他的后裔达卫德、素莱曼、安优卜、优素福、穆萨、哈伦，我这样报酬行善的人。
>
> （我曾引导）宰凯里雅、叶哈雅、尔撒和易勒雅斯，他们都是善人。（《古兰经》6：84 and 85）

类似地，在《古兰经》黄牛章第 87 节，真主写道：

> 我确已把经典赏赐穆萨，并在他之后继续派遣许多使者，我把许多明证赏赐给麦尔彦之子尔撒，并以玄灵扶助他。难道每逢使者把你们的私心所不喜爱的东西带来给你们的时候，你们总是妄自尊大吗？一部分使者，被你们加以否认；一部分使者，被你们加以杀害。（《古兰经》2：87）

伊斯兰教将这两个群体称为“有经人”，因为犹太人拥有旧约书，基督教拥有福音书。《古兰经》常常将这些人称作“有经人”并且有很多章节谈论他们。比如说，真主阿拉在《古兰经》黄牛章第 145 和第 146 节中说道：

> 即使你以一切迹象昭示曾受天经者，他们必不顺从你的朝向，你也绝不顺从他们的朝向；他们各守自己的朝向，互不相从。在知识降临你之后，如果你顺从他们的私欲，那末，你必定是不义者。
>
> 蒙我赏赐经典的人，认识他，犹如认识自己的儿女一样。他们中有一派人，的确明知故犯地隐讳真理。（《古兰经》2：145 and 146）

选择犹太教徒和基督教徒的第二个原因是该两宗教牧师们相对丰富的关于利息和高利贷的著作。关注这些著作很重要，因为可以将其与一些主张伊斯兰教不应该禁止利息的穆斯林们的观点作比较。第三，希腊人和罗马人的观点也需要被检验，因为他们为人类文明做了很大的贡献。他们的观点对穆斯林们和非穆斯林们关于利息和高利贷的思想产生了很大的影响。

在接下来的讨论中，interest 一词将代替 usury 一词而被使用到。在 1836 年之前，usury 一词与今天使用的 interest 一词有着同样的意思，也就是超过贷款本金的数量总和。Usury 的超额利息的定义是在基督教教会在一个允许的比率范围内合法化 usury 后所被使用的，而这个允许的比率就被称作"interest"。

这并不意味着其他的群体与 interest 和 usury 并无联系。比如说，印度教，其对 usury 的描述在古印度宗教手抄本上被发现，分别是 *Vedic* 和 *Sutra* 两本，在 *Vedic* 中，usurer 是指发放有利率的贷款的人，并被提到好几次。更多的关于利息支付的描述可以在 *Sutra* 这本书中找到。Vasishtha，当时一位著名的印度立法者，起草了一份特殊的法律来禁止最高种姓中的婆罗门和刹帝利发放有利息的贷款。在佛教的圣书 Jakatas 中，提到 usury 时带有一种贬低的色彩。在 2 世纪以前，usury 已经成为一个更加相对性的术语，这可以从 *Laws of Menu* 这本书中推断得出，该书指出任何超过了法定比率的不能被还清的利息被叫做高利贷贷款。高利贷在印度社会的概念最终退出了讨论的舞台。尽管高利贷仍被谴责，但是收取高利贷的行为却并没有被实质性地禁止或是控制。

犹太教中关于利息的概念

犹太人也被禁止收取利息。这种禁止的规定是在其两本圣书中发现的，分别是 *Ibrani* 和 *Talmud*。本书只讨论在 *Ibrani* 一书中发现的利息禁令。对犹太人来说，*Ibrani* 一书又被称作 Tanak，对基督教徒来说，该书又被称作《旧约全书》(*Old Testament*)(Gottwald，1985)。Tanak 一词是该书三个组成部分的缩写，即 Torah (法律)、Nevi'im (先知) 和 Kethuvim (著作)。*Ibrani* 经书中的"出埃及记"中的第 22 节中的第 25 诗篇和"利未记"中的第 25 节中的第 35 至第 37 诗篇禁止犹太人通过发放给穷人和已被其社会接受的犹太人和陌生人的贷款来获取利息。

"出埃及记"第 22 节中的第 25 诗篇中写道：

> 我民中有贫穷人与你同住，你若借钱给他，不可如放债的向他取利。(《圣经》第 58 页)

"利未记"第 25 节中的第 35 至第 37 诗篇中写道：

> 你的弟兄在你那里若渐渐贫穷，手中缺乏，你就要帮补他，使他与你同住，像外人和寄居的一样。
>
> 不可向他取利，也不可向他多要，只要敬畏你的神，使你的弟兄与你同住。
>
> 你借钱给他，不可向他取利，借粮给他，也不可向他多要。(《圣经》第 93 页)

以上的这些诗篇要求犹太人不能索要高于自己所出借的东西的回报。向穷人们寻求利润不仅没有展示出慈善和怜悯之心，而且还做得像个勒索者和压迫者一样，吞食这些缺钱的借款人。这些诗篇同样也表明所有种类的利息，合理的或是高额的，都被禁止，并被视作是勒索的一种形式。犹太人不仅被禁止向穷人收取利息，而且还被禁止向他们中的任何人收取利息，无论经济地位如何。但是，犹太人向犹太社区以外的外国人收取利息却又是被允许的。这在“申命记”一章中的第23节中的第19和第20诗篇有所阐释。

陈述如下：

> 你借给你弟兄的，或是钱财或是粮食，无论什么可生利的物，都不可取利。
> 借给外邦人可以取利，只是借给你弟兄不可取利。这样，耶和华你神必在你所去得为业的地上和你手里所办的一切事上赐福与你。(《圣经》第147页)

以上的这两节诗篇是一个诗篇的集合，该集合明确地禁止犹太人接受利息。另外，在*Ibrani*一书中还有其他的章节里的诗篇对主动放弃接受利息和谴责此类做法的人有所赞颂。在这本书中也有其他的诗篇对此问题有所触及，比如说：

以西结书一章中的18节中的第8诗篇中有：

> 未曾向借钱的弟兄取利，也未曾向借粮的弟兄多要，缩手不作罪孽，在两人之间，按至理判断。

在诗篇中的15节中的第5诗篇中：

> 他不放债取利，不受贿赂以害无辜。行这些事的人，必永不动摇。

以西结书一章中18节中的第17节诗篇中：

> 缩手不害贫穷人，未曾向借钱的弟兄取利，也未曾向借粮的弟兄多要。他顺从我的典章，遵行我的律例，就不因父亲的罪孽死亡，定要存活。

以西结书一章中18节中的第13诗篇中：

> 向借钱的弟兄取利，向借粮的弟兄多要这人岂能存活呢？他必不能存活。他行这一切可憎的事，必要死亡，他的罪必归到他身上。(罪原文作血)

希腊人和罗马人对利息的概念的理解

和通过《旧约全书》中的几节诗篇被禁止收取利息的犹太人相比，在希腊法律中并没有单独的条文禁止收取利息。美索不达米亚文明（Mesopotamian）认为接受利息是合法的，希腊人和罗马人也这么认为。

在希腊文明时期（公元前6世纪至公元1世纪）对于偿付贷款和偿付投资有几种类型的利率。利率被叫做“习惯性利率”。贷款的利率被分作针对正常贷款的利率（6%～18%），针对房屋贷款的利率（6.67%～12%），针对城市贷款的利率（7%～

12%)，和针对产业和商业贷款的利率（12%～18%）。同时，对于偿付投资的利率是指针对特殊投资的利率（6%～10%）（Homer，1977）。在罗马文明中，利息的支付始于公元前5世纪，结束于公元4世纪，十二铜表法（公元前450年）是第一部同意在累进的最大法定利率范围内收取利息的罗马法律。尽管收取利息是允许的，利率却是不能被复合的（Thomas，1976）。在杰努其亚法（Lex Genucia）时期（公元前342年），收取利息被定为非法的行为。然而，这种非法的定位却在Lex Unciaria时期（公元前88年）被撤销，并且最大利率的做法被再次引入。在罗马时期有四种利率类型，即罗马所允许的最大利率（8.33%～12.5%）、正常利率（4%～12.5%）、地方性的利率（6%～100%）和拜占庭利率（4%～12.5%）（Homer，1977）。

然而，这种收取利息的行为却受到了希腊哲学家们的谴责。著名的希腊哲学家柏拉图（公元前427年—公元前347年）和亚里士多德（公元前384年—公元前322年）谴责这种行为并在他们所建立的社区内废除此项规定。类似地，罗马哲学家卡托（Cato，公元前234年—公元前149年）和西塞罗（Cicero，公元前106年—公元前43年），也同样谴责罗马人收取利息的行为。尽管这些哲学家们及时反对收取利息的行为，但他们却没能为他们的反对建立哲学基础。除此之外，他们对利息的禁止也引起了质疑，因为不知究竟他们认为利息是不好的，还是他们反对通过利息获得的财富（Bohm-Bawerk，1959）。

柏拉图对利息的观点可在其两本著作中找到，分别是《理想国》和《法律篇》。在《理想国》中，柏拉图认为对财富的贪得无厌对国家具有毁灭性的影响。一个相信权力来自财富和认为从过度消费和浪费者中获益的政府，很有可能鼓励这些过度奢侈的行为，给他们发放要求利息的贷款，并在偿付不了时要求他们用财产抵押。以这种方式失去财产的个体们最终定会反抗，变成充满仇恨的人，向那些夺去他们财产的人报复。因此，柏拉图建议每个人都应该自愿地签订合同，并自己承担风险，以此来降低不光彩的赚钱行为。在《法律篇》中，柏拉图申明土地虽应该被定为公共财产但也应该分配给个人作私用。另外，不可以给人们机会来赚取超额的金钱，设备也不能借给有恶意赚钱的生意。除了在日常交换的时候人们不可以持有金子和银子。

关于贷款，柏拉图同意这样的观点：人们不可以把钱存在自己不信任的人那里，也不可以以收取利息为目的而借钱。这是因为如果任何不好的事情发生的话，债务人是可以不归还本金和支付利息的。因此，柏拉图不赞成通过贸易、借贷和对金银的占有的方式赚取财富，因为一国法律的基本目的是为了国民的幸福和共同利益的团结。幸福和善良可以手拉着手，但是人民不可以在善良的同时拥有超额的财富。尽管利息在那个时候是被禁止的，但如果一个人没有履行之前约定，或是在享受了一项服务后没有为此支付，那么这个人就要被罚款，而此项罚款则是以年利率200%的形式被缴（Divine，1959）。

柏拉图因为两个原因而谴责利息。首先，因为利息导致同一社区内的人们产生冲突和纠纷；其次，因为利息被富人们当做一种榨取穷人的工具。亚里士多德不仅同意柏拉图的观点，而且实际上更加认同利息是不公平的这一观点，因为通过这种方式获得的钱会被另作他用，和之前的想法不一样的用途，与钱的自然目的相反的用途。亚里士多德说，金钱是为了便利交换而被设计出来的。他谴责利息这种通过金钱衍生出的反常的东西。因为利息是由钱生出来的，并且向穷人们索要利息是与悲悯和人性背道而驰的，所以柏拉图和亚里士多德都认为向借款收取利息是所有贸易中最反常和最不正义的。古希腊这两大哲学家对利息的谴责是建立在以下总结的基础上的：

（ⅰ）这种赚钱的手段是一种有损人格的职业，它起到阻碍了真正的经济实体的作用，这种作用是要满足需求而不是寻求利润。这种赚钱的方式阻碍了人们承担自身主要责任和履行正义的行为。

（ⅱ）富人们这种收取利息的做法是与其应该向穷人们行善背道而驰的。

（ⅲ）利息对国家的福利制度有反作用，它摧毁和平与和谐，因为它树立起两个互相对立的阶级。

（ⅳ）利息，其最根本的天性，就是对正义的亵渎。

和希腊人一样，古罗马哲学家们在谴责收受利息方面意见一致。他们所提出的理由也几乎与希腊人给出的理由一致。比如，西塞罗告诫其儿子两个必须避免的职业就是收税和借贷。然而，西塞罗并不是完全反对利息，他同意在合理的限制条件内收受利息。卡托的观点是在贸易和借贷中使用钱有些时候更加有利可图。尽管如此，他还是对这两个职业提出了以下两个类比：

（ⅰ）做贸易是非常有风险的职业，而借贷则是很不光荣的职业。

（ⅱ）他的祖先认为一个收取高利贷的人比小偷更加可耻，高利贷放贷者被罚的款项是其放贷数量的四倍，而抢劫者被罚的款项则是其抢劫款项的两倍。

由古希腊和古罗马哲学家们提出的认为利息是集低俗和冒犯性于一身的东西的观点在当时的公众心中根深蒂固。这些观点的产生毫无疑问是跟当时不健康的形势有关的，该形势不仅涉及收取利息的行为，还与穷人们因为不合理地使用钱而造成的高额债务负担有关。

基督教徒关于利息概念的理解

起先，基督教徒被禁止收取利息。犹太人由《旧约全书》这本书规定禁止收取利息，在基督教的《新约全书》中，我们却找不到明确禁止收取利息的直接证据。然而，有些人认为在"路加福音"一章中有谴责收取利息的描述，书中说收取利息是一种敲诈大众的钱财的行为，并且不带来任何益处。

"路加福音"第 6 节中的第 34—35 篇中说道：

> 你们若借给人，指望从他收回，有什么可酬谢的呢？就是罪人也借给罪人，要如数收回。

你们倒要爱仇敌，也要善待他们，并要借给人不指望偿还。你们的赏赐就必大了，你们也必作至高者的儿子。因为他恩待那忘恩的和作恶的。（《圣经》第 767 页）

因为没有明确禁止，基督教的大主教们提出了多种观点和解释，智者和学者则在想究竟对基督教徒来说征收利息是不是允许的。本书将会讨论三大主要派别的观点，即 1—12 世纪的基督教牧师们，12—16 世纪的基督教学者们和 16—19 世纪的改革者们。

这三大选出来的派别在利息贷款上的观点都不同，他们描述和讨论利息的概念的方式也不一样。第一个派别禁止收取利息并将其定为违法的行为。第二个派别想要合法的利息被允许，第三个派别在基督教教义中合法化了利息。在 1836 年基督教教会对利息的收取合法化后不久，关于利息合法性的讨论就中断了。然而，一些群体仍然努力想推翻它的合法性。最后一个想要这么做的牧师是 Jeremiah O'Callaghan 神父（1780—1861），他的事业起始于罗斯卡伯里（南爱尔兰），结束于佛蒙特（美国）。然而，O'Callaghan 神父的努力并没有成功，他的努力也被认为是个人的战斗，因为他没有受到来自其他天主教传教士的支持或是教会的支持（Nelson，1949）。

早期基督教牧师的观点

早期的基督教—12 世纪

因为在新约里没有条文规定利息的收取，在早期的基督教中，旧约中的关于禁止利息借贷的教义和观点则被用来当做指引。新约上关于收取利息行为的描述直到 1050 年才出现（Noonan，1957）。大多数关于高利贷和利息的解释和申明是由早期基督教的传教士在他们的训诫和布道的过程中传播的，在这其中，他们说明了由利息带来的损害。他们澄清了涉及利息贷款的行为都是邪恶和不值的，因为其违反了基督教强调善心的教义。收取利息的行为是出于放高利贷者极端的贪婪之心（Divine，1959）。

圣巴西略（St. Basil，329—379），早期的基督教传教士之一，将利息的罪恶看成是一种不人道的行为。债权人从贫苦大众的逆境中获利，从他们的泪水和苦难中积累金子和财富。他尝试着劝诱富人和穷人们不要参与贷款交易。圣格里高利（St. Gregory，335—395）批评收取利息的行为，他认为债权人通过提供贷款帮助所显露出的明显的好意实际上是不真诚的，因为这笔贷款将会使这些穷人走向毁灭。那些提供贷款的人仅仅只是希望为自己积累财富，而这是不需要提供任何好处的。圣格里高利也把高利贷比作对已经受伤的人的攻击。圣约翰·克里索斯托（St. John Chrysostom，344—407）相信在犹太人的旧约上找到的对收取贷款利息的禁止包含了新约上的所有的禁止条目。圣盎博罗削（St. Ambrose）把利息的消费者比作骗子和叛国者，以及使船遭遇海难的海啸。圣奥古斯丁断言强加在穷人身上的利息比抢劫富人们的罪行更加残忍。(Divine，1959) 坎特伯雷的圣安塞姆 (St. Anselm，1033—1109)，一个经验丰富的意大利商人，是中世纪时期第一个将收取贷款利息与抢劫相提并论的人 (Noonan，1957)。

基督教早期传教士们对于利息的观点和看法在几张立法草案中有所反映，被称为教规，在那个期间被起草和被实施。教规第 20 条是由 306 年的西班牙维拉大公会议 (Council of Elvira) 颁布的，而且是第一部被所有传教士通过的禁止收取利息的法令。那些被发现收取利息的人将会被降级 (《天主教百科全书》，The Catholic Encyclopedia，1912)。然而，该教规并未明文讲清此禁止是否适用于外行人员。它和由亚勒尔大公会议 (Council of Arles) 于 314 年颁布的罗马教皇第 44 条教规类似，该教规禁止正在受罚的传教士收受利息。由尼西亚第一届大公会议 (First Council of Nicaea) 于 325 年颁布的第 17 条教规威胁会开除收取利息的传教士。于 345 年召开的迦太基大公会议 (Council of Carthage) 颁布的第 12 条教规和由 Council of Aix-la-Chapelle 在 789 年颁布的第 36 条教规首次将该禁令拓展至大众平民。

基督教会对利息的谴责在 9 世纪期间获得了动力。所有的传教士都被要求禁止基督徒收取利息和惩罚那些违规的人。事实上，于 1179 年召开的拉特兰大公会议 (Council of Lateran) 的第三次会议中颁布的教规否定了基督教徒对所有明显的放高利贷者的埋葬。于 1274 年召开的里昂第二届大公会议 (Council of LyonsⅡ) 规定任何社会组织团体、公司或个人都不能允许收取利息的外国人出租他们的房屋。反抗示威在 1311 年达到高潮，因为此时维也诺大公会议 (Council of Vienne) 宣布民法丧失其作用，那些不认为利息有罪的人即是脱离基督教教义的人。早期基督教传教士的观点可以总结如下：

(ⅰ) 利息是被索取的一切回报，它超过了之前所借贷的物品的数目。

(ⅱ) 收取利息是一种罪，它被旧约和新约所禁止。

(ⅲ) 希望收取超过之前贷出物品的回报的想法和意图都是罪恶的。

(ⅳ) 利息必须返还给其原来的所有者。

(ⅴ) 以信贷的形式售卖的物品的高价等于隐藏起来的利息。

学者的观点

12 世纪—16 世纪

12 世纪早期快速的商业和贸易发展给货币和信贷在经济中分配了一个重要的角色。贸易商需要更多的货币来给其贸易提供资金，结果是，信贷在那时变成了重要的资金来源之一。当商业贷款的数量增加时，从贷款中收取利息也就成了讨论的主题。12 世纪中的借贷有两大重要元素被发现。首先，除了消费贷款外还有商业贷款。其次，有一种向货币或资本市场发展的倾向，或是市场化利率的建立 (Divine，1959)。商业贷款不同于消费贷款引起了对利息概念延伸的需求。讨论不仅仅从早期基督教教义的道德角度出发，还包括债权人和债务人之间关系的概念。

囿于此，关于利息的讨论只围绕在基督教教义方面。早期的传教士大多数用在经书中出现的诗篇。他们认为收取利息是不人道的，没有道德的，是对穷人的压榨和与基督教教义相冲突的。这些讨论很少围绕经济或是法律展开。这些传教士们也是唯一的深入讨论利息的群体，尽管他们在原则方面理解并不深（Bohn-Bewark，Vol. 1，1959）。

在他们关于利息的讨论中，学者们除了从道德的角度考虑外，还延伸到了其他方面，比如说法律的类型和形式，个人对财产的持有权，正义的特点和意义，利润的形式，人类行为的意图和赞成利息的个人和公众的罪（Noonan，1957）。这些学者被认为是开拓利息新解读的道路的先驱。他们最终分配给 interest 和 usury 两词不同的意思。Interest 是指合法有效的利率，usury 则是超额的利率。另外，这群人也是为 interest 一词的概念重建作出巨大贡献的人。Robert of Courcon 和 Willian of Auxxerre 是两位在利息概念讨论上的神学者先驱。其他的对利息和高利贷的概念发展作出主要贡献的传教士还有 St. Raymond of Pennaforte，Alexander of Hales，St. Albert the Great，St. Bonaventure 和 St. Thomas Aquinas。然而，却是 St. Thomas Aquinas 对利息的分析被认为对之后关于利息的学术理论产生了重大的影响。

接下来主要的关于利息的话题都被学者们解决了：第一，通过借贷来获取利润的意图或行为被认为是罪恶和不正义的。第二，从贷款中获取的利息是被允许的。然而，是否合法则依据贷方的意图如何。如果利息是被作为补偿贷方发放贷款的报酬或是报答他的这种善意的行为，该利息则是合法的。学者们宣称贷方有权提前寻求补偿，但是坏账的风险不能作为允许贷方接受利息的原因。

改革者的观点

16 世纪至 1836 年

改革者的时代始于 16 世纪中期。这个群体改变并形成了新的关于利息的观点，他们的观点与学者们的有所不同。这个群体中的倡导者是一位抗议者领袖，他叫约翰·卡尔文（John Calvin）。他的观点得到另外两位著名的改革者的共享，即查尔斯·杜摩兰（Charles Du Moulin），一位法国天主教律师和法学家，和克劳德·索迈兹（Clude Saumaise）。在其他相关的改革者中有来自德国的马丁·路德（Martin Luther）、墨兰顿（Melanchthon）和来自瑞士的茨温利（Zwingli）。

卡尔文在他关于利息的分析中用到了他称之为黄金准则的东西，该准则重新定义了利息（Noonan，1957）。他认为，利息只有在伤害到了某人时才被视作是罪恶。卡尔文也反对亚里士多德的认为货币是不育的观点。卡尔文认为货币是会增长的东西。一个借了钱的人是不会使钱空置的，而是使用它为自己的商品和收入增值。尽管卡尔文不同意收取利息的禁令，他也不赞同统一的可允许的利息。然而，卡尔文更加愿意利息被彻底废除掉。他觉得适当的利息可能是对商业不可或缺的，但是收取利息绝对不能被当做一门职业。任何人只要是靠借贷利息来赚取收入都应该被驱逐出教堂。利息决不能向穷人索取，也不能超过最高的法定比率。贷款者应该遵守主的教诲而不能任意做主。收取利息不是一项正常的行为，而贷方也不能从贷款中收取高于借方的利润。卡尔文引入的关于利息的大致概念就是只要利息不给债务人带来负担和伤害，还有富人们借钱的纯粹目的只是想增加财富时对该贷款的利息是合法的话，利息就不是罪恶。

查尔斯·杜摩兰，一位著名的法国律师，是第一个催促使适当利息合法化的天主教作者。杜摩兰认为，旧约和新约都通过谴责利息是善意反面的罪恶来禁止收取利息。他认为此禁止只针对向穷人们收取利息，在神学和自然法律中也并没有指出借钱收利息是禁止的。关于商业贷款，杜摩兰认为贷方仅仅靠提供贷款就从借方的利益中分一杯羹是不公平的。杜摩兰说由贷方收取的利息是对有价值的货币的作用所收取的费用。因此，如果利息支付是以此来定价那就是合适的。

克劳德·索迈兹，卡尔文的追随者之一，被认为是在为利息辩护上最直言不讳的领导者。卡尔文犹豫是否要允许不同类型的利息的存在，杜摩兰反对向穷人收取利息，索迈兹则为所有的放债人辩护，包括那些赚穷人钱的。索迈兹认为，货币可以像其他任何的商品那样被买卖。如果用货币买卖商品的生意是合法的话，那么用钱来赚钱被视作非法就没有理由了。如果每个人的生活费都是从另一个人那里赚取的，这条准则也同样适用于涉及利息的问题。索迈兹认为放债人实际上在提供一种非常有用的服务，满足社会所需。因为放债人被政府授予了许可证，这就暗示了他们被政府所嘉许，因此可以视作是公务员，就像收税员一样。这样的话，如果放债人有罪恶感，那么政府也有。索迈兹漠视所有神学的对利息的禁止。他倾向于世俗的管理利息和利润的法律。结论是，改革者们充分支持利息的合法化，只要它不成为债务人的负担或给其造成伤害。他们相信利息能通过刺激经济发展而帮助商人。因此，道德和不虔诚的话题就不再引起人们的关注了。

伊斯兰教对 Riba 的概念的理解

过去，在伊斯兰教学者中有关于是否穆斯林所说的 riba 就是指英语里所说的“interest”和“usury”的意思的争议。如果我们重新审视一下今天 interest 和 usury 两个词的意思，interest 是指对一笔特定的贷款在固定的日期支付的（通常是以百分比的形式）钱。usury 是在超额利率的基础上借钱的行为，而这个利率通常认为是非法的。在这些定义的基础上，很明显 interest 和 usury 之间有一个主要的区别。这就使得一些学者认为伊斯兰教禁止的是 usury 而不是 interest。他们声称为生产性活动中的投资贷款支付的利息并不违反《古兰经》，因为《古兰经》里指的是对非生产性活动的贷款的高利贷，它盛行于伊斯兰教产生前的时期，当时的人们对生产性贷款和其对经济发展的作用并不熟悉。

在穆斯林学者和乌里玛中有一个普遍的认识，即 riba 一词包括 interest 和 usury 的意思（Khan and Mirakhor，1987）。这就意味着在伊斯兰世界中没有可以接受的 riba，极端的 riba 从法律的角度看也不存在。Riba 被认为是不考虑涉及的数量的 riba。埃及爱资哈尔大学（University of al-Azhar）下设的伊斯兰研究学院，在 1965 年的第二次年度会议时讨论了关于 riba 和银行操作的话题。最终达成了一项决议，该决议认为由银行强加的在各种贷款上的利息组成了 riba，无论此贷款是为了消费还是为了生产，也不论所涉及的数量是大是小。所有类型的利息毫无例外都是不合法的。

Riba 的禁止

穆斯林们被禁止参与 riba 的交易。Ahmad（1992），一位伊斯兰教学者，认为在伊斯兰教，对于 riba 的绝对禁止不应该存在两种不同的观点。这种不同，存在于对其范畴和覆盖范围的理解。对 riba 的禁止不仅出现在《古兰经》的不同经文中，也存在于穆罕默德言行录中。先知穆罕默德清楚地谴责了 riba 的接受者和提供者。

《古兰经》中对 riba 的禁止

《古兰经》中对 riba 的禁止逐渐发展出现在四个启示里。第一个启示在《古兰经》罗马人一章中的第 39 节经文中，第二个启示出现在《古兰经》妇女一章中的第 61 节经文中，第三个在《古兰经》仪姆兰的家属一章中的第 130 至 132 节中，第四个在《古兰经》黄牛一章中的第 275 至 281 节中。

在《古兰经》罗马人一章中的第 39 节，真主说道：

> 你们为吃利而放的债，欲在他人的财产中增加的，在真主那里，不会增加；你们所施的财物，欲得真主的喜悦的，必得加倍的报酬。（《古兰经》30：39）

第一个启示发生在麦加城，当时此处商业贸易繁华。贸易者们不仅积极参与进出口和便利商品的运输，也参与发放贷款以获取利息，还有投机买卖和偶然的交易。他们参与这些活动因为他们不愿意看到自己的资金在等待装载满的货箱到达或是起航时停滞。贸易者们将自己与 riba 联系起来的这些情形据说是真主把相关的经文泄露给先知的原因。

以上经文强烈地禁止穆斯林接受 riba。总原则是穆斯林们寻求的获得的利润应该是自己努力的结果而不应该是从他人身上搜刮的。穆斯林们应该通过花费自己的资源或是使用自己的才能和为别人服务的机会来展示他们对于邻里的爱。这奖励绝不仅是他们应得的而是会成倍增长的（Ali，1989）。

真主又说：

> 且违禁而取利息，并借诈术而侵蚀别人的钱财，我已为他们中不信道的人而预备痛苦的刑罚。（《古兰经》4：161）

关于 riba 的第二节经文被真主在麦地那向下发送，这引起了在知识分子中的误解，他们不知道此禁止究竟是针对穆斯林还是犹太人的。Hitti（1970），伊斯兰教著名的历史学家，同意在麦地那此禁止是针对犹太人的观点。他的观点是以真主在第 160 节经文中的文字为基础的：

> 我禁止犹太教徒享受原来准许他们享受的许多佳美的食物，因为他们多行不义，常常阻止人遵循主道。（《古兰经》4：160）

然而，Saleh（1986）不同意 Hitti 的观点。他以两个原因反驳。首先，涉及 riba 的行为是在先知仍在麦加的时候发生的，那个时候那里的犹太人很少。其次，那时在麦地那的犹太人大多数从事农业而非商业。Saleh 认为，涉及 riba 交易的人组成了迁士们（伴随着先知从麦加迁到麦地那的麦加人们）和 Ansar（麦地那的穆斯林），他们在麦地那参与高利贷的交易。为了支持他的观点，Saleh 用到了以下由艾布·胡莱赖（Abu Hurairah）和阿卜杜拉·伊本·萨拉姆（Abdullah Ibn Salam）发表的两段声明，他们都是先知的同伴。

在 Sahih Bukhari 的穆罕默德言行录中，艾布·胡莱赖说：

> 你们都说艾布·胡莱赖从使者那里传述了很多圣训，并且说‘迁士们和辅士们都干什么去了？他们怎么没有像艾布·胡莱赖那样传述圣训？’“（我告诉你们）：我的迁士弟兄们忙于在市场上成交生意，而我，只要填满了肚子，就从未离开过使者。当他们都不在时，我在；当他们忘了使者的话时，我则记着。至于我的辅士弟兄们，他们在忙于经营产业。而我则是凉棚的宿客之一。当他们忘记圣训时，我则牢牢地记着。”（Khan，1986，p. 149）

据说阿卜杜拉·伊本·萨拉姆说过利息的操作在麦地那很广泛，这被认为是在先知死后和犹太人被放逐出麦地那后发生的。

《古兰经》仪姆兰的家属章第 130—132 节诗篇，说：

> 信道的人们啊！你们不要吃重复加倍的利息，你们当敬畏真主，以便你们成功。
>
> 你们当防备那已为不信道的人而预备了的火狱。
>
> 你们当服从真主和使者，以便你们蒙主的怜恤。（《古兰经》3：130—132）

以上的禁止是在紧随着吴侯德（Uhud）之战由真主往下传的，在希吉拉（Hijrah）的第三年。Al-Fahkrar-Razi 相信这节的启示有两个原因。第一，这节经文也许与正在进行的经文有关系，该经文中陈述道 Musyrikin 花费了金钱在参战的部队上，而这笔钱是通过 riba 募集的。另一个穆斯林在当时可能会收取利息的可能就是为对抗 Musyrikin 的战争筹钱资助。

以上的经文显示出禁止是针对各种类型的 riba 的。而经文中的“doubled”和“multiplied”字眼，在穆斯林法学家和学者中造成了一些异常现象。一些人认为指的只是 riba 的翻倍和增长。尽管如此，大多数著名的学者还是做出了这样的决议：利息的数量并不决定它是否是禁地（宗教认为不合法，充满罪恶的）。

Qutub（1979）在他的书 *In the Shades of the Quran* 中，说用到的术语并不亚于一状况，该状况与征收无关。同时，据报道，Syeikh Muhammad Abduh，埃及的一个著名的乌里玛，说这不是一个高利贷的情况，在该情况中资金总量会增加，为了使 100 变 200，但是高利贷因为重复而增加了。Shaltut（1974）也对此观点发表评论，他认为《古兰经》只禁止超额的利息。对他来说，“multiple of multiples”一术语是真主用来强调而谴责错误做法时采用的。Homoud（1985）解释道，存在于伊斯兰教创立之前的 riba 并不是使 100 变 200，而是所借出的骆驼的年龄的多重性。

在《古兰经》黄牛章第 275—281 节中，真主说道：

> 吃利息的人，要象中了魔的人一样，疯疯癫癫地站起来。这是因为他们说："买卖恰象利息。”真主准许买卖，而禁止利息。奉到主的教训后，就遵守禁令的，得已往不咎，他的事归真主判决。再犯的人，是火狱的居民，他们将永居其中。
>
> 真主褫夺利息，增加赈物。真主不喜爱一切孤恩的罪人。
>
> 信道而且行善，并谨守拜功，完纳天课的人，将在他们的主那里享受报酬，他们将来没有恐惧，也不会忧愁。
>
> 信道的人们啊！如果你们真是信士，那末，你们当敬畏真主，当放弃余欠的利息。
>
> 如果你们不遵从，那末，你们当知道真主和使者将对你们宣战。如果你们悔罪，那末，你们得收回你们的资本，你们不致亏枉别人，你们也不致受亏枉。
>
> 如果债务者是穷迫的，那末，你们应当待他到宽裕的时候；你们若把他所欠的债施舍给他，那对于你们是更好的，如果你们知道。
>
> 你们当防备将来有一日，你们要被召归于主，然后人人都得享受自己行为的完全的报酬而不受亏枉。(《古兰经》2：275—281)

以上经文在先知的任务几乎完成的时候在 Thaif 被传诵。这些经文强有力地谴责了收取利息的行为。在第 275 节中，真主清楚地提到在贸易和利息之间有一点区别。贸易是可被允许的，而利息则是被禁止的。“stand”一词在经文中有两个意思，一些伊斯兰学者把它解释为用来表示那些收取利息的人在审判日的情形。其他的人则认为它描述了与利息相关的人的情况，这种态度将对生活造成破坏。

《古兰经》黄牛章第 276 节和第 277 节进一步阐述了这一观点：真主不会保佑那些收取利息的人，他会摧毁含有利息元素的财产。这样的话，财产的摧毁也许会在现世也许会在将来。类似地，那些收取利息的人将会在两个世界受惩罚。在接下来的经文中，有一个提醒：穆斯林必须敬畏真主，必须丢弃在伊斯兰教创立前期产生的利息的剩余。不履行这一指令的话必将遭受真主和先知带来的战争。

这一陈述对穆斯林来说是一个严肃的警告：告诫他们不要与利息产生任何关系。他们只可以向债务人索要本金并且要公平正义地与债务人交易。如果债务人无力偿还，债权人有两个选择。债权人可以延长偿还期或是将贷款转化成慈善款。在这两个选择中，第 280 节经文建议说对穆斯林来说第二个更好。主要的问题是无论是谁违反了真主的要求，在现世和来世将会受到生命的摧毁和破坏。这在《古兰经》夜行章的第 72 节经文中可以找到，它说：

> 在今世是盲人者，在后世仍是盲人，而且更加迷误。(《古兰经》17：72)

《圣训》中对利息的禁止

为了符合其作为伊斯兰教教规的起源和永远的来源的作用，《古兰经》既不定义利息也不提供任何详细的关于利息的解释。对利息的禁止出现在《古兰经》的四个章节中，这四个章节对穆斯林来说是普遍的和基本的指导方针。穆罕默德言行录即《圣训》，在另一方面，是一种参考来源，能够让穆斯林对在《古兰经》中规定的准则来确认或是获得进一步的解释。穆罕默德言行录报道了在不同情况下对利息的禁止。有时，在叙述者之间有轻微的不同。与利息相关的穆罕默德言行录可以分成三个类别，即指令、解释和提醒。指令是穆罕默德言行录中阻止穆斯林们参与任意一种利息操作的部分。解释是言行录中解释利息的种类和产生利息的贸易环境。提醒是言行录中想象那些与利息有联系的人们的结果的部分。然而这种分类并不是绝对的。有一种可能就是言行录中的一些部分属于一种以上类别。比如说，言行录中说到“金换金，银换银……”既属于指令又属于解释。《圣训》中的一些与利息相关的部分提供在下面。

指令圣训

（ⅰ）“如果他们接受，那就好，否则，就会受到战争的警告。”

这则圣训是从先知写给 Itab bin Osaid 这位麦加城的长官的信中截取的，当时 Thaqeef 正向 Bani Mogheera 讨债（Homoud，1985，p. 80）。

（ⅱ）对于人来说，就像你把这个月、这天和这座城市看做很神圣一样，也同样把每一位穆斯林的生命和财产看做是神圣的受信托的产品。将受信托的物品归还给你就是归还给正确的物主。不要伤害他人这样他人也就不会伤害你。记得你一定会见到上帝，他也一定会认可你的所为。真主禁止你收取利息，因此所有与利息有关的职务今后都得舍弃掉。你的资金，是属于你自己保管的东西。你既不会施加不平等于他人，自己也不会遭受不平等。真主已经决定了不应该存在利息，所有由阿拔斯·伊本·阿卜杜勒·穆塔里卜定下的利息在今后都要废除。

这则圣训是先知在 Dzul Hijjah 月 10 日的第九天最后一次布道（Chapra，1992，p. 380）。

（ⅲ）由奥恩·本·艾比·朱海法（Aun bin Abu Juhaifa）陈述：

我见父亲买回了一个会拔火罐治疗法的人，来时还带着他的火罐。后来，父亲把他的火罐给打碎了。我问父亲为何这样做，他说："使者禁止用血的价钱、狗的价钱和娼妓所挣的钱。使者还诅咒了刺黥墨者和被刺的人，吃重利和被吃的人，以及画像的人。"（Khan，1989，p. 169）

（ⅳ）由艾布·塞伊德（Abu Said Al-Khudri）和艾布·胡莱赖（Abu Hurairah）陈述：

使者派一人到海白尔征收课税，该人带着（海白尔的）优质椰枣来见使者。使者说："海白尔地方的椰枣都是这样的吗?"那人回答道："安拉的使者啊！指主发誓，不完全是。但是我们以两升普通椰枣换这样一升，以三升换两升。"使者说："不要这样。但是你们可以把普通椰枣卖成钱，然后再用钱去买优质枣。"（Khan，1989，p. 222）

解释圣训

（ⅰ）由伊本·希哈布（Ibn Shihab）陈述：

马立克·本·奥斯传述：我想兑换一百"迪纳尔"。泰勒哈·奉·欧拜杜拉邀请我商讨此事，他愿意为我兑换。他把金币拿在手里翻来覆去，而后说："等我的司账人从林子回来再说。"

欧麦尔听见了就说："誓以安拉，你（马立克）必须当面从泰勒哈处拿走才行。因使者说过：'金换金是高利贷，现交则否；小麦换小麦是高利贷，现交则否；大麦换大麦是高利贷，现交则否；枣换枣是高利贷，现交则否。"（Sidiqi，undated，p. 833）

（ⅱ）由伊本·欧麦尔（Ibn Umar）陈述：

使者说："以小麦换小麦，以大麦换大麦，以椰枣换椰枣，必须当面交清，否则是高利贷。"（Khan，1986，p. 210）

（ⅲ）由艾布·塞伊德陈述：

使者说："你们在做金换金、银换银的交易时，皆须等量交换，当面交清。在

无现金的情况下不可交易。”(Khan，1986，pp. 212－213)

(ⅳ) 由艾布·萨利赫 (Abu Said Al-Khudri) 陈述：

我听到艾布·塞伊德说：“一个金币换一个金币、一个银币换一个银币是被允许的。”我就对他说：“伊本·阿拔斯不是这样说的。”艾布·塞伊德回答：“我曾问过伊本·阿拔斯他是从使者那里听到的还是从天经上看到的。伊本·阿拔斯说‘我不这样宣称，你比我更了解使者。不过吴萨麦曾告诉我，使者说：‘在钱的交易中，如果当面交清，则其中没有高利贷；高利贷只在延期付款中。’”(Khan，1986，p. 213)

(ⅴ) 由艾布·塞伊德陈述：

一次，比拉勒带着上好的椰枣来看使者。使者问他道：“这椰枣来自何地?”比拉勒说：“我有一些普通的椰枣，我用二升换了这样的椰枣一升，给你送来了。”使者听后说：“啊！啊！真正的高利贷！真正的高利贷！以后别再这样做了。你可以先把你的普通椰枣卖掉，再用所得的钱去买好椰枣。”(Khan，1986，p. 291)

(ⅵ) 由艾布·伯克拉 (Abu Bakra) 陈述：

使者禁止金换金、银换银的交易，除非是等量交换（当面交清)。他允许我们（在当面交清的情况下）以金换银、以银换金，只要我们愿意的话。(Khan，1986，p. 214)

(ⅶ) 欧巴岱·本·萨米特 (Ubada ibn al-Samit) 报道说：

真主的使者说，黄金是由黄金支付的，白银由白银支付，小麦由小麦支付，大麦由大麦支付，枣子由枣子支付，盐由盐支付，用喜欢的支付喜欢的东西，平等的支付，支付是要即时的。如果东西种类不同，就按你的意愿售卖只要支付是即时的。(Sidiqi，undated，p. 834)

(ⅷ) 艾布·塞伊德报道说：

真主的使者说：“黄金是由黄金支付的，白银由白银支付，小麦由小麦支付，大麦由大麦支付，枣子由枣子支付，盐由盐支付，用喜欢的支付喜欢的东西，支付是要即时的。如果一个人给予额外的支付，或者要求额外的获得，那么事实上他是在操作高利贷。受者与施者同样有罪。”(Sidiqi，undated，p. 834)

(ⅸ) 艾布·胡莱赖报道说：

真主的使者说：“黄金是由等量的黄金支付的，用喜欢的支付喜欢的东西，白银由等量的白银支付，用喜欢的支付喜欢的东西。如果一个人给予额外的支付，或者要求额外的获得，那么事实上他是在操作高利贷。”(Sidiqi，undated，p. 834) （x）艾布·敏哈勒（Abu Minhal）报道说：

“我的伙伴在朝圣的时节里卖掉白银并得到白银。他来找我并将此事告诉我，我对他说：‘这种交易是不可取的’他说：‘我是在市场上卖掉它的（涉及贷款），但是没有人反对它。’我去找 al-Bara'b Azib 并且问他，他说：‘真主的使者来到麦地那，我们做了这样的交易，因此他说：‘如果是在当场支付，就没有害，如果是有贷款的，就是高利贷。’你最好去找 Zaid b. Arqam，因为他是一个比我更好的贸易商；’所以我去找他并问他，他也说了同样的话。”（Sidiqi，undated，p. 835）

提醒圣训

（i）由塞穆赖·本·准代卜（Samura bin Jundab）陈述：

塞穆赖·本·准代卜传述：使者说：“夜里，我梦见两个人来了，他们把我带向一个神圣之地。我们一直前行，最后来到了一条血河跟前。血河里站着一个人，河岸上站着另一个人，手里拿着一些石头。当河中人前来想逃离血河时，岸上人即向他的嘴里投去一块石头，又把他击回到原处。如此反复不已。我问带我的人：‘这是谁？’回答是：‘河中人就是吃重利的人。’”（Khan，1986，pp. 168－169）

（ii）Abdullah b. Mas'ud 说真主的使者诅咒收受利息的人和支付利息的人。我问及记录的人和两个目击者。他（叙述者）说：“我们叙述我们所听到的东西。”（Sidiqi，undated，p. 839）

（iii）贾比尔说真主的使者诅咒利息的收受者和支付者，记录利息的人，和两个目击者，他说：“他们都是平等的。”（Sidiqi，undated，p. 839）

（iv）由艾布·胡莱赖陈述：

真主的使者说：“在耶稣升天那天遇到从外边能看到胃里有蛇的人。我问加百利（替上帝把好消息报告给世人的天使）他们是什么人。他说他们是收受了利息的人。”（Chapra，1992，p. 381）

（v）由阿卜杜拉·伊本·罕扎莱（Abdullah ibn Hanzalah）陈述：

真主的使者说：“一个人有意收取的一迪拉姆的利息比他犯 36 次通奸罪更加糟糕。”（Chapra，1992，p. 381）

（vi）由艾布·胡莱赖陈述：

真主的使者说：“真主将会得到正义的辩解如果他不让四类人进入天堂或是享受天堂的祝福：一类是嗜酒成性的人，一类是收取利息的人，一类是没有权利而篡夺孤儿财产的人，一类是对自己的父母不尽孝道的人。”（Chapra，1992，p. 383）

(ⅶ) 由艾布·胡莱赖陈述：

真主的使者说："利息有70种罪恶，最轻的一种等同于一个与自己的母亲通奸。"(Chapra，1992，p.381)

(ⅷ) 由艾布·胡莱赖陈述：

先知说："对人类来说一定会有一个时代的到来，那时人人都会收取利息，如果他不那样做，利息的尘土也会找上他。"(Chapra，1992，p.381)

利息的分类

对于给利息（riba）分类，在早期和现代的穆斯林学者中都没有标准化。分类的方法可以按时间、起源或是禁止利息的源头和产生利息的交易的本质分。

第一类利息被叫做伊斯兰教产生以前的利息。这个术语常常被过去和现在的大多数穆斯林学者和法学家使用，用来解释在阿拉伯人知道伊斯兰教以前就存在的利息。伊斯兰教产生以前的利息又被某些穆斯林作者称作蒙昧时期的利息。蒙昧时期的利息指的是由于到期日的延长而对债务的增长，此延长指的可以是从到期日算起也可以是从债务产生之日算起。al-Tabiri认为，真主所禁止的利息在他的理解看来是："在伊斯兰教产生以前，一个人负债于另一人，负债的人常说：'如果你延长偿还的期限我就还你更多'"（Homoud，1985）。这样，债权人就常把偿还期限延长。Al-Fahkr ar-Razi，在对于伊斯兰教产生以前阿拉伯人的商业行为的审议中，认为负债的阿拉伯人过去常常按月付钱，并不用支付本金。在到期日，债务人要支付本金。如果无法偿付，债权人就有可能增加须偿还的本金数并延长偿还期限。这额外的数目，按ar-Razi的说法，就被叫做蒙昧时期的利息（Homoud，1985）。

除了以上的分类外，利息的另一种分类是以先知对利息的禁止为基础的。Abu Zahra（1955）在他的书Khatem An-Nabiyayn中将利息分成两种。第一种叫债务利息。这种情况下，当金钱被当做债务借出时，每延长一次到期日，需偿还的本金就增加一次。这种额外的支付是为了延长到期日而产生的支付；这种额外的支付就叫做利息。第二种叫销售利息，按照Abu Zahra的说法，之所以这样叫是因为先知叫它利息（Homoud，1985）。同样地，al-Jassas（1927），在*The Rules of al-Quran*一书中，描述了在伊斯兰教产生以前不被知道的销售利息。销售利息又被分为两类。增加的利息和延期支付的利息。增加的利息是在含有利息的一件物品带着对另一件物品的报酬被出售时产生的。延期支付的利息，可能在包含了利息的一件物品被售卖以换取另一件和它同类的物品时产生。如果任何一种物品的报酬的支付延期了，利息就产生了。

Ismail（1992）在讨论《古兰经》中提到的延期的交换合同时参考了al-Arabi，al-Qurtubi和al-Jassas的著作。他得出结论：由这三位评注者一致同意称作riba（利息）

的东西，又叫做 Riba al-Duyun。这个利息又可被进一步分为两个组成部分，即 Riba al-Jahiliyyah 和 Riba al-Qardah。Ismail 认为 Riba al-Jahiliyyah 是当债权人在任何延期的交易合同里（或者是延期的销售，或是对订购的销售，或是租赁）对债务人要求其支付超出之前合同里所规定的数量的金额时产生的。Riba al-Qardah 相当于对时间价值的额外考虑，除非它不是延长交换合同的债务期限的诱因，而只是一笔贷款的纯债务期限。

Al-Tabiri 也认为《古兰经》仪姆兰的家属章中第 130 节中谈到的对利息的禁止指的是对在伊斯兰教产生之前就有的利息。这个利息涵盖了通过增加应偿还数额来延长债务期限。Ahmad（1992）在对 al-Tabiri 的观点作出评论时说道，因为延长还款期限而提高债务的做法也叫做 dayn mu'ajjal。他进一步说道，al-Tabiri 观点造成了在两个地方的含糊不清。一个不清楚的地方是 dayn mu'ajjal 是从销售交易还是从贷款交易中产生的。另一个不清楚的地方是关于利息的规定是在第一个时期还是在随后的时期里产生的。Ahmad（1992）总结出 dayn mu'ajjal 多数可能起源于 bay' bi'l-nasiah，它指的是在固定的期限里按双方都谈好的价格进行的信贷销售。这常常导致债务增加的利息交易。Ibn al-Qayim（1292—1350）也将利息分成两组，即明显的利息和隐藏的利息。明显的利息，按照 Ibn al-Qayim 的说法，就是延期付款的利息，在伊斯兰教产生以前的时期就被实行，那时隐藏的利息就是增加的利息，此被先知禁止（Homoud，1985）。然而，这些分类很少被其他的穆斯林学者使用。

现代的穆斯林学者和法学家更喜欢用阿拉伯的术语来解释利息。常被用到的术语有 Riba al-Nasiah 和 Riba al-Fadl。Nasiah 一词来自于词根 nasa'a，它的意思是“延长、推迟或等待。”它指的是债务人在债务到期后被允许的偿还贷款的时间。作为报答，债务人必须要为了延长的还款期限支付一笔额外的数目。而这额外的数目在伊斯兰教就被叫做 riba。这样的话，Riba al-Nasiah 就是 riba，它已经在伊斯兰教产生之前就存在了，并被《古兰经》所禁止。换句话说，riba 和 Riba al-Jahiliyyah 是一样的。因为在《古兰经》中已经有了对它的禁止，一些作家把他称作 Riba al-Quran。这也是由 Usama Ibn Zaid 陈述的先知在《圣训》中提到的 riba，他的意思是：“除非在 nasiah 中，否则没有 riba”（Chapra，1992，p. 35）。Riba al-Nasiah 有时也被称作 Riba al-Duyun，Riba al-Mubashir 和 Riba al-Jali。

Riba al-Fadl 指的是由于贸易或销售交易而产生的 riba。它包含了所有当场发生的涉及现金支付和货物的立即递送的交易。对这种 riba 的禁止是以《圣训》为基础的，《圣训》中说道：“金换金，银换银……”这样的话，这个 riba 就是被穆斯林学者称作销售 riba 和 Riba al-Sunnah。它有时也被叫做 Riba al-Buyu，Riba Ghyr al-Mubashir 和 Riba al-Khafi（Chapra，1992）。（Homoud，1985）随后将这个销售 riba 分成两种，增长的 riba 和延迟支付的 riba。

这种对 riba 的分类可以从不同的角度来看。第一，它可以从发生的时间来看；第二，从禁止的源泉来看，无论是《古兰经》还是《圣训》；第三，可以产生 riba 的交易的性质，也就是，该交易是贷款还是销售，或者是当场的还是延期的。表 4—1 表现的是按时间对 riba 的分类，即伊斯兰教产生之前的 riba 和伊斯兰教产生之后的 riba。

按照表 4—1 的分类，可以得出这样的结论：伊斯兰教产生之前的 riba 是从债务的延期中产生的 riba。这种债务可以是从商业交易或是贷款产生的。伊斯兰教产生以后的 riba，是从销售中产生的，也许可以再进一步分为增长的 riba 或是因为不平等的交换价值而产生的 riba，和延迟支付的 riba 或是因为偿还期限的延长而从价格或交换价值的增长中产生的 riba。

表 4—1 **Riba 的分类**

	伊斯兰教创立之前的 Riba	伊斯兰教创立之后的 Riba
发生时间	伊斯兰教创立之前	伊斯兰教创立之后
禁止方法	al-Quran	Hadith
适用领域	债务延期	销售点： —增加 —延期
通用术语	债务 Riba	销售 Riba
	Riba al-Quran	Riba al-Hadith
	Riba al-Jahiliyyah	Riba al-Sunnah
	Riba al-Nasiah	Riba al-Fadl
	Riba al-Duyun	Riba al-Buyu
	Riba al-Mubashir	Riba Ghyr al-Mubashir
	Riba al-Jali	Riba al-Khafi

一个重要的区分伊斯兰教产生之前的 riba 和伊斯兰教产生之后的 riba 的标准是伴随着商品的销售而被另外添加的禁令。为伊斯兰教产生之前的阿拉伯人所熟悉的债务 riba，并没有在伊斯兰教产生之后的时期里销声匿迹。比如，一笔直接贷款的 riba 被认为是伊斯兰教产生之前的 riba，即使发生的时间是伊斯兰教产生之后。尽管如此，今天大多数的作家还是喜欢在他们的著作里用 Riba al-Nasiah（债务 riba）和 Riba al-Fadl（增加的 riba）这样的术语。在伊斯兰银行体系中，一般讨论的 riba 指的是债务 riba 或 Riba al-Nasiah。因此，传统银行规定的利息被分组为 Riba al-Nasiah。

除了提到的各种类型的 riba，还有另一种被沙斐仪派的乌里玛讨论的叫作 Riba al-Yad 的 riba。这种利息是当同种类属的不同商品（比如说小麦和大麦）在交易时间延期或没有被延长的时间的情况下交易时产生的。尽管如此，哈乃斐学派把这种 riba 划分为 Riba al-Nasiah 类别（Al-Zuhayli，2003）。

穆斯林眼中的利息

不像基督教徒那样曾花长时间在收取利息合法性的辩论上，穆斯林们并没有卷入一场这样的辩论。有几个可能的原因。首先，《古兰经》里有对利息禁止的清楚的指导方针。其次，早期的穆斯林，有机会从先知那里获得关于这个问题的解释和指引。这甚至比先知自己拥有经商的手段的理解和技能更早。解释和指引是在《圣训》中关于利息的记载中找到的。另外，哈里发（先知的继承人）也对利息的问题做了评论。例如说，欧麦尔不接受来自债务人的作为礼物的枣子，他解释说这种做法就被当做是收取利息（Homoud，1985）。

从这个例子看来，穆斯林眼中对利息的概念和教义的理解没有争议。然而，在早期的穆斯林中，有一次对于销售利息有些困惑。这个情况被 As-Sarkhassi 写进他的书 *Al Mabsut* 中。他指出伊本·阿拔斯和艾布·塞伊德对销售 riba 有些误解。艾布·塞伊德警告伊本·阿拔斯说："伊本·阿拔斯啊，你什么时候才会让人们收取高利贷啊；你有没有陪同过上帝的信使，上帝的祈祷者和在他身上的和平，因为没有人这么做过；你有没有收到过他的任何人都没有收到过的来信?"伊本·阿拔斯反驳道，"没有，但是 Ussama ben ZAYD 告诉过我，先知，上帝的祈祷者和他身上的和平，说：'除了在延期的支付里外，不存在高利贷，'"接着艾布·塞伊德说："只要你仍坚持这种说法我就永远不会和你站在同一屋檐下，上帝作证。"（Homoud，1985，p. 82）

尽管穆斯林关于利息的讨论有了一个最终的结论，这并不意味着利息这个东西对穆斯林来说不是很重要。相反，穆斯林中四大教法学派（哈乃斐、马立克、沙斐仪和罕百里）的信徒中的法学家们对利息进行过讨论并颁布了特定的针对利息的指导方针，以让穆斯林们遵守。对于利息禁止的范围、产生利息的交易和受利息支配的财产的类型，在这些派别中存在意见的不同。现代穆斯林学者在讨论这个话题时并未被落在后头。有时，这些讨论会沿着基督教学者们和改革者们在使利息合法化的过程中走过的路线进行。

各教法学派对利息的观点

四大教法学派对债务利息和贷款利息的禁止和形式上存在轻微不同的意见。关于债务利息，他们都同意每一笔能带来好处的贷款都是利息。然而，Ibn Hazm 在他的书 *Al-Muhalia* 中陈述了这样的观点：利息在销售或者延迟的支付中是不允许的，除非是以下六件商品，即黄金、白银、小麦、大麦、枣子和盐；但是对于贷款，利息对于任何商品都是允许的（Homoud，1985）。然而，在合同中没有写明要求债务人偿付超过本金的数额时而债务人这么做了，则不算是利息。这是与《圣训》中由艾布·胡莱赖陈述的先知说过："你们中最好的人是偿付最好的人。"（Homoud，1985，p. 87）对于《圣训》，各教派之间也有一些意见的不同。《圣训》中说过："金换金，银换银……"，以这个为基础，在 Syariah 段落中说到的利息的意思是从同种类属（形成的过程相同）的两件或更多件物品的交换中获取的非法的收获。

各教法学派对于 Riba al-Fadl 和 Riba al-Nasiah 的各种不同的观点可以总结如下：

这些总结只包括四大主要的教法学派。其他教法学派的观点在这里不会涉及。（Al-Zuhayli（2003）对这个问题在他的书中有详细叙述。）

哈乃斐派

（ⅰ）交换的等值价值都是可以测量或者称重的，并属于同种类属。比如说，以小麦换取小麦的交易。

> 在当场交易中不允许有获利，也不允许有延迟交易，即使是没有获利的延迟交易。

（ⅱ）交换的等值价值都是可以测量或者称重的，但是属于不同的类属。例如，以黄金换取白银。

> 不允许有延迟交易，即使是没有获利的也不行。在当场交易中是允许有获利的。

（ⅲ）交换的等值价值是不可以测量或者称重的，但是属于同种类属，比如说，以一种动物换取另一种动物的交易。

> 不允许有延迟交易，即使是没有获利的也不行。在当场交易中是允许有获利的。

（ⅳ）交换的等值价值中的一种是可以测量的，而另一种则不行（无论是否可以称重）。比如说，以小麦换取白银或石榴。

> 无论是在当场交易中还是在延迟交易中，获利都是允许的。

（ⅴ）交换的等值价值中的一种是可以称重的，而另一种则不行（无论是否可以测量）。比如说，以黄金换取小麦或者柑橘。

> 无论是在当场交易中还是在延迟交易中，获利都是允许的。

（ⅵ）交换的等值价值是不可以计算或者测量或称重的，并且是属于不同的类属。比如说，以石榴换取苹果。

> 无论是在当场交易中还是在延迟交易中，获利都是允许的。

沙斐仪学派

（ⅰ）交换的等值价值都是货币或都是食物，并属于同一类属。比如说，以黄金换取黄金或以枣子换取枣子。

在当场交易中不允许有获利，也不允许有延迟交易，即使是没有获利的延迟交易。

（ⅱ）交换的等值价值都是货币或都是食物，但是属于不同的类属。比如说，以黄金换取白银或以枣子换取小麦。

即使是没有获利的延迟交易也不允许。在当场交易中是允许获利的。

（ⅲ）交换的等值价值中有一种是食物，而另一种不是。例如，以小麦换取烙铁。

即使是没有获利的延迟交易也不允许。在当场交易中是允许获利的。

（ⅳ）交换的等值价值既不是食物也不是货币，无论它们是否属于同一类属。例如，以石灰粉笔换取石灰或以石灰换取铅。

无论是在当场交易中还是在延迟交易中，获利都是允许的。

（ⅴ）交换的等值价值中的一种是货币，而另一种不是，无论是否是食物。例如，以大米换取白银和以烙铁换取黄金。

无论是在当场交易中还是在延迟交易中，获利都是允许的。

罕百里学派

（ⅰ）交换的等值价值都是可测量或称重的并都是食物。例如，以大米换取大米或以谷粒换取谷粒。

在当场交易中不允许有获利，也不允许有延迟交易，即使是没有获利的延迟交易。

（ⅱ）交换的等值价值是同种类属且所有的食物，既不可测量又不可称重。例如，以西瓜换取苹果，或都是可以测量或可以称重的但不是食物，例如，以黄金换取白银。

在当场交易中允许有获利，也不允许有延迟交易，即使是没有获利的延迟交易。

（ⅲ）交换的等值价值属于不同的类属并且是由同样的计量单位所管理的财产，也就是说，它们都是可测量或可称重的或都是食物。例如，以小麦换取大麦。

在当场交易中允许有获利，也不允许有延迟交易，即使是没有获利的延迟交易。

（ⅳ）交换的等值价值中的一种是货币，而另一种是收取利息的物件，也就是说，可测量，可称重，或是粮食。

无论是在当场交易中还是在延迟交易中，获利都是允许的。

（v）交换的等值价值属于不同的类属并由不同的计量单位所管理。例如，一种是可测量的（小麦），而另一种是可称重的（肉）。

在当场交易中允许获利但是对延迟交易而言是否允许获利有互相冲突的观点，趋势还是允许的。

（vi）交换的等值价值全都既不可测量又不可称重又不是食物。例如，可以用来骑的动物的交易。

无论是在当场交易中还是在延迟交易中，获利都是允许的。

马立克学派

（i）交换的等值价值都是货币或都是可储存的对人类有益的营养品且属于同一类属。例如，第纳尔的交换或以小麦换取小麦的交换。

在当场交易中不允许有获利，也不允许有延迟交易，即使是没有获利的延迟交易。

（ii）交换的等值价值都是货币或都是可以储存的对人类有益的营养品，但是属于不同的类属。例如，以迪拉姆换取第纳尔或以小麦换取蚕豆的交易。

即使是没有获利的延迟交易也不允许。在当场交易中获利是允许的。

（iii）交换的等值价值都是食物，无论它们是否属于同一类属都不由马立克学派的计量单位管理。例如，以香蕉换取莴苣的交易。

即使是没有获利的延迟交易也不允许。在当场交易中获利是允许的。

（iv）交换的等值价值既不是可以吃的也不是可以喝的，但都是可以测量的或称重的，属于同一类属且有同样的用处。例如，以材料换材料的交易。

即使是没有获利的延迟交易也不允许。在当场交易中获利是允许的。

除了由这四大学派表述的关于在不同的条件下利息的元素的存在和交易的类型的观点外，这些学派对于穆斯林是否可以与非穆斯林进行含有利息的买卖也有不同的观点。穆斯林法学家们认为，由穆斯林实施的交易可以在三个不同的地区进行。第一个地区被叫做 dar al-Islam，组成它的国家实施伊斯兰法律且在穆斯林领导的统治下。第二个地区被叫做 dar al-Harb。在这个类型地区的国家有与穆斯林发生战争的可能性。第三个地区被叫做 dar al-Sulh，组成它的国家与伊斯兰国家有协议且既不在穆斯林主权的统治下也没有与穆斯林发生战争的可能性（Saleh，1986）。

Imam Abu Hanifa，哈乃斐法学院的创立者，允许穆斯林进入非穆斯林的领土，在利息的基础上进行交易。Abu Hanifa 也允许穆斯林与从非伊斯兰国家转变成穆斯林的人在类似于利息的基础上进行交易。关于与非穆斯林的交易，Syiah 的伊斯兰教长国也同意此观点，即对穆斯林而言收取利息是非法的但发放利息则不是。沙斐仪派、马立克派和罕百里派并不同意哈乃斐派的观点。他们认为对利息的禁止不应该有分割。因为在穆斯林领土上，利息是禁止的，在非穆斯林领土上也应该适用同样的规则。类似地，如果对穆斯林来说，收取和发放利息给穆斯林都是非法的，那跟非穆斯林的交易也同样适用于此规定。

现代学者们的观点

关于利息的有争议性的观点之一是由 Syeikh Muhammad Abduh 提出的，他是埃及的穆夫提（Mufti，伊斯兰教法典说明官）。Abduh 以敏锐的才智和开放的思维而著称。许多人断言 Abduh 发表了一个法学家的裁决，即由邮政储蓄基金发放的利息不是 riba。然而，Muhammad Rasyid Redha（Abduh 的一个学生）否认 Abduh 发表了这样一个裁决，但确认了某个政府官员包括邮局的局长与他私下讨论过这个话题。一本叫 *al-Manar* 的杂志在它于 1903 年 12 月发行的刊物上，印有 Abduh 的一段声明："规定的高利贷在任何情况下都是不允许的，然而，邮局将从人民身上取得的投资进来，并不是以需求为基础的贷款，在代为保管的规则里是可以使用这些投资的。"（Homoud，1985，p. 122）这则声明引起了很多关于它的有效性与真实性的争议。

另外一个关于利息的不同观点是由 Jawish（1908）提出的。他相信在《古兰经》中提及的利息是多倍的延迟支付的利息，而不是在贷款上的利息。关于贷款上的利息，Jawish 相信这不是从《古兰经》里发现的，而是在程序上的规则里产生的。Redha（1929）在与利息相关的事情上也表达了自己的观点。他所发表的最具争议性的声明之一就是一个人可以借 100 美元而签 120 美元的支票，而这种做法绝对不是利息。Redha 认为，应延期支付而产生的利息是在债务的到期日延长时发生的。

Jawish 和 Redha 发表的声明并没有公然地鼓励穆斯林们参与含有利息的交易。Maruf Dawalibi，一个现代的穆斯林学者认为应该允许为了生产而提供的贷款有一个合理的利率。另一个学者 Syeikh Abdul Jalil Isa 也支持这个观点。在 1951 年于巴黎召开的伊斯兰法律体系科学大会上，Dawalibi 说道：

> 所禁止的高利贷指的是针对消费贷款的高利贷而不是针对生产贷款的，放高利贷者从前者中利用穷人们的需要并通过强加在他们身上的超额的高利贷使他们更加贫穷。现在，由于经济体系已经建立起来了，许多公司也成立了，大多数的贷款都是发放给生产的而不是消费的，随着文明的发展很有必要考虑一下应该如何改进这些法律规定。（Homoud，1985，p. 120）

Abdullah Yusuf Ali，主要的现代穆斯林学者之一，据报道说了以下这段话：

> 我们的乌里玛（穆斯林学者），包括古代的和现代的，写下了许多杰出的关于

利息的著作，这些著作都是以他们生活的时期（即伊斯兰教兴起的过程）的经济状况为基础的。在主要原则上，我同意他们的观点，但是在利息的定义上我怀有敬意地与他们持有不同的观点。我接受的利息的定义是：是一种过多的利润，不是合法贸易所得，比如说黄金和白银的贷款，必需的食物的贷款，比如说小麦、大麦、枣子和盐（根据圣徒自己的列表）。我的定义会包括各种获取暴利的交易，但是不包括经济信贷，这个现代银行业和金融业的产物。(Zakaria，1989，p. 41)

在由埃及爱资哈尔大学下设的伊斯兰研究学院组织的于1965年召开的大会上，关于利息合法性的决定是在通过一项决议的基础上作出的，该协议重申在所有类型贷款上的利息，无论数量大小，只有riba和haram之分，haram是非法的。这个所作的决定被认为是对关于利息合法性地位的争论的一个总结，该合法的利息是由现代传统银行提供的。对于Riba al-Fadl，Mahmud Abu al-Saud（1992）提出了一个具有争议性的观点。他认为这种类型的riba是合法的并将它定为任意一种安排，凭借此安排，即时的同种物品的交换可以发生，在这交易中一人从另一人处得到的多于他所给予后者的。因为所涉及的交易仅仅只是交换交易或易货贸易，除非交换的物品不同否则不能被认为是这种riba。Al-Saud接下来举了一个例子：一个人想要用质量低劣的枣子换取质量高级的枣子。期望交换所用的质量低劣的枣子的数量多于质量高级的枣子是合理的。因此，在这种情况下，交换的过程是合法和允许的。按照他的说法，这种观点是与早期的穆斯林学者之一的Ibn Hazm的意见一致的，但是与Ibn Qayyim的意见则相反（al-Saud，1992）。和al-Saud，Syeikh Tantawi表达的观点相比，埃及的穆夫提和al-Azhar研究学院的主席说支付利息的政府债券是与伊斯兰教义相符的。这引起了许多穆斯林学者的愤怒（Mallat，1996）。除此以外，1989年7月12日，Syeikh Tantawi也在*Al-Ahram*报纸中发表了一份法学家的裁决：出自埃及的Al-Ahli银行发放的出资证明书的利息不是haram。Syeikh Tantawi分别于1989年11月和1991年又发表了两份法学家的裁决，在这其中他声明银行利息在伊斯兰教里是允许的（Al-Zuhayli，2003）。然而，Syeikh Tantawi在早期已发表过一份矛盾的法学家裁决，在这裁决里，他声明由银行发放的利息是haram。

东南亚国家除了印度尼西亚之外，其他的还没有详细或深入地讨论过利息的可容许性或禁止。例如，在马来西亚，一套关于利息的完整的法学裁决，无论是由个人发表的还是由组织发表的，还要等待发表。到目前为止，还没有学者和乌里玛公开声明银行利息不是haram。当然，这并不意味着从事伊斯兰教研究的学者，乌里玛（即穆夫提），以及宗教委员会从没发表过任何关于利息的法学裁决。比如说，已经过世的Syeikh Alwi bin Tahir al-Haddad，马来西亚柔佛州的前任穆夫提，过去常常发表关于这个问题的法学裁决，并被文莱的穆夫提用作参考的源泉。由Syeikh Alwi发表的法学裁决集发表在Kumpulan Fatwa-Fatwa Mufti Kerajaan Johor Penggal 1 dan 2中。这个文莱达鲁萨兰国政府穆夫提部门的职员是发表过与伊斯兰教义有关问题的法学裁决集并把利息问题列为一个特别章节的人中的一员（Jabatan *Mufti* Kerajaan Brunei，2000）。自从1964年开始，文莱的穆夫提就开始发表关于利息的法学裁决。从1962年到1999年发表的这些文献中，没有发现与主流观点相悖的法学裁决。

与马来西亚相比，印度尼西亚的穆斯林学者所展开的关于利息的讨论是在更大的规模上进行的。除了这些学者们所发表的法学裁决，伊斯兰教组织也发表了它们自己的关于利息的法学裁决。印度尼西亚关于利息的讨论是在1927年由这个群体开展的，当年是在苏腊巴亚的 Nadhatul Ulama，接着是1939年在马格朗，1981年在芝拉扎。然而，他们对于利息合法性的观点是前后矛盾、不一致的。有些人主张 riba 就是 haram，有些人认为它是 halal，同时也有人宣称这是有疑问的。Antonio（2004）所做的关于印度尼西亚社会对利息的观点的详细研究显示出了学者们和乌里玛的观点的不一致性。这些矛盾的观点一直延续到今天。在他的研究中，Antonio 调查研究了45位有声望的印度尼西亚学者和乌里玛的观点，包括来自 Muhammadiah，Nadhatul Ulama，Persatuan Islam 和 Majlis Ulama Indonesia 的乌里玛。他的研究有一项令人惊喜的发现：24个受调查的对象认为由银行支付或强加的利息不是 haram。许多人赞成这样的观点：只有在利息损害或伤害了接受者时，利息才是 haram，且只有超额的利息才被叫做 riba。在这些有声望的乌里玛和学者中，认为 riba 是 halal 的有 Ibrahim Hosen，Abdurrahman Wahid（一位前印度尼西亚总统）和 Hasan Basri。

总结

伊斯兰教禁止其信徒收取和支付利息。这种禁止在《古兰经》和《圣训》里都有明确记载。然而，从苏美尔时期开始，人们参与含有利息的贷款交易现象就已经存在了。这种在借贷体系里使用利息的做法接着又被其他文明延续下来，比如巴比伦文明、亚述文明、新巴比伦文明、波斯文明、希腊和罗马文明。尽管如此，那时候的宗教对收取和支付利息的做法存有不同的观点。另外，早期文明的宗教学者和哲学家们所发表的各种不同的观点和概念有时与其他文明的学者们所持的观点不同。例如，利息原本的概念指的是由于债务人没能在规定的期限内偿还贷款而给债权人所造成的损失的补偿。今天，利息被定义为要求债务人在偿付贷款时付给债权人的额外数目。至于高利贷，它原本的意思是“利息”。然而，当基督教在1836年规定利息合法后，高利贷就被认为是不合法的利息或是由权威部门规定的超过法定利率的一个比率。从伊斯兰教的角度来看，riba 指的是除了贷款本金之外偿付的额外的数目，无论所借贷款的数量多少。

尽管在犹太社区以外，犹太人没有被禁止从外国人处收取利息，但是他们从自己的同胞处收取利息则是被禁止的。另一方面，基督教徒原本是被禁止从贷款的行为中索要利息的。从早期基督教时期到12世纪，基督教的神父们对那些涉及利息操作的人进行了各种谴责。实际上，他们中的有些人甚至主张那些涉及利息操作的人应该被逐出基督教。然而，12世纪贸易和商业的快速发展使得关于利息的概念发生了转变，甚至有些基督教学者将其视为合法。最后，关于利息概念的讨论有了不同的角度，包括法律的、经济的、社会的和宗教的角度。适时的时候，在基督教教义中，利息是允许的。

和其他宗教相比，伊斯兰教提供了一个确定的指导方针禁止穆斯林参与利息交易。这种对利息的禁止在《古兰经》中的四个章节中有所显露。与利息有关的《圣训》可被分为指令圣训、解释圣训和提醒圣训。由这两个来源提供的指导方针阻止了在穆斯林学者中的关于利息的任何严重的冲突性的观点。所有学者都同意利息是不合法的或是 haram，无论贷款的规模有多大。另外，所有类型的利息都被认为是不合法的，无论它们产生于生产贷款还是消费贷款。现在一群学者和乌里玛，特别是在印度尼西亚，宣告传统银行操作的利息不是 haram。发出这个立场表示的最显著的群体就是印度尼西亚的乌里玛和宗教人物。他们将自己的论点立足于这个基础之上：只有在利息的数量是超额的和它压迫了债务人的情况下，利息才被称为 haram。除了这个观点，其他将利息合法化的原因是通货膨胀和借贷能够创造经济利益。这事实上具有扰乱性，因为这些由穆斯林学者提出的原因就是500年前当基督教学者合法化利息时由他们提出的。如果这些论点继续获得认同，某天所有的乌里玛都主张利息就是 halal 时就不会令人觉得吃惊了。如果发生这种情况，在伊斯兰银行和传统银行间就不会有任何不同了。

参考文献和延伸阅读

Abu Zahra, Muhammad. *Tahrim ar-riba Tanzim Iqtisadi*. Kuwait: Maktaba Al-Manar, 1955.

Ahmad, Ziauddin. "The Theory of Riba." *Islamic Studies*, Winter (1978): 171－185.

Ahmad, Ziauddin. "The Theory of Riba." In *An Introduction to Islamic Finance*, edited by Syeikh Ghazali Syeikh Abod. Syed Omar and Aidit Ghazali, 56－69. Kuala Lumpur: Quill Publishers, 1992.

Ali, Abdullah Yusuf. *The Holy Qur'an: Text, Translation and Commentary*. Maryland (USA): Amana Corporation, 1989.

Al-Jassas, Al-Hanafi. *The Rules of the al-Quran*. Egypt: al Matba'at al Bahiyyah,

1927.

ALKITAB, Lembaga Alkitab Indonesia. Jakarta, 1988.

Al-Saud, Mahmud Abu. "Islamic View of Riba (Usury and Interest)." In *An Introduction to Islamic Finance*, edited by Syeikh Ghazali Syeikh Abod, Syed Omar and Aidit Ghazali, 70－93. Kuala Lumpur: Quill Publishers, 1992.

Al-Zuhayli, Wahbah. *Financial Transactions in Islamic Jurisprudence*. Vol. 1, translated by Mahmoud A. El-Gamal. Beirut (Lebanon): Dar al-Fikr al-Mouaser, 2003.

Antonio, Muhammad Syafii. *Islamic Banking in Indonesia: A Study of Riba and the Development of the Islamic Banking Industry and Its Role in the Advancement of Small and Micro Financing*. Unpublished PhD dissertation, University of Melbourne, 2004.

Barnhart, Robert K. *The Barnhart Dictionary of Etymology*. USA: The H. W. Wilson Company, 1988.

Boardman, John, Jasper Griffin and Oswyn Murry (eds). *The Oxford History of the Classical World*. Oxford and New York: Oxford University Press, 1986.

Bohm-Bawerk, Eugen Von. *Capital and Interest: Vol. I, History and Critique of Interest Theories*, translated by George D. Huncke and Hans F. Sennholz. Illinois (USA): Libertarian Press South Holland, 1959.

Bohm-Bawerk, Eugen Von. *Capital and Interest: Vol. II, Positive Theory of Capital*, translated by George D. Huncke and Hans F. Sennholz. Illinois (USA): Libertarian Press South Holland, 1959.

Catholic Encyclopedia, *The*. Vol. 15. New York (USA): Robert Appleton Company, 1912.

Chapra, Muhammad Umar. "The Nature of *Riba* and Its Treatment in the Quran, Hadith and Fiqh." In *An Introduction to Islamic Finance*, edited by Syeikh Ghazali Syeikh Abod, Syed Omar and Aidit Ghazali, 33－55 and 379－391. Kuala Lumpur: Quill Publishers, 1992.

Dempsey, Bernard W. *Interest and Usury*. London (UK): Dennis Dobson Ltd, 1948.

Departemen Agama Republik Indonesia. *Al-Quran dan Terjemahannya*. Jakarta, 1974.

Divine, Thomas F. *Interest: An Historical and Analytical Study in Economics and Modern Ethics*. Milwaukee (USA): The Marquette University Press, 1959.

Encyclopaedia Judaica. Vol. 16. Jerusalem (Israel): Keter Publishing House Jerusalem Ltd., 1972.

Fisher, Irving. *The Theory of Interest*. New York (USA): Kelley & Millman, Inc., 1954.

Gottwald, Norman K. *The Ibrani Bible, A Socio-Literary Introduction*. Philadelphia (USA): Fortress Press, 1985.

Hasting, James. *Encyclopaedia of Religion and Ethics*. Edinburgh (UK): T&T Clark, 1921.

Hitti, Philip K. Islam. A Way of Life. Minneapolis (USA): University of Minnesota Press, 1970.

Holy Bible: New International Version. Michigan (USA): Zondervan Publishing House, 1986.

Homer, Sydney. *A History of Interest Rates*. 2nd ed. New Brunswick (New Jersey, USA): Rutgers University Press, 1977.

Homoud, Sami Hassan. *Islamic Banking: The Adaptation of Banking Practice to Conform with Islamic Law*. London: Arabian Information Ltd., 1985.

Ismail, Abdul Halim. "The Deferred Contracts of Exchange in Al-Quran." In *An Introduction to Islamic Finance*, edited by Syeikh Ghazali Syeikh Abod, Syed Omar and Aidit Ghazali, 284 – 313. Kuala Lumpur: Quill Publishers, 1992.

Jabatan *Mufti* Kerajaan Brunei. *Fatwa Mufti Kerajaan: Isu-Isu Kewangan*. Brunei Darussalam, 2000.

Jain, L. C. *Indigenous Banking in India*. London: Macmillan & Co., 1929.

Jawish, Abdul Aziz. *al-Islam Din al-Fitrat wa al-Hurriyah*. Cairo (Egypt): Dar al

Maaraf, 1908.

Kamus Dwibahasa : Bahasa Inggeris-Bahasa Malaysia. Kuala Lumpur: Dewan Bahasa dan Pustaka, 1985.

Keynes, John Maynard. *The General Theory of Employment, Interest and Money*. London: Macmillan & Co., 1939.

Khan, Mohsin S. and Abbas Mirakhor (eds). "The Framework and Practice of Islamic Banking." In *Theoretical Studies in Islamic Banking and Finance*, 3 – 13. Houston (USA): Institute for Research and Islamic Studies, 1987.

Khan, Muhammad Muhsin, trans. the Translation of the Meanings of Sahih al-Bukhari, Vol. III. Lahore (Pakistan): Kazi Publication, 1986.

Mallat, Chibli. "Tantawi on Banking Operations in Egypt." In *Islamic Legal Interpretation of Mufti and Their Fatwa*, edited by Muhammad Khalid Masum, Brikley Messick and David S. Powers. Cambridge: Harvard University Press, 1996.

Mannan, Muhammad Abdul. *Islamic Economics: Theory and Practice*. London (UK): Hodder and Stoughton, 1986.

Nelson, Benjamin N. *The Idea of Usury*. Princeton (USA): Princeton University Press, 1949.

Noonan, John T. Jr. *The Scholastic Analysis of Usury*. Cambridge (USA): Harvard University Press, 1957.

Oxford English Dictionary. 2nd ed. Volume VII and Volume XIX. Oxford (UK): Clarendon Press, 1989.

Qutub, Sayid. *In the Shades of the Quran*. London (UK): MWH Publishers, 1979.

Saleh, Nabil A. *Unlawful Gain and Legitimate Profit in Islamic Law: Riba, Gharar and Islamic Banking*. Cambridge (UK): Cambridge University Press, 1986.

Shaltut, Mahmud. *Al-Islam, Aqidah wa Shariah*. Cairo (Egypt): Dar al Shuruq, 1974.

Siddiqi, Hamid, trans. *Sahih Muslim*. Vol. 3 Beirut (Lebanon): Dar al Arabia

Publishing, Printing & Distribution, undaled.

Tanner, Norman P. *Decrees of the Ecumenical Councils*. Vol. I and Vol. II. London and Washington: Sheed & Ward and Georgetown University Press, 1990.

Thomas, J. A. C. *Textbook of Roman Law*. Amsterdam (Holland): North-Holland Publishing Company, 1976.

Zakaria, Rafiq. *The Struggle Within Islam: The Conflict Between Religion and Politics*. London (UK): Penguin Books, 1989.

www. americanfinance. com/financing/HistoricalCritiqueUsury. shtm

第五章

Chapter five

伊斯兰银行法律法规

本章讨论伊斯兰银行所遵循和依附的法律和规则。由于伊斯兰教的教义制度，伊斯兰银行必须在伊斯兰教的原则和法律的范围内运营。另外，银行必须遵守人定法和制定法。

简介

全世界范围内的伊斯兰银行都要遵守两种法律，伊斯兰法律和制定法。伊斯兰教要求教徒做他们被命令去做的，不得去做他们被禁止去做的事，这同样适用于伊斯兰银行。如果伊斯兰银行没有做到伊斯兰教原则所要求的，那么就意味着这样的伊斯兰银行没有完全内在化或达到要求。因此，把这样的银行标榜为伊斯兰银行是值得商榷的。伊斯兰银行被要求必须遵守的伊斯兰法律被称为伊斯兰教法（Syariah），另外一方面是制定法，是伊斯兰银行根据运营当地国家和政府的法律法规要遵守的。

尽管伊斯兰银行要遵守伊斯兰教法，但这并不意味着存在特定的机构根据伊斯兰教法对伊斯兰银行的运营进行监管。如今全世界没有一个伊斯兰组织颁布包含如何监管伊斯兰银行运营管理的伊斯兰教法。尽管如此，所有伊斯兰银行应该遵守的规定和准则都可以在伊斯兰教法中找到来源。伊斯兰教法有四个来源，分别是《古兰经》、穆罕默德言行录（Hadith）、公议教法（ijma）和类比推理（qiyas）。

Mannan（1986）在他的书《伊斯兰经济：理论与实践》（*Islamic Economics：Theory and Practice*）中写到伊斯兰教的唯一性体现在其广泛的原则无论何时都适用于全人类。整个伊斯兰法律建立在永恒的奇迹（mukjizat）上。“奇迹”在这里的意思是伊斯兰法律不仅可以类比于变动的法律，也可以类比于简明的法律。另外，伊斯兰法律在各个时间段内和不同程度上不断地发现真理和指引。指引由真主（s. w. t.）通过重要而永恒的神的灵感（wahyu）告诉先知，再提供给所有人类。伊斯兰法律在宗教的职责上适用于所有人，真主的指令对伊斯兰生活的方方面面进行规范，包括宗教行为、政治和法律（Schacht，1964）。Schacht，一位伊斯兰文明的权威，认为伊斯兰法律不是通过非理性的不断心灵启示的过程而产生的，而是通过对宗教标准和道德价值观的理性的解读而创造的。

Maududi（1983）在他的书《伊斯兰法律和宪法》（*Islamic Law and Constitution*）中提出他的观点，认为伊斯兰教法的首要目标是在marufat或美德的基础上构建人类生活，洗清人类生活中的munkarat或不道德行为。Marufat的概念象征着人的是非感里所认为的好的美德和素质。相反，munkarat的意思是人类本性中所认为的罪恶。伊斯兰教法对marufat给出了一个清晰的定义，并强调它是每一个人应该在社会行为中遵守的行为模式。

制定法和一个人或权威给出的法律是不同于道德的，也不同于上帝或在上帝的引导下给出的神法。制定法常常指的是西方的法律和伊斯兰国家借用的法规（Saleh，1986）。由于历史因素，这些西方的法律得以运用；大多数的伊斯兰国家都曾经是西方力量的殖民地。因此，在殖民者国家的法律基础上形成的当地法律就成为殖民者在殖民地的遗留物。例如，马来西亚的法律大多受英国法律的指导。因此，伊斯兰银行不仅被要求遵守伊斯兰教法，也要遵守制定法。总体上讲，大部分施加在伊斯兰银行上的法律法规是受所在国的中央银行控制和监督的。例如，马来西亚的伊斯兰银行的建立是在《1965年公司法案》（Companies Act 1965）的指导下，而它的运营则遵守《1983年伊斯兰银行法案》（Islamic Banking Act 1983）。因此，伊斯兰银行必须同时遵守以上两个法案规定的所有要求。同样的，其他政府也在他们的国家通过相应的法律来监管当地的伊斯兰银行。例如，在巴基斯坦和伊朗的伊斯兰银行不仅要遵守普通的法律，还要遵守特殊的对伊斯兰银行进行监控和管理的法律。

伊斯兰教法的概念和意义

Syariah这个单词来源于单词syar，它的意思是“通向水源的道路”。动词syara'a的字面意思是“标记出一条通向水源的清晰的路”。在宗教的意义上，它表示通向完美生活的道路，或者是“美好生活的途径”。换句话说，Syariah是指引人们通向正确道路的方式（Rahman，1979）。从“通向正确的道路”这个词引出了Law，法律（Denny，1985）。Syariah这个单词也和单词din有相关性。Din的意思是屈从和跟随。Syariah是方法和方式的契约，它的主动者是真主（s. w. t.），而din是要符合契约所规定的方式和方法，它的主动者是人类。因此，我们可以替换使用Syariah和Din这两个词，因为它们都用了来自《古兰经》的契约或命令（Rahman，1979）。

Syariah的概念不仅包含人类生活中实现神的旨意的行为，也包括所有的行为——精神的、心理的和身体的。这意味着Syariah的概念大过法律的概念，它覆盖了人类的所有方面，信仰和实践、个人行为、法律和社会事务。换句话说，Syariah是一个无所不包的广泛综合的所有生活方式的总则。Denny（1985）认为，Syariah包含所有有可能被定义为法律的方面，也是伊斯兰法律系统的核心。Syariah是真实而完美的。Syariah在任何时间的任何情况下团结和指引着所有的穆斯林，它由一代传给一代，并传播到所有的伊斯兰地区。进一步说，根据Denny的观点，Syariah升华了精神，在穆斯林中给予一种稳定和平静的感觉。

Ismail（1992）在他对伊斯兰金融和银行的详尽阐述中，认为伊斯兰教有三个基本要素，分别是 Aqidah，Syariah 和 Akhlaq。Aqidah 包括穆斯林对于真主和他的命令的信仰和忠诚。Syariah 包括穆斯林们用来证明他们信仰和忠诚的一切形式的行为。Akhlaq 包括穆斯林行动的方面、行为和他们在行动中体现的职业道德。Syariah 的部分可以进一步分为两个部分，分别是 Ibadat 和 Muamalat。Ibadat 有关一个穆斯林对真主的尊崇的实践性，Muamalat 有关人与人的关系。因此，政治、经济和社会活动都属于 Muamalat 的范围，这些活动于是通过 Muamalat 与 Syariah 的原则相关联。Syariah 和伊斯兰银行体系的关系在图 5—1 中体现：

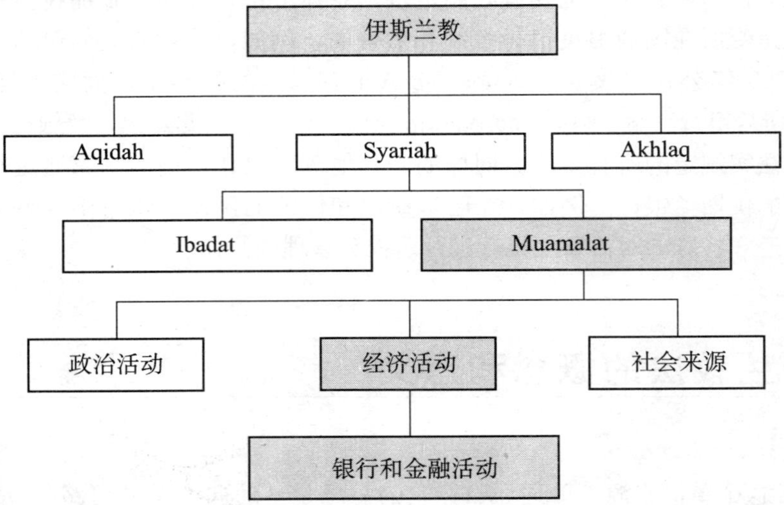

图 5—1　伊斯兰银行体系与 Syariah 的关系

资料来源：Ismail，1992，p. 250.

Doi（1984）的观点是伊斯兰教法不同于其他所有的法律，因为《古兰经》和 Sunnah 是来自真主的礼物。它们对于 ummah 的价值观超越了任何形式的对比。由于在 ummah 的各个社团组织都要对公平负责，所有穆斯林和其他在和平与和谐的伊斯兰国家生活的人都不应该受到任何统治者或者是法庭的侵犯。Ali（1950）视伊斯兰教为两部分，理论部分和实践部分。理论部分包括有关信仰和教义的内容，这些内容被称为 usul 或者是准则的起源。这些理论的各个方面也常被称为 aqa'id（单数形式为 aqidah），它的意思是信念。实践部分包括一个穆斯林被要求做的所有的事。这些实践部分被称为 furu（单数形式为 far），它的意思是分支；它也被称为 ahkam（单数形式为 hukm），它的意思是伊斯兰教的规则。所以，伊斯兰银行的存在被伊斯兰教实践方面的准则所控制，必须遵守伊斯兰教的 ahkam。这些方面可能被列入或在所有的伊斯兰 ahkam 中找到。

以下列举的是 ahkam 在伊斯兰教法中的五种类型：

（ⅰ）Fard or wajib

对所有穆斯林要求的强制性的责任和行为。作为能受到奖赏，不作为会受到惩罚。

（ⅱ）Sunna，masnun，mandub or mustahabb

建议的责任和行为，但不是必须的要求。作为会受到奖赏，不作为也不会受到惩罚。

（ⅲ）Ja'iz or mubah

一般的行为，作为不会受到奖赏，不作为也不会受到惩罚。

（ⅳ）Makruh

不被赞成的行为，但是也不禁止。

（ⅴ）Haram

既被禁止也会受到惩罚的行为。

伊斯兰教法的起源

伊斯兰教法有四个基本的起源。一个是《古兰经》，穆斯林的圣书。《古兰经》是伊斯兰教法真实而永恒的起源。它包括真主为了指引人类向先知传达的信息。这些信息是全宇宙的、永恒的和重要的。

第二个伊斯兰教法的来源是穆罕默德言行录（Hadith），它的重要性仅次于《古兰经》。Hadith 指的是信息、叙述、独白、故事和关于先知的 Sunnah 的记录，这些被一代一代传下来，变成穆斯林的信仰和行为的规则。Sunnah（复数形式 sunan）描述的是先知的风俗、习惯和惯例。它同时也描绘了先知在生活中的不同情况下的行为、活动、言论和声明。

伊斯兰教法的第三个来源是公议教法 ijma。它的意思是 mujtahid 的一致的观念或者是穆斯林法学家们在一特定的时间对于一个法律问题的一致看法。Mujtahid 是伊斯兰教的有学识的专家学者或是独立实施法学分析的权威。这些专家学者们非常严肃地讨论特定的宗教问题的过程就称为 ijtihad。

第四个也是最后一个伊斯兰教法的来源是类比推理 qiyas，它的字面意思是“衡量”或“比较”（Ali，1950）。在伊斯兰教法的术语中，qiyas 是专家学者们用类推法对教义和行为中的有困难和疑惑的问题作推理的过程。它的推理过程是类比权威们和在《古兰经》或穆罕默德言行录中的相似情况的处理方式来得到未确定答案的问题的解决方式。

《古兰经》和穆罕默德言行录都被认为是 al-adillat-al-qatiyyah，意思是有极精准的证据支持的绝对言论。这是因为这两个来源都包含绝对的真理和伊斯兰教的不容置疑的重要的基本的教义。这些来源也常常被称为 usul 或伊斯兰教法的根源原则。公议教法和类比推理被认为是 al-adillat-al-ijtihadiyyah 或是经过努力得到的结论。这两个来源也被称为是 furu 或者伊斯兰教法的一个分支。在这四个来源的框架下，伊斯兰教法能够应对今天不断变化的世界的复杂性和现代社会中各种各样的问题和矛盾。

第一个来源:《古兰经》

《古兰经》是伊斯兰教的基础和有关宗教及道德准则的源泉。《古兰经》有 114 章，分别有不同的长度，它们被称为 surah，每一个 surah 都有自己的主题。Surah 的实际含义是卓越或高水平。Surah 包含来自有关真主的指引和教导的韵文。如果不算“Bismillah”为一节韵文，《古兰经》里一共有 6240 节韵文。然而，在《古兰经》总共有多少节韵文的问题上，由于《古兰经》研究的不同角度所采用的计算方式不同，存在一些分歧（Ali，1950）。根据 Doi（1984）的观点，《古兰经》的总韵文节数为 6 666。

总体上来说，越长的章节在《古兰经》越靠前的部分。一些章节的韵文根据事情的发生而排列，另一些韵文是根据被讨论的不同对象而分类的。基本上《古兰经》的章节是根据心灵启示的地点而分类的。在麦加被启示的章节就被称为麦加 Surah，在麦地那被启示的章节就称为麦地那 Surah。根据 Ali（1950）的观点，有 92 个 surah 在麦加启示，剩下的在麦地那被启示。

有三种广泛的特征可以区分两种心灵启示。第一，麦加启示主要是有关真主的信仰，特别是致力于让穆斯林对信仰极为忠诚。而麦地那启示主要是把信仰转化为行动。第二，麦加的章节大多是语言性的，而麦地那的章节是语言的实施过程。第三，麦加的章节描绘了如何通过与上帝的交流得到精神上的真正的快乐，而麦地那章节指出人与人的相处也可能成为快乐的来源和安慰。

单词 Quran 常常在《古兰经》中被提及。Imam Allama Abu-l-Fadzl Jamal al-Din Muhammad ibn Mukarram 在他的作品 *Lisan al-Arab* 中说单词 Quran 来源于单词 Qara'a，它的意思是“将东西放在一起”。Imam Abu-l-Qasim al-Husain ibn Abu-l-Fadzl al-Raghib 在他的书 *Al-Mufridatfi Gharibi-l-Quran* 中说单词 Quran 的意思是“阅读”或“描述”，这是因为在阅读或描述中，字母和单词根据一定的规则结合在一起（Ali，1950）。由于《古兰经》包含来自真主时不时地揭示给先知的 wahyu，它也被称为 Kalam-Allah 或是真主的话。

《古兰经》也以很多其他的名字被人所知，这也在《古兰经》本身的一些韵文中有所提及。在这些名字中，al-kitab（《古兰经》（2：2））的意思是完整的著作；al-Khair（《古兰经》（3：103））的意思是好的事物；al-Bayan（《古兰经》（3：137））的意思是诠释；al-Burhan（《古兰经》（4：175））的意思是观点；al-Muhaimin（《古兰经》（5：48））的意思是监护；al-Nur（《古兰经》（7：157））的意思是光明；al-Mau'izah（《古兰经》（10：57））的意思是教导者；al-Shifa（《古兰经》（10：57））的意思是良药；al-Hukm（《古兰经》（13：37））的意思是规则的裁决者和实施者；al-Dikra 和 al-Tadhkirah（《古兰经》（15：9））的意思是提醒者或高贵的来源或人类的胜利；al-Hikmah（《古兰经》（17：39））的意思是智慧；al-Haqq（《古兰经》（17：81））的意思是真理；al-Rahmah（《古兰经》（17：82））的意思是宽恕者；al-Qayyim（《古兰经》（18：2））的意思是给予关爱的人；al-Furqan（《古兰经》（25：1））的意思是区分真与假，纯洁与虚伪的标准；al-Tanzil（《古兰经》（26：192））的意思是至高无上的言论；Ahsan-al-Hadith（《古兰经》（39：23））的意思是最美的训辞；al-Ruh（《古兰经》（42：52））的意思是生命的灵魂；al-Naimah（《古兰经》（93：11））的意思是恩典。

除了以上提到的名字，还有很多其他用来描述《古兰经》的名字。在众多伊斯兰学者讨论的重要问题中，对于《古兰经》的解释和其中的章节的真正意思的评论是经常被提及的。解释《古兰经》的规则在《古兰经》仪姆兰的家属一章中提到：

> 他降示你这部经典，其中有许多明确的节文，是全经的基本；还有别的许多隐微的节文。心存邪念的人，遵从隐微的节文，企图淆惑人心，探求经义的究竟。只有真主和学问精通的人才知道经义的究竟。他们说："我们已确信它，明确的和隐微的，都是从我们的主那里降示的。惟有理智的人，才会觉悟。"《古兰经》（3：7）

基本章节是那些意思清楚容易被理解的章节。寓言章节包含着不同含义，需要深入研究后才能理解，而且全部的含义只有真主知道。上面的章节也给想要解读《古兰经》的人一个清晰的指导。阿卜杜拉·优素福·阿里（Abdullah Yusuf Ali，1872—1984），一位著名的现代翻译家，认为这些章节可以分成两大部分，并且它们紧密相连。第一部分是圣书的基石，也可以被称为是"圣书之母"，第二部分就是意思不甚清晰的那一部分。他进一步指出，探究不确定的含义是一件美妙的事情，用人的本能的智慧去发现隐藏的含义。然而，这需要人们付出精神上的努力，并且它的深度远远超过了人类的语言。那些聪明的智者可能对其有一些理解，但是没有人有资格声称他自己一个人的解释就是正确无误的，只有真主知道那些章节的真正含义。根据 Ali（1950），翻译《古兰经》的一个最重要的原则就是要用《古兰经》里面的内容去解释它。对它某一章节的解释不能和其他章节有所矛盾，尤其是和那些含义清楚的章节。

Doi（1984）认为有四类人曲解《古兰经》，他们分别是 fasidun，带来了毁灭和灾难的人；fasiqun，反抗的人；zalimun，做错事情的人；以及 kafirun，没有信仰的人。根据 Doi 的说法，以下是想要理解《古兰经》的人所必备的特性：

- 对阿拉伯语有深刻和全面的掌握。
- 具备广泛的有效用词艺术知识。
- 对穆罕默德言行录有全面、深刻和透彻的理解。
- 有能力用穆罕默德言行录的知识来定义其他不清楚的章节，并用一种统一的方式给出解释。
- 较高的认识水平，明白为什么真主会给出某些章节。

- 非常清楚 nasikh 和 mansukh，就是说明白为什么有些章节被废除，并被另外一些所替代。
- 对伊斯兰教法的熟知。
- 对《古兰经》解读方法的熟知。
- 对真主的尊敬。

第二个来源：穆罕默德言行录

单词 Hadith 的意思是故事、叙述或报告。这个词源的含义是“新的”、“出现，发生和传递”，后来扩展为表示有关发生了的事情的报告或描述。因此，Hadith 是对发生了的事情的描述或报告。这些表达和描述通过听说或启示传递给另一方。《古兰经》在第 18 章第 6 节和第 39 章第 23 节提到 Hadith 这个词。Hadith 也被认为是传统，因为它由一个人传达给另一个人，由一代传给下一代。在伊斯兰教法中，Hadith 指的是先知穆罕默德的 Sunnah。作为伊斯兰教法的一个来源，Hadith 用来确认、证明、扩展、阐释、解释和补充《古兰经》。

Sunnah 的字面意思是一种规则或行为准则（Ali，1950)。《古兰经》也泛泛地提到了 Sunnah 的意思是“规则”和“方式”。词条 sunnat al-awwalin 在《古兰经》的很多章节中提到过［《古兰经》(8：38)；《古兰经》(15：13)；《古兰经》(18：55)；and《古兰经》(35：43)]，它的含义都是“过去的人的行为实例”，而它描述了真主是怎么样对待人类的。Rahman（1979）形容“Sunnah”是“被践踏的道路”，而这道路的每一部分就是一个 Sunnah，不论它的位置是靠近还是远离原点。一共有三种 Sunnah。第一种是先知说的有关宗教的话。第二种是描述先知的行为和做事。第三种是先知默认的别人的行为。如果先知没有禁止某人的某种行为，那么就被理解为先知同意其行为。

将穆罕默德言行录作为伊斯兰教法的第二重要的来源是因为它和《古兰经》的大部分章节的统一性。在这些章节中，真主统治他的信徒要服从他和他的传教士们。下面是这些章节中的一些例子：

真主在《古兰经》仪姆兰的家属一章中的第 31—32 节中提到：

> 你说：“如果你们喜爱真主，就当顺从我；（你们顺从我)，真主就喜爱你们，就赦宥你们的罪过。真主是至赦的，是至慈的。”
>
> 你说：“你们当服从真主和使者。”如果你们违背正道，那么，真主确是不喜爱不信道的人的。《古兰经》(3：31－32)

在《古兰经》妇女章第 59 节中，真主说：

> 信道的人们啊！你们当服从真主，应当服从使者和你们中的主事人，如果你们为一件事而争执，你们使那件事归真主和使者（判决)，如果你们确信真主和末日的话。这对于你们是裨益更多的，是结果更美的。《古兰经》(4：59)

更进一步的，真主在《古兰经》放逐（al-Hasyr）章的第7节中说：

凡使者给你们的，你们都应当接受；凡使者禁止你们的，你们都应当戒除。你们应当敬畏真主，真主确是刑罚严厉的。《古兰经》(59：7)

先知穆罕默德之后，理解先知言行的需要使穆罕默德言行录在穆斯林中广泛传播开来。大量地使用穆罕默德言行录的时期可以被分为四个。第一个时期是Companions；第二个时期是紧跟着Companions；第三个时期，是在紧跟着Companions的时期之后的那个时期。就是在第三个时期，根据不同的组别开始有有关穆罕默德言行录的研究。在Companions时期，对穆罕默德言行录的发展有过贡献的人名单如下（Doi，1984）：

- 陈述了超过1 000条穆罕默德言行录的Companions：
  - Abu Hurairah ‘Abdur Rahman (m. 59 H) — 5,374 Hadith
  - AbdAllah s. w. t. bin ‘Abbas (d. 68 H) — 2,660 Hadith
  - Ummal—Muminin (d. 58 H) — 2,210 Hadith
  - ‘Abdallah s. w. t. bin ‘Umar (d. 78 H) — 1,560 Hadith
  - Anas bin Malik (d. 93 H) — 1,286 Hadith
  - Abu Said Khudri (d. 74 H) — 1,170 Hadith
- 陈述了500～1 000条穆罕默德言行录的Companions：
  - ‘Abdallah s. w. t. bin ‘Umru bin al—’ As (d. 63 H)
  - Saydina ‘Umar (d. 23 H)
  - Saydina ‘Ali (d. 40 H)
- 陈述了100～500条穆罕默德言行录的Companions：
  - Saydina Abu Bakr (d. 13 H)
  - Saydina Uthman (d. 36 H)
  - Umm Salmah (d. 59 H)
  - Abu Musa Ash’ari (d. 52 H)
  - Abu Dhar Ghaffari (d. 32 H)
  - Abu Ayyub Ansari (d. 51 H)
  - Ubayy bin Ka’ab (d. 19 H)
  - Mu’adh bin Jabal (d. 18 H)

第二个穆罕默德言行录的发展时期是紧跟着Companions的时期，大约在Hijrah的第二世纪。在Companions的众多追随者中，对穆罕默德言行录的贡献最多的人有：Said bin Musayyib，Urwah bin Zubair，Salim bin’Abdallah s. w. t. bin’Umar，Nafi Maula’Abdallah s. w. t. bin’Umar和一些其他的追随者，例如Muhammad bin Shitab Zuhari，Abdal-Malik bin Jarih，Imam Auzai，Ma’mar bin Rashid，Sufyan al-Thawri，Hammad bin Salmah，Abdallah s. w. t. bin Mubarak和Imam Malik bin Anas。

第二个时期开始于 Hijrah 的第二世纪。在这段时间内，人们试图比较第一时期和第二时期中的先知的 Hadith。在那个时期，有两种 Hadith，分别是 Musnad 和 Jami' 或称之为 Musannaf。Musnad 来自单词 sanad，意思是权威。根据 Musnad 对 Hadith 的解读是由第一时期的 Companions，这些陈述 Hadith 的人做出的，而不是根据话题做的。因此，Hadith 有两个非常重要的元素，就是 isnad，意思是 Hadith 根源的权威的锁链；和 matn，意思是 Hadith 的内容。根据这个原则做出的对 Hadith 的最重要的编纂是 Imam Ahmad ibn Hanbal 的书 *Musnad*。

在 jami' 或者是 musannaf 的基础上对 Hadith 的编纂在 *Musnad* 之后晚一点出来。以这种方式的编写基于特定的一些 Hadith。在这一组中，一些重要的编写 Hadith 的是以下这些人：Imam Muhammad bin Ismail al-Bukhari，Imam Muslim bin Hajjaj al-Qushayri，Imam Abu Daud Ashath al-Sijistani，Imam Abu Ismail al-Tirmidhi，Imam Muhammad bin Yazid Ibn Majah al-Qazwini 和 Imam Ahmad bin Shu'aib al-Nasai。

第三个 Hadith 的发展时期开始于 Hijrah 的第五世纪早期并延续到现在。然而，这一阶段的大部分作品是对之前作品的评论。在这些作品中，很著名的有 Wali al-Din al-Khatib 写的 Miskat al-Masabih，Abu Zakariya Yahya bin Sharf al-Nawawi 写的 Riyad al-Salihin，Abul Barakat Abdus Salam Ibn al-Taimiyyah 写的 Muntaqi al-Akhbar，Hafiz Ibn Hajar 写的 Bulugh al-Maram 和 Muhammad bin Isma'il 写的 Subul al-Salam。

学者们用很多种方法来对 Hadith 进行分类，并把它们按一定的组别整理。一个 Hadith 可以根据以下这些特征分类：叙述者的数量；isnad 的特征，也就是联系叙述者和 Hadith 的来源的特征；一个 Hadith 是被接纳还是被否定；最后，一个特定的 Hadith 中 isnad 和 matn 中的具体特点。

第一种分类方法，也就是根据叙述者的数量来分类的方法，可以更进一步分为以下几种：

● Mutawatir hadith

众多的叙述者们没有矛盾和分歧。

● Mashur hadith

这种 Hadith 由超过两个叙述者陈述，并不是所有这个种类的 hadith 都可以被称为 sahih，也就是说，并不是所有的 hadith 的真实性都是被接受的或者是有疑问的。

● Aziz hadith

这一类的 Hadith 可以是来自于一位叙述者，但是这个人必须是足够值得信赖的并被接受成为 Hadith 的陈述者的人。被这位叙述者背诵的 hadith 将被两到三个其他的叙述者陈述。

● Ghaib hadith

这一类的 Hadith 可以来源于一处，可以是 Companions，也可以是后来的某一位叙述者。

● Fard hadith

这一类的 Hadith 只能被一位叙述者陈述，或者是只能被在同一个地区的叙述者们陈述。

- Shadhdh hadith

这类 Hadith 可以来源于一位叙述者，但是这个人必须是足够值得信赖的，而且他陈述的内容要不同于其他人的陈述。

- Ahad hadith

这是单独的一个 Hadith，而且是由单独的一位叙述者陈述的。

在第二种分类中，isnad 系统，musnad 被用来分类 Hadith 里面 isnad 或和先知有直接关联的内容。这种 Hadith 也被称为 marfu hadith，不论这种关联是否被破坏。Mawkuf hadith 在它的 isnad 的开始有先知的 Companions，而 maktu hadith 是以在 Companions 之后开始的。连接着先知的 isnad 没有被破坏的 Hadith 被称为 muttasil marfu，如果以 Companions 为结尾，则被称为 muttasil mawkuf。Munfasil，意思是被破坏或分离的，是联系被破坏的 Hadith。Imam Shafii 和 al-Tabrani 用词条 munkati 来形容这种 Hadith。如果一两个或所有的叙述者的名字在 isnad 中都没有被提及，那么这个 Hadith 被称为 mu'Allah s. w. t. hadith，意思是“悬而未决的”。Mursal hadith 是在 Companions 时期之后的叙述者没有提及有关的 Companions 的名字而直接引用的先知的话。Mu'allal 或者 ma'lul hadith 是那些说服力弱的或者它的 isnad 和 matn 有缺陷的 Hadith。

第三种方法，根据 Hadith 是被采纳还是被否定，是经常被使用的。一个 Hadith 若是被分类到 makbul，maruf 或者是 mahfuz，那么它就是被接受的。Makbul hadith 是在任何情况下都被接受的 hadith，一般被称为 sahih 或者是 hasan。Maruf hadith 是略微弱一点的 hadith，是可以通过其他地位相同的 Hadith 证明的。Mahfuz hadith 是比 shadhdh hadith 高一级别的 Hadith。

被否定的 Hadith 来自于 mardud，munkar，matruk，matruh 和 mawdu 这几组。Mardud hadith 是和 Makbul 相反的；它的叙述者是不知名的，所以他的陈述比那些更可信赖的人的陈述要弱。Munkar hadith 是只有一个陈述者的 Hadith，所以它和那些有很多可信的陈述者的 hadith 不同。Matruk hadith 是一个说谎者或一个行为不道德的人陈述的。Matruh hadith 和 Matruk hadith 一样。Mawdu hadith 是专门编造出来的 hadith，在所有的 hadith 中，这是级别最低的一个，被认为是危险的。

第四种分类 Hadith 的方法是根据 isnad 和 matn 具体的某一个特征来分类的，它很少被用及。这种 hadith 的叙述者倾向于加入自己的言论；或者是在誓言或讲话或荣誉的基础上讲话。在伊斯兰教法中，不是所有的 Hadith 都可以被用作制定法律的来源。在 sahih 中的 Hadith 是伊斯兰教法的主要来源。Sahih hadith 一般被分为七种：

(ⅰ) 由 Imam Bukhari 和 Imam Muslim 一起整理编纂的 Hadith。

(ⅱ) 只由 Imam Bukhari 编辑的 Hadith。

(ⅲ) 只由 Imam Muslim 编辑的 Hadith。

（iv）没有被 Imam Bukhari 或 Imam Muslim 编纂但是同时具备两者的 shurut（条件状况）

（v）让 Imam Bukhari 的 shurut 满意的 hadith。

（vi）具备 Imam Muslim 的 shurut（条件状况）的 hadith。

（vii）可信赖的被其他值得信任的团体编选的 hadith。

第二组可以用作伊斯兰教法的来源的 hadith 是 hasan（公正）。这一类的 Hadith 并不被认为很有力度，但是它对于建立法律是必要的。大部分有关法律问题的 Hadith 就是这一类的。最后一种 Hadith 是 daif'（弱）或 sakim（不确定）。这种类型的 Hadith 不被用来制定任何的规定，尽管如果它和 hasan hadith 有同样的叙述者，可以用来加强一个 hasan hadith。然而，这种用法只有在用于劝诫、故事和好的行为的时候才是被接受的。

除了上述的这些 Hadith，还有一种 Hadith 是 kudsi hadith，有时被称为 ilahi hadith 或 rabbani hadith。这类 Hadith 不同于从先知的 Sunnah 中得到的 nabawi hadith。这类 hadith 包含 wahyu（真主的神的布告）。但不是所有的 wahyu 都通过天使传达给先知。有些 Hadith 先知是通过灵感和梦得到的。最大的有关 kudsi hadith 的编纂在 Muhammad al-Madani 写的书 al-Ithafat al-saniyya fi'l-ahadith al-kudsiyya 中。

第三个来源：公议教法（Ijma）

Ijma（一致）最初源于有资格的法学家们对某一问题的统一意见，这样的一致性被认为是不会有错误的。Ijma 这个观点的出现符合 Hadith 中有关法律起源的一句话：

"My umat will never agree upon an error."

Imam Shafii 是第一个把这种观点看做是在《古兰经》和 Hadith 之后法律的来源而引入的。他驳斥了某一地区的伊斯兰学者们达成的一致观点不可以用作整个穆斯林 ummah。相反，Imam Shafii 认为只有一种一致的观点，那就是被所有穆斯林 ummah 都认同的一致观点。这种 ijma 必须和其一致并被称为社会 ijma。Rahman（1979）认为 ijma 作为绝对的权威，不仅是对当下的正确性有绝对的洞察力，甚至对未来和过去也有。Ijma 也阐述了先知的 Sunnah 曾经是什么和《古兰经》的正确的解释。穆斯林的 ijma 不是可以轻易得到的一致观点，它必须是经过 ijtihad 或者叫做努力才能得到的。Ijtihad 是一种负责任的检查和思考中对某一问题的冥想。理想中的一致性一般通过三种方式获得。第一种，可以是文字或观点的一致；第二种，可以是行为、实践上的一致；第三种，可以是默认或者是没有分歧的一致。另外，有一种全面的一致性就是各方都同意而做出的决定。

参与到这个过程中的 Mujtahid（有学识的学者）都必须正直而诚实。他们不能是感情用事的人。总体来说，有三种学者会被赋予这种职责。第一种是绝对权威的学者，他们的研究领域包括整个法律。第二种是来自于某个领域的理论学派的某个理论系统中的权威。最后一种是研究某些过去没有人研究过或解决了的特殊的问题或案例的学者。

第四个来源：类比推理（Qiyas）

最后一个伊斯兰教法的来源是 qiyas。它的实际含义是“衡量”或“比较”。简而言之，qiyas 是用教条和宗教行为来解决困难和不确定的问题的一种方式。这种方式通过思想的智慧寻找真实的理由，通过对比棘手的问题和过去在《古兰经》和 Hadith 中已经解决的相似的问题。

这种在理论上和法律上运用推理判断的方式在伊斯兰教中有非常重要的作用。《古兰经》显然意识到了这个过程的重要性，真主在《古兰经》妇女章的第 83 节中有以下的陈述：

> 当安全或恐怖的消息到达他们的时候，他们就加以传播，假若他们把消息报告使者和他们中主事的人，那末，他们中能推理的人，必定知道当如何应付。假若没有真主所赐你们的恩惠和慈恩，那末，你们除少数人外，必已顺从恶魔了。《古兰经》（4：83）

Abu-l-Faidz Sayyid Muhammad Murtadza al-Husaini 在他的书 *Taj al-Arus* 中说道，最初的表示“寻找知识”的词语是 yastanbitun。这个词来源于另一个词 istanbat，这个词来自 nabat al-bi’ra，它表示的含义是“他挖了一口井寻找水”。因此，istanbat 在 mujtahid 中的意思是“通过 ijtihad 的过程去寻找和获得隐藏的含义”，这也同样应用于通过 qiyas 或对比来获得解决（Ali，1950）。那些没有运用他们的推理能力的人被认为是聋子、哑巴和瞎子。真主在《古兰经》黄牛章的第 171 节中很清楚地说明了这一点：

> 你号召不信道者，就象叫唤只会听呼喊的牲畜一样。（他们）是聋的，是哑的，是瞎的，故他们不了解。《古兰经》（2：171）

类似的，在《古兰经》高处（ al-A’raaf）章的第 179 节中说道：

> 我确已为火狱而创造了许多精灵和人类，他们有心却不用去思维，他们有眼却不用去观察，他们有耳却不用去听闻。这等人好象牲畜一样，甚至比牲畜还要迷误。这等人是疏忽的。《古兰经》（7：179）

在《古兰经》战利品（ al-Anfaal）章的第 22 节也解释说：

> 据真主看来，最劣等的动物确是那些装聋作哑，不明真理的人。《古兰经》（8：22）

在上面的章节中所提到的聋子和哑巴就是指那些拒绝聆听、表达和理解有关真主的人。更进一步，在准则（ al-Furqan）章的第 44 节，真主说：

> 难道你以为他们大半是能听从或者能了解的人吗？他们只象牲畜一样，他们

甚至是更迷误的。《古兰经》(25：44)

当真主谴责那些不用理智去判断的人的同时，他也赞扬那些用 ijtihad 和智慧行事的人们。这在仪姆兰的家属章的第 190 和 191 节中可以得到证明：

> 天地的创造，昼夜的轮流，在有理智的人看来，此中确有许多迹象。
>
> 他们站着，坐着，躺着记念真主，并思维天地的创造，(他们说)："我们的主啊！你没有徒然地创造这个世界。我们赞颂你超绝万物，求你保护我们，免受火狱的刑罚。"《古兰经》(3：190and191)

据说先知批准和鼓励推理和运用人的思想去找到解决法律难题和疑点的办法。在 Abu Daud 的 Sunan 中说到先知批准 Mu'adh 在《古兰经》和穆罕默德言行录 Hadith 中找不到答案时可以用自己的思考得出解决方式。在另一个 Hadith 中，据说先知这样说道：

> 当一个法官为了正确地决断而尽了他最大的努力，并做出了一个决断且正确时，将有两份回报给他；如果他再（为了达到一个正确的决断）尽了他最大的努力之后，做出了一个决断但错误时，只有一份回报给他。（Siddiqi，Vol. 3，p. 930.）

以上的穆罕默德言行录证明，穆斯林并不担心或害怕犯 ijtihad。这是因为伊斯兰教承认并接受教徒在做决定时犯错。由此，很可能不同代际会出现观点的不同。通常来说，我们要考虑类比推理的四个方面。第一，现有的事物；第二，用于比较的事物；第三，前两者之间的相似性；第四，通过比较的过程做出的决定。类比推理方法的运用需要遵循一定的条件，它们是：

（ⅰ）被创造出来的定义或实践具有普遍性，并且它不用于特定的目的。

（ⅱ）特定的禁令或命令的理由必须被人知晓并理解。

（ⅲ）必须依据《古兰经》或穆罕默德言行录做决定。

（ⅳ）所做的决定必不得与《古兰经》或穆罕默德言行录的经文相冲突。

伊斯兰银行体系中 Syariah 的常规法律

Syariah 的最重要目的是根据美德建造生活，并洗清其中的罪恶。因此，人们认为，Syariah 不仅要提供正确的道路，也要规制教徒的所有行为，以达到整个 ummah 的完善，包括在来世获得回报。实际上，穆斯林总是遵守着习惯的、具象的法律（positive law)，而非 Syariah。这一在现代颇为流行的现象发端于中世纪；那时，哈里发与行政官（governor）经常发布命令架空 Syariah；这在他们处理商业事务时，表现得尤为明显。

Syariah不再约束穆斯林的行为，致使教徒与Syariah的关系的重要性出现了变化。这一关系的重要性从法律约束演变为单纯的道德约束。这一变化甚至出现在伊斯兰银行系统中。这种道德的关系一般是基于《古兰经》与穆罕默德言行录之上。从根本上说，《古兰经》是一本关于宗教的、道德的原则与训诫的书。虽然《古兰经》不是法律文件，但它体现了法律条文的内容。Mannan（1986）提出，如果说在现代社会，法律被认为是由人类创制的，那么《古兰经》就不适用这一说法，并且它也不是道德伦理的核心。但恰恰相反，《古兰经》包含基本的准则，并关注高尚的品质；同时，当人们知晓这些原则，它也关注他们为获得宽恕与恩赐而开展的旅程和状态。根据Zakaria（1989）的观点，Abd al-Wahhab ibn Khallaf，一名来自埃及的学者，对《古兰经》中的法律性条文进行了分类。这些条文的核心与某一特定事物的核心相关，但是这些条文没有明确的阐释。这种与法律的相关性包括法律的来源、宪法的条文、国际法等。具体分为以下几个部分：

- 法律的来源——50章
- 宪法的条文——10章
- 国际法——25章
- 司法与程序——13章
- 刑法——30章
- 民法——70章
- 关系家庭与个人的法律——70章
- 金融与经济指令——20章

对伊斯兰银行系统而言，《古兰经》给出了清楚而明确的指示，即这些金融行为必须摆脱所有利息（Riba）的因素。作为一个普通的企业实体，伊斯兰银行被认为必须依照《古兰经》的规则与指示进行商业活动。例如，伊斯兰银行被要求尽它对股东、储户、商业伙伴、债务人和其他顾客的义务。真主在《古兰经》黄牛章的第177节（《古兰经》（2：177））、筵席章的第一节（《古兰经》（5：1））、蜜蜂（an-Nahl）章的第91节（《古兰经》（16：91））和夜行（al-Israa'）章的第34节（《古兰经》（17：34））中明确提出了这一要求。古兰经妇女章的第58节和第135节（《古兰经》（4：58 and 135））、筵席章的第8节和第87节（《古兰经》（5：8 and 87））牲畜章的第152节（《古兰经》（6：152））、蜜蜂章的第90节（《古兰经》（16：90））、夜行章的第35节（《古兰经》（17：35））、信士（al-Mu'minun）章的第8节（《古兰经》（23：8））、至仁主（al-Rahman）章的第8节和第9节（《古兰经》（55：8 and 9））、天梯（al-Ma'arij）章的第32节和第33节（《古兰经》（70：32 and 33））也要求伊斯兰银行在交易中坚守信用、公正与公平。

《古兰经》同时为伊斯兰银行与债务人打交道定下方针。这可以从黄牛章的第280节（《古兰经》（2：280））和仪姆兰的家属章的第75节（《古兰经》（3：75））找到。至于商业程序，《古兰经》详细地列出了该如何履行合同和其他相关契约。这可以在黄牛章的第 282 节与第 283 节（《古兰经》（2：282 and 283））中找到。黄牛章第 188 节（《古兰经》（2：188））禁止银行做无成效的或无利益的生意。此外，《古兰经》还禁止银行牵扯上以下方面：色情业，酒精饮料的制造、贩卖、运输业，制造、贩卖神像或将神像运至异教之邦崇拜，算命，赌博，嫖娼，涉及高利贷与贿赂的交易。这些禁令可以在《古兰经》黄牛章的第 188 节、第 275—280 节《古兰经》（2：188，275－280），仪姆兰的家属章的第 130 节（《古兰经》（3：130）），筵席章的第 42 节和第 90 节（《古兰经》（5：42 and 90））和光明（ al-Nur）章的第 19 节（《古兰经》（24：19））中找到。

同时，有很多 Hadith（尤其是在 Sahih 里）与伊斯兰银行系统密切相关、并指导其工作。最重要的一些 Hadith 包括禁止 Riba 的行为。除此之外，还有很多 Hadith 指导着销售、Salam（先付钱后送货的销售）、出租、Hiwalah（将债务从一个人身上转移到另一人身上）、代表、借贷、支付贷款、冻结财产、破产、合伙、抵押、交易的证人和条件。这些 Hadith 是伊斯兰银行日常工作的重要参考。

在现代商业社会创制新的 Syariah 法律，尤其是在金融业与银行业中，公众舆论和判决的概念变得越来越重要。基于四个原因，研究伊斯兰的学者和法学家应当认真考虑这些概念。第一个理由是基于 Syariah 这个概念本身就包含立法与宗教的议题。与宗教有关的事物是基于精神体验的。对真主（s. w. t. ）和先知（p. b. u. h. ）的信念，不能与其他和信念及信仰（iman）有关的方面互换。但是，与法律相关的事物是基于社会的需求和欲望，这些需求和欲望写进了由政府和其他立法权威通过的法律中。不同国家与不同时代的法律是不同的。根据 Fyzee（1982）的看法，法律绝不会永远静止，因为只有无生命之物才是永远静止的。变化缘于人类对情况的控制，对生活的看法与感知，及对改善生活状态的欲望。很多人认为，被建立起来的事物应当被严格遵循，不应被修改。但是，这一观点应当被重新评估，它的真实性也应被重新测定。这与真主（s. w. t. ）在《古兰经》仪姆兰的家属章第 7 节（《古兰经》3：7）里的话相呼应。这一章可以被阐释为，法律可以被改变，而与宗教相关的事物是永恒的，不可被修改。

第二，伊斯兰教已设立了一个非常高的道德目标，要求它的教徒达到这一标准。每一条被创制的规定与立法都力臻完美。伊斯兰教也鼓励教徒决定生命中最重要的要素，以达到这一完美。一旦他们确定了这些要素，他们就必须根据现状找到实现这些要素的方法。所有这些都证明伊斯兰教是很明晰、易懂的，而且永远可以获取新生命、与时俱进。

第三个理由基于先知（p. b. u. h. ）时代所发生的事情。在这个时代，仅有的法律是由《古兰经》和先知的 Sunnah 提供的、当时社会十分需要的民法。这些规定和立法是最基本的，它们表明伊斯兰教勾勒出了适应当时实际情况的必要的指导方针。这清楚地表示，伊斯兰教更偏好或鼓励教徒寻找根据当下的时机和情况寻找解决问题的方法。这样一来，穆斯林的 Ummah 会持续增加和扩展他们的知识，并运用他们的专长和智慧。所有的这些行动和实践最终会使整个穆斯林的 Ummah 受益。

第四个理由可以从先知的教义中找到。这个理由使得 IJMA 和 QIYAS 的概念有可能在形成 Syariah 的立法中变得更加重要。Mahmasni（1982）认为，先知教义只在与宗教、道德及与这两者相关的事务上约束穆斯林的 Ummah。他进一步提出，穆斯林们没有义务在整个日常生活中遵循告知观点的 Hadith。为支撑这一看法，Mahmasni 举了一个 Hadith 为例。先知走过一个果园，看见一些人在为枣椰授粉。先知问："这些人在做什么?"得知了这些农民的行为后，先知说："如果他们不这么做，植物会枝繁叶茂。"农民们听到了，放下手中的活，结果枣子没有成熟。当先知得知这一结果时，他说：

> 我只是一个普通人。如果我指导你任何与宗教有关的活动，你有义务遵循。然而，如果我根据自己的观点吩咐你做事，此时的我只是普通人。你比我对你自己的生活事务有更好的了解。（Mahmasani，1982，p. 186）

基于以上的 Hadith，有些人认为，除了宗教事务，伊斯兰教与日常生活没有任何关系。宗教问题包括信念与信仰，提升信念和信仰的实践，以及道德原则和规定，与特定行为的法律基础。

总的来说，Ijma 和 Qiyas 的角色，是在理论上或实践上具体阐述与穆斯林们的行为相关的法律问题，并同时阐明《古兰经》和穆罕默德言行录规定的命令。换句话说，这两个法律的来源扮演了伊斯兰教法的角色，或在不触及 ibadat 或 i'tikadat 问题的前提下，具备在 Mualamat 方面 Syariah 的证据。Nuwayhi（1982）认为，有些团体狂热地认为，《古兰经》、穆罕默德言行录和所有的四个 Mazaahib 已经为现代法律法规中的每一个问题预见或提供了答案。这个观点实际上表明了两方面的无知。第一，它表现出他们对现代法律的无知，现代法律广泛地涵盖了多个方面，并有多种不同的解释。第二，这体现了他们对伊斯兰立法体系的无知，该立法体系在很长时间内不断完善，并且经历了不同需求和现实情况的洗礼。

然而，Syariah 法律必须与一些基本的原则相符。Doi（1984）说道，Syariah 的原则可以总结如下：

（ⅰ）社会利益优先于个人利益。

（ⅱ）虽然克服苦痛和鼓励寻求利益同为 Syariah 的两个终极目标，但克服苦痛更加重要。

（ⅲ）因要避免小损失而造成的更大损失是不可原谅的，或者，不可因贪小利而牺牲更大的利益。相似地，为避免更大的损失而造成的小损失可以被接受，或者，为实现更大的利益，可以牺牲较小的利益。

与伊斯兰世界银行体系相关的具体的 Syariah 法律

实际上，没有任何伊斯兰国家必须为自己的银行系统制定基于 Syariah 的法律。这是因为，法律是由人制定的，这些人会依据当下的情形来审视法律的制定。所以，最终，这些法律被人们制定成了具象的法律。虽然现在远未制定出一整套 Syariah 的法律，但是一定要持续不断地朝此努力。MajAllah s. w. t el-Ahkam-I-Adliya，或常说的 The Mejelle，是最早的与 Muamalat——商业——相关的 Syariah 的法律。因土耳其的 Uthmaniyyah 苏丹希望实施某种叫 Tanzimat——重建——的革新，这些法律在 1869—1876 年间被制定出来。制定这些法律的目的是代替基于欧洲法律的 1850 年刑法典（Penal Code of 1850）和 1861 年商业法典（Commercial Code of 1861）。时任司法部长的 Ahmad Djevde Pasha 带领立法委员会制定出这些新的法律。创制完毕的 Mejelle 包含 16 本书（或 16 个部分），共 1851 个条款。只有前 12 本书与商业有关，而后从第十三本到第十六本的四本书，与法庭举证与司法程序有关。序言，或称 Mukkaddime，有 100 个条款为法官与律师提供决策指导，或为他们讨论的事务提供可供参考的观点。Mejelle 与商业相关的书有：

第一本（七章）：销售与购买（'bai）

第二本（八章）：租赁、雇佣（ijarah）

第三本（三章）：保险、抵押（kafalah）

第四本（二章）：债务转移（hiwalah）

第五本（四章）：典当、租赁（rahn）

第六本（三章）：财产委托（emanet）

第七本（二章）：赠送（hibah）

第八本（二章）：破坏信任和毁坏

第九本（三章）：约束、强制和晋升

第十本（八章）：法人化和合伙人制度

第十一本（三章）：代表或代理机构（wakalah）

第十二本（四章）：解决办法和解雇

即使 Uthmaniyyah 王朝正式认可了 Mejelle，这部法律也并不被认为具有约束力。这是因为，法官们可以自由地做出自己的裁决。最终，在 1926 年 2 月 17 日，土耳其政府决定用基于瑞士法典的新法律取代 Mejelle；后者不再具有效力。当伊斯兰银行被建立起来时，人们就开始寻找与这个银行系统相关的 Syariah。直到今天，仍未出现专注于这一目的的法律，甚至没有与 Mejelle 相配的法律。事实是，目前还没有涵盖 Syariah 的教旨的著述，即将《古兰经》、Hadith，ijma 和 qiyas 纳入考量范围，以促进法律的进步。虽然有些学者的著述和论文谈及了 syariah 和伊斯兰银行的问题，但它们的论述比较粗浅。比如，Syafii Antonio 试图弘扬与 Syariah 中被运用的教旨有关的规则的基础。他/她在文章中写道，musyarakah 的教旨的基础是《古兰经》妇女章第 12 节和 Surah Shad，第 24 节。同时，与 musyarakah 教旨有关的 HADITH，是由 Abu Daud 讲述、Hakeem 收录入著作 al-Buyu 中的 Hadith。并且，从 ijma 的角度来说，这一教旨来源于 *al Mughni* 书中的 Ibnu Qudamah。

除此之外，还有其他文献被认为是用于弘扬马来西亚伊斯兰银行中的 Syariah。例如，Abdul Halim El-Muhammady 在 2001 年写了一本名为“(Muamalat Laws & Their Application to Islamic Banking Products)”的通读材料。虽然这本书不被认作是一部法律书籍，但此书有助于基于多种比较来源的、理论更加坚实的相关文献的产生。除了写作文献，还有与伊斯兰银行相关的 fatwa 的出版物。它们包括 Fiqh Academy OIC（伊斯兰大会组织 Fiqh 学会）的 fatwa，马来西亚证券委员会的 Syariah Advisory 的 Fatwa，及印度尼西亚 Muamalat 银行 Fatwa 委员会的 Fatwa。这些 Fatwa 可以被用作 ijma 的基础。尽管如此，要建立一部完善、广泛的 Syariah 法律并非易事。这一壮举需要所有各方，尤其是政府的努力。伊斯兰银行体系立法中需要改进的地方包括：

- 银行与其客户的关系（银行与顾客的释义，需要完成的责任，相关的合约，生意伙伴兼客户，作为被委托人的银行，代表与受押人，等等）。
- 银行提供给顾客的产品中体现的法律方面（接收钱、收集汇票、结账、在国内外取消业务的服务、与旅行支票与汇率有关的任务）。
- 与客户及其类型有关的法律方面（客户的类型，客户可以设立的账户、关闭账户和账户管理的方法）。
- 作为客户资金的集散者的银行的责任与义务（支票兑现的程序，接收支票，支付或交还兑现支票的责任，谈判与确定支票的价值）。
- 对客户的法律手段（行使手段的权利，行使手段的时间与方法，证券出售与解除关系的程序）。
- 融资方面（可被融资的业务，融资的形式与金额，可以被认定为证券的财产，及 Approving 证券的方法）。
- 担保与代表方面（担保人和代表的权利，必须履行的责任，免除可能的责任与赔偿）。

具象的法律与法规

基本上，世界各地的伊斯兰银行并不遵循统一的法律。大多数伊斯兰国家制定并通过特别法，指导其建立伊斯兰银行。这些法律一般从伊斯兰教旨出发，具体规定了意图涉足银行业的机构的行为。这些法律有时形式比较概括，并适用于整个国家内的伊斯兰银行。同时，也存在特别的法律。这些特别的法律通常用于只满足对某一家银行的监管，它无法用于监管其他所有的伊斯兰银行。

但是，在建立伊斯兰马来西亚 Berhad 银行之前，马来西亚议会通过了《1983 年伊斯兰银行法案》(Islamic Banking Act 1983)，这一法案适用于任何希望在该国开展业务的伊斯兰银行机构。法案有如下八个部分：

（ⅰ）简明目录，开端，适用与解释。

（ⅱ）与颁发执照有关的条款。

（ⅲ）金融上的要求与义务。

（ⅳ）与所有权、控股及管理相关的事务。

（ⅴ）经营上的约束。

（ⅵ）监督与控制的权力。

（ⅶ）多种事务，诸如赔偿、视界的优先及董事和经理在储蓄账户事宜上承担的责任的惩罚。

（ⅷ）需要对其他与伊斯兰银行业务相关的法案进行的重大修订应遵循的条款。

在土耳其，于1983年12月19日发布于18256号官方公报的83/7 506令决定允许伊斯兰银行的经营。依据土耳其第1567号货币流通法和第70号令体现的“交易价值保护”，该令包含十七项关于建立“特别金融所”及该所的经营与流动性的条文。国库与外贸部的副财长制定覆盖面更加广泛的法律，并于1984年2月25日发布在第18232号官方公报中。里面有35个涵盖金融所结构、经营与流动性的条文。该令同时涵盖的事务还有建立金融所最低的资金要求，以及金融所可以向公众开通的账户类型（Baldwin，1990）。2005年11月生效的第5411号银行法赋予特别金融所“银行”的地位。依照这一法律，特别金融所被重新命名为“参与银行”。埃及通过了一项特别法案，旨在建立一家特别银行。例如，该国依据1977年特别法案（第48号）建立了埃及费萨尔伊斯兰银行。这一法案勾勒出这家银行多种特权，并赋予它不受除中央银行外任何政府机关影响的权威。还有一例，1980年，当伊斯兰国际投资与发展银行想要组建法人公司时，政府依据阿拉伯与外国基金投资法和1974年自由区法（第43号），出台了一项特别部门令（El-Ashker，1990）。2006年，伊斯兰国际投资与发展银行被埃及联合银行和尼罗河银行合并，形成了名为“联合银行”的新银行。

约旦根据1978年临时特别法（第13号）（Temporary Special Law（NO. 13））的规定，建立了约旦伊斯兰银行。2003年6月1日，第4600号官方公报宣布出台第46号临时法，据此临时法的修改意见，2000年8月1日，第4448号官方公报宣布出台2000年第28号特别银行法。该银行法概述了伊斯兰银行的定义、目标、可进行的经营活动及由中央银行规定的其他条件与限制。撇开其他条款不谈，这部银行法首先申明约旦的伊斯兰银行可以进行以下经营活动（www. cbj. gov. jo）：

- 吸收多种形式的存款，包括信用账户、信托公司投资账户或私人投资账户。
- 发行伊斯兰债券或sukuk。
- 进行符合Syariah原则的金融与投资活动。
- 进行所有符合由约旦中央银行制定并准许的法律法规的传统免息银行业务。

科威特政府的一项特别政令，承认了政府在1977年3月23日建立科威特金融公司之前，就已经准许了银行业务的伊斯兰教性质。2003年出台的对科威特中央银行法案的修正案（第32/1968号法案），使得该国的伊斯兰银行现在处于中央银行的规制之下。这部法律规定了对伊斯兰银行业务的规制与监管框架，也规定了 Syariah 对银行业务的指导。根据该法第 93 条的规定，科威特的伊斯兰银行必须在申请注册之前建立独立的 Syariah 监理会。但是，监理会直接向 Awqaf 与伊斯兰事务部报告，而非中央银行。

尽管伊朗和巴基斯坦都将国内的银行系统改革成了伊斯兰银行系统，两国的银行法律却毫无相似之处。由于 1979 年的革命，伊朗的银行系统变为国有，伊朗议会于 1983 年 8 月通过了《无高利贷银行业务法》(Law Usury-Free Banking)。这一法律大致可分为四章：(ⅰ) 银行系统的目标与义务；(ⅱ) 组织货币资源；(ⅲ) 授权使用设施/机构；(ⅳ) 伊朗伊斯兰共和国的中央银行和货币政策 (Herdayati，1993)。尽管伊朗出台了针对伊斯兰银行系统的特别法律，这并不意味着之前所有的银行法失效。相反，《1972 年货币与银行法》中的所有不与新法相冲突的条款继续有效 (Shojaeddini，1993)。

与伊朗不同，巴基斯坦没有一套针对伊斯兰银行系统的综合性法律。该国渐进地完成银行系统的伊斯兰化，相应的法律法规也是逐步地健全。这些法律法规通常是以财政部长的声明及巴基斯坦国家银行的通告的形式出台。比如，由国家银行于 1984 年出台的第 13 号 BCD 通告要求从银行系统去除利息。存款机构也接收到与此相似的指示。该公告同时规定了各种交易中受许可的金融模式与可能的金融模式 (Siddique，1985)。财政部长也于 1980 年 6 月 26 日发出了关于 Mudharabah 公司与 Mudharabah (浮动与控制) 的声明。1981 年 1 月，又发出了关于 1981 年 Mudharanah 公司与 Mudharabah 管理规定的声明 (Gieraths，1990)。但是，随着 1985 年巴基斯坦实施伊斯兰化而开始的银行经营模式被联邦 Shariat 法院于 1991 年 11 月宣布为非伊斯兰性质。因此，从 1985 年以来实施的与利率有关的法律于 1992 年 7 月 1 日被宣布无效并废止。1999 年 12 月，巴基斯坦最高法院支持了这一决定。为回应这一发展，巴基斯坦国家银行于 2001 年 12 月公布了关于分立伊斯兰银行的详细的准则。2002 年 9 月，修改了《1962 年银行公司法案》的第 23 条，以允许伊斯兰银行建立从事伊斯兰银行业务的子公司。2003 年 1 月，巴基斯坦国家银行发布了第 1 号 BPD 公报，概述了在国内推广伊斯兰银行的详细政策。不谈其他，公报包括现有商业银行建立伊斯兰银行子公司及独立分行的方针。同年 9 月，巴基斯坦国家银行建立了伊斯兰银行部，其任务是在国内推广与发展伊斯兰银行。现在，巴基斯坦国的伊斯兰银行在现有的管理传统银行的法律法规之下运行。

印度尼西亚最初并未出台特别的法律管理国内的 Syariah 银行的经营。当该国第一家伊斯兰银行，印度尼西亚 Muamalat 银行，于 1991 年 11 月 1 日成立，并于 1992 年 5 月 1 日开始经营时，它的活动并未受到专门的法律约束。相反，该银行的成立与经营处于 1992 年第 7 号 Undang-Undang 的管辖范围，该法约束着整个印度尼西亚的银行系统。除了 Fasal 13C (Clause 13C)，该法不包含关于 Syariah 银行业务的详细规定与条文。但是，这一条款只是概述了与人民信贷银行 (People's Credit Banks) 相关的规定与条文。基于 bagi hasil（收入分配）的原则，或共负盈亏的概念，人民信贷银行可以根据政府的决定，提供金融服务（Antonio，1999）。响应印度尼西亚政府扩张伊斯兰银行的举措，1992 年第 7 号 Undang-Undang 被修正，并变为 1998 年第 10 号 Undang-Undang，包括关于 Syariah 银行系统的许多规定。这些规定包括，准许商业银行与人民信贷银行提供伊斯兰银行业务产品。该法也详细规定了适用于银行机构与金融事务的 Syariah 的原则。但是，从 2000 年开始，印度尼西亚政府通过其中央银行，即印度尼西亚银行，开始逐步建立针对伊斯兰银行系统的特别法律。2008 年 6 月，印度尼西亚议会通过了伊斯兰银行法。2008 年关于伊斯兰银行的第 21 号印度尼西亚法律，包括关于由外国人与印度尼西亚公司或当地机构共同建立新的 Syariah 银行的规定。它同时允许商业银行转变为不符合 Syariah 原则的银行。除了这部法律，该国的伊斯兰银行业同时受制于中央银行的管理。

并非所有的伊斯兰银行的建立都得到了国家的扶持。一些银行在建立之初或经营中，遇到过各种障碍。比如，苏丹的银行存在大量规制上的问题。开始时，这些银行并不受制于一些银行法律法规，但这一特权在 1985 年被废除，因为意图对本国银行进行伊斯兰化的政府于当年倒台（Ahmed，1990）。英国的伊斯兰银行同样在发展中面临许多困难。英格兰银行并不将伊斯兰银行视为可吸收存款的机构，因此阻碍了它们的发展（Temple，1992）。与其他国家不同，英国没有针对伊斯兰银行的特别法律。伊斯兰银行受金融服务管理局（FSA）的管理。

尽管大多数伊斯兰国家实施了针对伊斯兰银行的特别法律，这并不意味着这些银行只受制于这一法律。作为普通的经济实体，每家伊斯兰银行都要遵循与它们想进行的业务相关的、其他经济实体遵循的法律法规。比如，伊朗的伊斯兰银行必须遵循《1983 年无高利贷银行法》，并且遵循《1972 年货币与银行法》中的条款。

相似的还有马来西亚。该国的伊斯兰银行需要遵循《1983 年伊斯兰银行法》中的条款。同时，因为这些银行是公共有限公司，它们也要遵循《1965 年公司法》。伊斯兰银行必须遵循的要求还有任命董事、任命审计员、通知会议等。《1983 年伊斯兰银行法》第 55 条明确规定了必须遵循这些规定。这一条规定，在《1965 年公司法》时代建立的伊斯兰银行，除了遵循《1983 年伊斯兰银行法》，还要遵循《1965 年银行法》。这两部法律冲突之时，1983 年银行法是上位法。

除此以外，与马来西亚伊斯兰银行系统相关的一个重要因素是立法管辖权。虽然伊斯兰银行是建立在伊斯兰教基础上的组织，它的所有交易都受民事法庭的管辖。所以，任何伊斯兰银行与其顾客间的交易都必须由民事法庭、而非 Syariah 法庭处理。尽管如此，包括马来西亚中央银行在内的多方一直在努力寻找建立基于伊斯兰教的 Syariah 银行法的方法。为此，一位高级法院的法官已首先被任命为国家 Syariah 监事会的成员。

表 5—1 列举了法律及政府对 BIMB 的管理范围。

表 5—1 BIMB（马来西亚伊斯兰银行）的立法范围与立法当局

活动	当局	法案/法律
1. 机构建立	公司登记员	《1965 年公司法》
2. 管理	股东 董事会 管理委员会	协会的公务便条与合作契约 《1983 年伊斯兰银行法》
3. 许可和监督	财政部 马来西亚国家银行	《1983 年伊斯兰银行法》
4. 经营运转	有关部门	Syariah 法律 其他法律
5. Syariah 监管	宗教管理委员会	Syariah 法律

中央银行的参与

中央银行在传统银行系统中的一些传统目标包括，发行货币与控制储备金以维持货币的价值，建立健全金融政策，形成稳定的信贷与银行政策，并且使央行成为服务政府的金融顾问与银行家。然而，在不同国家，确定的目标也不尽相同。目标的确定依赖并受制于一些因素，其中重要的因素有：该国的政治、经济与社会环境。其他国家确定了与其现状与未来需求相适应的目标。例如，马来西亚中央银行不仅致力于实现这些传统目标，还有力地帮助政府为实现马来西亚 2020 年新经济政策与愿景中的目标制定辅助性的金融政策。

要实现上面提到的目标，一国的中央银行被法律授予监督国家金融系统的权力与责任。事实上，中央银行在伊斯兰银行系统中发挥的作用，就像它在传统银行系统中一样。它的作用同样与 Syariah 法律相符，通过 Syariah 法律，伊斯兰银行对管理国家金融系统的机构负责。为确保伊斯兰银行系统的效率与效能——在同时保有伊斯兰银行系统与传统银行系统的国家里尤为如此——中央银行要在以下几个方面发挥它的作用（Presley，1988）：

（ⅰ）多数国家的伊斯兰银行在与传统银行的竞争中面临着困难，因为它们缺乏成为金融市场的积极参与者的机会。另外，伊斯兰银行在争取基金方面也不如传统银行有优势。在面临流通性问题时，传统银行能够从其他银行或直接从中央银行获取金融支持。金融市场的运行需要运用基于利息的工具，而伊斯兰银行无法获得这种支持。所以，中央银行应当通过提供与 Syariah 不相符的政策工具，对面临流动性问题的伊斯兰银行进行金融支持。

（ⅱ）中央银行应当尽快建立起免息的金融政策工具，以使伊斯兰银行达到流动性与法定存款准备金的要求。同时，当流动性过剩时，伊斯兰银行需要短期的投资机会。

根据这种金融政策工具建立的、高效率且有力的金融系统，可以帮助加速伊斯兰银行的发展，增加它的利润。

（ⅲ）多数伊斯兰国家的现存法律无法使伊斯兰银行充分地经营。所以，每个伊斯兰国家应当考虑建立包括伊斯兰银行运营的、并与 Syariah 原则相符的银行法。

（ⅳ）中央银行应当建立一个特别部门，其职责是监管伊斯兰银行的经营事务，尤其是新建立的伊斯兰银行或新发行的银行产品。

（ⅴ）必须提出规范伊斯兰银行与中央银行及其他金融机构的关系的方法。这一关系必须满足以下方面：

- 寻找伊斯兰银行提供免息融资与再融资工具的适合方法。
- 找到可以使伊斯兰银行投资流动过剩的资金的短期投资的方法。
- 必须向伊斯兰银行的顾客提供任何传统银行顾客可享有的工具或激励措施。

伊斯兰国家的中央银行对伊斯兰银行的监管权力有很多相似之处。比如，土耳其的部长委员会不仅通过了一条特别令，该国中央银行也在 1984 年 3 月 21 日发布的第 18348 号官方公报中公示了管理伊斯兰银行的相关规定。这一规定包含 18 个条款，涉及申请伊斯兰银行与建立伊斯兰银行的许可问题。该公报还概述了伊斯兰银行的一些行为。土耳其中央银行审查建立伊斯兰银行的申请，部长委员会根据中央银行的建议决定是否发放银行的经营许可。土耳其中央银行同时负责决定准备金与流动率，以及对国内的伊斯兰银行的所有账户和银行的运营进行审计（Baldwin，1990）。

在马来西亚，《1983 年伊斯兰银行法》规定了中央银行对伊斯兰银行的监管权力。在马来西亚，必须向中央银行提交建立伊斯兰银行的申请，由中央银行审查申请，并提出同意与否的建议。中央银行的建议同时可以吊销任何国内伊斯兰银行的执照。马来西亚的伊斯兰银行必须首先就以下业务与申请寻求央行的同意或向其提出报告：

（ⅰ）在国内外开设新的分行、代理或办公室。

（ⅲ）与国内外任何一家银行建立相应的银行业务关系。

（ⅲ）申请对银行管理权的变更。

（ⅳ）向任意其他一家伊斯兰银行、国内根据《1973 年银行法》建立的有执照的银行，或根据《1969 年金融公司法》成立的有执照的金融公司，发放偿还金额占其实缴资本股份 20%或以上的贷款，或获取金额占其实缴资本股份 20%或以上的预付款。

（ⅴ）向本银行的管理者、官员或雇员支付预付款、发放贷款或信贷工具。

（ⅵ）无法完成自身的责任或延迟付款。

（ⅶ）申请对备忘录与合作条款进行修正或变更。

马来西亚中央银行也有进行以下活动的权力：

（ⅰ）确保伊斯兰银行持有足够的实缴资本与准备金。

（ⅱ）确定伊斯兰银行随时可持有的最小流动资本量。

（ⅲ）明确向央行提交的报告的种类和内容。

（ⅳ）规定伊斯兰银行的提案的格式及其财政情况说明书的内容。

（ⅴ）对支付预付金、发放贷款和信贷工具的行为进行约束。

（ⅵ）调查与检测伊斯兰银行的账目、账户与交易。

虽然中央银行会继续用多种管制与方针来规范和监督伊斯兰银行，就像它对传统银行所做的一样，但这种管制需要一些调整。这些调整对于货币政策使用的工具或方法尤为重要。一般地，中央银行会采取决定银行流动资金量从而决定银行发行信贷的能力的方法。其中一些方法是公开市场操作、贴现的概念（discounting concept）和对存款准备金率与流动性要求（liquidity requirement）的调整。其他的方法包括：利率政策、信贷政策、信贷限制（credit limits）和 loan trend。这些方法发挥作用的时间长度很大程度上依赖于该国的政治、经济与社会情况。

传统银行采用的方法大多数都不适用于伊斯兰银行。由于政府债券与国库券（treasury bills）的利息的基本特点，决定利率、公开市场操作不适于伊斯兰银行。所以，必须发展其他的方法与工具来监管伊斯兰银行在决定国家货币政策中的作用。鉴于伊斯兰银行对国家信用倾向的决定性作用已开始凸显，发展这一政策便成了当务之急。在其关于取消免息的报告中，巴基斯坦伊斯兰思想委员会（The Council Islamic Ideology）提出了一个观点，即在多部银行法的规定下，巴基斯坦中央银行可用的大多数货币政策工具，无法对免息的系统产生影响。不受影响的管制工具/方法有以下几个（巴基斯坦伊斯兰思想委员会，1983）：

（ⅰ）最小现金储备量的规定。

（ⅱ）流动率的规定。

（ⅲ）银行借贷与投资金额的大体上限。

（ⅳ）对优先发展的产业提供融资的强制性目标。

（ⅴ）选择性的信贷控制。

（ⅵ）在未被特定政策工具涵盖的银行业务中，对银行的指导方针问题。

（ⅶ）道德说服。

除了以上方法，一些伊斯兰国家采取其他方法，加强了对与伊斯兰银行有关的货币政策的控制。比如，伊朗的《无高利贷银行法案》（Law for Usury-Free Banking）的第 20 条授权其中央银行通过以下方法监督货币与银行事务：

（ⅰ）为银行的合资企业及其 mudharabah 活动设定利润比例的下限或上限。不同活动领域的这一比例大小不同。

（ⅱ）指定在被准许的经济政策框架下可进行投资与合伙活动的多种领域，并为不同的投资与合伙项目指定被期望的最小的利润比例。被期望的最小的利润比例大小在不同的活动领域不同。

（ⅲ）确定银行可以为分期付款及分期付款的合约获取的利润的下限与上限。

（ⅳ）确定银行可以提供的服务的种类、银行对这些服务可以收取的佣金的下限和上限、银行为管理客户投资收取的法定的费用。

（ⅴ）确定第 6 条中规定的最小与最大红利的数量及种类，确定银行在红利方面做广告时应遵循的准则。

（ⅵ）确定银行在各种活动中，以下事物的下限与上限：参股率、投资、分期付款、分期付款交易、信用买卖、期货销售、mozaraah、masaqat、jo’alah 和 gharz-al-hasaneh。确定可以授予一位顾客的相关服务的最大数量。

在约旦，根据《建设法案》第 5 章第 15 条，中央银行被授权对伊斯兰银行进行规范与监督。权力如下：

（ⅰ）除了与自身职责相冲突而可能引起利息的行为，中央银行可以依照商业银行遵循的惯例与规范，在多个领域进行任何活动。

（ⅱ）中央银行进行银行活动，因而所有商业银行遵循的约束也适用于中央银行，包括维持现金储备量的规定，为维持稳定的经营状况及保护存款人、投资者及股东的利益而规定的特定的流动性百分比。中央银行将遵循对其下发的关于信贷数量与种类与信贷运用的指导方针。信贷数量、种类与其运用必须依据国家的发展计划。

除了与其他央行相似的管理银行系统的权力，印度尼西亚的央行同时被 1998 年第 10 号 Undang-Undang 授权，规范进行 Syariah 银行业务的通用银行（general banks）和农村银行（人民信贷银行）。一些条款如下：

（ⅰ）第 8 条（2）

商业银行有义务去寻获与理解基于 Syariah 原则的融资和信用指导方针，这些指导方针要与印度尼西亚银行设定的规定相符。

（ⅱ）第 11 条（1）

印度尼西亚银行必须为以下事务设定规范：基于 Syariah 原则的信贷上限或最大融资、担保条款、letters of price 配售，或其他可以由银行向债务人或相关债务人集团实行的类似事务，包括与该银行在同样集团中的企业。

（ⅲ）第 11 条（3）

印度尼西亚银行必须为以下事务设定规范：基于 Syariah 原则的信贷上限或最大融资、担保条款、letters of price 配售，或其他可以由银行向以下方实行的相似事务：

- 在银行业拥有 10%或以上资本的股东；
- 干事会；
- 董事会；
- 以上三方的亲属；
- 其他银行的官员；
- 与以上各方有利益关系的企业。

（ⅳ）第 11 条（4A）

Khan and Mirakhor（1987）建议，中央银行继续履行以下职能：决定各种类型的债务的利息、伊斯兰银行可以在合伙活动中分配的最大资产数。除了像在传统银行系统中一样对伊斯兰银行进行规制与监督，中央银行还可以通过成为伊斯兰银行与其他金融机构的股东来加强对伊斯兰银行系统的管理。如果中央银行与其他银行共同进行分红投资及其他合作项目，则会产生新的机会。但是，这一建议需要被慎重考虑，因为央行的这种行动可能导致利益的冲突，并可能导致中央银行偏离其原有的目标。

与成立之初相比，现在的伊斯兰银行被大多数中央银行看做决定国家金融体系方向的重要系统。因此，一些国家的银行已经建立了监督伊斯兰银行经营活动的专门部门。

Syariah 监督委员会

伊斯兰银行是建立在宗教因素上的银行。因此，需要有一个特别的机构来保证其经营不违反 Syariah 的原则。为此，大多数伊斯兰银行设立了这种机构。它被称为 Syariah 监督委员会、Syariah 监事会、Syariah 监视委员会或 Syariah 监视会。在伊斯兰银行发布年度报告的同时，这一机构也会发行相应的报告。

总部位于巴林的伊斯兰金融机构会计与审计组织（AAOIFI），将 Syariah 监督委员会定义如下（AAOIFI，2000）：

> Syariah 监事会是一个由专攻 fiqh almua’malat（伊斯兰商业法）的法学家组成的独立团体。但是，该机构可以包括以上法学家之外的一名成员，这名成员应当是研究伊斯兰金融机构的专家，并掌握 fiqh almua’malat 的知识。该监事会被赋予指导、评价和监督伊斯兰金融机构的职责，以保证它们遵循 Syariah 的规则与原则。fatwa 和该监事会的规则应当对伊斯兰金融机构有约束力。

不同伊斯兰银行的 Syariah 监事会有不同的名字和成员数量。表 5—2 列举了这些不同之处。

表 5—2　　**Syariah 监事会信息**

银行名称	委员会名称	总会员数
阿布达比酋长国伊斯兰银行（1999）	Syariah 监督与 Fatwa 委员会	5
Albaraka 伊斯兰银行，巴林（1998）	Syariah 监事会	5
巴林伊斯兰银行（1999）	宗教控制委员会	6
马来西亚伊斯兰银行（1999）	Syariah 监督委员会	5
印度尼西亚伊斯兰教义银行（1999）	Syariah 监察委员会 （Syariah 监视委员会）	5
迪拜伊斯兰银行（1999）	Syariah 与 Fatwa 监督陪审团	4
巴林 Faysal 伊斯兰银行（1999）	Syariah 监事会	6
埃及 Faisal 伊斯兰银行（1998）	Syariah 监事会	4
孟加拉国伊斯兰银行	Syariah 委员会	10
约旦伊斯兰银行	Syariah 咨询委员会	3
科威特财政金融会（1999）	Syariah 与 Fatwa 监事会	4
卡塔尔伊斯兰银行（1998）	Syariah 控制委员会	4

资料来源：Annual reports of related banks for the years shown in table.

虽然由 AAOIFI 在 2000 年 6 月发布的伊斯兰金融机构会计、审计与管理标准，要求所有伊斯兰金融机构成立自己的 Syariah 监事会，有些伊斯兰银行可能并没有成立这一机构。比如，南非的 Albaraka 银行可能没有成立 Syariah 监事会，因为该行的年度说明中没有任何关于此监事会的报告。苏丹的 Takamon 伊斯兰银行也是如此。这家银行的成立条款只要求 fatwa 和银行的研究局发布一项报告，并未要求成立一家 Syariah 监督委员会（Annual Report，Tadamon Islamic Bank，2002）。在行使自己的职权时，该监督委员会有责任保证：第一，为顾客提供的银行业务和服务与 Syariah 的规定一致；第二，与银行有利益关系的投资或其他项目是受 Syariah 允许的；第三，根据 Syariah 的原则管理伊斯兰银行。如果银行在伊斯兰银行与传统银行并行的双轨银行体系中经营，则该机构履行这些义务和责任会变得更加困难。同时，保持中立、不易受任何权威影响、不惧怕揭示真相，是监事会成员的基本特质。

不同国家建立监事会的方式也不同。在一些国家，法律要求伊斯兰银行建立 Syariah 监督委员会。比如，马来西亚的《1983 年伊斯兰银行法案》第 5 部分规定，只有当伊斯兰银行的合伙条款中出现了令中央银行满意的建立 Syariah 监事会或监督委员会的规定，中央银行才会为其颁发执照。这一委员会又将负责对银行的经营提供咨询，以确保银行不涉及任何违反伊斯兰教的事务。约旦《金融与投资伊斯兰银行法》要求伊斯兰银行成立 Syariah 监督委员会。条款及内容如下：

第 27 部分：

（ⅰ）董事会应当在成立后的 15 天内，委任任何一名有威信的伊斯兰教义、规则与传统的专家担当伊斯兰立法顾问。

（ⅱ）除非董事会至少三分之二的成员作出决定，并且董事会为解雇提供理由，被任命的顾问不得被解雇。

第 28 部分：

董事会有义务向上述伊斯兰立法顾问就以下事宜进行咨询，并由此决定该立法顾问的职责：

（ⅰ）研究银行在与他人交易时的实际规范与规则，以确保这些交易不隐含任何形式的、银行有义务避免的高利贷交易。

（ⅱ）研究要求银行承担任何投资损失的事实原因，以找到支持董事会此决策的法律基础（fiqhi）。

科威特金融公司的合伙备忘录中，也包含任命顾问机构的规定。相比约旦伊斯兰银行法的条款，科威特的条款不涉及任命 Syariah 监事会的细节。相反，法律为任命监事会作出了“监事会”的定义；相关内容如下：

第 62 条：

公司应当保留专门研究经济、金融和法律的顾问机构。这一（些）机构可由若干有国际声望的专家组成。在某些专门领域，公司可以只保留一名专家或顾问，但对全部相关专家和顾问的任命，应当在董事会通过决定后生效。被任命者和公司的关系应当限于他们的研究任务，他们的研究和建议应当提交给董事长或董事会为此目的委派的成员。

第 63 条：

顾问机构、专家和顾问个人，应当基本在科威特履行他们的职责。但是，在董事长或常务董事的建议下，董事会考虑每次特殊情况，并做出决定后，特殊情况下的顾问会议可以在科威特境外举行。在这一方面，董事会的决定应当指定其代表参加此类在科威特境外举行的会议。

第 64 条：

董事会应当根据董事长或常务董事的建议，决定顾问机构、专家和顾问个人的职权范围，不论他们与公司的关系是永久性的还是临时性的。此外，董事会应当在公司内部规章里制定关于这些活动与任务的规定。

埃及的（1977）第 48 号法令允许埃及费萨尔伊斯兰银行的建立，并包含建立名为宗教监事会的机构的相关规定。

第 40 条：

认同伊斯兰银行的伊斯兰教学者和比较法法官们选出不超过五名成员组成董事会。董事大会应每三年重新任命这些顾问，并根据董事会的提案确定顾问们的薪水。

监事会的任务应当是提供咨询并对伊斯兰教的 Syariah 的运用进行审查。

因此，它应当有可以为审计员所使用的方法和能力。

董事会可以邀请监事会的一名代表参加董事会任何形式的会议，但这名代表无权投票。

在认为必要之时，监事会可以要求召开特殊会议，在会上要求董事会解释董事会对关于 Syariah 的事务的看法。

上述内容的例外，是第一届监事会任期应当为四年。

银行的成立者应当在颁布和发布相关法律法规后，立即甄选第一届监事会的成员。

第 41 条：

监事会应当在其与银行管理层及其各部分的事务与关系中，遵循相同的方法，并应当根据审计员的要求，在这些规定（Statutes）之下，发挥出相同的能力。

基于 AAOIFI 发布的标准，与任命、制定薪酬、组成、选举和解雇该监事会有关的事务如下：

任命与制定薪酬

● 每名伊斯兰金融机构，必须拥有一个由股东在年度会议上根据考虑了地方立法与法规的董事会的建议，而任命的 Syariah 监事会。股东可以授权董事会来决定 Syariah 监事会成员的薪酬。

● Syariah 监事会和伊斯兰金融中心应当在聘用条约上达成一致。这些经一致同意的条约必须被记录在任命书中。

● Syariah 监事会必须确保其监督的伊斯兰金融机构记录和确认监事会对任命的接受。对监事会的任命书应当包括该金融机构对 Syariah 规则和原则的遵从。

● 监事会应当任命其成员或其他方的成员（们）为监督者，来帮助监事会履行职责。

组成、选举和解雇

● 监事会应当包括至少三名成员。监事会可以向有商业、经济、法律、会计及（或）其他专长的顾问寻求服务。监事会不应当有其监督的伊斯兰金融机构的董事或大股东作为其成员。

● 将某一成员从监事会中解雇前，必须要有来自董事会的建议，并且必须由股东在年度会议上同意。

Syariah 监事会监督伊斯兰金融机构的行为是否与 Syariah 相符，并将其监督结果呈报在银行的年度报告中。马来西亚 Berhad 伊斯兰银行和科威特金融公司提供的报告十分简短。它们只说明银行的行为是否符合 Syariah 的规定。然而，有些监事会，比如在约旦、孟加拉、迪拜和巴林的监事会，详细地说明它们对银行的行为及其完成职责的方式的看法。诸如巴基斯坦和伊朗等国家，并无成立这一监事会的必要，因为政府自身有一个为银行经营提供 fatwa 的中央机构。所以，与其他国家的伊斯兰银行的年度报告不同，这些国家伊斯兰银行的年度报告不包括 Syariah 监事会的报告。

AAOIFI 建议，监事会的每份报告都要包含以下要素：

● 标题。
● 收件人。
● 开场白或序言。
● 说明自身工作性质的段落。
● 包含对伊斯兰银行遵守 Syariah 规则与原则程度的观点的段落。
● 报告时间。
● 监事会成员落款签名。

委员会指定的人建议，只能是那些对伊斯兰教法有深厚掌握的人才有能力成为董事会的成员。因此，问题就变成是否来自其他领域的伊斯兰银行的专家就有资格进入委员会。其他的问题有关一些伊斯兰学者成为一些伊斯兰银行和金融机构的伊斯兰教法委员会的成员。目前的趋势是只有一个伊斯兰教法委员会来监管所有伊斯兰银行在特定国家的运营。

总结

作为一个建立在宗教和利益上的金融组织，伊斯兰银行被要求遵守两种类型的法律，伊斯兰教法和制定法。伊斯兰教法是一种涵盖伊斯兰组织和社会的信仰和行为、个人行动、法律和社会相互关系等所有生活方面的伊斯兰法律。有关信念和信仰的部分被认为是伊斯兰教的理论，有关行为准则的方面被认为是一个穆斯林被要求必须遵守和做到的行为。

在伊斯兰教法中有五种控制穆斯林行为的分类。第一种是 fard 或称之为必须遵守的行为，它包含所有穆斯林都必须遵守的行为准则。实践了这些行为将受到嘉奖，而不作为将受到惩罚，并被认为是有罪的。第二种是 sunat，包含建议所有穆斯林作为但是不必须要求的行为。在这一类行为中，所有作为了的穆斯林受到鼓励，但是不作为不会受到惩罚。第三种是 jaiz 或 mubah，指的是中性的行为，作为和不作为都不会受到嘉奖或惩罚。第四种是 makruh，这些行为是不被赞成的，但是不会受到惩罚或被禁止。最后，haram 是被禁止的行为，如果实施了这些行为就会被认为是有罪的。

有四种伊斯兰教法的基本来源，分别是《古兰经》，Hadith，ijma 和 qiyas。《古兰经》包括真主通过真主的信使传达给人类的指导性的指令和信息。Hadith 是先知有关 Sunnah 的信息、叙述、历史和言论的编本，标志着被一代一代往下流传的有关先知的风俗、习惯和行为。Hadith 也描述了先知在他人生中的不同情况下的行为、行动方式、言论和声明。ijma 是 mujtahid 的观点的一致或在某个问题或法律问题上穆斯林的法官们的一致看法，qiyas 是这其中运用 mujtahid 的类推法在理论上和法律上的推理过程和判决的行为。《古兰经》和 Hadith 都被认为是绝对的法律，它们的真实性不容置疑。《古兰经》和 Hadith 也被认为是 usul 或根源。ijma 和 qiyas 是伊斯兰教法的分支。尽管这些来源是作为一个整体，一部全面的伊斯兰教法才能被指定来规范和监管伊斯兰银行的各个方面。

除了伊斯兰教法，伊斯兰银行还要遵守人制定的法律，称为制定法。在实际生活中，没有一个统一的伊斯兰银行应该遵守的法律。这都取决于相应的伊斯兰银行所在的运营的国家的政治环境和政府政策。有些国家引进了特别为伊斯兰银行而制定的伊斯兰银行法律，而一些其他国家通过了在当地国家要运营的所有银行都要遵守的法律。

除了遵守特定的法律，伊斯兰银行也必须遵守其他有关银行商业的法律。

由于银行系统是一个国家经济很重要的部分，所以伊斯兰银行同时必须遵从国家的金融控制和相关政策。中央银行通常承担着规范和监管伊斯兰银行的职责。一般来说，在监督和控制方面，伊斯兰银行和其他传统银行遵守的是相同的规定。然而，有关利息或称为 riba 的条例不适用于伊斯兰银行。

伊斯兰银行的商业运营应该遵守伊斯兰教法的原则。Syariah Supervisory Board（SSB）或 Syariah Monitoring Council（SMC）（监管董事会）的职责是确保伊斯兰银行的运营没有违反伊斯兰教法的原则。这个董事会的标准和职能是通过在巴林首都麦纳麦的 AAOIFI 确定的。尽管如此，在成员组成、授权方法和实施行为方面还是由于各地的不同有所差异。这种差异从全世界范围内每年伊斯兰银行的伊斯兰教法董事会的年报里的内容和方式上可以表现出来。

参考文献和延伸阅读

Abu Dhabi Islamic Bank. *Annual Report* (various issues).

Accounting and Auditing Organization for Islamic Financial Institutions. *Accounting, Auditing and Governance Standards for Islamic Financial Institutions*. Manama (Bahrain), 2000.

Ahmed, Osman. "Sudan: The Role of the Faisal Islamic Bank." In *Islamic Financial Markets*, edited by Rodney Wilson, 76-99. London (UK) and New York (USA): Routledge, 1990.

Albaraka Islamic Bank of Bahrain. *Annual Report* (various issues).

Ali, Abdullah Y. *The Holy Quran, Text, Translation and Commentary*. Brentwood (Maryland, USA): Amana Corporation, 1989.

Ali, Maulana M. *The Religion of Islam*. Lahore (Pakistan): The Ahmadiyyah Anjuman Ishaat Islam, 1950.

Antonio, Muhammad Syafi'i. *Bank Syariah Bagi Bankir & Praktisi Keuangan*. Jakarta: Tazkia Institut, 1999.

Antonio, Muhammad Syafi'i. *Bank Syariah: Suatu Pengenalan Umum*. Jakarta:

Tazkia Institut, 1999.

Bahrain Islamic Bank. *Annual Report* (various issues).

Baldwin, David. "Turkey: Islamic Banking in a Secularist Context." In *Islamic Financial Markets*, edited by Rodney Wilson, 171 - 189. London (UK) and New York (USA): Routledge, 1990.

Bank Islam Malaysia Berhad. *Annual Report* (various issues).

Bank Muamalat Indonesia. *Annual Report* (various issues).

Centre Culturel Islamique. *Introduction to Islam*. Paris, 1959.

Coulson, Noel J. *History of Islamic Law*. Edinburgh (UK): Edinburgh University Press, 1964.

Council of Islamic Ideology (Pakistan). "Elimination of Interest from the Economy." In *Money and Banking in Islam*, edited by Ziauddin Ahmad, Munawar Iqbal and M. Fahim Khan. Jeddah (Saudi Arabia): International Centre for Research in Islamic Economics, King Abdul Aziz University, 1983.

Denny, Frederick M. *An Introduction to Islam*. New York (USA): Macmillan Publishing Company, 1985.

Departemen Agama Republik Indonesia. *Al-Quran dan Terjemahannya*. Jakarta, 1974.

Doi, Abdul Rahman I. *Syariah: The Islamic Law*. London (UK): Ta Ha Publisher, 1984.

Dubai Islamic Bank. *Annual Report* (various issues). United Arab Emirates.

El-Ashker, Ahmed. "Egypt: An Evaluation of the Major Islamic Banks." In *Islamic Financial Markets*, edited by Rodney Wilson, 59 - 75. London (UK) and New York (USA): Routledge, 1990.

Faisal Islamic Bank of Egypt. *Annual Report* (various issues).

Faysal Islamic Bank of Bahrain. *Annual Report* (various issues).

Fyzee, Asaf A. A. "The Reinterpretation of Islam." In *Islam in Transition: Muslim*

Perspectives, edited by John J. Donohue and John L. Esposito, 188 - 192. New York (USA) and Oxford (UK): Oxford University Press, 1982.

Gieraths, Christine. "Pakistan: Main Participants and Final Financial Products of the Islamization Process." In *Islamic Financial Markets*, edited by Rodney Wilson, 171 - 195. London (UK) and New York (USA): Routledge, 1990.

Government of Indonesia. *Undang-Undang No. 10, 1998, Undang-Undang Perbankan.* Jakarta: Penerbit Sinar Grafika, 1998.

Guillaume, Alfred. *Islam.* 2nd ed. London (UK): Penguin Books, 1977.

Herdayati, Seyed Ali Asghar. "Islamic Banking, as Experienced in the Islamic Republic of Iran." Working paper presented at the International Conference on Islamic Banking, Sydney (Australia), 9 - 10 November 1993.

Islami Bank Bangladesh Limited. *Annual Report* (various issues).

Ismail, Abdul H. *Bank Islam Malaysia Berhad: Principles and Operations.* Edited by Sheikh Ghazali Sheikh Abod, Syed Omar and Aidit Ghazali. Kuala Lumpur: Quill Publications, 1992.

Jordan Islamic Bank. *Annual Report* (various issues).

Khan, Mohsin S. and Abbas Mirakhor (eds). *Theoretical Studies in Islamic Banking and Finance.* Houston (Texas, USA): Institute for Research and Islamic Studies, 1987.

Klein, F. A. *The Religion of Islam.* London (UK): Curzon Press, 1985.

Kuwait Finance House. *Annual Report* (various issues).

Lewis, Bernard, Menage V. L., Ch. Pellat and Schacht J. *The Encyclopedia of Islam* (new edition). Leiden (Netherlands): E. J. Brill, 1971.

Mahmasani, Subhi. "Adaptation of Islamic Jurisprudence to Modern Social Needs." In *Islam in Transition: Muslim Perspectives*, edited by John J. Donohue and John L. Esposito, 181 - 187. New York (USA) and Oxford (UK): Oxford University Press, 1982.

Mannan, Muhammad A. *Islamic Economics: Theory and Practice*. Cambridge (UK): Hodder and Stoughton, 1986.

Maududi, Abul Ala. *Islamic Law and Constitution*. Lahore (Pakistan): Islamic Publication, 1983.

Nuwayhi, Muhammad. "A Revolution in Religious Thought." In *Islam in Transition: Muslim Perspectives*, edited by John J. Donohue and John L. Esposito, 160－168. New York (USA) and Oxford (UK): Oxford University Press, 1982.

Presley, John R. (ed.). *Directory of Islamic Financial Institutions*. London (UK): Croom Helm, 1988.

Qatar Islamic Bank. *Annual Report* (various issues).

Rahman, Fazlur. *Islam*. 2nd ed. Chicago (USA): The University of Chicago Press, 1979.

Saleh, Nabil A. *Unlawful Gain and Legitimate Profit in Islamic Law*. Cambridge (UK): Cambridge University Press, 1986.

Schacht, Joseph. *An Introduction to Islamic Law*. Oxford (UK): The Clarendon Press, 1964.

Shallah, Ramadan. "Jordan: The Experience of the Jordan Islamic Bank." In *Islamic Financial Markets*, edited by Rodney Wilson, 100－128. London (UK) and New York (USA): Routledge, 1990.

Shojaeddini, Mohammad Reza. "Instruments of Monetary Policy in Islamic Banking." Working paper presented at the International Conference on Islamic Banking, Sydney, Australia, 9－10 November 1993.

Siddiqi, Hamid. trans. *Sahid Muslim*. Vol 3. Beirut (Lebanon): Dar al Arabia Publishing, Printing & Distribution, undated.

Siddiqi, Muhammad Iqbal. *Model of an Islamic Bank*. Lahore (Pakistan): Kazi Publication, 1986.

Siddique, Muhammad. *Islamic Banking System: Principles and Practices*. Islamabad (Pakistan): Research Associates, 1985.

Tadamon Islamic Bank. *Annual Report* (various issues). Sudan.

Temple, Peter. "Islamic Banking: Principle as Well as Roots." *Accountancy*. Vol. 110, Iss. 1187 (July 1992): 46 - 47.

The Mejelle: Being an English translation of Majallah el-Ahkam and a Complete Code on Islamic Civil Law, translated by C. R. Tyser, D. G. Demetriades and I. H. Effendi. Kuala Lumpur: The Other Press, 2001.

Wilson, Rodney. "Kuwait: Islamic Banking for a Consumer Society." In *Islamic Financial Markets*, edited by Rodney Wilson, 100 - 128. London (UK) and New York (USA): Routledge, 1990.

Zakaria, Rafiq. *The Struggle Within Islam: The Conflict Between Religion and Politics*. New York (USA): Penguin Books, 1989.

第六章

Chapter six

伊斯兰金融体系的业务状况与实践

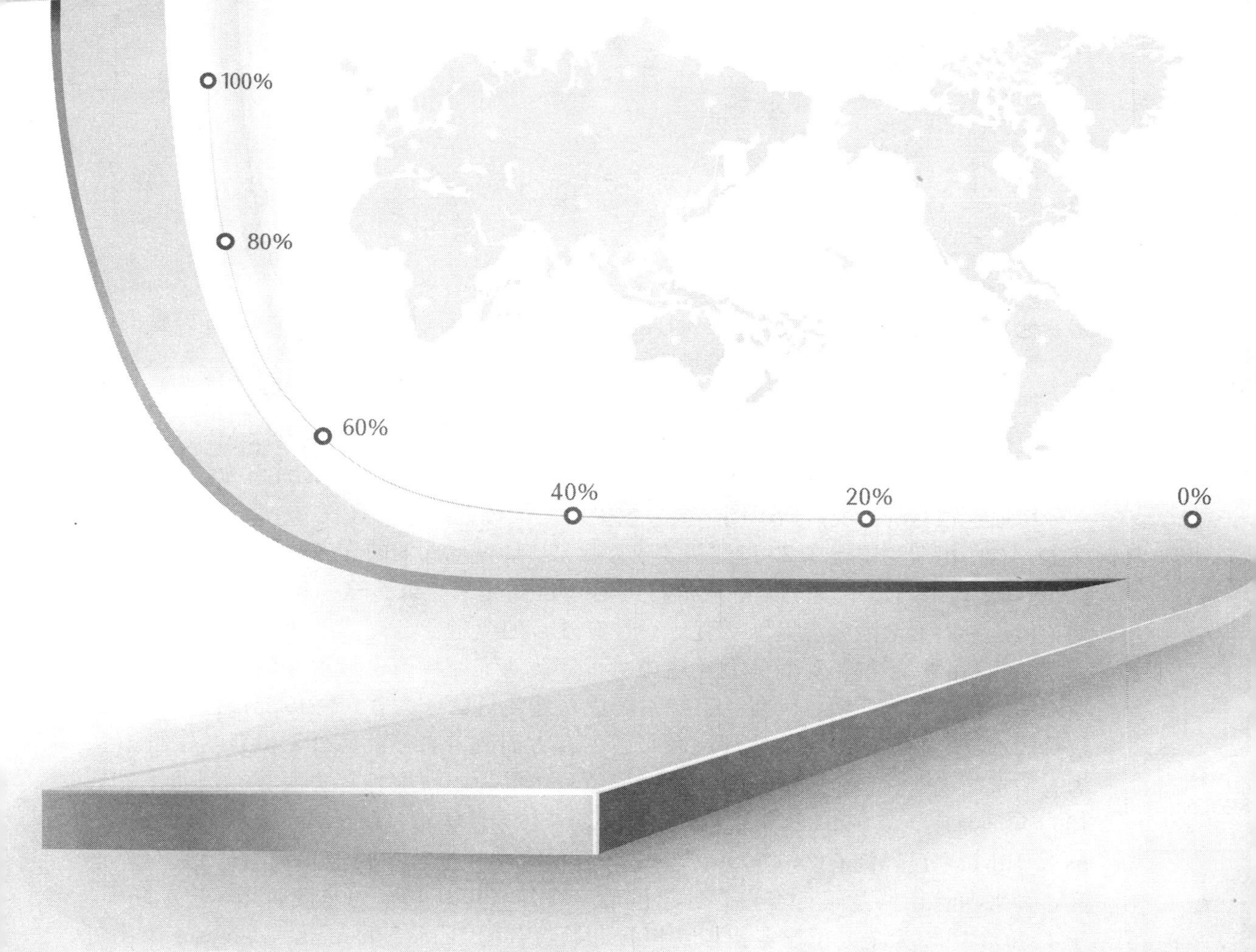

本章将论述伊斯兰银行的业务状况与实践，其中包括比较某些国家伊斯兰银行所采用的控制伊斯兰银行经营与实践、服务提供、投资以及社会和公益活动的伊斯兰教原则，同时详细介绍伊斯兰金融机构会计与审计组织（Accounting and Auditing Organization for Islamic Financial Institutions）为伊斯兰银行推荐的账户交兑、财务管理及财务报表编制规则。

简介

伊斯兰银行是为穆斯林开办的银行。因为传统银行的交易中存在利息（riba）元素，他们不愿与传统银行做交易。因此，伊斯兰银行必须提供类似传统银行提供的服务，而且，这些服务应该具有比传统银行更好的功能。传统银行早已在世界上建立起来，因而拥有各种优于伊斯兰银行的有利条件。传统银行掌握的实践经验和专业知识使它们不仅能提供有效而全面的服务，而且能了解客户的需求，随后满足这些需求。因此，传统银行能够逐渐向客户灌输忠诚思想，使其他金融机构难以吸引他们的注意力。

伊斯兰银行的情况有所不同。大多数伊斯兰银行进入市场只有10～20年时间。事实上，有些伊斯兰银行在20世纪初才建立起来。印度尼西亚的许多伊斯兰银行是在20世纪90年代末当地遭受了经济危机打击后才建立起来。虽然这些银行还处于发展初期，但是它们大都为客户提供了有效率且有效益的金融业务。几乎所有银行都获得了创纪录的利润，不仅年利润呈上升趋势，而且其他统计数据也显示存款和融资额在逐渐增加。这些数据证明，伊斯兰银行不仅成功地使自己成为客户除传统银行以外可以信赖的选择，而且能够在创造利润和吸引顾客方面改善自己。另外，伊斯兰银行不仅为有需求的穆斯林客户服务，而且扩大了经营，也为非穆斯林客户服务。例如，截至1993年8月底，从1984年开始运营的马来西亚伊斯兰银行（Bank Islam Malaysia Berhad，BIMB）已经拥有350 000个客户，其中17 000个客户是非穆斯林。到2007年底，马来西亚伊斯兰银行客户总数超过了100万，其中10%为非穆斯林客户。同样，于1999年底作为全方位服务伊斯兰银行开始运营的Bank Muamalat Malaysia Berhad也创造了令人鼓舞的发展纪录。2006年底，该行客户约10%是非穆斯林。这些数字证明，穆斯林和非穆斯林都接受了伊斯兰银行。

伊斯兰金融体系不仅见证了各家伊斯兰银行的成功表现，还清楚地证明，自己有能力成为一个国家经济管理的可靠选择。举例来说，当伊朗和巴基斯坦分别使自己的金融系统伊斯兰化时，它们受到了针对其可行性的讽刺评价。然而，自实行伊斯兰金融体系以来，十多年过去了，人们没有看到这些国家经济滑坡的迹象。相反，国际货币基金组织发布的统计资料显示，这两个国家的储蓄额都增加了。1980 年，在银行系统国有化之后，伊朗各银行现金账户的存款总额为 9 808.8 亿伊朗里亚尔，定期存款和储蓄账户存款总额为 17 767.4 亿伊朗里亚尔。* 1986 年底，现金账户的数字增长至 28 649亿伊朗里亚尔，定期存款和储蓄账户的数字增长至 43 392 亿伊朗里亚尔。1991 年底，现金账户及定期存款和储蓄账户的数字分别继续增至 78 509 亿伊朗里亚尔和 133 416 亿伊朗里亚尔。2007 年底，两种存款的数额飙升，现金账户升至 3 530 933 亿伊朗里亚尔，定期存款和储蓄账户升至 8 696 545 亿伊朗里亚尔。

人们在巴基斯坦也看到了同样的趋势。虽然有人认为巴基斯坦没有使其整个经济系统完全伊斯兰化，但是其中有些银行确实采用了伊斯兰经济系统。在 1980 年底，其金融部门存款总额分别为现金账户 336.98 亿卢比，定期存款 306.5 亿卢比。** 巴基斯坦的存款额继续逐年增长。例如，1985 年其现金账户存款为 691.03 亿卢比，1990 年增长至 1 387.25亿卢比，1995 年为 3 403.32 亿卢比，2000 年为 4 589.01 亿卢比。2008 年 6 月底，现金账户存款总额飙升至 9 654 亿卢比。1985 年底定期存款是 820.91 亿卢比，1990 年这个数字升至 1 612.21 亿卢比，1995 年为 4 249.64 亿卢比，2000 年为 7 301.12 亿卢比。2008 年底，定期存款总额为 12 115 亿卢比。同时，储蓄账户存款总额从 1996 年的 3 392.59亿卢比增长至 2000 年的 5 834.92 亿卢比。截至 2008 年 6 月底，储蓄账户存款总额为 15 727 亿卢比。根据这些数据我们可以得出结论，伊斯兰金融体系切实可行。非穆斯林自愿光顾伊斯兰银行还证明，这个系统适用于所有种族和不同宗教的人们。

伊斯兰教原则的应用

第三章描述了伊斯兰银行应用伊斯兰教原则（Syariah Principles）为客户提供产品和服务的范围。这些原则的应用主要取决于：

（ⅰ）如果某国制定了伊斯兰金融体系发展政策，那么其金融当局（如央行或其他机构）将决定或建议伊斯兰银行在它们的监管下采用这些原则。

（ⅱ）如果伊斯兰银行所在国央行不关心伊斯兰金融体系的发展，那么这些原则的应用将在很大程度上取决于银行本身。因此，各种类型原则的应用将通过由央行主办的出版物（发表文章或通过其网站公布）或该银行的年度报告公之于众。

各伊斯兰银行在应用与解释这些监管银行业务的原则方面确实存在差别。选定伊斯兰国家各伊斯兰银行所采用的伊斯兰教原则见表 6—1。

* 伊朗的货币是伊朗里亚尔（IRR）。

** 巴基斯坦官方货币是卢比（Rs）。

表 6—1　　伊斯兰银行采用的 Syariah(伊斯兰教)原则

范畴	伊朗	马来西亚	巴基斯坦	孟加拉国	科威特	约旦	巴林	土耳其	阿拉伯联合酋长国	印度尼西亚
盈亏共享	民事合伙 法定合伙 直接投资 Mozarebeh Mosaqat	盈利分享 合作投资	盈亏共享 资本参与 购买股份 参与期限证书 Modaraba 证书 租金分享	利润分享 股本参与	利润分享	利润分享 股本参与	Modaraba 股本参与	盈亏共享	利润分享 股本参与	盈利分享 合作投资
销售与购买	远期交货 分期付款销货	成本加成 Bai bithaman ajil Bai al-inah Bai al-salam Bai al-istijar Sarf	购回协议 增加 减缩	Bai-murabaha Bai-salam Bai muazzal 购买与谈判	成本加融资 Istisna	成本加融资 Salam	Salam Istisna' Tawarruq 成本加融资		成本加融资 Istisna'a	成本加融资 Istisna
费用，佣金固定报酬	Jo'alah 债务贸易 雇佣购买	Al-ijarah thumma Al-Bai Al-ijarah 担保 Al-wakalah Al-hiwalah Al-ujr	租赁 雇佣购买 开发费用 服务费用 服务费用融资	雇佣购买 佣金 服务费用	租赁 佣金 服务费用	佣金 租赁 服务费用	佣金 服务费用 租赁 Ijara wa-ik-ti-na	租赁 服务费用	服务费用 租赁 Wakala	
免费服务	Gharz-al-has-sanah	Al-qardhul hasan	Qarz-e-hasna	Quard	Qard hassan	Al-Qird al-hassan	Qard hassan		Qard hassan	Qard
其他原则	Mozaraah	Bai al-dayn Al-wadiah yad dhamanah Ar-rahn Hibah				信托	信托	信托	信托	信托保存

资料来源：Iran：*The Law For Usury-Free Banking 1983*；Malaysia：www.bnm.gov.my；Pakistan：State Bank of Pakistan，*BCD Circular No. 13*，20 June 1984；Bangladesh：*Annual Report*，Islami Bank Bangladesh Limited，2007；Kuwait：*Annual Report*，Kuwait Finance House，2007；Jordan：*Annual Report*，Jordan Islamic Bank，2007；Bahrain：*Annual Report*，Shamil Bank of Bahrain (formerly known as Faysal Islamic Bank of Bahrain)，2007；Turkey：*Annual Report*，Turkiye Finans，2007；United Arab Emirates：*Annual Report*，Dubai Islamic Bank，2007；Indonesia：*Annual Report*，Bank Muamalat Indonesia，2007.

表6—1显示了伊朗、马来西亚、巴基斯坦、孟加拉、科威特、约旦、巴林、阿拉伯联合酋长国和土耳其各伊斯兰银行在伊斯兰教原则应用方面的几个明显相似点和差异。如前所述，伊斯兰银行采用的伊斯兰教原则可以归为五类，即盈亏共享原则（profit-loss sharing principles）、销售为本原则（sale-based principles）、规费或收费为本原则（fees-based or charges-based principles）、免费服务原则（free service principles）和辅助性原则（ancillary principles）。以下是其中一些相似点和差异：

1. 马来西亚是唯一使用阿拉伯语描述所有监管伊斯兰银行业务伊斯兰教原则的国家。其他国家只在描述特定原则时使用阿拉伯语，而用本地语描述其他原则。几乎所有伊斯兰银行都常用的阿拉伯词语是：mudharabah、musyarakah、murabahah、ijarah和qard hassan。

2. 虽然在某些原则的拼写和发音上有些微的差异，但是它们本质上是相同的。比如，Mudharabah原则：伊朗用mozarebeh；马来西亚以前称其为al-mudharabah，但是现在称其为mudharabah；孟加拉称其为al-mudaraba；巴基斯坦和巴林使用modaraba；科威特和约旦用mudaraba；而苏丹称其为mudarabat。其他原则（如musyarakah，ijarah和qard hassan）也存在拼写和发音的差异。土耳其在描述自己的原则时不使用阿拉伯术语。

3. 在盈亏共享类别中，大多数国家实行两个原则，即mudharabah和musyarakah，而伊朗实行两个以上原则。Musyarakah原则可以分为两种：（ⅰ）永久性musyarakah；（ⅱ）递减musyarakah。永久性musyarakah，一般简称为musyarakah。这种情况下，银行参与公司股份，但不设定参与终止日期，所获回报通常取决于资本投入。递减musyarakah，一般称为musyarakah mutanaqissah，当银行同意逐渐将其股份转给其他股东时，银行的股份减少，其他股东的股份增加，直到公司最终完全归后者所有。

4. 伊朗有三个附加原则，即民事合伙（civil partnership）、法定合伙（legal partnership）和直接投资（direct investment）。但是，所有这些原则都以盈亏共享原则为基础。民事合伙原则作用于由某些个人或企业投入到以联合所有权为基础普通合伙经营的现金或非现金资本。项目一完成，这种伙伴关系即告终止。法定合伙包括个人之间或与其他实体形成新企业实体或公司，这时每个参与的个体便成为股东。直接投资是指投资者直接为生产性项目投资或提供追加资本。

5. 和伊朗一样，巴基斯坦也有各种归为盈亏共享类的原则。在这个为需要经济帮助客户提供资金的国家，银行采用资本参与（equity participation）、购买股份（purchase of shares）、参与期限证书（participation term certificate）、modaraba证书（modaraba certificate）、租金分享（rent sharing）等原则。其回报取决于出单公司（issuing company）的利润率。参与期限证书是由公司为特定时期发行的可转让金融文书，由公司固定资产合法抵押作担保。Modaraba证书是由按《盈亏共享（浮动与管制）条例》（Mudarabah（Floating and Control）Ordinance）注册公司签发的证书。巴基斯坦银行获准购买这些证书，这种投资几乎与购买那些公司的股份一样，只不过证书持有人没有作为股东的权利。在租金分享中，银行为楼宇建设、综合设施等提供资金，并分享物业的租金收入。但是，有关巴基斯坦的伊斯兰银行采用 musyarakah 原则的信息不得而知。

6. 各家银行买卖类的原则也不相同。马来西亚采用这类伊斯兰教原则最多，有六项；其次为孟加拉和巴林，分别有四项。土耳其的伊斯兰银行没有采用任何此类原则。世界各地的伊斯兰银行采用最多的原则是 murabahah、salam 和 istisna。巴林采用了任何其他银行都未采用的原则，即 tawarruq 原则，这是与涉及第三方的物品买卖融资相关的原则。马来西亚也实行了几种自己的原则，即 bai al-inah、bai al-istijar 和 sarf。bai al-istijar 和 sarf 也应用于其他地区。巴基斯坦采用的 bai al-istijar 是重复交货的买卖原则。sarf 是货币买卖合约。

7. 伊斯兰银行应用于规费、手续费和固定费用类的伊斯兰教原则数量也不相同。印度尼西亚没有规定用于这个类别的任何原则，尽管如此，印度尼西亚伊斯兰教义银行（Bank Muamalat Indonesia）和 Bank Syariah Mandiri 在 2003 年的年度报告中提到自己提供了基于规费和手续费的业务。约旦和迪拜的伊斯兰银行在此类别下列出三项原则；约旦只采用了 murabahah、手续费和服务费原则，而阿拉伯联合酋长国采用了 murabahah、istisna 和服务费原则。土耳其、巴林和科威特的伊斯兰银行列出五项原则，即 murabahah、手续费、服务费、ijarah（科威特的租赁）和 ijara wa-iqtina（科威特的 istisna）原则。马来西亚和巴基斯坦分别列出六项和五项原则，孟加拉列出七项，伊朗列出五项。

8. 各家银行用于规费和手续费的伊斯兰教原则数量也不同。马来西亚采用了六项原则，巴基斯坦采用了五项。几乎所有伊斯兰银行都采用的原则是 ijarah 和服务费。特定国家采用的原则有伊朗的 jo'alah 和马来西亚的 ujr，不过，实际上这两项原则与其他伊斯兰银行采用的原则之间没有多大区别。它们都包括承诺一方向另一方支付特定数目的资金，作为提供符合合同条款指定服务的回报。因此，这项原则类似于其他伊斯兰银行采用的服务费原则。

9. 孟加拉采用的 bai muazzal 原则与马来西亚采用的 bai bithaman ajil 原则和伊朗采用的分期付款销售原则相同。虽然巴林、科威特、约旦、土耳其和阿拉伯联合酋长国的伊斯兰银行没有列出这些原则，但是这些银行实际上通过被称为 bay-al-mudarabah 的 murabahah 原则向客户提供了分期付款服务。

10. 巴基斯坦和马来西亚的伊斯兰银行似乎在手续费和固定费用类别上采用了许多伊斯兰教原则，但是这些原则可以与服务费原则合并。例如，在巴基斯坦，开发费和服务费是向客户征收的费用，而在马来西亚，al-wakalah、al-kafalah、al-hiwalah 和 al-ujr 这些原则代表向客户提供服务的性质，以及这些费用施加给客户的方法。

11. 多数伊斯兰银行广泛采用 qard hassan 原则或免费服务贷款原则。只有伊朗和科威特把这项原则应用于存款业务；其他银行把它应用于融资业务。苏丹的伊斯兰银行则根本没有采用这项原则。

12. 有些原则只有特定国家的伊斯兰银行采用。例如，伊朗采用了 jo'alah、mozaraah 和 masaqat。马来西亚采用了 ar-rahn 和 al-wadiah yad dhamanah。Rahn 原则与典当有关。虽然其他伊斯兰银行没有提到辅助性原则，但是在提供融资和投资服务时，它们实际上也需要抵押或担保。

13. 土耳其是在伊斯兰金融体系中采用伊斯兰教原则最少的国家。事实上，土耳其的伊斯兰银行（如 Turkiye Finans 和 Bank Asya）根本没有提到它们采用的伊斯兰教原则。它们只声明基于利润分享可以获得这些服务。尽管如此，这些银行提供的金融业务及产品仍然种类繁多。

伊斯兰银行在提供服务时使用各种术语和原则有很多原因。首先，伊斯兰银行不受统一法律的控制。例如，在马来西亚，伊斯兰银行接受与取得马来西亚政府批准的伊斯兰银行相关的法律制约，而其他国家的伊斯兰银行则接受各自国家法律的制约。此外，每个伊斯兰国家还有自己的宗教权威负责检查和监督本国的伊斯兰银行活动。特定国家的宗教权威不受其他国家宗教权威的支配。因此，特定国家颁布的特定法律指令不适用于超出其司法管辖范围的社区。其次，目前还没有有权检查和监督世界各地所有伊斯兰银行经营活动的组织或团体。虽然有国际伊斯兰银行协会（International Association of Islamic Banks），但是这个协会不具备任何对其成员进行法律控制的权力。事实上，它们的会员资格建立在自愿的基础上。因此，每家伊斯兰银行都可以自由选择自己希望采纳的原则，并应用于自己的金融业务。

缺少特定伊斯兰银行采用伊斯兰教原则的综合列表有可能导致客户及财务报表用户不能明确认识以伊斯兰教原则为基础的特定交易。这些银行在这个问题上的失误并非有意为之，只是因为没有法律规定或标准要求它们这么做。伊斯兰金融机构会计与审计组织设定的标准没有要求伊斯兰银行提供这样的列表。由于伊斯兰银行已经经营了一段时间，这些银行也许会以为公众已经明确认识了它们采用的伊斯兰教原则。

伊斯兰银行提供的服务

作为参与金融活动的机构，伊斯兰银行完全应该提供能满足各种用户需要的服务。其用户可以分为三个主要群体，即个人、商业组织和政府机构。有多余资金的个体会出于交易、备用和投资目的把钱存入银行。商人存款是为了交易和投资，政府存款的动机则是投资。个人从银行融资是为了满足投资和个人需要。商人融资是为了启动或拓展业务。所需融资有可能呈现为营运资本形式或固定资本融资形式。同时，政府需要资金来解决预算赤字问题。

伊斯兰银行也提供其他业务。这些银行不仅满足老客户的需要，还为临时需要帮助的客户提供服务。临时客户是需要银行在特定时间仅为特定活动提供服务的客户。这种服务包括信用证（letters of credit）、信用保证书（letters of guarantee）、汇票（money order）、外汇兑换、签发支票和银行汇票、咨询服务等。因此，伊斯兰银行提供的服务可以分为三类：存款业务、融资业务和其他业务。

存款业务

以下为伊斯兰银行提供存款业务（Deposit Facilities）的一些相似点和差异。

（ⅰ）土耳其只提供两种存款业务，即专用活期账户（special current account）和参股账户（participation account）。其他国家的伊斯兰银行提供三种存款业务，即现金账户、储蓄账户和投资账户。

（ⅱ）各家伊斯兰银行在处理储蓄账户业务时有些差别。伊朗、巴基斯坦和阿拉伯联合酋长国的伊斯兰银行把储蓄账户作为独立业务项目，而孟加拉、科威特、约旦和巴林则把它看做投资账户中的一个业务项目。马来西亚和印度尼西亚提供两种储蓄账户，即采用 wadiah 和 mudharabah 原则的账户。

（ⅲ）一般而言，投资账户业务可以分为三类。第一类是基于时间的存款，如 3 个月、6 个月、9 个月等。第二类是基于通知的存款，每次提款前，客户必须提前通知。第三类是指定项目或用途的存款。只有孟加拉、约旦和巴林提供基于通知的投资存款业务。大多数国家提供特殊投资账户，但伊朗、科威特、巴基斯坦和土耳其除外。除此之外，还有受限制投资账户（investment accounts with restrictions）和无限制投资账户（investment accounts without restrictions）。对于受限制投资账户，银行只能将委托人存入的资金用于符合规定的事项。无限制投资账户则无此限制。

（ⅳ）有时，同一个国家中不同伊斯兰银行采用的伊斯兰教原则及其提供的存款业务也不相同，如巴林。举例来说，巴林沙密尔银行（Shamil Bank of Bahrain）提供了两种存款业务，即活期存款和投资存款（投资账户）。活期存款有两种——现金账户和储蓄账户。这两个账户都不提供任何回报，储户可以随时提款。支票簿提供给现金账户持有人，银行存折提供给储蓄账户持有人。银行基于信任提供投资账户，并基于时间和通知提供服务。银行向该账户持有人提供银行存折或存款单。在此，银行将把客户存入的资金用于投资，但不分享投资获得的利润，而是向客户收取服务费。银行不把按照这个原则吸收的存款视为负债，因此不列入它的资产负债表。

巴林 Albaraka 伊斯兰银行（Albaraka Islamic Bank of Bahrain）也提供两种业务——现金账户和投资账户。其现金账户的运作类似于其他银行，但其投资账户的提供基于盈亏共享原则。此外，该银行还管理其客户的资金，客户可以选择是投资特定的基金，还是投资以特别的 mudharabah 原则为基础的基金。巴林伊斯兰银行（Islamic Bank of Bahrain）也提供两种存款业务：现金账户和投资账户。它的现金账户不提供任何回报，其投资账户则以盈亏共享原则为基础。

（ⅴ）伊斯兰银行在存款业务中采用的伊斯兰教原则存在差异。例如，伊朗和科威特的现金账户采用 qard hassan 原则，而其他国家的伊斯兰银行采用 wadiah 或信托原则。至于储蓄账户，伊朗采用 qard Hassan 原则，而科威特结合了两个原则：在允许投资的储蓄账户采用 mudharabah 原则和 qard Hassan 原则。在马来西亚，储蓄账户基于 al-wadiah yad dhamanah 或保证存款。其他国家的伊斯兰银行在存款业务中采用利润分享或 mudharabah 原则。对于投资账户，除了巴林沙密尔银行（它采用 wadiah 原则），所有伊斯兰银行都采用 mudharabah 原则。

（ⅵ）大部分银行保证，除了盈亏共享业务以外的存款业务，都返还客户存入的全部存款。伊朗和马来西亚的伊斯兰银行为它们的储蓄账户客户提供某种回报。这些奖励完全由银行酌情决定。伊朗的伊斯兰银行确实奖励它们的现金账户持有人，不过这种奖励不固定，也没有保障。它们给予的奖励也许是现金红利、去麦加的机票、地毯、汽车等。在马来西亚，银行通常以自己宣布的利润形式奖励储蓄账户持有人。

（ⅶ）有些伊斯兰银行除了提供基于本国货币的业务，还接受外币的定期存款。提供这种业务的有土耳其和约旦的伊斯兰银行。

根据日常运营，有一些必须被伊斯兰银行和他们的客户坚持的规则和手续。在大多数情形下，这些存款业务的运营方面和实践操作对于传统银行来说是相似的。这些相似点包括一些手续和要求，比如开户最小存款额、身份证件、运营的终了与结束的方法、未声明货币的管理，等等。

在选中的伊斯兰国家中，由伊斯兰银行提供的存款业务如表 6—2 所示。

融资业务

伊斯兰银行还为客户提供融资业务。企业融资包括短期融资和长期融资。短期融资一般是为了满足营运资本的需求，而长期融资则包括资本支出（capital expenditure）和与长期项目有关的开支。向个人客户提供的融资业务包括住房和消费品贷款的经济援助。伊斯兰银行只能提供以 qard Hassan 原则为基础的贷款，因此所有融资业务都以盈亏共享原则或规费、手续费和固定费用原则为基础。

在满足企业或商业客户的融资需要时，这些原则的应用没有明确的优先界限。尽管如此，Mudharabah 和 Musyarakah 被广泛应用于营运资本贷款，而 murabahah、bai muazzal 和 ijarah 则被应用于为客户提供购买固定资产的融资业务。伊斯兰银行采用的融资原则很大程度上取决于监管其运营的法规。例如，在伊朗，《无息银行法》（Law of Usury-Free Banking）详细描述了融资业务的模式和应用范围，见表 6—3。

巴基斯坦采用的原则基于 1984 年 6 月 20 日发布的《巴基斯坦国家银行 13 号通告》（Circular，State Bank of Pakistan No. 13）。其中有包括贷款、贸易和投资在内的获准融资方式列表。准则覆盖了巴基斯坦伊斯兰银行能够接受的各种经济活动。为项目融资推荐的原则与盈亏共享的方式有关。巴基斯坦国家银行经常预先确定从应用于贸易活动的任何原则中获取的最小及最大回报率以及投资活动的利润率。同时，如果投资活动出现亏损，亏损由所有融资人承担。马来西亚的伊斯兰银行为企业客户提供融资是为了满足其营运资本的需求，这种项目融资基于 mudharabah、musyarakah、murabahah、bai muazzal 和 ijarah 原则。银行为商业客户提供的个人融资，用于购买住房、建筑物、消费品及其他。这种融资基于 bai muazzal 和 qard Hassan 原则。孟加拉伊斯兰银行采用的原则与马来西亚伊斯兰银行拥护的原则非常相似，不过孟加拉的银

表 6—2　　伊斯兰银行提供的存款业务

伊朗	马来西亚	巴基斯坦	孟加拉国	科威特	约旦	巴林	土耳其	阿拉伯联合酋长国	印度尼西亚
现金账户	盈利分享基金：	现金账户	现金账户：	非投资存款：	信任账户：	现金账户	特别现金账户	现金账户	Wadiah 账户：
存款账户	—现金账户	存款账户	—塔卡账户	—现金账户	—现金账户	受限投资账户	参与式账户	存款账户	—需求
投资账户	—存款账户	固定存款	—美元账户	投资存款：	—需求账户	不受限投资账户		投资账户	—存款
	—可协商的伊斯兰债务证书	期限账户	—外国货币账户	—受限制的	不受限投资账户：				不受限盈利分享账户：
	非盈利分享基金：	其他存款	—财产开发账户	—不受限制的	—存款				—存款
	—存款账户		盈利分享存款：	—存款账户	—通知				—期限
	—投资账户		—存款		—固定受限投资账户				
			—特别通知		Muqaradah 债券				
			—基金债券						
			期限盈利分享						

资料来源：Iran：*Annual Report*，Bank Melli Iran，2007；Malaysia：*Annual Report*，Bank Islam Malaysia Berhad，2008；Pakistan：*Annual Report*，Muslim Commercial Bank，2007；Bangladesh：*Annual Report*，Islami Bank Bangladesh Limited，2007；Kuwait：*Annual Report*，Kuwait Finance House，2007；Jordan：*Annual Report*，Jordan Islamic Bank，2007；Bahrain：*Annual Report*，Shamil Bank of Bahrain，2007；Turkey：*Annual Report*，Turkiye Finans，2007；United Arab Emirates：*Annual Report*，Dubai Islamic Bank，2007；Indonesia：*Annual Report*，Bank Muamalat，2007.

表 6—3　　伊朗与融资业务相关的伊斯兰教原则

领域	活动	伊斯兰教原则
生产	工业 农业 矿业	分期付款销售，民事合伙，法定合伙，雇佣购买，远期交易，直接投资，qard-al-hasanah，jo'alah，mozaraah，masaqat
商业	进口 出口 国货	Modarabah，民事合伙，法定合伙，jo'alah
服务		民事合伙，法定合伙，雇佣购买，分期付款销售，jo'alah
住房	建筑 修复	民事合伙，分期付款销售，雇佣购买，qard-al-hasanah，jo'alah，直接投资
个人需求		Qard-al-hasanah

行有一项附加原则，即 bai-salam 原则。总的来说，伊斯兰银行采用的大多数伊斯兰教原则都以 mudharabah、musyarakah、murabahah、bai muazzal、ijarah 和 qard Hassan 原则为基础。尽管如此，各伊斯兰银行优先采用某些原则以及应用特定原则到何种程度的差别在很大程度上取决于特定伊斯兰银行的管理部门。

选定国家以伊斯兰教原则为基础的伊斯兰银行融资活动参见表 6—4。从表 6—4 可以看出，伊斯兰银行为客户提供的融资业务存在着相似点和差异。以下是其中一些特别明显的异同点：

（i）虽然伊斯兰学者推荐了 mudharabah 和 musyarakah（盈亏共享），但是仍有一些伊斯兰银行没有应用这些原则。同时，其他银行将自己非常少的部分资金投入到这些融资模式中。举例来说，科威特金融公司（Kuwait Finance House）和土耳其 Al-baraka Turk 在年度报告中没有显示任何以 mudharabah 和 musyarakah 原则为基础的融资记录。同时，马来西亚伊斯兰银行（Bank Islam Malaysia）和孟加拉国伊斯兰银行（Islami Bank Bangladesh）只把其总融资组合的 1%引入 musyarakah 原则。印度尼西亚伊斯兰教义银行保持着 musyarakah 融资的最高纪录，为 43.2%，其次是巴林沙密尔银行和迪拜伊斯兰银行（Dubai Islamic Bank），分别为 8.8%和 7.8%。印度尼西亚伊斯兰教义银行（Bank Muamalat Indonesia）和迪拜伊斯兰银行是积极应用 mudharabah 原则的两家银行。在 2007 年底，印度尼西亚伊斯兰教义银行的此类融资所占百分比为 56.8%，迪拜伊斯兰银行为 11.3%。巴林沙密尔银行位居第三，占融资总额的 9.7%。

（ii）只有孟加拉国伊斯兰银行和伊斯兰国际阿拉伯银行（Islamic International Arab Bank）通过采用 qard Hassan 原则提供融资，分别仅占总融资的 1.3%和 0.2%。这些低比率的原因可能有两个。其一，有可能伊斯兰银行管理部门认为这种融资带不来任何经济回报。其二，这些银行也许认为它们已经进行了许多其他社会活动，因此没有理由再提供 qard Hassan。

（ⅲ）所有伊斯兰银行都侧重于销售为本原则，特别是 murabahah 和 bai bithaman ajil 原则。只有马来西亚伊斯兰银行提供以 bai bithaman ajil 原则为基础的融资，占融资总额的 52.8%。迪拜伊斯兰银行和巴林沙密尔银行分别将其融资活动的 91%和 75%引入 murabahah。马来西亚伊斯兰银行的 murabahah 融资所占比例最低，为 17.7%。

（ⅳ）如今，ijarah 原则正在赢得世界各地伊斯兰银行的关注。约旦的伊斯兰国际阿拉伯银行分配给在这个原则下融资的资金最多。迪拜伊斯兰银行将 18.5%的资金引入 ijarah 融资，孟加拉国伊斯兰银行和马来西亚伊斯兰银行分别引入 4.9%和 2.6%。

（ⅴ）迪拜伊斯兰银行、科威特金融公司和马来西亚伊斯兰银行在融资活动中应用了 istisna 原则。这些银行的 istisna 融资分别占融资总额的 13.5%、8.9%和 4.9%。

表 6—4　基于伊斯兰教原则的融资百分比

原则	A	B	C	D	E	F	G	H
合作投资	—	8.8	0.1	43.2	—	—	7.8	0.1
利润分享	0.09	9.7	*	56.8	—	—	11.3	3.8
成本加成	17.7	75.0	50.9	—	91.0	—	45.1	68.1
Bai bithaman ajil	52.8	—	—	—	—	—	—	—
租赁	2.6	4.9	—	—	—	—	18.5	19.3
Qard hassan	—	—	1.3	—	—	—	—	0.2
Istisna	4.9	—	—	—	8.9	—	13.5	—
其他原则	21.9	1.6	47.7	—	—	—	3.8	8.5
总计	100	100	100	100	100	—	100	100

*指不到 0.05%。

注：A=马来西亚，马来西亚伊斯兰银行（2008 年 6 月 30 日数据）。

B=巴林，巴林沙密尔银行（2007 年 12 月 31 日数据）。

C=孟加拉国，孟加拉国伊斯兰银行（2007 年 12 月 31 日数据）。

D=印度尼西亚，印度尼西亚伊斯兰教义银行（2007 年 12 月 31 日数据）。

E=科威特，科威特金融公司（2007 年 12 月 31 日数据）。

F=土耳其，Albaraka Turk（2007 年 12 月 31 日数据）。

G=阿拉伯联合酋长国，迪拜伊斯兰银行（2007 年 12 月 31 日数据）。

H=约旦，伊斯兰国际阿拉伯银行（2007 年 12 月 31 日数据）。

如表 6—5 所示，伊斯兰银行倾向于向所有经济行业提供资金。

表 6—5　各行业融资分配额

行业	A	B	C	D	E	F	G	H
农业	1.1	—	12.6	*	—	4.1	—	0.6
制造业	11.2	12.2	56.0	0.3	25.6	51.3	24.5	6.8
建筑业	5.6	5.65	—	3.5	14.6	16.9	—	9.3
批发与零售业	5.0	—	—	0.9	—	—	7.9	36.8
通信与仓储业	0.8	—	—	—	—	—	—	—

续前表

行业	A	B	C	D	E	F	G	H
服务与金融业	1.0	57.5	—	62.3	54.0	21.4	7.6	10.2
房地产业	31.7	—	—	—	—	—	37.1	20.9
消费行业	18.9	—	—	—	—	—	13.9	10.8
杂项	24.7	24.7	31.4	33.0	5.8	1.6	9.0	4.4
总计	100	100	100	100	100	100	100	100

*表示不到 0.1%。

注：银行列表参见表 6—4。

从表 6—5 中可见，伊斯兰银行在融资分配中没有统一性，也不具备标准化。例如，马来西亚伊斯兰银行的融资业务更多地集中在房地产和诸如建筑和服务等各种行业。迪拜伊斯兰银行和伊斯兰国际阿拉伯银行的投资重点也是房地产业。因为高度集中于房地产业，在 2008 财年年底，马来西亚伊斯兰银行创造了 bai bithaman ajil 融资比率最高（占融资总额的 52.8%）的纪录。

至于批发和零售业融资，伊斯兰国际阿拉伯银行的密度最高。马来西亚伊斯兰银行、迪拜伊斯兰银行和伊斯兰国际阿拉伯银行参与消费行业的融资分别为 18.9%、13.9%和 10.8%。只有五家伊斯兰银行进入农业，其中印度尼西亚伊斯兰教义银行引入农业的融资不到 0.1%。2007 年，孟加拉国伊斯兰银行引入农业的融资占其融资总额的 12.6%，土耳其 Albaraka Turk、马来西亚伊斯兰银行和伊斯兰国际阿拉伯银行分别为 4.1%、1.1%和 0.6%。印度尼西亚伊斯兰教义银行、巴林沙密尔银行和科威特金融公司主要为服务业和金融业融资，分别为 62.3%、57.5%和 54%。表中列出的所有伊斯兰银行都向制造业提供融资服务，其中孟加拉国伊斯兰银行和土耳其 Albaraka Turk 引入的资金最多，分别占其融资总额的 56%和 51.6%。

伊斯兰银行集中为某个特别行业提供融资服务取决于几个因素，可以分为内部因素和外部因素。外部因素由经济形势、央行设定的条例、竞争以及当地社区对银行的认知度等方面组成。如果银行设在工业发展迅猛的国家，融资业务就极有可能集中在制造业。同样，如果银行设在农业国，农业就会得到更多的关注。此外，央行在设定融资方向和融资额度方面也起着重要作用。例如，各家银行必须遵守央行有关发行某些融资产品的指示。

客户也是确定融资额度的重要因素。如果大多数客户受到可信度的吸引而光顾某家伊斯兰银行，他们就能获得伊斯兰银行的融资服务。与此相反，如果他们更喜欢去传统银行办理金融业务，伊斯兰银行可能会终止向不太受欢迎的行业提供融资服务。内部因素包括管理理念、融资成本和提供产品及服务的效果和效率。如果管理部门只希望向有安全保障且能提供短期回报的部门提供融资服务，那么如农业这样的高风险行业就会获得较少的融资服务，银行会向被视为更有保障的房地产业提供更多的融资服务。此外，伊斯兰银行收取的融资费用比传统银行高，显然也使传统银行更具吸引力。许多研究显示，客户光顾伊斯兰银行是基于经济因素而非宗教因素。最后一个因素是银行发放贷款的审批效率及提供融资业务的适用性。客户更喜欢即时拨款的融资服务，而不喜欢施加太多条件的融资服务。

其他业务

除了存款和融资业务，伊斯兰银行也向客户提供其他业务。这样的业务取决于特定银行的资质和能力。新建立的银行很可能只能提供基本业务。例如，有些伊斯兰银行不为客户签发信用证。在印度尼西亚，只有某些银行获准进行国际贸易交易，而其他银行不开展外汇兑换业务。尽管如此，大多数伊斯兰银行为国际国内贸易提供信用证、信用保证书、外汇兑换、当地和海外汇兑、签发支票和银行汇票、发行并承销伊斯兰证券、财团贷款、咨询服务及顾问服务。信用证一般发放给希望从海外进口货物的客户，大多数信用证采用mudharabah原则。在mudharabah信用证中，银行作为中间人，按客户要求进口货物，随后再把货物卖给客户。以下是涉及信用证交易的基本步骤。

1. 为进口特定商品，客户要求银行开出信用证。客户向银行提供有关出口商及其计划购买商品的所有信息（类型、价格、数量、规格等）。

2. 经批准并收到存款或其他形式的担保之后，银行签发信用证，内容与客户的要求一致。签发信用证的银行被称为开证行（issuing bank）。此证将发送给出口商所在地为其代理的银行，即代理行（representative bank）。

3. 客户签署购买进口商品的“购买协议”。银行和客户就出售商品的成本及交付条款进行协商。

4. 出口商按照信用证的规定交付商品，此后，向代理行呈交所有交付文件。代理行再把文件转交给开证行。

5. 开证行收到所有文件后，背书商品所有权，接着，客户在商品买卖协议书上签字。

马来西亚伊斯兰银行通过基于wakalah、musyarakah和溢价利润销售（murabahah）原则的三种不同方法签发信用证。方法的选择取决于客户的需要。以下是涉及使用这些业务的交易。

Wakalah信用证

应用wakalah原则时，银行作为中间人或代理人，在涉及商品购买的交易中代表委托人，银行从提供服务中获取报酬。涉及步骤如下：

1. 客户向银行提出开信用证的要求，并协商各项条款。

2. 客户在基于wadiah原则的存款账户中存入购买货物的款项。

3. 银行签发信用证。

4. 通过电传收到与信用证谈判相关的文件或信息，银行即利用客户的存款向卖方支付款项。

5. 银行依据规费、手续费和固定报酬原则向客户收取手续费和与此项服务和信用证服务相关的管理费用。

6. 银行向客户提交相关文件。

Musyarakah 信用证

根据此项原则，银行在涉及货物购买的交易中担当合作伙伴。除了处理所有进口货物相关文件，银行还为购买货物提供部分资金。涉及步骤如下：

1. 客户向银行说明打算进口或购买货物的类型和特征，以及签发信用证的条件。

2. 客户按照 wadiah 原则将其融资份额交付银行。

3. 客户和银行都同意按 musyarakah 原则提供自己的资金和专业知识，并签署包含基于 musyarakah 条款的协议，如捐献各自的部分资本和利润分配率等事项。

4. 银行签发信用证。

5. 通过电传收到与信用证谈判相关的文件或信息，银行即利用客户的存款及银行的融资份额将款项汇给卖方。

6. 银行基于服务报酬原则向客户征收手续费和与此项服务及信用证服务相关的管理费用。

7. 银行将文件交给客户，客户按协议规定的方式接收货物。

8. 按照协议提供的条款，银行与客户分享投资利润。

Murabahah 信用证

根据此项原则，伊斯兰银行充当商人。银行首先向生产商购买货物，然后再以较高价格卖给客户。涉及步骤如下：

1. 客户向银行说明计划进口或购买货物的类型和特征，以及签发信用证的条件。

2. 客户与银行协商，由银行预先购买货物，随后再以包含成本和利润的销售价卖给客户。

3. 银行签发信用证。

4. 通过电传收到与信用证谈判相关的文件或信息，银行即利用自己的资金向卖方汇出款项。

5. 银行按照 murabahah 的原则把货物卖给客户。

6. 银行依据规费、手续费和固定报酬的原则向客户收取手续费及与此项服务及信用证服务相关的管理费用。

Kafalah 信用保证书

发放信用保证书依据的是规费、手续费和固定报酬的原则。马来西亚伊斯兰银行签发这种信用保证书依据的是 kafalah 或担保借款原则。涉及步骤如下：

1. 客户向银行提交申请，为解决贷款问题或成功完成一项任务向第三方签发信用保证书。

2. 银行向第三方签发信用保证书，同意在客户违约或违反客户与第三方签订合同的情况下承担客户的债务。

3. 客户必须存入根据 wadiah 原则银行可以接受的一定数额存款。

4. 银行根据 ujr 原则向客户收取服务提供费。

汇兑、外汇兑换、买卖旅行支票之类的服务依据规费、手续费和固定报酬原则。外汇交易采用的是即期汇率（spot rate）而非远期汇率（forward rate）。例如，孟加拉国伊斯兰银行没有为外汇兑换提供远期交易。但是，受诸如专长、位置以及银行扩展业务重点等因素的影响，各家伊斯兰银行提供的附加服务各不相同。某银行的或然负债额有可能反映出该行涉及国际贸易的复杂情况。表 6—6 显示了选定银行的或然负债。

表 6—6　　或然负债百分比分类细账

债务类型	A	B	C	D	E	F	G	H
信用证	5.6	24.7	79.7	19.1	31.9	18.4	34.2	19.1
信用保证书	6.8	—	6.1	80.9	50.3	75.1	57.7	11.0
外汇合约	31.0	—	—	—	—	—	—	—
托收单据	5.5	—	12.5	—	—	—	—	—
其他债务	51.1	75.3	1.8	—	17.8	17.8	8.1	69.9
总计	100	100	100	100	100	100	100	100
总计资产（%）	39.6	6.9	30.9	8.8	14.3	27.3	21.5	11.5

注：银行列表见表 6—4。

从表 6—6 中我们可以得出这样的结论：

（ⅰ）伊斯兰银行提供的国际业务类型各不相同。虽然各家银行都提供信用证业务，但是只有选定银行才能提供诸如信用保证书、外汇兑换和托收票据业务。

（ⅱ）马来西亚伊斯兰银行是唯一提供所有国际贸易业务的伊斯兰银行。西亚的银行不提供外汇期货交易契约，也不提供托收票据业务。

（ⅲ）伊斯兰银行扩展业务的重点也有些差别。孟加拉国的伊斯兰银行似乎专注于信用证业务，而印度尼西亚、土耳其、迪拜和科威特的伊斯兰银行倾向于提供信用保证书。同时，巴林和约旦的伊斯兰银行更倾向于其他负债业务。其他业务可能是已经获准但客户尚未采用的融资形式。

（ⅳ）伊斯兰银行提供的附加业务范围也各不相同。马来西亚伊斯兰银行在或然负债方面曝光率最高，其或然债务占总资产的 39.6%。其次是孟加拉国伊斯兰银行，为 30.9%，土耳其 Albaraka Turk 为 27.3%。曝光率最低的是伊斯兰国际阿拉伯银行，为 11.5%，巴林沙密尔银行为 6.9%，印度尼西亚伊斯兰教义银行为 8.8%。

资金来源

一般来说，伊斯兰银行有三个主要资金来源，即存款、其他负债和股东资金。收获资金的数量取决于那些希望建立伊斯兰银行者的财政实力。The Dallah Albaraka Group 为建立伊斯兰银行投入了大部分资金。马来西亚国家银行为希望在马来西亚开办伊斯兰银行的外国人设定的最低股本要求为 3 亿令吉（RM）。如上一节（存款业务）所述，这种存款又被划分为几种类型。其他出资是从其他负债中获取的资金，通常为短期负债形式。同时，股东的资金由实收资本、各种准备金和留存收益组成。表 6—7 显示了特定国家伊斯兰银行的资金来源。

表 6—7　　伊斯兰银行资金来源（%）

资金来源	A	B	C	D	E	F	G	H
存款	88.4	72.3	86.9	87.0	74.4	81.2	77.6	84.8
股东的资金	5.6	20.5	6.2	8.0	16.0	14.5	12.7	12.5
其他	6.0	7.2	6.9	5.0	9.6	4.3	9.7	3.1
总计	100	100	100	100	100	100	100	100

注：银行列表见表 6—4。

从表 6—7 所列数字可以看出，印度尼西亚伊斯兰教义银行客户存款额最高，2007 财年年末，约占其总资产的 87%。其他伊斯兰银行所占比例在 70%～90%之间。巴林沙密尔银行所占比例最低，2007 年只有 72.3%，其次为科威特金融公司，为 74.4%。沙密尔银行登记的比例最低，因为该行没有把投资账户视为负债，因此从财务报表中删除了，而且提交的存款账户只包含现金账户和储蓄账户。沙密尔银行还拥有最高比例的股东资金，为 20.5%。股东资金所占比例较低的银行是马来西亚伊斯兰银行为 5.6%；孟加拉国伊斯兰银行为 6.2%；印度尼西亚伊斯兰教义银行为 8%。根据《新巴塞尔资本协议》（Basel Ⅱ）（巴塞尔银行监管委员会更新原有国际银行资本协议后取得的成果），世界各地的银行必须持有能够应对银行贷款和投资活动中暴露风险的准备金。表 6—8 显示了伊斯兰银行的存款构成。

表 6—8　　伊斯兰银行的存款构成（%）

资金来源	A	B	C	D	E*	F	G	H
现金账户	28.2	26.9	11.5	10.6	—	14.4	21.2	21.3
储蓄账户	11.7	—	37.5	38.0	—	—	13.4	4.1
投资账户	30.5	50.0	18.7	51.4	—	85.6	64.0	74.6
其他账户	29.6	23.9	32.3	—	—	—	1.4	—
总计	100	100	100	100	—	100	100	100

* 科威特金融公司没有提供存款账户细目。

注：银行列表见表 6—4。

以下为表 6—8 呈现的伊斯兰银行存款构成。

（ⅰ）除了巴林沙密尔银行和土耳其 Albaraka Turk 银行，其他国家的伊斯兰银行均为客户提供三种存款业务，即现金账户、储蓄账户和投资账户。虽然现金账户不支付任何回报，但是大多数客户提供的存款都是这种形式。马来西亚伊斯兰银行现金账户所占比例最高，为 28.2%，其次为巴林沙密尔银行，为 26.9%。此外，存入现金账户的总资本平均超过 10%，说明客户不要求回报或 hibah。尽管如此，投资账户拥有最高比例的存款资本。土耳其 Albaraka Turk 银行投资账户所占比例最高，为 85.6%，其次为约旦的伊斯兰国际阿拉伯银行，为 74.6%。所有提供投资存款业务的伊斯兰银行都受盈亏共享原则（mudharabah 原则）制约。

（ⅱ）在约旦和马来西亚，储蓄账户不太受储户欢迎，只分别占伊斯兰国际阿拉伯银行和马来西亚伊斯兰银行存款总额的 4.1% 和 11.7%。与此形成对比的是孟加拉国伊斯兰银行和印度尼西亚伊斯兰教义银行，其储蓄账户所占比例相对较高，分别为 38% 和 37.5%。造成这种差异的两个因素已经确定。其一，其他银行应用的是 mudharabah 原则，而马来西亚采用的是 wadiah 原则。其二，其他银行提供各种形式的储蓄账户，因此更能吸引储户。

（ⅲ）孟加拉国和马来西亚的银行存款构成中"其他存款"所占比例相对较高。在 2007 财年，孟加拉其他账户存款占存款总额的 32.3%，而在马来西亚，其比例为 29.6%。在孟加拉，大部分存款主要来自银行在签发信用证和信用保证书之前收取的边际存款（marginal deposits）。就马来西亚来说，把钱存入其他存款账户的客户主要是政府和政府机构。

资金用途

伊斯兰银行使用资金的方式由其持有资产的类型表现出来。资产类型主要分为五类：现金、融资、投资、固定资产及其他。现金包括库存现金、对央行资产负债表

(balance with the central bank) 或在其他金融机构存入的准备金及存款余额 (reserves and balances with other financial institutions)。银行一般不持有大量现金。各家银行存入央行的准备金数额取决于特定国家央行设定的比率。在很大程度上，它也取决于央行实施的金融政策以及国家的通胀率。融资包含根据 mudharabah、musyarakah、murabahah、bai muazzal、ijarah 和 qard Hassan 原则扩展的所有贷款。投资包括投资政府债券、国库券和投资子公司或联营公司。固定资产包括所有土地和建筑物、机动车辆、工厂、家具及器具。不能归类于上述四个类别的所有其他资产都被归类为其他资产。表 6—9 显示了伊斯兰银行的资金用途。

表 6—9　　伊斯兰银行的资金用途 (%)

资金用途	A	B	C	D	E	F	G	H
现金	42.2	28.2	8.9	1.6	6.3	4.0	5.9	5.9
融资	38.5	39.4	75.7	38.7	57.5	73.0	58.4	51.1
投资	15.6	26.9	10.6	0.4	6.7	0.1	11.3	4.3
固定资产	0.5	0.6	4.5	0.7	4.6	1.1	0.8	1.5
其他资产	3.2	4.9	0.3	58.6	24.6	21.8	23.6	37.2
总计	100	100	100	100	100	100	100	100

注：银行列表见表 6—4。

表 6—9 显示，伊斯兰银行对资金的使用存在着相似点和差异。其中也反映了各银行不同的偏爱以及分配给不同资产类别的不同资金比例。以下是伊斯兰银行使用资金的一些突出特点。

(ⅰ) 除马来西亚伊斯兰银行、印度尼西亚伊斯兰教义银行和巴林沙密尔银行以外，其他国家的伊斯兰银行都侧重于融资活动。举例来说，孟加拉国伊斯兰银行和土耳其 Albaraka Turk 银行把自己 70%以上的资金引入这些活动。其他侧重于融资活动的银行有：迪拜伊斯兰银行，58.4%；科威特金融公司，57.5%；伊斯兰国际阿拉伯银行，51.1%。有些伊斯兰银行分配给融资活动的资金比例较低是因为商业机会有限，或银行限制用于融资活动资金的政策。从理论上说，分配给融资的资金越多，银行获得的利润越多。但是，高额融资也有可能使银行遇到呆账问题。

(ⅱ) 有四家银行优先考虑投资。它们是巴林沙密尔银行，26.9%；马来西亚伊斯兰银行，15.6%；迪拜伊斯兰银行，11.3%；孟加拉国伊斯兰银行，10.6%。它们的投资活动所占比例较高要归功于这些国家的政府。这些国家的银行基于伊斯兰原则经营证券发行业务，从而为伊斯兰银行建立了投资通道。例如，马来西亚伊斯兰银行可以投资符合伊斯兰教义 (Syariah-compliant) 的政府证券。迪拜和巴林的伊斯兰银行也一样。在其他国家，伊斯兰证券仍未普及，因此通过购买符合伊斯兰教义证券进行投资的机会比较有限。

(ⅲ) 大多数伊斯兰银行的基金中现金比例较低，只有两家银行例外。马来西亚伊斯兰银行和巴林沙密尔银行保留了高额的流动资金，分别约占其总资产的42.2%和28.2%。其他银行持有的现金储备在5%～10%之间。印度尼西亚伊斯兰教义银行的现金持有率最低，占总资产的1.6%，其次为土耳其 Albaraka Turk，占4%。如果某国对资金流入流出没有限制，那里拥有盈余基金的伊斯兰银行就能在以巴林为中心的国际市场或在基于伊斯兰教原则发行上市证券和债券的纳闽国际金融交易所（Labuan International Financial Exchange）进行投资。

（ⅳ）一般来说，伊斯兰银行持有的固定资产份额不超过总资产的2%。科威特金融公司固定资产所占比例最高，为总资产的4.6%，其次是孟加拉国伊斯兰银行，为4.5%。资金过度集中于固定资产表示该银行亏损，因为固定资产的价值越高，必须从银行纯收入中扣除的年折旧率就越高。

（ⅴ）伊斯兰银行持有的“其他资产”百分比没有明显差别，但印度尼西亚伊斯兰教义银行除外，该行的其他资产占总资产的58.6%。其他伊斯兰银行的其他资产所占比例不那么高，而以子公司之间交易的形式持有大部分资产。孟加拉国伊斯兰银行创造了其他资产所占比例最低的纪录，为0.3%。其次是马来西亚伊斯兰银行，3.2%和巴林沙密尔银行，4.9%。

此类投资有可能影响伊斯兰银行获得的回报或收入。短期和长期收入趋势在很大程度上也取决于其从事的投资类型。投资类型包括：子公司和联营公司投资、伊斯兰证券、房地产和公司股票等。各家银行分配给每种投资的金额各不相同。表6—10显示了伊斯兰银行从事的投资类型。

表6—10　　伊斯兰银行从事的投资（%）

类型	A	B	C	D	E	F	G	H
证券	99.6	40.0	100	27.0	60.4	96.8	39.6	100
子公司和联营公司	0.4	29.7	—	73.0	23.0	—	15.9	—
房地产业	—	—	—	—	16.6	3.2	44.5	—
其他	—	30.0	—	—	—	—	—	—
总计	100	100	100	100	100	100	100	100
总资产以外的投资（%）	15.6	22.0	10.6	0.5	16.9	16.0	11.3	4.3

注：银行列表见表6—4。

表6—10显示，选定国家伊斯兰银行的投资额度和分布有几个相似点和差异。其主要特点如下：

（ⅰ）只有四家银行侧重于投资活动。它们是：巴林沙密尔银行、科威特金融公司、土耳其 Albaraka Turk 和马来西亚伊斯兰银行，它们分别为投资活动分配了22%、16.9%、16%和15.6%的资金。不过，它们的投资类型不同。例如，孟加拉国伊斯兰银行和伊斯兰国际阿拉伯银行在证券上的投入都是100%，而马来西亚伊斯兰银行和土耳其 Albaraka Turk 将99.6%和96.8%的投资活动放在证券上。其他银行此类投资则在40%～60%之间。证券投资包括投资中央政府和州政府证券、国库券、股额及股份、债券和单位信托基金。

（ⅱ）第二个获得偏爱的投资领域是子公司和联营公司。2007年，印度尼西亚伊斯兰教义银行在这方面的投资达73%。

（ⅲ）房地产业是最不受多数伊斯兰银行青睐的投资形式，但是迪拜伊斯兰银行除外。科威特金融公司和土耳其 Albaraka Turk 在这方面的投资比例非常低。

社会及公益活动

大多数伊斯兰银行对企业的社会责任有高度认识。问题在于这些责任实际落实了多少或达到了什么程度，以及这类信息是否应该由伊斯兰银行公布。负责编制和发布伊斯兰银行会计标准的伊斯兰金融机构会计与审计组织发布了与伊斯兰银行账户交兑和会计财务报表相关的标准，但是没有提供与社会责任相关的任何标准。不过，目前该组织正在制定有关企业社会责任的管理标准，而且，确实提供了涉及慈善金（zakat）基础测定和包括在慈善金基础内以及在伊斯兰银行财务报表中披露的各项慈善金的计量标准。在这里，慈善金被视为社会责任而非宗教责任。伊斯兰金融机构会计与审计组织还建议，发放 qard Hassan 贷款的银行还要提供与此类贷款相关的报表。最新的财务报表显示，只有约旦的伊斯兰国际阿拉伯银行编制了与此相关的报表。巴林沙密尔银行、孟加拉国伊斯兰银行、科威特金融公司、土耳其 Albaraka Turk 和迪拜伊斯兰银行没有根据伊斯兰金融机构会计与审计组织的建议编制有关 qard Hassan 的财务报表。印度尼西亚伊斯兰教义银行确实提供了有关 qard Hassan 的报表，但是其呈报形式是账目注解。

缺少慈善金征集活动，qard Hassan 发放额度低，以及缺少要求伊斯兰银行进行社会活动的法律或书面条例等，诸如此类的因素促使伊斯兰银行不遵守与慈善金和 qard Hassan 有关的标准。约旦伊斯兰银行（Jordan Islamic Bank）制定的规章明确说明了银行的社会作用，就是通过以下活动加强社会与社区成员间的联系与合作：

（ⅰ）向需要者拨付慈善贷款，以使受助人能够过上温饱的生活或支付一定的债务。

（ⅱ）为达到各种有益的社会目的，建立并管理基金或特别储蓄金。

（ⅲ）符合上述总体目标的其他各项社会活动。

根据这些规章规定，约旦伊斯兰银行开展了各种社会活动，并列入年度财务报表。2007年，该行向清真寺、《古兰经》背诵比赛、慈善金委员会和其他慈善协会出资捐款总计达 201 500 第纳尔。* 2007 年，批准 qard Hassan 贷款总计 870 万第纳尔，有 19 112 人受益。在向手工艺者和小规模工业提供融资服务方面，截至 2007 年底，该行资助了 71 个项目，总计金额达 160 万第纳尔。该行还资助了互助保险基金。2007 年，由此项基金赔付的补偿金总计达 385 000 第纳尔。截至 2007 年底，这项基金的受益人总数达 81 371 人，未清余额（outstanding balance）为1 786 万第纳尔。约旦伊斯兰银行还支持其他各方面的社会活动，其中包括教育援助、国内外的人道主义救援以及帮助其他福利组织等。

同样，自建立以来，孟加拉国伊斯兰银行显示了体现自己社会作用的巨大诚意。这完全符合其成立的宗旨。为了加强自己的社会活动，孟加拉国伊斯兰银行建立了伊斯兰银行基金会（Islami Bank Foundation）。基金会通过采取各种方案向贫困者提供经济援助，如创收方案、医疗保健和医疗保险方案、人道主义救援方案、教育方案、救灾和恢复方案以及宣教（dakwah）方案等。该基金会建立了六家现代化医院、两个服务中心和五个职业培训机构。此外，该行还实施了开发人力资源计划，通过为他们提供特定领域的技能，改善他们的经济状况和生活质量。还有一家提供宗教和道德教育的特殊机构也建立起来。

孟加拉国其他伊斯兰银行也开始实施这家银行开展的社会计划。例如，1995 年建立的社会投资银行有限公司（Social Investment Bank Limited）的主要活动直接针对孟加拉国的社会福利。该行致力于孟加拉国各行业的发展，其中包括使社会组织管理现代化（如清真寺、学院、养老机构和其他福利组织），发展通过养老（wakaf）、慈善和捐赠建立起来的物业，以创造更高且更实际的回报。社会投资银行还推出了与此相关的现金养老证（cash wakaf certificate），把由这些基金获取的收入用于开展伊斯兰教义允许的活动（www. siblbd. com）。除此之外，该行还建立了社会储蓄基金，目的是向贫穷或有需要的人提供帮助。基金来源包括银行的年利润以及公众捐款。

印度尼西亚伊斯兰教义银行的社会活动通过 Baitulmaal Muamalat 来实现。Baitulmaal Muamalat 制定了各种项目，如 B-社区、B-关怀、B-智能和 B-BMT。B-社区计划致力于开发社区的自给自足能力，提高社区福利。B-关怀计划包含向自然灾害（如洪灾和火灾）受害者以及那些正在经历人类悲剧（包括战争、饥荒和疾病）的人们分发救济。2007 年，Baitulmaal Muamalat 向印度尼西亚自然灾害受害者发放救灾援助总额达 96 亿卢比。** 通过 B-智能计划，以助学金形式（全年学费）给私营或公立大学学生发放教育援助。这种援助的受益人有机会参加由印度尼西亚伊斯兰教义银行开展的各种社会活动。截至 2007 年底，Baitulmaal Muamalat 向亚齐省（Aceh）海啸孤儿提供了总计 1 600 份助学金。B-BMT 计划是小额贷款计划，旨在促进小企业的发展。这项援助计划通常以营运资本和工作设施形式提供。印度尼西亚伊斯兰教义银行还提供动

* 约旦官方货币是第纳尔（JOD）。

** 印度尼西亚的官方货币是卢比（Rp）。

员和分配慈善金的服务。该行动员的慈善金总额达120亿卢比（Bank Muamalat Indonesia，2007）。

迪拜伊斯兰银行也完成一系列社会活动，惠及了阿拉伯联合酋长国伊斯兰社会及团体各界。该行提供一种慈善金储蓄，从股东的利润中提取资金。这种慈善基金被称为sandouq al-zakat，放置在专用账户中，单独处理。该行也接收指定由银行从它们的资金中支付慈善金的其他各方和客户的慈善金，并将其用于慈善及其他符合伊斯兰教义的福利目的。这些来自慈善金储蓄账户的资金主要提供给阿联酋内部及外部的孤儿、福利组织、学生和有需要的人。迪拜伊斯兰银行开展的另一项社会活动是为婚姻、医疗和偿还债务提供免息贷款或qard Hassan贷款。2007年，该行发放了总计1 928笔qard Hassan贷款，总金额达1 848迪拉姆。* 除此之外，该行还主动进行迪拜进口动物屠宰方法的研究和调查。当发现许多屠宰场以电刑屠宰动物后，该行与迪拜合作社（Dubai Co-operative Society）合作，同欧洲大公司进行谈判，要求它们按伊斯兰方法屠宰动物。银行和合作社都派出代表到这些屠宰场指导监控屠宰过程。

会计政策

在所有交易中，伊斯兰银行都必须遵守伊斯兰经营原则。在筹集资金方面，伊斯兰银行采用取代利息的四个主要机制。它们是：盈亏共享、买卖、固定费用或手续费和免费服务。就这点来说，许多穆斯林学者认为，伊斯兰银行应该有不同于传统银行的交易计量、记录和报告方法。传统银行财务报表的编制和呈递通常依据西方会计制度，把重点放在特定交易的经济利益以及财务报表用户需要的信息上。而伊斯兰银行财务报表的主要目的不仅要报告银行的财务状况，还要向客户和报表用户提供评价银行遵守伊斯兰教义情况所需要的信息。伊斯兰教监事会（Syariah Supervisory Board）的工作是保证伊斯兰银行不违背伊斯兰教规则。监事会针对银行是否遵守伊斯兰教原则提交报告，其内容在银行的年度报告中发布。

如今还不存在纯粹的伊斯兰银行，因为大多数伊斯兰银行仍然使用西方会计制度记录商业交易，生成财务信息。不过，有些银行已经创建了自己的会计标准。在1987年年会期间，伊斯兰发展银行（Islamic Development Bank）迈出创建伊斯兰银行会计标准的第一步，并得到其他伊斯兰银行的大力支持。年会的成果是建立了筹划指导委员会（Steering Committee），其职责是为伊斯兰银行推出恰当而适用的会计标准。1988年，筹划指导委员会递交了报告，但是并非所有成员都接受由该委员会推荐的准则。于是，又建立了新的委员会，对筹划指导委员会推荐的准则进行评审和改进。虽

* 迪拜的货币称为迪拉姆（Dh）。

然新委员会推出的会计标准得到认可和接受，但是该委员会没有提供实施的方法。由于没有具体的实施细则和指导，各伊斯兰银行随后创建了自己的会计政策。在制定自己的会计政策时，它们考虑到伊斯兰教委员会（Syariah Committee）的意见，还外聘了审计师。会计政策的制定也视银行规则和开办伊斯兰银行国家的法律而定。

在选择采用哪种政策时，大多数伊斯兰银行会把其他伊斯兰银行已经采用的政策作为基准。不过，隶属于同一家总公司或子公司的银行一般会采用总公司的会计政策。各伊斯兰银行在准备财务报表时有报告差异。这些差异不仅发生在不同国家的伊斯兰银行中，也发生在同一国家的伊斯兰银行中。例如，苏丹 El Gharb 伊斯兰银行（El Gharb Islamic Bank of Sudan）没有报告自己的会计政策，而苏丹 Tadamon 伊斯兰银行（Tadamon Islamic Bank of Sudan）则报告了。

1991 年，伊斯兰发展银行在吉达（Jeddah）开会，提出了有关需要为伊斯兰银行建立统一会计标准的建议，结果产生了伊斯兰金融机构会计与审计组织。伊斯兰银行拥有统一的会计标准很重要，因为伊斯兰银行的会计目标与传统银行有本质上的区别。传统银行的会计目标是帮助财务报表用户做出决策，而伊斯兰银行的会计目标是能让用户评价银行是否遵守了伊斯兰教原则。自成立以来，伊斯兰金融机构会计与审计组织已经成功地制定了与伊斯兰银行会计及其他金融业务相关的几个标准。其中有 23 条会计标准、5 条审计标准、6 条管理标准、2 条伊斯兰金融机构会计师和审计师道德守则和 30 条伊斯兰教原则标准。由伊斯兰金融机构会计与审计组织发布的财务会计标准主要侧重于以伊斯兰教原则为基础的伊斯兰金融机构交易。伊斯兰金融机构会计与审计组织制定的标准很全面，其中包括财务报表编制的基础、收入确认和开支、记录投资承诺的方法、呆账分配、固定资产和折旧记录、银行和储户间的利润分配、慈善金的支付和所有产生费用的责任。

编制财务报表的基础

虽然伊斯兰金融机构会计与审计组织为伊斯兰银行制定了会计标准，但是服从这些标准不具备法律约束力。有些国家要求伊斯兰银行服从由本国管理机构施加的标准和法律。例如，马来西亚伊斯兰银行和马来西亚伊斯兰教义银行编制财务报表依据的是由马来西亚会计标准理事会（Malaysian Accounting Standards Board）发布的规定《1965 年公司法》（Companies Act 1965）和得到认可的马来西亚会计标准《马来西亚国家银行指南》（Bank Negara Malaysia Guidelines）以及伊斯兰教要求。两家银行都没有参考由伊斯兰金融机构会计与审计组织发布的任何会计标准。孟加拉国伊斯兰银行则主张编制财务报表依据《1991 年金融公司法》（Banking Company Act 1991）、采纳为孟加拉国会计标准的《国际财务报告准则》（International Financial Reporting Standards）、《1994 年公司法》（Companies Act 1994）、《1987 年证券交易规则》（Securities and Exchange Rules 1987）、《达卡和吉大港证券交易所上市规则》（Dhaka and Chittagong Stock Exchange's Listing Regulations）和其他应用于孟加拉国的法律和规则，以及伊斯兰金融机构会计与审计组织标准规定的格式和条款。印度尼西亚伊斯兰教义银行报告说，它们的财务报表编制符合《财务会计标准第 59 号声明“伊斯兰银行会计”》（Statement of Financial Accounting Standards No. 59 “Accounting for Sharia Banks”）、《印度尼西亚伊斯兰银行会计准则》（Accounting Guidelines for Indonesian Sharia Banks）和由印度尼西亚会计研究所（Indonesian Institute of Accountants）发布的原则，以及由印度尼西亚银行和资本市场监管机构（Bank Indonesia and the Capital Market Supervisory Agency）施加的其他标准。科威特金融公司依照《国际财务报告准则》（International Financial Reporting Standards）编制财务报表。土耳其的伊斯兰银行依照《土耳其会计标准》（Turkish Accounting Standards）和《土耳其财务报告准则》（Turkish Financial Reporting Standards）描述的会计和估价标准保存会计记录、编制松散的财务报表。同样，迪拜伊斯兰银行编制自己的财务报表遵守由国际会计准则委员会（International Accounting Standards Board）发布的标准和由阿拉伯联合酋长国发布的其他政策。遵守伊斯兰金融机构会计与审计组织标准的伊斯兰银行大都是创始于中东的银行，如巴林沙密尔银行、巴林 Albaraka 伊斯兰银行、伊斯兰国际阿拉伯银行和卡塔尔伊斯兰银行。这些银行明确声明，它们根据伊斯兰金融机构会计与审计组织标准编制财务报表。它们也遵守各自国家施加的附加标准。这些情况显然说明，接受伊斯兰金融机构会计与审计组织所定会计标准的银行较少，这也许因为伊斯兰金融机构会计与审计组织本身具有自愿的性质。如果伊斯兰金融服务委员会（Islamic Financial Services Board）继承伊斯兰金融机构会计与审计组织的功能，极有可能实现伊斯兰银行的年度报告标准化。

收入确认

收入确认是在交换交易已经发生或支付过程已经完成时进行的收入记录。收入确认原则规定，无论是得到收入，还是支付过程完成，都要确认收入。收入确认的时间要经过仔细观察确定，因为它对衡量净收入至关重要。收入通常在销售或提供服务时得到确认。并非所有伊斯兰银行都在年度报告中描述自己的收入确认政策。提供收入确认政策的银行有马来西亚伊斯兰银行、巴林沙密尔银行、Albaraka 伊斯兰银行、科威特金融公司和迪拜伊斯兰银行。但是，它们确认收入的方法各不相同。孟加拉国伊斯兰银行没有解释任何有关用于收入确认的方法。伊斯兰金融机构会计与审计组织发布了收入确认指南，并提出满足以下所有条件，就意味着收入的实现（AAOIFI，2000，p. 61）：

● 银行有权收取意味着支付过程完成的收入。不同类型和来源的收入，支付过程的完成点不同。例如，当银行提供服务时，服务收入的支付过程就完成了。同样，货物销售的收入支付过程在货物交付时完成，而允许他人使用银行资产（租赁）获取收入的过程要随着时间的推移完成。

- 另一方存在向银行汇付固定或确定金额的义务。
- 尚未收取的收入应该明确收入金额，而且有合理的可收取确定性。

马来西亚伊斯兰银行和马来西亚伊斯兰教义银行的收入确认政策有相似之处。两家银行的收入确认都以权责发生制（accrual basis）为基础。来自客户融资的收入确认以固定回报率方法为基础，而来自证券交易和投资的收入确认以实际收入（effective yield）为基础。归为不良（non-performing）账户的收入要在得到现金支付后才能加以确认。如果还款拖欠超过六个月，这个账户就被归类为不良账户。这个政策符合马来西亚国家银行提供的指导方针。马来西亚的伊斯兰银行遵守由马来西亚会计标准理事会为伊斯兰银行设定的会计标准 MASBi-1。巴林沙密尔银行在 2007 年年度报告中详细描述了以下收入确认政策（Shamil Bank，2007，p. 50）：

- **利润分享和管理费**

银行获得的利润分享以及收取的管理费确认基础是，根据 mudharabah 协议规定，银行从受限制和无限制投资账户获取此类收入的权利，但银行暂时放弃其权利的情况除外。

- **成本加成和 istisna 交易利润**

通过成本加成和 istisna 交易获得的利润是通过成比例地分配那些在交易期间可归属的利润而被认可的。在交易期内，每一财政期间携带其一部分利润而并不考虑现金是否被收到。如果分期付款偿付过期超过了 90 天，利润就不会通过成本加成和 istisna 交易而增加，除非主管人员认定这种增加是正当合理的。

- **租金收入**

为了在整个租赁期中提供固定回报率，从租赁财产中获取的收入要按比例在租期中分摊。

- **Mudharabah 合同收入**

当 mudarib 宣布利润时，mudharabah 合同的收入得到确认。

- **Musyarakah 合同利润**

如果 musyarakah 合同超过一个财务期，当部分或最终结算完成时，银行的利润份额得到确认。亏损的确认要在此项亏损从银行 musyarakah 资本份额中扣除时。至于递减的 musyarakah 交易，要在考虑到由于银行的 musyarakah 资本份额减少，其利润或亏损份额也相应减少之后，确认银行的利润和亏损。

● **股息收入**

在收款权利确定后，股息收入（Dividend income）得到确认。

● **规费和手续费**

收到付款时，规费和手续费被确认为收入。信用证和信用担保书手续费在交易期内确认为收入。银行履行了与相关交易有关的义务后，为其他方或代表其他方组织安排交易的规费得到确认。

详细描述收入确认方法的伊斯兰银行有迪拜伊斯兰银行和巴林 Albaraka 伊斯兰银行。以下是迪拜伊斯兰银行实行的方法实例（Dubai Islamic Bank，2007）。

● **Murabahah**

如果收入可以量化，而且在合同开始时有契约性确定，要根据未偿付金额，在合同期内以时间比例（time-apportioned）为基础确认收入。

● **Istisna**

Istisna 收入和相关利润率（针对客户的 al-masnoo 现金价与针对银行的总 istisna 成本之间的差额）的计算以时间比例为基础。

● **Ijarah**

Ijarah 收入的确认以租赁期内的时间比例为基础。

● **Musyarakah**

此项收入的计算基于反映该资产实际收入且以时间比例为基础的递减余额。

● **Mudharabah**

如果能准确估计，Mudharabah 融资的收入与亏损要在权责发生制基础上得到确认。否则，其收入要按 mudarib 的分配方式确认。根据 mudarib 公告，亏损记入收入。

● **规费和手续费收入**

规费和手续费在收到时即得到确认。

● **租赁收入**

租赁收入基于权责发生制得到确认。

● **股息**

收取股息的权利得到确定时，从股票投资中获取的股息收入得到确认。

● Sukuk

收入以 Sukuk 期内的时间比例为基础入账。

● 财产变卖

当满足了以下所有条件时，以完全权责发生制方法为基础确认财产变卖收入。

1. 销售完成且合同签字。

2. 截至财务报表日，买方的期初投资足以兑现支付此财产的承诺。

3. 在交易（即实质上的销售）中，银行把一般风险和所有权转移给买方，实质上与财产没有后续联系。

公寓销售收入按满足以下所有条件时完成的百分比确认：

1. 销售完成和合同签字。

2. 截至财务报表日，买方的期初投资足以兑现支付此财产的承诺。

3. 建筑不在预备阶段，即开始设计工作、签订建筑合同或选址等。

4. 买方得到承诺。

5. 买方不能获取未交付单位的退款。

6. 银行不能履行其合同义务的可能性微乎其微。

7. 可以合理估计总销售收入和成本。

有些伊斯兰银行不仅要遵守由国际会计组织或特定国家有管理权组织发布的标准，还必须遵守管理和监督这些银行的金融机构制定的收入确认方法。举例来说，伊朗央行发布的收入确认方法如下：

1. 租购：在收到款项时确认租购交易的收入。

2. 分期付款：此项收入记入应收账款账户，待期满时确认。

3. 民事合伙：在合同到期日确认收入。

4. Mudharabah：在合同到期日确认收入。

5. 期货交易：现金销售及赊销收入确认，赊销按分期付款确认。

6. Jo'alah：收入确认以现金收付制为基础。

7. 债务购买：收入确认以权责发生制为基础。

8. Masaqat 和 mozaraah：收入确认以现金收付制为基础。

9. Gharz-al-hassanah：收入确认以权责发生制为基础。

10. 直接投资：出售股份收入在出售完成时确认，股息在收到时确认。

伊朗央行还为收入和其他支出流设立了以下方法：

（i）按过去银行法经营而获取的收入以权责发生制为基础确认。

（ii）进行中交易的利润和手续费以现金收付制为基础确认。

（iii）政府账目维护手续费、债券红利和从储备金中获取的利润，按以货币和信贷委员会（Council for Money and Credit）决议为基础的现金收付方法确认。

（iv）基于权责发生制，确认从代理行和外国银行获取的收益为收入。基于现金收付制，确认从外国银行代理机构往来账户获取的收益、由汉堡支行发放的担保贷款和由香港支行提供的资本为收入。基于现金收付制，确认外汇兑换业务手续费、伊朗—埃及发展银行（Iran-Egypt Development Bank）管理费和抵押票据、汇票和商业汇票销售手续费为收入。

（ⅴ）根据权责发生制，确认支付给投资账户的利润、向 gharz-al-hassanah 账户捐赠及支付外币定期存款的利息为支出。根据现金收付制，确认因借方余额而付给外国代理机构的利息和支付的手续费为支出。

某些伊斯兰银行，如约旦伊斯兰银行，不仅要遵守由国际会计组织发布的标准，还需要遵守自己制定的法规。约旦伊斯兰银行的法规第 18 条和第 19 条概述了银行的收入确认法。详情如下：

第 18 条：

与联合融资和投资活动有关的利润和亏损必须记录在独立账户，必须分别在银行收取的与活动和服务相关的收入和支出中表现出来。这同样适用于投资收益和特殊用途支出，据此，必须为每个项目保留一个账户。

第 19 条：

为了对与融资和投资活动相关的利润负责，银行不得采取基于估计或预期利润的核算方法。另外，结算必须服从依据银行提供的融资方法确认的利润，并符合以下条例：

（ⅰ）按照 mudharabah 法，利润确认必须依据银行和用款方完成的最新账户清偿信息。清偿必须依据收到的实际金额和收入确认。清偿还必须得到核准和全额验收。年利润必须在当年记入账户，据此，不管项目全面完成还是部分完成，都实施清偿。

（ⅱ）根据减少股份法，即使收到非现金形式的收入，也必须依据本财年末项目收到的净收益确认利润或收入。在这种情况下，确认的收入将被视为应收款项。

（ⅲ）按照以商定的溢价利润为另一方购货的方法，确认利润将依据后续合同的完成以及实际成本与指令购买方同意的价格差额。

（ⅳ）所有与融资业务相关的支出和费用必须匹配每项特定业务，不得列入或视为银行的一般开支。

投资

投资是伊斯兰银行采用的产生收益的方法之一。伊斯兰银行可以从事的投资有四种类型，即购买有价证券，如股票、债券、政府票据（government issue notes）和可转让存单（negotiable deposit certificates）；投资子公司和联营公司；投资物业或房地产；其他投资。选择记录所从事投资的政策会影响到财务报表报告的投资价值。如果投资价值增加，但没有报告，那么所报告公司的价值就会比实际价值低。同样，如果投资的最新价值比投资当时低，但没有报告，就会造成高估公司真实或实际价值的后果。伊斯兰金融机构会计与审计组织没有明确详细说明这种投资程序，只声明投资必须按成本记录，没有对任何永久性价值减少做出规定。马来西亚伊斯兰银行对投资的解释几乎和马来西亚伊斯兰教义银行所作解释一样。在2008年年度报告中，马来西亚伊斯兰银行针对投资的会计政策提供了如下解释（Bank Islam Malaysia，2008，p. 92）：

● 如果收购有价证券的主要目的在于，在短期内销售或再购买或如果确定它们是被安排在一起的证券投资组合的一部分，而且有明显的短期获利回吐的真实迹象，那么这些有价证券就被归类为持有待交易（held-for-trading）。此类证券按公允价值（fair value）入账，任何因公允价值变化而产生的收益或亏损都将得到损益表的确认。

● 可供出售的证券是未归类为持有待交易或持有至到期日（held-to-maturity）的证券。这类证券按公允价值计量。在活跃市场没有报价的权益工具（equity instrument）投资，其公允价值无法切实计量，则按成本入账。

● 持有至到期日证券是具有固定或确定支付金额和固定到期日的证券，而且银行有明确意向和持有至到期日的能力。这些证券采用有效盈利方法按摊余成本（amortized cost）计量。当这些证券被取消确认或减少，而且溢价摊销（amortization of premium），增加折扣，其利润或亏损在损益表中得到确认。

不同银行采取的投资政策也不同。举例来说，科威特金融公司视证券为准备出售的投资，并按成本估价，而迪拜伊斯兰银行在其账户附注中为不同类型的投资活动提供了公允价值的解释。如果在有组织的金融市场进行交易，公允价值仅仅是资产负债表日常营业时间结束时的市场报价。对非上市投资而言，公允价值是类似投资的市场价值。对物业投资而言，公允价值根据独立专业估价师的估价定期确定。

巴林沙密尔银行详细描述了归属于每项投资的价值（Shamil Bank，2007）。详情如下：

● **租赁投资**

租赁投资（ijarah）按成本入账，并依据物业和设备折旧政策或租赁期减少，以较低者为准。

● **Sukuk 投资**

Sukuk 投资按摊余成本入账，扣除价值减损准备金。由此产生的差额在收益汇总报表中确认。

● **持有待交易投资**

这些投资最初按成本确认，随后按公允价值重新计量。

● **物业投资**

房地产投资最初按成本确认，随后按公允价值再计量。

● **联营公司投资**

联营公司投资按成本加并购后银行所占联营公司净资产份额的变化记入资产负债表。

● **Mudharabah 投资**

Mudharabah 投资最初按成本入账，随后按公允价值再计量。

呆账准备

金融行业难免出现呆账。虽然伊斯兰教义强制穆斯林偿还债务，但是，在实践中，伊斯兰银行仍常常受到呆账的困扰。为此，伊斯兰金融机构会计与审计组织建议伊斯兰银行考虑与呆账有关的以下四个事项（AAOIFI，2000，p. 91）：

（ⅰ）在此期间记入损益表的准备金。

（ⅱ）在此期间核销的应收款项。

（ⅲ）在此期间收取的以前核销的应收款项。

（ⅳ）自期初至期末，应收呆账准备金的余额。

公开呆账准备金政策的银行有马来西亚和印度尼西亚的伊斯兰银行、科威特金融公司、迪拜伊斯兰银行、土耳其 Albaraka Turk 和伊斯兰国际阿拉伯银行。虽然孟加拉伊斯兰银行和巴林沙密尔银行没有详细说明任何与此问题相关的政策，但是它们确实为呆账提供了一定数额的准备金。通常，伊斯兰银行创建两种准备金，即一般准备金和特种准备金。一般准备金基于贷款组合的比例，包括没有特别确认的可能损失。特种准备金是为经过个别评审并特别确认为呆坏账的可疑贷款而准备。以下是马来西亚伊斯兰教义银行实行的与呆账准备金相关的政策实例（Bank Muamalat，2007，p. 64）：

● 特种准备金为经过个别评审，特别确认为次级、可疑或坏账的呆账而准备。

● 一般准备金也按融资组合的百分比提供，用以承担无法特别确认的损失。这些百分比以年为基础进行评审，需要的话，可以调整全部一般准备金。一般准备金也为某些高风险账户服务。

● 当管理部门认为没有升值希望时，在考虑了抵押品的变现价值之后，核销任何无法收回的融资或被归类为呆账的部分。

● 当可收回金额低于融资账面净值（不含特种准备金的融资债务总额）和长期未偿还不良融资时，要在以下基础上追加呆账准备金：

1. 未偿付期大于 5 年小于 7 年的不良融资的抵押品作为财产，要设定该财产的强制销售价值的 50％作为抵押品。

2. 没有价值会被设定成未偿付期为 7 年及以上的不良融资的抵押品。

● 年内预留的所有准备金都记入损益表。

● 年内该行对不良融资采取了更严格的分类政策，据此，自违约第一天起或到期日之后，还款拖欠超过 3 个月，融资被归为不良或次级类。

● 该行还为不良融资采用了更严格的特种准备金制度，对拖欠超过 5 个月的不良融资提取 20%预留准备金，对拖欠超过 8 个月的不良融资提取 50%预留准备金，对拖欠 11 个月或以上的不良融资提取 100%预留准备金。

固定资产和折旧

固定资产是为产生收益而购买的资产。固定资产一般为建筑、机动车辆、办公设备以及管理信息系统。伊斯兰金融机构会计与审计组织没有提供固定资产相关政策的详细指导方针。除相关折旧问题以外，没有适合设定固定资产价值的指导方针。在账户中，固定资产作为注释呈现。提供固定资产会计政策的银行有马来西亚伊斯兰银行、巴林沙密尔银行、孟加拉国伊斯兰银行、印度尼西亚伊斯兰教义银行、土耳其 Albaraka Turk、伊斯兰国际阿拉伯银行、科威特金融公司和迪拜伊斯兰银行。马来西亚伊斯兰银行实行的有关固定资产政策如下（Bank Islam Malaysia，2008，p. 93）：

● 财产和设备等所有物品扣除累积折旧和减值损失（若有的话），按成本入账。

● 不能再有效使用或有待处置的财产和设备在其退出有效使用之日，扣除减值损失（若有的话），按账面余额入账。

● 成本包括直接归属购买该资产的支出、其他归属于使该资产达到其预期用途工作状态的费用，以及拆除和清除这些物品、恢复其所在场地原貌的费用。自建物业的成本还包括材料和直接劳动力的成本。所购置的与设备相关功能为一体的软件，作为设备的组成部分转化为资本。如果物业或设备的重要组成部分有不同的使用寿命，则被视为物业和设备的独立项目（主要零件）。与处理资产某个项目有关的收益或亏损，是处理的纯收入和账面净额之间的差额，在损益表中确认为“其他收入”。

● 只有当该部件未来实现的经济效益有可能流向银行，而且该项目的成本确实可以计量时，才可以将更换该资产项目零件的成本纳入资产账面余额，并取消更换零件的账面余额确认。物业和设备的日常维修费用发生时，在损益表中确认。

● 在为预期用途做好准备前，不对管理信息系统开发费用及在建工程进行折旧。这种线性方法用于在估计其他资产使用寿命时冲销其成本。目前和相对时期的估计使用寿命为：建筑装修及翻新，6 年；家具、固定装置、配件和设备，2～6 年；机动车辆，4 年。在申报日重新评价折旧方法、使用寿命和剩余价值。

● 长期租赁土地不作摊销。年限不到 50 年的租赁土地在每个租赁期内按等额摊销。管理信息系统开发和在建工程费用不折旧。通常具有不确定经济寿命、而且在租赁期结束时其所有权不会转给承租人的租赁土地，按经营性租赁处理。为分享或获取租赁土地而支付的款项列为预付租赁款项。该行根据《财务报告准则（FRS）117 条，租赁》（FRS（Financial Reporting Standard）117，Leases），按经营性租赁处理此类租赁，把未摊销账面余额归类为符合《财务执行准则 117.67A》（FRS117.67A）过渡性条款的预付租赁款项。预付租赁款项按线性法在租赁期内摊销。

有些伊斯兰银行将固定资产按扣除累积折旧的成本入账。折旧按年利率以线性法为基础计算。土耳其 Albaraka Turk 规定，如果维修开支增加了资产的经济寿命，维修费用也资产化。迪拜伊斯兰银行的折旧采用线性法，按固定资产的估计使用寿命计算。

利润分配

伊斯兰银行的特点之一，是在交易中应用盈亏共享原则。和传统银行不同的是，伊斯兰银行的储户预先不知道其存款的回报率，因为伊斯兰银行提供的大多数存款业务以 mudharabah 原则为基础。伊斯兰金融机构会计与审计组织的准则没有提供明确的利润分配建议。准则只说明，银行作为客户所存投资基金的管理者履行职责时，以利润百分比的形式收取回报。明确了储户与银行间利润分配方法的伊斯兰银行有科威特金融公司、伊斯兰国际阿拉伯银行和孟加拉国伊斯兰银行。迪拜伊斯兰银行只声明其利润分配按银行自己的标准流程计算，并得到银行自己的伊斯兰教监事会批准。巴林沙密尔银行在其年度报告中给出投资账户持有人之间利润分配的一般性描述。

缴纳慈善金

缴纳慈善金的义务是伊斯兰银行的又一个独到之处。伊斯兰金融机构会计与审计组织建议，当某家银行负责代表其所有人缴纳慈善金时，缴纳的慈善金要入账。此外，如果银行提供动员和分配慈善金的服务，必须在单独的声明中提交报告。除了土耳其的伊斯兰银行，大部分伊斯兰银行都陈述了自己缴纳慈善金的政策。孟加拉国伊斯兰银行没有提到任何慈善金政策，但确实提供了慈善金缴纳服务，并视为其经营开支之一。苏丹几家银行也实行了这种方法。马来西亚伊斯兰银行表示，其慈善金缴纳符合伊斯兰教义规则，也得到伊斯兰教监事会批准。中东大多数银行坚持认为，缴纳慈善金是股东的责任，不是银行的责任。伊斯兰国际阿拉伯银行和科威特金融公司明确声明，慈善金必须由股东和储户各自承担。银行没有义务代表他们募集慈善金。不过，科威特金融公司按照其伊斯兰教监事会设定的方法评定需要股东缴纳的慈善金。迪拜伊斯兰银行是唯一完整描述慈善金缴纳方法的银行，并声明慈善金按银行的公司条款和章程计算，并得到 Fatwa and Syariah Supervisory Board 的批准（Dubai Islamic Bank，2007，p.20）。以下为其依据的基本原则：

● 从股东股本提取的慈善金从其股息中扣除，按慈善金组合资金（低于实收资本的股东股本、捐赠土地的储备金和公允价值的累积费用）加雇员完成服务的收益计算。

- 从利润均衡准备金提取的慈善金在计算后记入该准备金账户。
- 慈善金由董事会任命的委员会支付，并依照该董事会设定的章程操作。
- 从实收资本提取的慈善金不纳入慈善金计算，由股东自己直接支付。

其他政策

除了以上论述的重要政策以外，各伊斯兰银行还有不同的做法。伊斯兰金融机构会计与审计组织针对此事提出的倡议值得赞扬，因为该组织成功地为伊斯兰金融机构财务报表的准备和编制制定了标准指南。然而，由于伊斯兰金融机构会计与审计组织不是立法机构，伊斯兰银行不一定要遵守或拥护其推荐的规则。因此，各伊斯兰银行准备和编制财务报表的标准有区别。按照 mudharabah 原则提供存款业务就是一个鲜明的例子。有些银行把这种存款从资产负债表中移除，因为不把它归为负债类。在依据盈亏共享原则融资的情况下，伊斯兰银行习惯于和储户共同承担管理费用和其他一般性支出。因此，分配给储户的利润将以扣除所有费用以后的净利润为基础。实行这种方法的银行有科威特金融公司和迪拜伊斯兰银行。与此相反，在马来西亚伊斯兰银行和约旦伊斯兰银行，所有管理费用完全由银行承担。

风险管理

金融机构属于风险管理和再分配企业。全球化和金融自由化，加上技术能力的激增使银行承担了更大且更多的风险。银行承担的风险主要有三类，即信用风险、市场风险和经营风险。

信用风险与不履行借贷或合同义务密切相关。市场风险是因为遇到了减少投资或投资组合价值的不确定市场环境。经营风险是包括内部程序故障、人员失误和系统故障在内的银行实际操作不确定性产生的结果。1988 年，国际清算银行（Bank for International Settlements，BIS）（建于 1930 年，原目的是为银行间支付结算提供方便）发布了一套银行最低资本要求，被称为《巴塞尔协议》（Basel Ⅰ）。协议要求银行保留相当于其风险加权资产 8%的资产。根据此框架，可以计量信用风险和市场风险，以确定足额的资本需求量。自 1988 年以来，银行的经营环境发生了许多变化，其中包括风险管理方法、监督方法和金融市场状况的变化。考虑到除银行面对的信用风险和市场风险以外的经营风险，确保银行持有足够资本储备的新国际标准出台。《新巴塞尔资本协议》（Basel Ⅱ）的新框架是《巴塞尔协议》的延续，到 2006 年末，所有成员国全面实行了该协议，伊斯兰银行也将遵守《新巴塞尔资本协议》规定的要求。《新巴塞尔资本协议》有三个主要支柱，即

（ⅰ）最低必备资本

（ⅱ）监事会

（ⅲ）市场原则

《新巴塞尔资本协议》依然保留了8%的必备资本，但是没有保留风险计算法。在原来的框架中，虽然经营风险被视为银行面对风险的组成部分，但是只有信用风险和市场风险获得应有的承认。新框架重视经营风险，因此要求银行在计算最低必备资本标准时纳入经营风险计量。为此，新协议的第一支柱要求银行评估自己的市场和经营风险，提供承担这类风险的资本。通过调整更接近于银行实际承担的信用和经营风险的最低必备资本，《新巴塞尔资本协议》以较低资本要求的明确奖励措施促使银行能够采取更精确的风险计量法，并能更有效地控制自己承担的风险。新资本框架也承认，有必要对银行总体风险的内部评估进行有效的监管评审。第三支柱充分利用市场规律的能力，通过提高金融公司公开披露的透明度，激励审慎的管理方法。

几乎所有伊斯兰银行都报告了自己的风险管理政策。但是，这些报告未能确立统一性。比如，约旦伊斯兰银行只提到了自己的信用和市场管理风险。巴林沙密尔银行只报告了信用风险，而巴林 Albaraka 伊斯兰银行（Albaraka Islamic Bank of Bahrain）报告了流动性风险和盈亏共享风险。迪拜将风险划分为信用风险、市场风险、利润率风险、通货风险和流动性风险。与中东的伊斯兰银行相比，马来西亚和印度尼西亚的伊斯兰银行更全面地提供了有关自己风险管理实践的信息。印度尼西亚伊斯兰教义银行的风险管理包括，流动性风险、经营风险、立法风险、信誉风险、战略风险和合规风险（compliance risk）。

公布了风险类型及其与风险管理相关的做法以及风险管理结构的银行有马来西亚伊斯兰银行、马来西亚伊斯兰教义银行、卡塔尔伊斯兰银行、科威特金融公司、土耳其 Albaraka Turk 和伊斯兰国际阿拉伯银行。这使财务报表的用户能够比较各家银行的风险管理机制。下面详细说明马来西亚伊斯兰银行的风险管理实践(Bank Islam Malaysia，2008)。

市场风险。市场风险是由诸如回报率风险、外汇兑换风险、替换商业风险和商品风险的市场变量反向运动产生的亏损。

信用风险。信用风险产生于因交易对方的客户无力通过融资、交易和投资活动实现合同条款而产生的收益或资本损失。

流动性风险。流动性风险指银行可能无法满足因现金流与合理成本不匹配而产生的资金需求。

经营风险。经营风险指因内部程序故障、人员失误和系统故障及外部事件而产生亏损的风险。

符合伊斯兰教义风险（Syariah-compliance risk）。符合伊斯兰教义风险指银行没有遵守由伊斯兰教监管机构马来西亚国家银行、证券事务监察委员会以及银行自己的伊斯兰教理事会确认的伊斯兰教规则和原则。

董事会风险委员会（Board Risk Committee，BRC）。董事会风险委员会负责有效行使银行综合风险管理职责。作为董事会下属委员会，董事会风险委员会在其得到授权的权力范围内判决或向董事会指出风险管理问题。其成员包括两个独立的非执行董事和两个非独立的非执行董事，由其中一名独立非执行董事担当委员会主席。

董事会风险委员会的主要职责包括：考察并向董事会推荐风险管理的策略及政策；评审并策划设定银行在企业和战略业务单位层级上的风险承受能力；监督包括市场风险、信用风险和经营风险等所有风险的整体管理；批准计量和管理风险的方法；评审银行的整个风险管理程序、系统和内部控制；批准处理极端内部和外部事件或灾难的应急计划。

管理风险控制委员会（Management Risk Control Committee，MRCC）。管理风险控制委员会负责确保董事会批准的政策得以正确实施，也要确保有效管理经营问题。管理风险控制委员会以下有四个小组委员会，即资产负债管理委员会（Asset and Liability Management Committee）、经营风险控制委员会（Operational Risk Control Committee）、信用风险控制委员会（Credit Risk Control Committee）和恢复管理委员会（Recovery Management Committee）。

风险管理框架（Risk Management Framework）。风险管理框架（RMF）的制定以通过哲学和实用的方法更全面地管理银行风险为目标。风险管理框架的方法基于 solah（伊斯兰支柱）理念，建立在五个因素之上，即 niyyah（solah 的陈述）、jama'ah（solah 的实施组织）、syarat（solah 的必要因素）、rukun（solah 的重要活动）和 qaedah（solah 所需设施）。管理银行风险采用了所有这五个因素。

总结

20 世纪 60 年代初，在埃及尼罗河流域运营的埃及盖姆尔储蓄银行（Mit Ghamr Savings Bank）开始启用现代伊斯兰金融体系。从此，伊斯兰银行不仅在伊斯兰国家，而且在非伊斯兰或西方国家迅速发展起来。如今，伊斯兰银行产品为穆斯林和非穆斯林客户广泛接受。显然，伊斯兰银行有能力满足客户对现代银行的需要，也符合伊斯兰教义的要求。伊斯兰教是世界性宗教，建立在对唯一真主（s. w. t.）的信仰之上，并得到《古兰经》和《圣训》的指导。因此，伊斯兰金融体系的所有业务操作必须建立在伊斯兰教原则的基础上。但是，伊斯兰金融体系仍然需要协调统一，因为各伊斯兰银行的商业交易中存在伊斯兰教习俗上的差异。这些差异转变为它们提供的产品与业务特性的不同。伊斯兰银行提供的金融产品和服务基本上类似于传统银行，尤其是存款业务、融资及其他业务。几乎所有伊斯兰银行都提供存款业务，如现金账户、储蓄账户和投资账户。其唯一的区别在于每项产品提供的附加值。融资业务也如此。开办银行的伊斯兰国家经济、社会和文化因素存在差异，所以客户存款额以及由特定银行提供优先权的融资类型也可能出现差异。因此，其融资密度、管理资金方式以及业务提供方面也会产生差距。

最明显的差异在于银行据以建立融资模式所采用的伊斯兰教原则，以及银行对需要进行的社会活动类型的看法。虽然盈亏共享模式更可取，但是大多数伊斯兰银行采取了相反的做法。此外，大多数融资业务提供给了经济风险较小的行业。有些伊斯兰银行非常坚定地承担社会责任，而其他银行虽然没有违背伊斯兰教义，但被发现正向传统银行靠拢。在为伊斯兰银行制定标准的融资记录和报告模式方面，伊斯兰金融机构会计与审计组织所起的作用值得赞扬。遗憾的是，伊斯兰金融机构会计与审计组织推荐的标准不具法律约束力，各家银行可以选择不采纳或服从这些标准。结果，大多数银行更倾向于服从国际会计组织或其各自国家政府推荐的准则。因此，各伊斯兰银行的财务报表编制标准不统一。

正如传统银行，伊斯兰银行已经开始重视风险管理。风险管理实践甚至变得更重要，因为伊斯兰银行现在也必须遵守《新巴塞尔资本协议》。与伊斯兰银行有关的风险包括：信用风险、利润分享风险、流动性风险和经营风险。从理论上讲，如果在伊斯兰金融业务的用户中，伊斯兰价值内在化程度高，其涉及的风险自然比传统银行低，因为根据宗教，债务人有义务偿还其所有债务，从而降低了信贷风险。此外，因为客户会出于宗教原因把钱存在银行，所以不会有与提取存款相关的任何风险，也因此不会产生高回报存款。根据《新巴塞尔资本协议》规定，经营风险现在已经得到重视，会很少出现，因为伊斯兰的职业道德会指导银行工作人员在履行其职责时要守信、高效和细致。

参考文献和延伸阅读

AAOIFI. *Accounting, Auditing and Governance Standards for Islamic Financial Institutions*. Bahrain: The Accounting and Auditing Organization for Islamic Financial Institutions, 2000.

AlBaraka Islamic Bank of Bahrain. *Annual Report* (various issues).

Albaraka Turk. *Annual Report* (various issues).

Aryan, Hossein. "The Impact of Islamization on the Financial System." In *Islamic Financial Markets*, edited by Rodney Wilson, 155 - 170. London and New York:

Routledge, 1990.

Baldwin, David. "Turkey: Islamic Banking in a Secularist Context." In *Islamic Financial Markets*, edited by Rodney Wilson, 33 - 58. London and New York: Routledge, 1990.

Bank Asya. *Annual Report* (various issues).

Bank Islam Malaysia Berhad. *Annual Report* (various issues).

Bank Islam Malaysia Berhad. *Bank Islam, Penubuhan dan Operasi*. 2nd ed. Kuala Lumpur, 1989.

Bank Melli Iran. *Annual Report* (various issues).

Bank Muamalat Indonesia. *Annual Report* (various issues).

Bank Muamalat Malaysia Berhad. *Annual Report* (various issues).

Bank Syariah Mandiri. *Annual Report* (various issues).

Dubai Islamic Bank. *Annual Report* (various issues). United Arab Emirates.

El Gharb Islamic Bank of Sudan. *Annual Report* (various issues).

Faysal Islamic Bank of Bahrain. *Annual Report* (various issues).

Haron, Sudin. *Principles and Operations of Islamic Banking*. Selangor Darul Ehsan (Malaysia): Berita Publishing, 1996.

Islami Bank Bangladesh Limited. *Annual Report* (various issues).

Islamic Bank of Bahrain. *Annual Report* (various issues).

Islamic International Arab Bank. *Annual Report* (various issues).

Jordan Islamic Bank. *Annual Report* (various issues).

Karim, R. A. A. "Standard Setting for the Financial Reporting of Religious Business Organizations: The Case of Islamic Banks." *Accounting and Business Research*. Vol. 20, No. 80 (1990): 299 - 305.

Kuwait Finance House. *Annual Report* (various issues).

Muslim Commercial Bank. *Annual Report* (various issues).

Qatar Islamic Bank. *Annual Report* (various issues).

Shallah, Ramadan. "Jordan: The Experience of the Jordan Islamic Bank." In *Islamic Financial Markets*, edited by Rodney Wilson, 100 - 128. London and New York: Routledge, 1990.

Shamil Bank of Bahrain. *Annual Report* (various issues).

Turkiye Finans. *Annual Report* (various issues).

www. bis. org.

第七章

Chapter seven

伊斯兰金融市场

本章讨论的主要内容是伊斯兰金融市场的发展、伊斯兰市场创造的金融工具，以及这些金融工具是如何交易的。本章还将讨论马来西亚的伊斯兰金融市场，以及该市场所涉及的政府机构，因为马来西亚的伊斯兰金融市场无论是在增长上，还是在广度和深度上，都走在了伊斯兰国家的前列。

简介

在伊斯兰金融市场建立的早期阶段，伊斯兰银行关注的重点是提供各种不含利息（riba）的存款和融资工具。由于穆斯林向伊斯兰银行提供了大量存款支持，致使伊斯兰银行出现了异常严重的流动性问题。在许多情况下，由于受伊斯兰教教规的限制，伊斯兰银行无法将资金输送到基于利息的金融工具中，投资机会十分有限，从而导致大量资金无法流通，只能闲置下来。因此，伊斯兰银行无法利用过剩资金进行投资，也无法获得投资收益。不过在传统的金融体系中存在着这样一种机制，允许盈利的银行将过剩资金借贷给亏损的银行。此外，传统金融体系中的盈利的银行还可以使用多种金融工具来利用它们的过剩资金进行投资。

鉴于伊斯兰银行所面临的问题，全球伊斯兰银行系统认为，拥有属于自己的金融市场，对于伊斯兰银行业的未来发展来说十分必要。从理论上看，金融市场是具有相互需求的双方会面的场所——其中一方需要获得资金来满足自身的财务需求；另一方则拥有闲置的过剩资金，并希望将这些资金投资出去，以获得收益。在认识到现有的问题后，直接参与伊斯兰银行体系的学者们开始思考应该如何建立一个伊斯兰金融市场，以及这个市场需要哪些机制。此外，它们还需要研发出伊斯兰金融市场特有的金融工具，作为传统金融工具的替代品。这些金融工具必须拥有传统金融工具的以下特点：

（ⅰ）这些金融工具必须具有可流通性，也就是说，金融工具的所有权必须能够轻易地由一个持有者转让给另一个持有者。

（ⅱ）必须具有变现性，也就是说，当需要现金时，它们可以轻易地售出变现。

（ⅲ）必须承载最低的风险。

（ⅳ）必须易于估值和定价。

由于伊斯兰金融市场仍处于发展阶段，因此这些概念引起了许多理论和实践上的问题。伊斯兰的宗教法规（hukum）有时也会导致一些混乱情况和持久争论，这些混乱和争论不仅在某一国的学者间存在，甚至在不同的国家之间也存在。

金融市场的种类

传统的金融市场是由四个部分组成的，即资本市场、货币市场、远期和期货市场以及抵押信贷市场。资本市场主要交易偿还期在一年以上的金融工具。货币市场主要交易到期日在一年或一年以下的短期金融工具。远期和期货市场则涉及双方订立的一份关于货币、证券或商品的远期交付的合同。抵押信贷市场则主要涵盖不动产融资（例如，购置住宅、建筑或其他房地产的借款）。这四个细分市场是一般金融市场的主要组成部分，也是教科书中经常讨论到的内容。不过在财富大量流动的今天，另一种拥有独特交易机制的金融工具正变得越来越流行。这个机制称为“单位信托”，单位信托是一种开放性的投资，它为人们提供了向多种证券进行投资的渠道。

金融市场的四个组成部分并非在全世界所有国家中都是必须存在的。除了发达国家以外，这些组成部分存在与否，很大程度上取决于该国的经济发展水平。

资本市场

资本市场是到期日在一年以上的金融工具进行发售和交易的地方。建立资本市场的主要目标，是为了将储蓄引导到长期的、有产出的投资中。资本市场的参与者主要来自政府和私人部门。传统资本市场所发行和交易的金融工具，就是那些由政府和私人部门所发行和交易的金融工具。在这里，“政府”的定义涵盖联邦政府、州政府、地方政府和政府机构等。在某些情况下，政府会利用资本市场获得资金，来为管理和发展费用进行融资，或者利用其剩余资金进行投资。所谓“私人部门”则是由大、中、小型企业和个人组成的。

资本市场上的金融工具可以划分为权益工具和债务工具两类。权益工具是以股票的形式出现的，股票又分为普通股和优先股两类。债务工具则是由债券构成的，债券又可分为普通债券和可转换债券两类。股票和债券的主要区别在于它们向所有人或持有人支付收益（红利或债息）的方式。对于一个持有某家公司股份的人来说，没人能够保证他一定能从公司那里收到年度红利，因为公司并没有向股东支付红利的义务。红利的支付仅仅取决于公司的利润，而且公司是否向股东支付红利是由公司的董事会决定的。然而对于债券来说，一旦债券签发后，在法律的约束下，公司必须根据签发时订立的条款支付债息。如果公司未能像事先承诺的那样向债券持有人支付债息，那么它可能会面对来自债券持有人的法律行动。此外，若公司无法支付债息，这也显然表明公司存在财务问题。

在马来西亚，任何正在经商或希望在该国经商的企业，都必须根据《1965 年公司法》在马来西亚公司委员会进行注册。公司所有人和公司是两个独立的实体。公司所有人和公司的关系取决于公司所有人所持有的股份和股份的类型。尽管股东是合法、正当的公司所有人，但它并不意味着股东必须对公司的所有行为负责。股东也无须为公司的债务负责。不过，如果出现针对公司的责任追究时，股东需要承担的责任限度仅限于自己所持的股份价值和持股比例。

普通股和优先股的区别在于红利的支付方式。和普通股不同，优先股的红利通常是采取一个固定的比率，而且优先股的红利支付也优先于普通股的红利。对于普通股来说，红利的支付完全取决于董事会的决定。此外，优先股股东对公司资产的要求权也在普通股股东之上。优先股有两种类型：累积型和非累积型。累积型优先股的股东对红利有持续的要求权，也就是说，任何未付红利都会累积起来，直到公司支付这些红利为止。因此，累积型优先股的股东有权获得过去和现在的所有红利。与之相反，非累积型优先股的股东只会收到当前年度的红利，非累积型优先股并不给予股东任何索要未付红利的权利。

股票发售和交易的中心点是有限责任的概念。也就是说，如果公司遭受了损失，则股东的财务责任仅限于他所投资的金额，除了他的投资额外，他个人对公司的债务没有其他责任。有限责任的概念实际上与伊斯兰教的利润分享原则（mudharabah）有关。根据该原则，如果一家公司所蒙受的损失并非是由某个企业家的疏忽或过失所导致的，那么这个企业家就无须为企业所蒙受的损失负责，也无须偿还资本所有人的资本。不过，在伊斯兰教的教法学（fiqh）原始资料中，并未提及诸如在传统的公司法中所有人与公司的关系等问题，穆斯林学者和乌里玛（ulama，指伊斯兰国家有名望的教法学家和教义学家）们也从来没有讨论过这个问题（Usmani，1992）。不过，伊斯兰学者们相信，有限责任的概念与“法人”或独立实体的概念有关。由于伊斯兰教教规接受法人的概念，因此伊斯兰银行处理股票和股份交易是被容许的。

股票代表了一种财务权利或一种所有权，这些票据并不等同于货币。因此，所有权的转让或移交只涉及了这些票据的客体，而不是票据本身，因为从法律的观点来看，这些票据只不过是权利的证明。伊斯兰教教规容许共同所有制，因此销售、典当和捐赠行为都是合法的。在买卖股票的过程中，只有所有权发生了改变，人们用现金或其他付款方式所买卖的就是这种价值。

与普通股不同的是，穆斯林和伊斯兰银行是不能购买优先股的。这是由于优先股的收益是一个预先设定好的固定比率，它是伊斯兰教教规所禁止的。不过穆斯林学者们建议了一种替代方法，指出可以利用优先股红利是基于一个预先设定的利润率的概念来发售优先股。由于此处涉及的仅仅是利润率，而不是固定的支付额，因此基于这种概念的优先股便不会与伊斯兰教义相冲突了（Mannan，1990）。这意味着优先股股东事先并不知道他们将获得多少年度红利，而红利的数额是由企业的利润决定的。因此，高额的利润得以转化成高额的股东红利。

马来西亚证监会伊斯兰教义咨询委员会研究并审议了这一观点。伊斯兰教义咨询委员会在1999年7月14日的第20次会议上推出了一项决议，该决议指出，在应用弃权原则（tanazul）后，非累积型优先股将获得伊斯兰教教规的容许。使用这个概念的前提条件是，普通股股东在全体大会上一致同意行使弃权原则，为发行优先股开路。在此后的每次全体大会上，普通股股东也要行使弃权原则，使企业能够根据净利润比率向优先股股东发放红利。这意味着优先股股东的收益比率是基于企业利润的，而并非基于优先股的票面价值。而散户投资者所获得的收益额则是基于他们所持有的股票数额。由于收益的发放和分配是由企业的利润决定的，因此，利润分享原则作为发行股票的基础，是用在此处最为适当的伊斯兰教旨。不过为了使股票的发行符合伊斯兰教义，除了要遵守成文法和货币当局制定的其他法规，还有一些因素也是必须要遵守的。与其他国家的公开上市一样，伊斯兰国家的公司在发行股票时也需向潜在投资者提供一份招股说明书，详细描述公司的财务和非财务的各个方面。说明书必须包括以下重要内容：

（ⅰ）投资者必须认识到，该投资合同受利润分享原则的管理。

（ⅱ）向投资者分配收益的方式必须明确地写在合同中。利润率、红利何时支付以及支付模式等方面的问题也必须在合同中写明。

（ⅲ）发行股票的目的必须明确。在伊斯兰国家中，有一个方面仍然制约着股票的应用，那就是已认购股票的转售问题。在发股公司可以动用股票持有人投资的资金之前，所筹资金的用途必须在合同中写明。

伊斯兰教的教法学家（乌里玛）们认为，在发行股票和认购股票后的这段时间里，只要企业尚未做出任何投资，那么股票就不应以更高的价格转售出去。这段时期内的交易应遵照伊斯兰教义对于钱的处置方式的规定，所以在这段时期里，股票应该以它的票面价格转售出去。因此，招股说明书应该详细写明股票何时才允许交易。在现行方法下，交易的允许日通常与股票上市的日期相同。

另一个在穆斯林学者中引起了广泛争议的问题是股市的投机。伊斯兰教是禁止投机的，因为它涉及赌博（或曰 maisir）。不过对于股市的投机问题，目前还没有任何决议，因为很难给投机定位。股票持有人的股票投资收益有两种类型：资本收益和红利。资本收益是将股票以高于买入价格的价位销售出去而获得的利润，而红利则是企业分发给股东的现金收益。这自然引发了关于伊斯兰资本市场和股票交易的几个问题：如果有一名伊斯兰资本市场的参与者，他在昨天买入股票，又在今天卖了出去，那么这种做法是否符合伊斯兰教义？股票的买卖是否会被当做赌博？投资者买卖的真的是对企业的某种权利吗？

尽管学者们将投机与赌博联系在一起，但马来西亚证监会伊斯兰教义咨询委员会却并不认同这种看法。根据伊斯兰教义咨询委员会1997年10月16日至17日的第10届全体会议的规定，投机或许是可以被容许的。尽管伊斯兰教的法学家们从来没有讨论过投机问题，不过投机也许可以和伊斯兰教的公开竞价交易原则（bai muzayadah）

联系起来。不过伊斯兰教义不允许股市中的欺骗和操纵行为。此外，伊斯兰国家还出台了一些法规，列出了哪些股票是穆斯林可以投资的、哪些股票是禁止穆斯林投资的。例如，马来西亚证监会伊斯兰教义咨询委员会就公布了一份符合伊斯兰教义的股票名单。到2008年11月，共有855只在主板市场、二板市场和马来西亚证券交易所上市的股票被马来西亚证监会伊斯兰教义咨询委员会认证为符合伊斯兰教义的股票。这些股票占马来西亚所有上市股票的85%。被伊斯兰教义咨询委员会认定为符合伊斯兰教义的股票种类包括普通股、认股权证以及可转让认股权。

利息、赌博、受禁产品及其相关产品是使股票不被伊斯兰教所容许的三个主要因素。尽管如此，如果某些行为同时涵盖被容许行为和不被容许的行为，而且两种行为所创造的混合贡献处于一个可容忍的水平，同时不被容许的行为只代表了所有行为的一小部分，且不超过委员会所设置的基准，则人们仍然可以对这些行为进行投资。例如，马来西亚证监会伊斯兰教义咨询委员会设定了以下四个基准，用以确定被容许和不被容许行为的混合贡献的可容忍水平(www. sc. com. my)：

(ⅰ) 5%的基准点（即不被容许的行为的贡献不超过混合贡献的5%)：用来衡量显然是被禁止的行为的混合贡献水平，例如，涉及利息、赌博、酒和猪肉的行为。

(ⅱ) 10%的基准点：用来衡量含有 umum balwa（表示普遍发生且难以避免的窘境）性质的行为的混合贡献水平，如传统银行中的固定存款利息收入。这个基准点也用来衡量与烟草有关的行为。

(ⅲ) 20%的基准点：用于衡量不符合伊斯兰教义行为的混合租金收入的贡献水平。例如，某一场所涉及赌博、售酒等伊斯兰教义禁止的行为，那么该场所的租金收入，就属于所谓“不符合伊斯兰教义行为的混合租金收入”。

(ⅳ) 25%的基准点：这一基准点所衡量的行为大体上是被伊斯兰教义所接受的，并且带有公共利益（maslahah）的性质，但有些其他因素可能会影响这些行为对伊斯兰教教规的恪守，例如，宾馆和度假设施、股份交易、股票经纪以及一些其他行为。这些行为可能还会涉及一些其他不被伊斯兰教教规所容许的行为。

与股票相反，传统的债券在伊斯兰国家中是被禁止的，因为它们代表了基于利息的融资。传统资本市场上的债券种类有很多，它们一般是由企业部门出于融资目的而发售的，例如，抵押债券、公司债券和次级债券等。抵押债券的期限一般在20～40年之间，一旦发生债务违约，则债权人对债券发售公司的部分或全部资产拥有优先所有权。公司债券的期限一般在25年以内。和抵押债券不同的是，公司债券有资产作为担保，不过在优先权方面排在抵押债券后面。次级债券也叫可转换债券，因为它们是作为贷款签发的，债券发售公司需按固定的年利率向债券持有人支付债息。等到次级债券到期时，持有人可以选择将这些债券转换为普通股。因此，在这种转换发生前，次级债券仍被当做长期债务，根据合同，发债公司必须支付债息和本金。

在马来西亚伊斯兰银行业发展的早期，由政府、金融当局或法人团体以债券形式发售且能够被伊斯兰银行认购的金融工具并不多。不过，马来西亚政府通过马来西亚央行发售了一些能够使伊斯兰银行根据优良贷款原则（qard hassan）进行认购和购买的债券，这些债券又称为“政府投资证券”。发售该证券的目的是为了给马来西亚伊斯兰银行一个利用剩余资金进行投资的机会。每年年末，发售方都会按照事先设定的比率向债券持有人赠送礼金（或曰 hibah）。政府的这种做法符合伊斯兰教义，而且直到今天还在继续。到 2008 年 9 月末，马来西亚发售的伊斯兰债券的规模已经达到 376.6 亿令吉，占该国所发售的所有债券的 44.9%。与此同时，这一时期未偿的伊斯兰债券（sukuk）的总金额也达到了 1 460 亿令吉。

穆斯林学者们提出了一个建议——发行一种“基于资产的利润分享金融工具”来取代公司债券，不过这一建议尚未被伊斯兰银行广泛实施。这个金融工具代表了对伊斯兰银行管理下的信托资金的货币要求。这个金融工具的操作和安排类似于共同基金或单位信托。穆斯林学者们建议了两种利润分享金融工具，一种叫“不受限利润分享”，另一种叫“受限利润分享”。在不受限利润分享原则下，伊斯兰银行扮演了一个基金经理（mudarib）的角色，负责全权管理与资金有关的事务。受限利润分享则在周期、地点、目的和允许的业务种类等方面都有明确的规定。银行只被允许执行说明书或利润分享合约中所规定的职能。下文就是学者们所建议的一只利润分享债券的若干特征（Pervez，1996）。

（i）在每个规定年份的年终进行资产估值。如果估值结果超出前一年的资产估值数据，则表明投资获得了收益。投资收益将在每个资产估值日上宣布。在支付了所有利润分享费用后，净利润将在该金融工具的持有人和银行之间进行分配。银行的管理费是一个固定的比率，在合同中已经写明。不过银行可以自行决定降低它的管理费用，方法是自愿放弃部分管理费用。

（ii）如果出现净损失，即资产净值减少，则银行不可征收这一时期内的管理费用。如果损失的原因是由于银行出现重大过失，或是由于银行违反了合同条款而引起的，则银行有责任对损失做出赔偿。

（iii）如果债权人的债务要求超过了利润分享金融工具的总资产，债权人也不会拥有任何渠道获得金融工具持有人的其他资产。

（iv）尽管银行管理费基于利润的固定比率的做法是被容许的，但征收某一固定金额的费用的做法却是不被容许的。

（v）可以根据合同留出净利润的一定比率作为储备金，用来防止未来发生意外事件或不可预见的损失。等合同到期时，在满足了所有成本和要求后，储备金的剩余金额将分发给债券的持有人。

约旦是最早引入基于资产的利润分享债券的国家之一。根据约旦 1978 年第 13 号法案的规定，约旦伊斯兰银行可以发行一种名为 muqaradah 债券的金融工具。该法案对 muqaradah 债券的定义如下：

> Muqaradah 债券是由银行发行的一种具有统一价值的凭证，归于以票面价值

进行认购之人名下。债券持有人相当于参与了银行年利润的实现过程。此类债券还需符合每一次单独发行时的各项条款。

根据以上解释，我们可以知道，利润分享债券最重要的特点是，债券的发行和持有者的收益是建立在利润分享原则上的。虽然法律允许约旦伊斯兰银行发行这种债券，但该行真正发行这类金融工具是从1997年开始的。它最早是由约旦政府发起的，只不过当时是在一个有限的范围内进行。约旦政府的《1981年Muqaradah债券法案》为约旦宗教基金部（Ministry of Awqaf）发展捐赠资金（wakaf）铺平了道路。根据该法案，可以发行利润分享债券的机构包括宗教基金部以及具有财务独立性的公共机构和市政当局。该法案还提供了一个与发行利润分享债券有关的重要因素，那就是约旦政府会为债券票面价值的确定提供担保。这种担保符合约旦裁决委员会的裁定，即政府担保（政府作为第三方）是可以接受的，并不与伊斯兰教教规相冲突。到2007年底，约旦利润分享债券的规模已经达到了2.185亿约旦第纳尔。而在2006年底，这个数值还仅有1.667亿约旦第纳尔（约旦伊斯兰银行，2007）。利润分享债券的发行过程主要取决于银行认为哪些项目具有经济潜力。在银行确定其某一有意投资的项目的财务需求后，约旦伊斯兰银行将公开发售债券，允许公众按照一个固定的票面价值进行购买。债券的年利润将基于项目所获得的利润进行分发，项目结束后，银行将返还债券的本金。

除了约旦之外，当巴基斯坦在1977年将全国的经济体系转型为伊斯兰式经济体系时，巴基斯坦政府对发行符合伊斯兰教义的债券也产生了兴趣。为此巴基斯坦出台了《Modaraba Companies and Modaraba（意为发行与控制）1980》、《Modaraba Companies and Modaraba Rules 1981》两项法案。这两项法案的目的就在于为利润分享类的金融工具提供必要的法律框架，并允许企业、银行和其他金融机构将自己注册为利润分享公司，以及在巴基斯坦发行这一类型的金融工具。这些金融工具与约旦的利润分享债券异曲同工，也分为受限债券和不受限债券。不过巴基斯坦债券还有一个额外的特点：它们的发行期既可以是一段有限的时期，也可以是永久性的。这些伊斯兰债券在巴基斯坦的卡拉奇股市上进行交易。除了利润分享债券之外，巴基斯坦的伊斯兰观念委员会（Council of Islamic Ideology）还推荐了另一种伊斯兰金融工具，称为参股条件证明（Participation Term Certificates，PTCs）。以下列出了PTCs的一些显著特点（Qureshi，1990）：

1. PTCs主要针对一段特定时期，一般不超过10年（不包括宽限期）。

2. 政府对当时实行的《公司法》进行了适当修改，从而推出了适用于PTCs法理方面的一些大原则。

3. 由于PTC融资是针对一段特定时期的，因而它受公司固定资产的法定抵押、公司流动资产的浮动抵押的担保。

4. 为了向PTC持有人分配利润，这笔投资与现有证券享有同等权利，利润的分享建立在双方同意的基础上。

5. 在利润移作他用前，按税前利润来决定 PTC 持有人的收益。

6. 用来向 PTC 持有人支付的利润属于收入的可免税支出。

7. 付给 PTC 持有人的那部分利润被提前扣除，优先于股东对公司利润的要求权。

8. 一旦出现亏损，债券发行公司首先应释放储备金，包括损益账户中的贷方余额。损失的剩余金额则由 PTC 持有人与其他资金的提供者按照他们的资金比例进行分摊。

9. PTC 发行方必须按照当初向潜在投资者发行 PTC 时所约定的那样，将发行债券所筹集到的资金完全用于发行合同中规定的项目。发行方必须勤奋、高效地运作其融资的项目，并在运作项目的过程中运用一切专业技能与智慧。

10. 为了向 PTC 持有人提供保护，必须指定一位受托人，并授权该受托人从发行公司获取信息、访问项目所在地、检查公司机械设备等，该受托人还有权获取公司的所有业务记录。

11. PTC 持有人可以选择将一定比例的未偿债券转化为普通股。

12. 发行公司也可能选择给予普通股股东认购新发行的 PTC 的权利。

从上述特点中我们可以看出，PTC 和传统债券有许多相似之处。例如，PTC 是由抵押品和浮动抵押品担保的，这个特点和抵押债券很像。另外，PTC 持有人可以选择将他们的债券转换为普通股，这个特点又很像次级债券。尽管这类金融工具在巴基斯坦是可以接受的，不过有些穆斯林学者仍然对它的可容许性表示质疑（Ariff and Mannan，1990）。这是由于从伊斯兰教义的观点来看，它的合法性还有待确立。不过尽管 PTC 尚未被广泛接受，但它在巴基斯坦仍有发行。例如，在 2008 年末，巴基斯坦各银行发行的证券投资的票面价值 10 003.572 亿巴基斯坦卢比，其中 PTC 投资为 351.751 亿巴基斯坦卢比，仅占所有投资的 3.5%。与此同时，利润分享债券的投资额为 302.658 亿巴基斯坦卢比，占所有投资的 3%。在其他伊斯兰国家和伊斯兰银行中，基于利润分享概念的伊斯兰债券尚未完全发展起来。例如，伊斯兰发展银行虽然是根据伊斯兰教义进行金融管理的主要银行之一，但就连这家银行也没有走在发行利润分享债券的前列。不过伊斯兰发展银行已经推出了两套基于资产的利润分享金融工具方案，这两套方案分别称为伊斯兰银行证券投资组合（IBP）和单位投资基金（UIF）。IBP 是一个由机构投资者和个体投资者贡献的资金池，目的是为了进行融资交易、租赁交易，以及在伊斯兰国家的企业中参股。UIF 主要用于为租赁资产和分期付款销货进行融资。从它们建立以来，截至 2006 年，伊斯兰发展银行共管理了价值 44 亿美元的 IBP 和 18 亿美元的 UIF。

这种情况并不意味着伊斯兰国家没有付出发展其他伊斯兰债券的努力。例如，马来西亚在发展伊斯兰债券方面就走得很远。马来西亚的政府部门和私人部门都可以发行伊斯兰债券。自从 1990 年马来西亚的 Shell MDS 公司在合作（musyarakah）原则的基础上发行伊斯兰债券以来，马来西亚伊斯兰债券的流行性逐年上涨。2001 年，马来西亚发行的伊斯兰债券超过了传统债券。到 2008 年 6 月，马来西亚债券市场的规模已经超过了 5 000 亿令吉，其中未偿的企业债券为 2 580 亿令吉，占所有未偿债券的

51%。2008 年全年，共有 44 只伊斯兰债券获得了马来西亚证监会的批准，这些债券的总价值达到了 32.34 亿令吉（www.sc.com.my）。

除了马来西亚以外，巴林在伊斯兰债券的发行上也扮演了重要的角色。巴林发行的伊斯兰债券是在 salam（指一种提前付款，远期交付的商业模式）原则和 ijarah（意为租赁）原则的基础上建立起来的。巴林伊斯兰债券的历史是从 2001 年开始的，这一年巴林货币署发售了第一只 salam 债券，平均每月的发售金额为 2 500 万美元。到 2008 年 11 月底，巴林已经发行了价值 60 亿美元的 salam 债券。除了 salam 债券外，巴林货币署还发行了 ijarah 债券，第一只 ijarah 债券是在 2001 年 9 月发售的，发售金额为 1 亿美元，期限为 5 年。2004 年 7 月 20 日，巴林货币署又用本国货币发售了总价值 4 000 万巴林第纳尔的 ijarah 债券（合 1.06 亿美元），期限为 10 年。到 2008 年 11 月，巴林股市共发行并交易了总价值约 50 亿巴林第纳尔的 ijarah 债券。

伊斯兰国际金融市场（IIFM）的存在，有望成为在全球范围内推动伊斯兰债券发行的动力。作为一个国际组织，伊斯兰国际金融市场的主要任务之一，就是鼓励伊斯兰债券的发行，并且确保这些债券的确符合伊斯兰教教规。对于那些想要发行伊斯兰债券并希望它们的债券被国际社会认购的企业来说，伊斯兰国际金融市场的服务是极为必要的。到 2008 年 7 月底，伊斯兰国际金融市场已经推动了以下六只伊斯兰债券的发行：

（i）6 亿美元——马来西亚环球债券（Malaysia Global Sukuk）

（ii）4 亿美元——团结信托服务有限信托证券（Solidarity Trust Services Limited Trust Certificates）

（iii）7 亿美元——卡塔尔环球债券（Qatar Global Sukuk）

（iv）2.5 亿美元——巴林货币署国际债券（Bahrain Monetary Agency International Sukuk）

（v）1 亿美元——塔布里金融公司信托证券（Tabreed Finance Corporation Trust Certificates）

（vi）1.2 亿美元——Durrat Al-Bahrain 证券公司 B. S. C.

目前，ijarah、istisna（预售）、salam、murabahah（成本加利润销售）和 bai bithaman ajil（意为延期付款销售）等原则都是创建伊斯兰债券时广泛使用到的原则。不过对于债券二级市场上的交易所采取的贴现方法是否符合伊斯兰教教规这一问题，伊斯兰教法学学者们目前仍然缺乏共识。例如，bai al-dayn（意为债务销售）原则在马来西亚得到了广泛的应用，但在中东却受到了教法学家的强烈反对，因为他们认为只有价值相同的债券才能被交易。

货币市场

货币市场最重要的功能就是为经济体中的经济单位提供调整流动性水平的有效手段。货币市场上的金融工具有三个重要的特点：违约风险低、周期短、适销性强。在传统的货币市场上交易得最为广泛的金融工具是短期国库券、可转让定期存单、银行承兑汇票和回购协议。

短期国库券是由一国的财政部门发行的有价证券。发行短期国库券所筹集到的资金主要用来弥补政府的运营开支。短期国库券是折价售给投资者的（即低于面值），投资者购买国库券所获得的收入就是票面价值与购买价的差额。短期国库券的周期通常是 3 个月、6 个月、9 个月或 1 年。可转让定期存单是由金融机构（尤其是商业银行）发行的另一种形式的定期存款工具，每张票据都有最低存款金额（如 50 000 令吉）。这种存单的到期日在 1 年以内，它的利率在储蓄期的开始阶段就已经提前设定好了。这种存单可以随时转卖，转卖的场所既可以是发售此存单的银行，也可以是二级市场。

银行承兑汇票的出现往往和国际贸易联系在一起，它的发行常常是为了促进进出口贸易。众所周知，它是一种由银行承兑的汇票。当银行承兑该汇票时，银行就承担了最终向该汇票的持有人进行兑付的责任。因此，这种金融工具是可转让的，并且可以在二级市场上进行交易。银行承兑汇票的交易是以贴现方式进行的，也就是购买价低于该票据的到期价格。等到汇票到期时，银行会按汇票的面值向汇票持有人进行兑付。回购协议通常是由银行和其他金融机构（如贴现行和商业银行）发行的。银行首先会将一种短期证券卖给投资者以换取现金，同时约定在一定的期限后以预定价格购回所卖的证券。这一预定价格是由证券的面值和利息收入组成的。回购协议还给予买家保留回购执行期内的利息收入的权利。

伊斯兰货币市场的金融工具尚未在伊斯兰国家中真正地扩展起来。不过，通过在货币市场上提供基于伊斯兰教义的可转让金融工具，马来西亚已经开始为这些伊斯兰国家铺路了。马来西亚的做法也被印度尼西亚效仿。1994 年，马来西亚建立了一个伊斯兰银行同业拆借市场，它由三个主要部分组成：(1) 伊斯兰金融工具的银行间交易；(2) 伊斯兰银行间投资；(3) 银行间支票兑换系统。由于支票兑换系统——RENTAS 系统（资金和有价证券的实时电子兑换系统）在 1999 年被统一化，因此伊斯兰银行间支票兑换系统从此不再被当成伊斯兰银行同业拆借市场的一个组成部分。目前伊斯兰银行同业拆借市场仅由两个部分组成：(1) 伊斯兰金融工具的银行间交易；(2) 基于利润分享原则的银行间投资。

银行间交易是一个市场，伊斯兰银行在这里可以相互交易所有基于伊斯兰教义的金融工具。这些金融工具包括政府投资债券（GII，由马来西亚央行发行）、马来西亚央行可转让期票（BNNN）、伊斯兰承兑汇票（IAB）和伊斯兰可转让金融工具（INI）。这些金融工具是作为一种投资机制引入的，通过这种机制，一家亏损银行（投资的接受者）可以基于利润分享原则，从一家盈余银行（投资者）手中获得投资。投资周期一般从隔夜拆借到 12 个月不等。收益率通常基于投资分配前的年度毛利率。在这些金融工具进行转让时，作为投资者的盈余银行并不知道它将获得多少收益额，而只有在投资期结束时才能知道。1996 年 2 月 2 日，马来西亚央行推出了一个专门针对这些投资证券的最低基准收益率，这个收益率是在当时的政府投资债券的收益率基础上加了

0.5%。马来西亚央行规定这一基准收益率的目的，是为了确保只有拥有合理收益率的银行才能参与伊斯兰货币市场。

除了以上提到的金融工具，马来西亚央行还在wadiah（意为存款的安全保管）原则的基础上推出了一些伊斯兰银行间存款工具，用以吸纳伊斯兰银行系统中的过剩流动资产。除了马来西亚以外，印度尼西亚也采取了类似举措，向伊斯兰货币市场提供金融工具，并且基于wadiah原则进行银行间存款，并基于利润分享原则进行银行间投资证券的交易。

远期和期货市场

远期市场和期货市场的目的是为了使市场参与者能够规避货币、证券或商品的远期交易的价格风险。远期市场和期货市场的买卖双方可以在远期交割日之前订立交易的条件。在远期市场上，买卖双方的合同并不是标准化的，而期货市场的合同却是标准化的。此外，期货市场上的合同是在涉及交易和远期交易的各方之间订立的，而不是由买卖双方直接订立的。

伊斯兰教义允许远期交易，因为在伊斯兰教义中，许多原则都与远期交易有关，如salam原则、istijrar原则和istisna原则（这三项原则又分别称为bai salam原则、bai istijrar原则和bai istisna原则）。不过在哪种物品能够在远期市场交易的问题上却存在着分歧。例如，约旦、埃及和苏丹的银行不得参与远期货币交易，在这几个国家中，货币交易只能按现汇汇率（有时也称即期汇率）执行。然而在其他国家的伊斯兰银行中，货币的现汇交易和远期交易都是被允许的。

期货市场是伊斯兰资本市场发展最为滞后的一个部分，因为它存在着相当大的争议。在穆斯林学者中，期货市场的合法性问题尚未形成定论。有些学者称期货市场是不被伊斯兰教教规所容许的，因为销售期货者本身并不拥有这些货物，不过其他学者则持强烈的相反态度。当代学者卡玛利（Kamali，1997）认为，期货合同也许可以被伊斯兰教教规所容许，因为它并不涉及利息、赌博和不确定性等问题。事实上，《古兰经》和《圣训》中并未明确禁止期货的销售。不过，艾尔加里（ElGari，1998）对这种金融工具的可用性却表示了质疑。他相信，如果将salam原则应用到期货交易上，那么买方应该在签订合同时就向卖方付款，而不是在远期付款。尽管存在诸多争议，马来西亚证监会伊斯兰教义咨询委员会在1997年11月26日的第11次会议上决定，涉及粗棕榈油的期货合同是被允许的，也符合伊斯兰教教规。

由于商品的远期市场得到伊斯兰教教规的允许，因此从这些交易中极有可能产生债务的证券化。事实上，有些伊斯兰国家已经在远期交易的基础上，建立了用于在资本市场和货币市场上交易的证券。例如，银行承兑汇票就是在远期交易的基础上建立起来的金融工具。不过这些国家对于债务证券化的合法性问题却存在意见分歧。在马来西亚，基于bai ad-dayn（债务交易）原则的交易得到了广泛的执行，但这个观念却受到了中东学者的抵制。这种分歧限制了这类金融工具的使用，并对它的适用性提出了质疑。

在传统金融体系的远期和期货市场以及资本市场上，交易最广泛的金融衍生工具是认股权证和期权。认股权证是一种证券，它给予持有者以一个潜在的优势价格从一家公司那里直接购买普通股的权利。这个权利往往与债券、公司债券等长期债务结合在一起。期权则允许持有人订立合同，使持有人可以在某个远期的到期日之前，按照一个事先敲定的价格进行股份、商品或货币的买卖，这个事先敲定的价格又叫行使价（strike price）。期权有两种，分别叫做买方期权（call option，又叫看涨期权）和卖方期权（put option，又叫看跌期权）。在买方期权中，持有人被赋予购买的权利；而卖方期权则给予持有人以行使价销售一种证券或一份期货合同的权利。作为期权合同另一方的公司则有责任按照事先敲定的价格买入或卖出期权。不过，无论任何时候，认股权证和期权的持有人都可以在证券交易所以及任何二级市场上按市场价售出这些权利。

在穆斯林学者中，围绕着认购权证和期权是否符合伊斯兰教教规的问题存在着大量争论，这些争论至今尚未得到解决。不过伊斯兰教教规是允许期权的使用的。例如，根据利润分享和 ijarah（租赁）原则，如果货物合同发生违约，则货物合同中的买方或承租人有时会被给予这些货物的期权。艾尔加里（ElGari，2004）认为买方期权是合法的，并且在阿拉伯语中称作 arboon。卡玛利（Kamali，2002）也支持这一观点。在马来西亚，长期以来，认购权证和期权交易都是被允许的，因为它们源于股份的概念，这在伊斯兰教义中是被容许的。认股权证和期权的合法性在于，就像财产的主人有权处理他的财产一样，认股权证和期权的持有人也有权在公开市场上交易他的权利。根据这种理论，认股权证和期权会被当做 mal（意为财产），而财产的所有人是可以转售自己的财产的。

抵押信贷市场

抵押信贷市场是指为房地产提供融资的市场。在传统抵押信贷市场上，房地产贷款一般是由各种类型的金融机构发行的。商业银行、储蓄和贷款机构以及合作企业等金融机构处于提供房地产贷款的前沿。这种基于利息的贷款规定了各种条款和条件，包括与利率和还款方式相关的事项。抵押贷款的还款方式多种多样，在很大程度上取决于贷款机构。有些机构会在到期日前按月征收固定金额的分期应付款；其他机构则要么采取初期少量还款、而后还款额递增的方式，要么基于还款期孳生的利息收入来确定还款金额。还有些贷款要求借款人不仅要支付还款期的所有利息，还要按照未来某个日期的本利之和来支付分期应付款。

像传统银行一样，在房地产融资方面，伊斯兰银行也采取了许多方法。每家银行采取的还款方式都是基于伊斯兰教义中的原则。例如，一家伊斯兰银行以原始价格买入一处房产，然后以一个更高的价格卖给它的客户。客户在支付房产的原始价格前，首先要向银行支付一定比例的差价利润。有些银行要求客户在融资的初始阶段就将利润与房地产的购置成本一起支付，其他银行则采取另一种还款方法，使客户在一开始只支付小额的首付款，此后还款金额递增。分期付款的额度在很大程度上取决于银行与客户间的协议。尽管伊斯兰银行在提供这种房地产融资方面并未遇到什么问题，不过证券化的概念必须要在伊斯兰抵押信贷市场上建立起来，以免市场变得无法流通。

传统的金融体系中有两种抵押支持证券工具，一种叫做抵押转手证券（pass-through mortgage securities），另一种叫做抵押支持债券（mortgage-backed bonds）。抵押转手证券是指将一篮子抵押贷款的所有本金和利息“转嫁”给这一篮子抵押债券的持有人。例如，让我们假设一家金融机构需要为一处房产提供1亿令吉的抵押贷款（包含本金和利息），为了给这笔贷款融资，该金融机构发行了1亿令吉的债券。因此，当借款人偿还了这笔贷款的本金和利息时，这家金融机构就可以根据债券所有人所持有的债券价值，立即将这笔款项转付给债券持有人。例如，如果一个人持有债券总价值的1%，那么他就有权获得借款人所偿还的本利和的1%。抵押支持债券与企业债券类似，它也有固定的到期日和利息收入，只是这些债券有特定的抵押品作为担保。债券持有人会在特定日期收到利息收入，并在到期日获得本金。这些债券的抵押品就是由金融机构向房地产所有人发放的抵押贷款。

伊斯兰抵押信贷市场的发展仍然非常滞后。目前，没有任何一家伊斯兰金融机构用房地产融资来发行债券。不过，马来西亚在伊斯兰抵押信贷市场的发展上已经走在了前面。通过马来西亚央行下属的一家名为 Syarikat Cagamas Berhad（意为“全国抵押贷款公司”，简称 Cagamas）的机构，伊斯兰抵押债券已经投入使用。Cagamas 公司建于1986年，目的是为从其他金融机构采购房地产贷款以及其他消费者应收账款，并发行债券以获得贷款。这些 Cagamas 债券将成为增长的主要驱动力，并将成为次贷市场发展的催化剂。Cagamas 发行的债券共有四种类型：（1）固定利率债券：周期在1年半到7年之间，每半年支付一次利息。（2）浮动利率债券：周期最长为7年，采取可调整利率，利率与吉隆坡银行同业拆息率（KLIBOR）挂钩。（3）短期债券：周期通常在1～12个月之间，到期时只支付面值。（4）基于利益分享原则的伊斯兰债券 Sanadat Mudharabah Cagamas。该债券会基于一个预先设定的损益比率，每半年向持有人分发一次红利。

发行传统金融工具所筹借到的资金主要用来采购房屋贷款，而 Sanadat Mudharabah Cagamas 债券则是用来采购伊斯兰房屋融资债务的。从2001年起，Cagamas 还开始采购伊斯兰租购债务。尽管这些伊斯兰房屋融资债务和租购债务都是从各个金融机构那里购得的，但这些收购都具有追索权。也就是说，当银行将债务卖给 Cagamas 公司时，银行相当于同意了如果 Cagamas 所采购的贷款导致 Cagamas 公司出现损失，则银行将对该损失（例如，坏账）进行赔偿。Cagamas 还为它的债务交易设置了一些条件。到2007年年底，Cagamas 共采购了价值1 260万令吉的伊斯兰房屋融资债务，而它所采购的伊斯兰租购债务则达到了34.086亿令吉（www.cagamas.com.my）。

从大体上说，Cagamas 公司的做法为伊斯兰房屋融资债务和伊斯兰租购债务的证券化过程铺平了道路，不过如果允许伊斯兰金融机构发行它们自己的债券，则这个过程还会得到进一步的发展。除了金融机构以外，也可以授权其他企业来管理这些伊斯兰抵押债券的发行和交易程序。伊斯兰教义的 wakalah（意为代理）原则也许可以用于伊斯兰抵押信贷市场的实施和发展。

单位信托市场

单位信托市场是金融市场的另一个分支，根据伊斯兰教义，单位信托市场可以得到更加活跃的开发和运作。单位信托基金本质上是一种集体投资方案，即具有相似投资目标与风险容忍度的投资者可以将他们的存款投入一个共同的基金。随后这个基金会由一个专业的投资公司进行管理，投资公司会根据信托基金的投资目标，代表投资者对一个多样化的、经过核准的证券组合进行投资。单位信托基金的投资计划涉及基金经理、受托人和投资者三方之间的关系，他们的关系在法律上被信托书中的条款绑定在一起。基金经理是精于投资的专业人士，他们负责单位信托基金的管理和运作。这种共享基金可以被投资于任何一种投资或投资的组合，例如，股票、货币市场工具、期货合同、商品、债券以及私人债务证券，等等。如果这些累积资金主要投资于股市，那么这只基金就会被称为股票基金。信托基金的资产归受托人所有，而不是基金经理。一般来说，投资者对基金经理采购的资产并没有任何权利，但他们的投资收益与他们所拥有的单位数量是成比例的。

这种基于单位信托方案的资金流通方法最初于 1931 年始于英国。马来西亚的第一只单位信托基金是由马来单位信托有限公司（Malayan Unit Trusts Limited）于 1959 年 8 月建立的。这家公司于 1963 年被东南亚发展公司（South-East Asia Development Corporation）收购。东南亚发展公司又有两家子公司，其中一家名叫新加坡单位信托有限公司（Singapore Unit Trusts Limited），在新加坡运营；另一家名为亚洲单位信托有限公司（Asia Unit Trusts Berhad），该公司在马来西亚设有运营机构（马来西亚央行，1984）。单位信托行业一开始归马来西亚央行监管，不过 1993 年之后，由马来西亚证监会对单位信托的建立、运营和管理进行监管。马来西亚单位信托业的适用法律为《1949 年信托法》和《1965 年公司法》。

单位信托有两种：开放式单位信托和封闭式单位信托。开放式基金是指基金份额的总规模不固定，投资可用金额的总额以及基金份额的增减，取决于投资者对基金份额的认购和赎回。开放式基金的投资者可以随时以市场价从基金经理或指定的代理人处赎回他们的份额。与开放式基金不同的是，封闭式基金有一个固定的规模，封闭式基金的性质属于股份有限公司，它的业务就是在股市上买卖股份。在认购期结束后，封闭式基金就不再发售新的股份。封闭式基金在股票交易所上市交易，其股份价格是由市场力量决定的。单位信托的投资者一般会获得两种收益：一种是由单位信托的价格上涨而获得的资本利润，另一种则是年度红利（前提是基金盈利），红利会在每个财务期结束时发放给投资者。

随着马来西亚国企公司（Perbadanan Nasional Berhad）在1981年4月成立，马来西亚的单位信托业迎来了一股发展势头，单位信托也成了一种家庭投资产品。这家公司管理着马来西亚国民信托基金（Amanah Saham Nasional）。此后，马来西亚国企公司和其他金融企业又陆续推出了一系列基金。到2008年12月31日，马来西亚共有39家管理单位信托基金的企业。共有521只基金获得批准，获批基金的总规模达到4 739.39亿个单位，而当时处于流通中的基金单位也达到了2 083.42亿个，信托单位的账户总数为12 274 908个，基金资产总值达到1 694.14亿令吉(www.sc.com.my)。

由于管理单位信托并不涉及任何利息的因素，因此运营符合伊斯兰教义原则的信托计划相对来说比较容易。目前有许多基金管理公司都在从事信托基金的管理。这些公司不仅在伊斯兰国家中非常活跃，就连在美国和英国等西方国家中也表现得十分活跃。在马来西亚，阿拉伯马来西亚单位信托公司（Arab Malaysia Unit Trust Berhad）在1993年推出了两只成功的信托基金，促使其他基金管理公司纷纷效仿，使得今天符合伊斯兰教义的单位信托基金的数量大大增加。例如，马来西亚国企公司管理的所有单位信托基金都符合伊斯兰教义。

当企业推出一个符合伊斯兰教义的单位信托计划时，有些条件是必须要遵守的。例如，单位信托基金所投资的企业不能涉及利息、赌博和不确定性等因素，这些公司也不得涉及酒类、赌具和非清真食品等伊斯兰教禁物的供应、生产或服务。建立信托基金的企业必须同时建立一个伊斯兰教教规监督理事会，用来监督并担保基金所涉及的投资并不违反伊斯兰教的戒律。如果投资的任何部分引起了人们的质疑，则还要对伊斯兰单位信托的收益进行“净化”。

到2008年12月31日，马来西亚已经有不少于149家符合伊斯兰教教规的基金，这些基金在该国所有单位信托基金中所占的比重超过了25%。伊斯兰单位信托基金可以采取利润分享和wakalah（代理）两种模式。如果采取利润分享模式，则基金的管理者扮演了一个mudarib（意为基金经理）的角色，他将与投资人一起分享投资收益。不过如果采取代理模式，则基金经理仅仅扮演了一个代理人的角色，他只会因自己的努力而获得管理费用。使用哪种模式通常会在基金说明书中写明。一般情况下，符合伊斯兰教教规的基金说明书与传统的基金说明书之间并没有多大的差别，这是因为马来西亚证监会对伊斯兰信托基金和传统基金的规定十分类似，只是在关于基金管理、伊斯兰教教规监督理事会成员的指定和利润的分配方法上有些出入。

马来西亚伊斯兰金融市场的实践

伊斯兰金融市场的实践在很大程度上取决于市场上有哪些金融产品。本章的讨论仅限于马来西亚金融市场的若干主要金融工具的发行与交易实践。金融市场有一个重要的方面需要引起人们的大量关注，即对金融市场的每个组成部门的监督与管理。例如，马来西亚的整个金融市场最初是受马来西亚央行监管的，不过在马来西亚证监会于1993年3月1日成立以后，金融市场的监管责任就转移给了马来西亚证监会。金融工具的发行和交易仅限于某些特定的集团。由于在使用这些金融工具方面有着非常严格的要求，因而个人和散户投资者一般来说是没有机会利用这些工具来满足他们的融资需求的。而对这些金融工具的要求和条件在很大程度上又取决于市场监管者。比如说如果一家机构想在金融市场上发行金融工具，它首先要满足马来西亚证监会设定的某些先决条件。这些条件可以在马来西亚证监会的网站 www. sc. com. my 上看到。本章将讨论一些在市场上交易活跃的主要伊斯兰金融工具，它们包括：

a. 政府投资债券
b. 马来西亚央行可转期票
c. 短期商业汇票
d. 伊斯兰可转让存款工具
e. 基于利润分享原则的银行间投资
f. 基于 bai bithaman ajil（延期付款销售）原则和利润分享原则的债券
g. 无息债券
h. 基于 ijarah（租赁）原则的债券
i. 基于 Cagamas 利润分享模式的债券

政府投资债券

政府投资债券（GII）是马来西亚政府发行的一种长期无息债券，用来为政府的发展支出提供融资。它也是在二级市场上交易最为活跃的金融工具之一。政府投资债券是马来西亚政府在1983年首次发行的，目的是为了使马来西亚伊斯兰银行能够利用过剩资金进行能够产生收益的投资。该债券的首次发行建立在 qard hassan（优良贷款）原则的基础上，投资者向政府提供无息贷款，当债券到期时，政府会按一定比率向投资者分发礼金。不过当时的政府投资债券是不能交易的，因为优良贷款原则不允许二级市场交易。为了使这项金融工具能够在二级市场上交易，自从2001年6月起，政府投资债券的理论基础被转换为 bai al-inah（销售与回购）原则。在此原则下，马来西亚央行将代表政府销售政府拥有的资产，随后通过一个招标程序购回这些资产，回购的价格是由债券的名义价值加利润。名义价值将于债券到期时支付，而利润则会每半年分配一次。利润率是根据中标者的加权平均收益率确定的。

发行政府投资债券的任务落在了马来西亚央行的投资操作与金融市场部的肩上。有时马来西亚央行会主动邀请金融机构认购政府投资债券。每张债券的价值都是100万令吉，最低采购量也是100万令吉。这种金融工具的采购仅限于金融市场上的成员，如拥有伊斯兰银行分支机构的商业银行、伊斯兰银行、商业银行和贴现行等。交易采用无纸交易的方式，债券的销售和采购都由马来西亚央行投资操作与金融市场部记录在案。在采购政府投资债券时，金融机构也需要支付佣金和印花税等费用。等到债券到期时，马来西亚央行会向债券持有人支付议定价格。根据 bai al-dayn（债务销售）原则，这种金融工具一般在二级市场上交易。销售价格通常是由买卖双方提前商定好的。2005 年 3 月，马来西亚政府发行了首批基于利润的政府投资债券，金额为 20 亿令吉。这种 5 年期的附息票据每隔半年向投资者发放一次利润。2005 年 6 月 17 日，马来西亚修改了《1983 年政府融资法案》（以前被称作《1983 年政府投资法案》），使政府投资债券的发行限额从 150 亿令吉上升到 300 亿令吉。到 2008 年 2 月 18 日，政府投资债券的未偿债券金额达到了 460 亿令吉。马来西亚在 2007 年和 2008 年发行的政府投资债券的金额分别为 100 亿令吉和 180 亿令吉。

马来西亚央行可转让期票

马来西亚央行可转让期票（Bank Negara Negotiable Note，BNNN）是马来西亚央行向货币市场上的金融机构发行的一种短期伊斯兰金融工具。它是一种基于销售与回购原则的存款票据。马来西亚央行以招标的方式销售它的资产（通常是在马来西亚证券交易所上市的一批股票），买方都是被央行列为金融市场成员的金融机构。同时，央行同意以每张票据 100 万令吉的价格回购这些期票。这种金融工具是马来西亚央行在 1999 年首次发行的。

可转让期票的发行时机和发行量是由央行决定的。想认购这些期票的金融机构要在截止日期前向央行的投资操作和金融市场部提交标书。可转让期票和政府投资债券一样，也是基于无纸交易。不过，对于这种票据只需要注册它的买家姓名和采购总额等信息。买家需要按商定的投标价格向中央银行支付现金。根据债务销售原则，这些票据可以在二级市场上交易。潜在卖家可以在二级市场上宣布它的销售意图，销售价格取决于交易的时间跨度和票据的到期日等因素。等到这些票据到期时，央行会按票面价值向持有人进行兑付。2001 年、2002 年和 2003 年发行的马来西亚央行可转让期票的金额分别为 10 亿令吉、20 亿令吉和 10 亿令吉。到 2003 年底，这些期票的未兑付金额为 30 亿令吉。在 2001 年、2002 年和 2003 年，货币市场上交易的期票总额分别为 12 亿令吉、22 亿令吉和 88 亿令吉。为了进一步刺激这些期票的交易，央行指定了一些主要经销商，允许他们标价买卖这些期票，市场参与者可以根据主要经销商标出的价格进行交易。

按照《1958 年马来西亚中央银行法案》（Central Bank of Malaysia Act 1958）的修正案，马来西亚央行可转让期票（BNNN）被马来西亚央行货币期票（BNMN）所取代。因此，所有即将到期的马来西亚可转让期票也将逐步被马来西亚央行货币期票所取代。马来西亚央行货币期票的最长到期日已经从 1 年延长到了 3 年，而且既可能以贴现的方式发行，也可能以贴息的方式发行。到 2008 年 2 月 18 日，市场上销售的马来西亚央行货币期票的未兑付金额已经达到了 5 亿令吉。

短期商业汇票

伊斯兰短期商业汇票是在 1992 年首次引入马来西亚的。这种金融工具类似于传统金融市场的银行承兑汇票，它是建立在成本加成和债务销售原则的基础上的。这种证券是另一种旨在鼓励并促进国内外贸易的金融工具，通过向贸易者提供有吸引力的伊斯兰金融产品来促进采购和销售行为。不过，这种短期商业汇票也可以为非伊斯兰违禁商品的进出口以及国内购销行为提供融资。

伊斯兰银行为进口或国内采购行为提供的融资是建立在成本加成原则的基础上的。根据这一概念，银行相当于指定了客户作为自己的采购代理，客户代表银行从卖家那里购买所需商品，银行向卖家支付货款，然后以延期付款的方式将商品转售给客户，付款期限最长为 200 天。根据双方事先商定的条件，客户应在到期日向银行支付商品的采购成本以及利润。这种汇票就代表了客户承诺在到期日按照汇票中规定的利润率向银行进行支付。如果银行愿意承担作为汇票的接受者所需承担的责任，那么这种汇票就被称为伊斯兰承兑汇票。如果银行决定将汇票卖给第三方，那么就要应用到 bai al-dayn（债务销售）概念。一般来说，这种汇票的销售是基于贴现债务销售的方式。等到汇票到期时，如果汇票已经被卖给了第三方，那么接受了责任的银行（或负有承兑责任的银行）将向合法的汇票持有人进行兑付。与此同时，客户也将履行汇票所规定的责任，向银行进行支付。卖家或出口商则需准备销售文件或信用证下的出口文件，然后提交给银行作为采购之用，然后卖家会向银行开具另一份汇票。这种形式的融资使卖家可以通过向银行销售债务来获得即时的现金，以对营运资本进行管理。

这种销售交易包含了一个证券化的过程：银行购买了客户对于债务的权利，而这种债务通常以承兑汇票的形式被证券化。这种销售建立在债务销售原则的基础上，汇票通常按面值的折扣价卖给客户。这种汇票可以在二级市场上进行交易，交易价格是由公式计算出来的，这个公式包含面值、年利率以及距离到期日的天数等因素。汇票到期时，银行会向汇票持有人进行兑付，并从原始交易的信用证收益中拿回这些金额。这些短期商业汇票也可以在到期日前赎回，提前赎回时所需支付的金额取决于汇票的面值、双方同意的赎回费率以及距离到期日的剩余天数等因素。伊斯兰商业汇票是一种在二级市场上交易非常活跃的金融工具。2008 年，共有价值 70.2 亿令吉的此类汇票在二级市场上交易，而就在 2007 年，这个数值还仅有 51.83 亿令吉。这表明了在国际贸易中，基于伊斯兰教义的短期商业汇票正在成为越来越受贸易商欢迎的金融工具。

伊斯兰可转让存款工具

伊斯兰可转让存款工具是伊斯兰银行向客户提供的一种存款工具。这种工具首次于2000年发行。这种金融工具最初利用的是延期付款销售原则，不过它也可以在利润分享原则和销售与回购原则的基础上发行。每张存款凭证的最低金额一般是50 000令吉。这种可转让的存款凭证可以在二级市场上交易。伊斯兰可转让存款工具的销售价格一般是由几种因素决定的，如存款凭证的面值、发行周期等。如果利用了利润分享法则，则还要考虑银行的利润率。如果这些存款工具是基于销售与回购原则发行的，则还可以使用招标法进行销售。

伊斯兰可转让存款工具的发行首先要获得马来西亚央行的批准。发行通常是由一家金融机构的资金部门执行的，而金融机构的各个分支机构只充当客户与该金融机构总部资金部门之间的联系纽带。等到存款工具到期时，金融机构的总部资金部门将向存款工具持有人支付本金和利息。客户可以在到期日前在二级市场上售出这种存款工具，或者将它卖给发行它的银行。这种形式的金融工具在金融市场上尚未得到最大化的利用。

基于利润分享原则银行间投资

基于利润分享原则的银行间投资是马来西亚央行在1994年首次实行的，当时货币市场刚刚被引入到马来西亚的银行体系中。这种银行间投资是一种基于利润分享原则的投资机制，它使亏损的金融机构能够从盈利的金融机构那里获得投资。这种金融工具有以下特点：

（ⅰ）投资的时间跨度从隔夜拆借到12个月不等。

（ⅱ）每笔投资的最低金额为50 000令吉。

（ⅲ）收益率基于毛利率，也就是接受投资银行将利润分配到新一年的投资之前的毛利润率。

（ⅳ）利润分成比率可由投资人和受投资人双方商定。

（ⅴ）双方就利润分成进行协商时，投资方银行是不知道确切的收益数额的，因为收益额只有在投资期结束时才能明确。（不过马来西亚央行在1996年2月做出规定：最低收益率应为政府投资债券的收益率加5%。）

至于应该向资金提供者或投资人分配多少利润，可以按以下公式计算：

$$Y=\frac{P\times R\times T\ (K)}{36\ 500}$$

其中：

Y ＝ 付给投资人的利润额；

P ＝ 本金投资；

R ＝ 接受投资银行将利润分配到新一年的投资之前的毛利率；

T ＝ 投资的日期总数；

K ＝ 利润分成比率。

这种金融工具在伊斯兰银行同业拆借市场上的交易非常活跃。在 2006 年，基于利润分享原则的银行间投资的货币市场交易总额为 2 561 亿令吉。在 2007 年和 2008 年，货币市场上交易的此类金融工具的金额分别为 2 710 亿令吉和 2 240 亿令吉。

基于延期付款销售原则和成本加成原则的债券

基于延期付款销售原则的债券（又称 BaIDS）是最早引入马来西亚的伊斯兰金融工具之一，需要资金来采购新固定资产的企业可以使用这种方法进行融资。吉隆坡国际机场有限公司（KLIA Berhad）是最早发行这种债券的国有企业之一，该公司在 1996 年发行了价值 22 亿令吉的此类债券，用来为吉隆坡国际机场的建设进行融资（Osman，2001）。此次发行是由马来西亚政府担保的。在私企部门，Houlon 公司通过两次发行延期付款销售债券，募集到了 1.5 亿令吉的资金。该公司在 1997 年 9 月 3 日发行了第一批价值 1.2 亿令吉的债券，发行周期为 3 年；此后又在 1998 年 1 月 3 日发行了第二批价值 3 000 万令吉的债券，这批债券已于 2005 年 1 月 2 日到期。在 2006 年、2007 年和 2008 年，市场上发行的延期付款销售债券的金额分别为 25.9 亿令吉、8.2 亿令吉和 13.5 亿令吉。

此外，市场上还有一种基于成本加成原则的债券（又名 MUNIF 或成本加成认购票据发行安排），这种债券的发行和流通与延期付款销售债券十分类似。二者的不同之处在于它们的发行周期，成本加成债券的发行周期较短，一般不超过 5 年。马来西亚的 Moccis 贸易有限公司是最早发行 MUNIF 债券的公司之一，它在 1996 年 3 月 29 日发行了价值 5 000 万令吉的 MUNIF 债券。马来西亚的 Teledata 有限公司也在 1996 年 4 月 5 日发行了价值 3 000 万令吉的 MUNIF 债券。到 2007 年底，市场上的 MUNIF 债券的发行总额为 4 亿令吉。基于延期付款销售原则的债券的基本发行流程如图 7—1 所示。

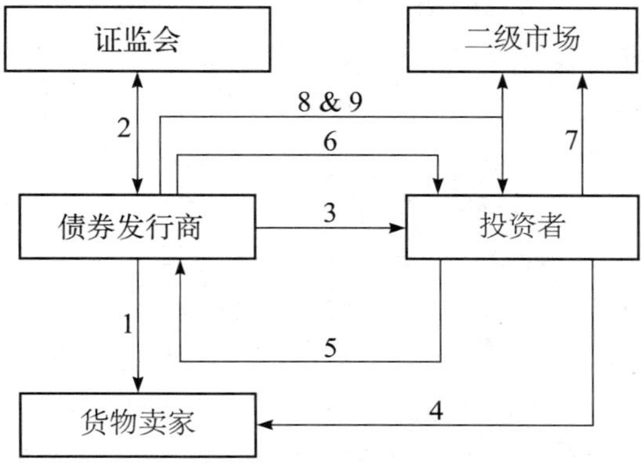

图 7—1　延期付款销售债券的发行和流通过程

图 7—1 展示了一只延期付款销售债券的发行流程：

1. 申请人（债券发行人）将讨论并确定想要从买家那里采购哪些资产，然后设定采购的各项条件。

2. 发行人需向马来西亚证监会提出发行债券的申请。在获得批准前，有些要求和条件是必须要满足的。发行人只有在获批后才能发行债券。

3. 发行人将与融资人或投资人进行讨论，并向他们提出融资请求。双方将就发行成本和投资人的预定收益等融资条件进行讨论，并达成协议。

4. 融资人或投资人将代表发行人进行采购，并根据发行人和货物卖家之间订立的条件支付货款。有时客户会被指定为发行人的代表，由客户本人去采购资产。

5. 融资人将以延期付款的方式将货物销售给发行人，这时的销售价格等于货物的采购价格加利润。

6. 发行人通过发行债券作为延期付款的凭证。债券可能采取分期偿还本金并支付利润的方式，这意味着发行人只需发行一种类型的债券。不过如果债券持有人要求周期性地获得利润收入，则发行人将根据协议，发行每 6 个月或 1 年到期的次级债券，而持有人将在到期时获得本金。在这种方式下，债券的资本部分称为初级债券，利润部分称为次级债券。

7. 根据延期付款销售原则，融资人可以在二级市场上转售这些债券。

8. 到了应向债券持有人支付利润时（例如过了 6 个月后），发行人应向次级债券的所有人支付利润。

9. 等到债券到期时，发行人将基于债券的本金值履行所有责任。

基于成本加成和销售与回购原则的无息债券

在传统金融市场中，当无息债券到期时，债券发行人只需向持有人支付债券面值。这就意味着投资人是在一个较大的折扣上买入这些债券的。这些债券一般在二级市场上交易，而折扣价格则是通过投标过程决定的。这个过程是被伊斯兰教义允许的，它的适用原则称为 bai muzayadah（意为公开竞价交易）。马来西亚证监会伊斯兰教义咨询委员会在 1997 年第 10 次全体大会上批准了无息债券的使用。这种融资方式正是马来西亚的金融业所需要的（Hussain，1997）。当时马来西亚金融业迫切需要为企业债券提供一个参考标准，在这种情况下，马来西亚的国库控股公司（Khazanah Nasional）应运而生。成立这家国营公司的目的，就是要使它成为一个发行伊斯兰基准债券的合适机构。国库控股公司在 1997 年 9 月发行了第一只伊斯兰债券，名为国库控股债券，该债券采取成本加成模式，面值为 10 亿令吉，发行周期为 3 年。到 2009 年 2 月 18 日，市场上的未偿国库控股债券的总金额达到了 33.5 亿令吉。这种债券的基本发行流程如图 7—2 所示。

图 7—2 展示了基于成本加成原则的无息债券的发行流程。该流程涉及的步骤

如下：

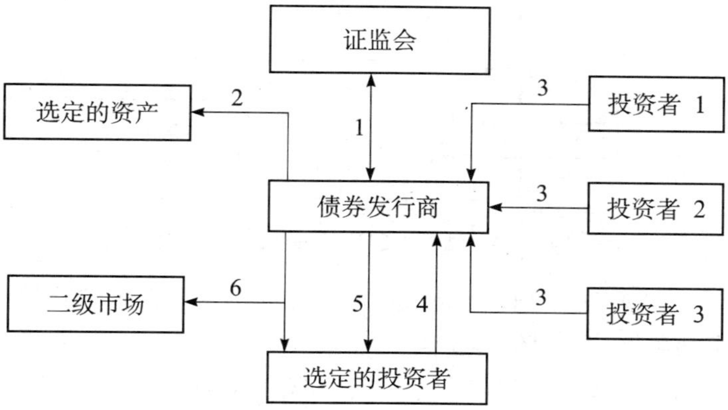

图 7—2　无息成本加成债券的发行和流通

1. 发行人需向马来西亚证监会提出发行债券的申请。在申请获批前，发行人必须满足一系列要求和条件，并提供必要信息。

2. 发行人需要确定将哪些资产销售给融资人，并敲定资产的回购价格。发行人将在未来的某个特定日期（即债券到期日）支付回购价格。

3. 发行人会邀请若干融资人（投标人），这些融资人将对已确定销售的资产提出购买要约，如果中标，则必须在发行期开始时进行支付。

4. 发行人会挑选出报出最高投标价格的融资人，中标者需与发行人执行两项协议。第一项协议涉及债券的现金销售，销售价格就是中标者所投资的采购价格。第二项协议则涉及债券的回购，即融资人基于成本加成原则将债券重新卖给发行人。债券的回购价格包含成本和利润因素。

5. 资产的原始所有人或发行人将向融资人发行成本加成证券或债券，为了使这些债券能够在二级市场上交易，它们可能会根据双方协定，被分成若干份小额面值的证券或债券。

6. 债券到期时，发行人将向融资人或债券持有人支付债券面值。

上述流程描述的是融资人将资产重新卖给发行人或资产的原始所有人的过程。因此这个第二次销售的过程所应用的原则就是成本加成原则，即成本加利润的销售。不过，如果是资产的原始所有人将资产卖给融资人，并承诺按照一个更高的价格购回这些资产，那么此处涉及的原则就是销售与回购原则，而这个过程中所涉及的债券就是基于销售与回购原则的无息债券。在这种情况下，交易就涉及两个协议，第一个协议是由发行人按融资人的投标价，将资产卖给投资人；第二个协议是按照双方在投标时敲定的回购价格，由融资人将资产卖还给发行人。

基于销售与回购概念的债券也可以通过正常程序发行，所谓正常程序是指只有一个融资人，不需要进行任何招标过程。债券也可以基于 bai muzayadah（即公开竞价原则）发行。销售与回购债券的发行流程如图 7—3 所示，具体步骤如下：

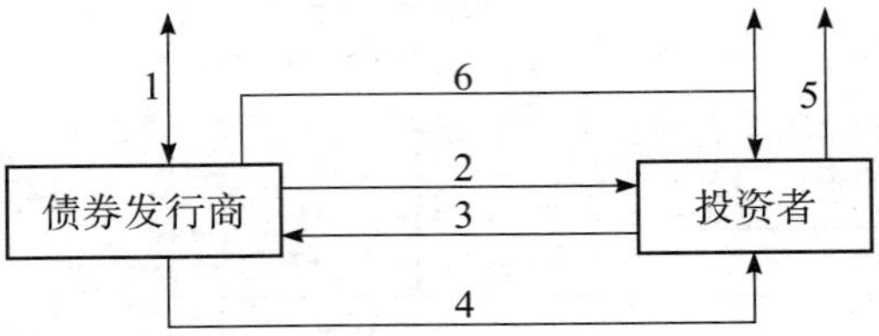

图 7—3　销售与回购债券的发行与流通

1. 发行人需向马来西亚证监会提出发行债券的申请。在申请获批前，发行人必须满足一系列要求和条件，并提供必要信息。

2. 发行人需确定将要销售给融资人的资产池。销售涉及现金支付。

3. 与此同时，发行人应告知融资人自己有以协定的价格回购所售资产的意愿。回购价格包含原始价格加上融资人的利润。回购金额的支付通常是以分期付款的形式完成的，而某些回购程序通常由买方执行。

4. 一旦发行人和融资人之间就交易的安排达成了书面协议，发行人将向融资人发行债券。这些债券既可以是初级债券，也可以是次级债券，或者是仅仅包含成本和利润因素的债券。

5. 投资人可以在二级市场上交易这些债券，也可以在到期日之前一直持有这些债券。

6. 债券到期时，发行人将分期偿还这些债券。

销售与回购债券是由马来西亚央行首次发行的，该行发行的第二批马来西亚储蓄债券（Malaysia Savings Bond）就是第一只销售与回购债券。马来西亚央行于 2004 年 1 月首次发行了马来西亚储蓄债券。2008 年 4 月，马来西亚又发行了总额为 20 亿令吉的自由储蓄债券（Merdeka Savings Bond），发行周期为 3 年。2009 年还将发行两批此类债券。基于利润的政府投资债券也在 2001 年采用了销售与回购原则。马来西亚央行可转让期票也是在此原则上发行的。

基于租赁原则的债券

基于租赁原则的债券是最早受到穆斯林学者的讨论和建议的伊斯兰融资模式之一。以下是几种可以应用租赁债券的情况：

（ⅰ）融资人首先采购一批客户所需的资产，然后将它们租给客户，以获取租金收入。承租人需周期性地向融资人或出租人支付租金。由于租金收入的支付频率是每月一次、每季度一次、半年一次或一年一次，直到租约到期，因此这种承租人对资产所有人的支付责任是可以被证券化的。资产所有人可以持有这种在租金基础上建立起来的债券，也可以将它们拿到二级市场上进行交易。

（ⅱ）当发行人急需资金作为营运资本时，也可以发行租赁债券进行融资。在这种情况下，发行人先确定所要销售的资产（例如，建筑物或工厂），然后将它们卖给融资人。融资人会以现金买下这些资产，然后将它们租给发行人，由发行人按双方约定好的价格向融资人支付租金。租金的支付是可以证券化的，也就是说，承租人可以以证券或债券的形式达成支付的协议，并将这种债券提交给融资人。融资人既可以自己持有这些债券，也可以在二级市场上交易这些债券。

（ⅲ）第三个涉及租赁原则的情况是一种名为特殊目的载体（SPV）的媒介的建立。SPV 将扮演债券发行人的角色，按照事先敲定的利润率，向投资人发行证券。随后 SPV 会与承租人达成协议，由 SPV 采购资产，并将资产租给承租人。承租人必须周期性地向 SPV 支付租金，而 SPV 又会将这些租金收入转付给融资人。

马来西亚的第一只租赁债券是由昔加里能源创投有限公司（Segari Energy Ventures Sdn Bhd）在 1997 年 9 月 30 日发行的，发行金额为 5.215 亿令吉。该公司分四次向持有人进行了偿付：在 2002 年 3 月 31 日偿付了 1.16 亿令吉；2003 年 3 月 31 日偿付了 1.245 亿令吉；2004 年 3 月 31 日偿付了 1.57 亿令吉；2005 年 3 月 31 日偿付了 1.24 亿令吉。2007 年和 2008 年马来西亚租赁债券的发行金额分别为 84.17 亿令吉和 62.59 亿令吉。其中，德瓦令吉伊斯兰债券有限公司（Dewa Ringgit Sukuk Limited）在 2008 年共发行了 35 亿令吉的租赁债券，是 2008 年发行租赁债券最多的企业。图 7—4 展示了在发行人需要获得资产的情况下，租赁债券的发行和流通过程。

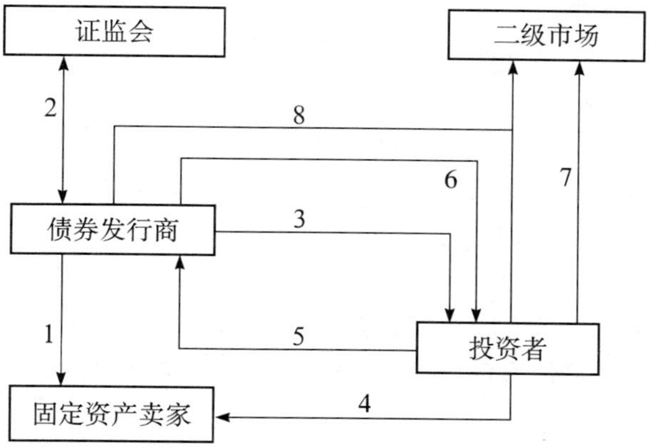

图 7—4　为采购固定资产而发行的租赁债券的发行和流通过程

为了满足企业采购资产所需而进行的租赁债券的发行和流通过程如下：

1. 申请人（债券发行人）将讨论并确定有意从卖家那里采购的资产，并确定商品采购的各项条件。

2. 发行人需向马来西亚证监会提出申请，以获得发行债券的批准。申请获批与否，取决于是否满足证监会设立的一系列条件和要求。

3. 发行人将与融资人或投资人进行讨论，并向融资人或投资人提出请求，然后双方就融资条件达成协议，这些融资条件包括发行成本以及预先敲定的支付给投资人的利润率。

4. 融资人（或投资人）需根据发行人与固定资产卖家之间订立的协议进行采购，并支付货款。

5. 融资人根据先前议定的租价和其他条件，将资产出租给发行人。

6. 一旦双方就交易安排达成书面协议，发行人需发行债券。租金的支付可以根据双方的协议，采取月付、季付或半年一付等方式。

7. 在拿到债券后，融资人可以根据债务销售原则在二级市场上交易这些债券。

8. 债券到期时，如融资人仍持有债券，则发行人应向融资人进行分期偿付；如果融资人已经出售了这些债券，则发行人应向债券的持有人进行分期偿付。

如果发行人需要融资以获得流动资本的话，也可以采取类似的流程。在这种情况下，发行人需确定要将哪一种或哪几种资产销售给融资人。在融资人用现金购买这些资产后，融资人会将资产租给发行人使用。然后发行人会发行与租金价值相等的债券，并采取月付、季付或半年一付等方式向融资人支付租金。

发行人向融资人支付的租金金额取决于资产类型、预先设定的收益率以及双方协商的租金金额等因素。租赁原则有一个扩展形式，叫做 ijarah wa-iqtina。在此原则下，租金金额将定得更高，因为当租约结束时，承租人将按一个预先敲定的价格购回这些资产。除此之外，还有一个叫做 ijarah muntahiah bit-tamlik 的原则也在马来西亚得到使用。根据此原则，商品的所有权将在租期结束后自动转移给承租人。租赁交易是在商品所有人和承租人之间发生的，承租人负责债券的发行，所发行的债券就是保障分期偿还租金的书面凭证。在有些情况下，会有一家公司或机构被专门地建立起来，充当融资人和资产（或商品）承租人之间的中介者。这家机构叫做特殊目的载体（SPV）或特殊目的公司。当交易涉及政府、全球市场或涉及一笔较大金额的资产时，有时就需要建立这样一个机构。有时为了满足法律要求，也需要建立这样一个机构。例如，马来西亚政府在 2002 年 7 月发行了一批 5 年期的债券，价值为 6 亿美元，为此，一家名为马来西亚全球伊斯兰债券股份有限公司（Malaysian Global Sukuk Inc.）的企业被专门建立起来，作为这只债券的特殊目的载体。在一般情况下，利用了特殊目的载体的债券的发行过程如图 7—5 所示。

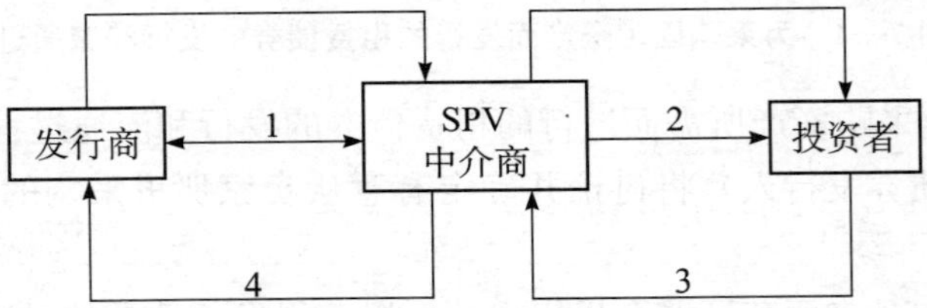

图 7—5　利用了特殊目的载体的债券的发行与流通

在此过程中所建立的SPV要么会成为有意发行债券一方的子公司，要么会成为一家擅长债券发行和管理的专业金融机构。此过程涉及以下步骤：

1. 客户与SPV达成协议，根据互相同意的价格，将一笔资产或资产组合销售给SPV。销售者还将同意从SPV那里租赁其刚刚售出的资产。交易需要考虑的因素有销售价格、付款方式、租金支付、租期以及租期到期时的选择（购回资产、直接将资产所有权转移给承租人，或选择不赎回资产——即资产所有权永远属于SPV）。

2. 由SPV负责发行债券，并邀请投资人进行投资。债券的发行将建立在SPV所采购的资产的基础上。投资人也享有资产的部分所有权。SPV此后还将负责向投资人分配利润。

3. 投资人用现金采购债券。

4. 在减去发行成本后，SPV将向资产的卖家支付采购价格。

5. SPV将周期性地收到卖家支付的租金。

6. 收到租金后，SPV将在特定的日期以利润的形式把租金转移付给投资人（如债券持有人）。

当马来西亚政府决定首次发行全球性的伊斯兰债券时，该决策涉及了许多方面和若干流程。这只债券价值6亿美元，它的主要管理者是香港汇丰银行，其他管理者包括ABC伊斯兰银行、马来亚国际银行（Maybank International）、阿布扎比伊斯兰银行、马来西亚伊斯兰银行、迪拜伊斯兰银行、伊斯兰发展银行和渣打银行。这只债券在卢森堡证券交易所和纳闽国际金融交易所上市。发行该债券的第一步就是建立一个SPV。这个SPV是由马来西亚财政部在纳闽岛上建立的，取名为马来西亚全球伊斯兰债券股份有限公司，该公司扮演了债券发行方的角色。这家公司指定了几个机构作为受信托者和管理人，由他们来负责租金的支付和收取，并对所发行的债券进行注册。这次发行所需准备的文件也有很多种，例如，那些涉及资产买家与卖家、承租方与出租方、伊斯兰债券的发行方与采购方之间的关系的文件。这些重要文件包括发行方的信托声明、信托证书或债券、资产销售和采购协议、卖家的信托声明、主要租赁协议以及服务机构协议等。债券发行流程如图7—6所示。

这次发行的步骤可总结如下：

1. 马来西亚全球伊斯兰债券股份有限公司与马来西亚联邦土地委员会进行了协商，以销售马来西亚政府所拥有的土地和建筑。这些资产包括士拉央医院（Selayang Hospital）、巴生中央医院以及吉隆坡Jalan Duta地区的政府大楼和住宅楼。双方签署了购销协议，这种情况下所涉及的财产称为信托财产。

2. 马来西亚全球伊斯兰债券股份有限公司指定了一家机构，由该机构负责伊斯兰债券的发行和管理。该机构将在马来西亚全球伊斯兰债券股份有限公司和债券的采购者之间扮演中介的角色。

3. 这家金融中介机构将代表马来西亚全球伊斯兰债券股份有限公司进行债券的发行，并从投资者那里获取资金。债券的买家或持有人具有信托财产的所有权。购买债

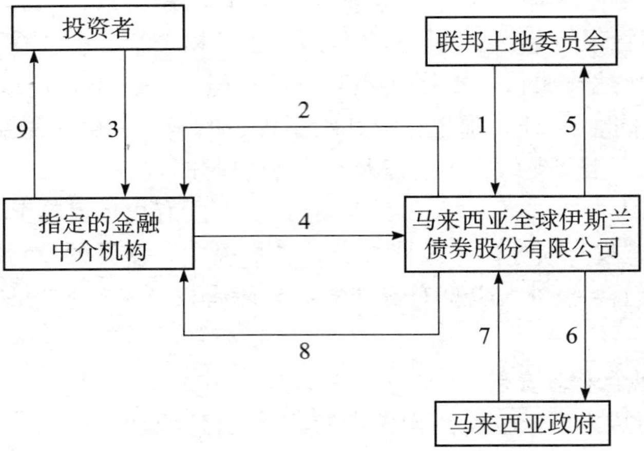

图 7—6　价值 6 亿美元的马来西亚全球伊斯兰债券的发行和流通

券时，持有人需按约定支付债券面值。

4. 在扣除所有管理费用后，金融中介机构将发行债券所筹集到的现金转付给马来西亚全球伊斯兰债券股份有限公司。

5. 马来西亚全球伊斯兰债券股份有限公司根据商定的资产采购价格向联邦土地委员会进行付款。在此次交易中，资产的所有权并未转移给马来西亚全球伊斯兰债券股份有限公司，不过作为受信托方，该公司对信托财产拥有要求权。因此，在未来的交易中，该公司对所有已实现的利益都拥有要求权。

6. 马来西亚全球伊斯兰债券股份有限公司与马来西亚政府签订了一份租赁协议，协议包含房产维护、租金支付、支付额以及支付方式等事宜。租金率的计算基础是由伦敦银行同业拆借利率（LIBOR）加利润率。

7. 马来西亚政府在预定日期向马来西亚全球伊斯兰债券股份有限公司支付租金。

8. 马来西亚全球伊斯兰债券股份有限公司利用租金收入向伊斯兰债券的持有人发放红利。等到债券到期时，债券面值会以分期付款的方式得到偿付。

9. 金融中介机构将马来西亚全球伊斯兰债券股份有限公司支付的租金转付给投资人。

基于 Cagamas 利润分享模式的债券

Cagamas 公司成立于 1986 年，该公司在 1994 年 3 月 25 日发行了一只名为 Cagamas Sanadat Mudharabah 的债券。销售这些债券所获得的收入被用来购买伊斯兰房屋融资债务。从 2001 年 12 月 11 日起，Cagamas 公司还开始采购租赁融资债务和租赁物。到 2009 年 2 月 18 日，Cagamas Sanadat Mudharabah 债券的未偿金额为 5 000 万令吉。Cagamas Sanadat Mudharabah 债券的发行过程如图 7—7 所示。

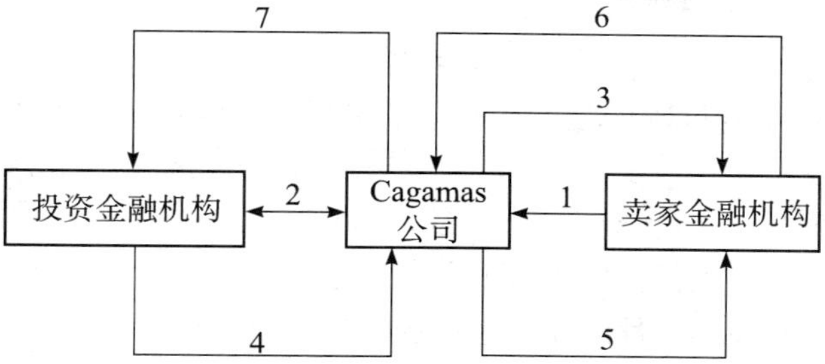

图 7—7　Cagamas Sanadat Mudharabah 债券的发行和流通

Cagamas Sanadat Mudharabah 债券的发行和流通过程的具体步骤如下：

1. 首先，被 Cagamas 公司认可的金融机构将告知 Cagamas 自己有意销售一笔资产，然后报出 Cagamas 公司能够获得的最高收益率，以及预计销售价格和销售条件。

2. Cagamas 将评估提供给潜在买家（金融机构）的销售价格，买家将告知 Cagamas 他们所期待的收益率。

3. 随后 Cagamas 将告知卖家所需的收益率。如果这个比率低于卖家所报出的比率，那么销售便可以进行。如果 Cagamas 所要求的比率高于卖家所报出的比率，那么卖家需修改所报出的比率，或者完全放弃销售。如果卖家报给 Cagamas 的比率高于 Cagamas 所要求的比率，那么 Cagamas 将出具一份采购合同，合同中写明价格、条件、收益率差别、采购日期和服务费的计算等事宜。

4. 即便是在正式投标的那一天，如果买家所要求的收益率高于卖家报出的收益率，那么卖家还是可以取消交易的。相反，如果卖家同意买家的价格，那么交易会继续进行。买家必须与 Cagamas 确定采购价格。

5. Cagamas 将把销售收入转付给卖家。

6. 当借款到期时，卖家将向 Cagamas 进行偿付。

7. Cagamas 将按与买家所签订的利润分享合同上的协议价格向买家进行支付。

与伊斯兰金融市场有关的机构

马来西亚金融市场发展的早期历史可以从两个角度来看，第一个角度是金融机构的发展，第二个角度是金融市场上现有金融工具的发展。马来西亚的第一批正式的金融机构的诞生始于 1856 年，在这一年中，印度、伦敦、中国商业银行［Chartered Merchantile Bank of India，London and China，后改称有利银行（Merchantile Bank）］在马来西亚的槟榔（Penang）开设了分支机构，随后渣打银行也于 1875 年在马来西亚开设了分支机构。这些银行的设立是为了满足矿业和农业的需要，它们所提供的服务包括贸易融资、营运资本以及伦敦、印度、中国三方间的货币汇兑。马来西亚的第一家本土银行机构——广益银行（位于雪兰莪州）(Kwong Yik (Selangor) Banking Corporation) 直到1913年7月才建立起来（马来西亚央行，1984）。马来西亚的金融和银行体系的发展经历了几个阶段，每个阶段都有不同的特点和意义。这几个阶段分别是早期发展阶段、日本占领时期、前独立时期、后独立时期、前新经济政策时期、新经济政策时期、后新经济政策时期、前经济危机时期和后经济危机时期。马来西亚的银行业是先有外国银行分支机构，后有本土性的商业银行的。到了2007年，马来西亚的银行业共包括21家商业银行、11家伊斯兰银行和14家投资银行（马来西亚央行，2007）。

由于所有的贸易交易都涉及货币，因此我们有必要简短地交代一下马来西亚的货币发展史，以及负责货币发行和流通的机构。在马来西亚，货币作为交易媒介的使用最早始于马六甲苏丹王朝第四位苏丹 Muzaffar Shah 的统治期间（1445—1459）。当时马六甲先是被葡萄牙人侵占，后又落入荷兰人手中，殖民者开始将他们的货币引入马六甲（马来西亚央行，1984）。后来当英国人占领马来半岛时，他们也将他们的货币引入马来西亚。马来西亚的第一个货币发行机构是在《1897年第8法令》(Ordinance VIII of 1897) 下建立的“槟榔、马六甲和新加坡英属海峡殖民地货币局”（Board of Commissioners of Currency of Straits Settlements of Penang, Malacca and Singapore)。该局的货币发行职能直到1967年才被马来西亚国家银行（即马来西亚央行）所取代。

马来西亚国家银行原名为马来土地国家银行（Bank Negara Tanah Melayu)，又称马来亚中央银行（Central Bank of Malaya)，1965年马来西亚建国后改称马来西亚国家银行。1957年马来半岛独立后，该行于1959年1月26日成立，作为马来西亚银行体系的唯一监管机构。自建立以来，马来西亚国家银行已经历经数次改革，尤其是在它的目标和职能方面。例如，最初马来西亚国家银行也是马来西亚资本市场的监管机构，但这一责任在1993年被转交给马来西亚证监会。不过马来西亚央行仍然保留了货币市场的监管职能。该行还负责政府证券的管理，并且扮演了政府的银行家和金融顾问的角色。

与货币市场形成对照的是，马来西亚的资本市场最初也是由外国人开拓的。例如，股份交易最早就是由 Guthrie & Co Ltd (1821)、Fraser & Co Ltd (1873)、Malakof Plantation Co Ltd (1879)、Inch Kenneth Rubber Ltd (1902) 以及 Sime Darby & Co Ltd (1910) 等农业公司的股东们引入马来西亚的。这些企业的大部分股份都在伦敦股市上进行交易（马来西亚证监会，2004）。马来西亚的第一家非正式的证券机构是于1930年6月23日成立的新加坡股票经纪商协会（Singapore Stockbrokers' Association)，该机构于1937年重新注册为马来亚股票经纪商协会（Malayan Stockbroker'Association)，但它并不交易上市股份。随着马来亚证券交易所（该机构于1964年更名为马来西亚证券交易所）在1960年成立，企业的股票开始公开上市交易。1965年新加坡脱离马来西亚后，该机构又被称为马来西亚和新加坡证券交易所。1973年，马来西亚和新加坡之间的《货币互换协定》终止，联合交易所也分裂为两家机构：吉隆坡证券交易所和新加坡证券交易所。1976年，吉隆坡证券交易所组建了一家担保有限责任公司，并于同年接手了原有的吉隆坡交易所有限公司的业务。2004 年，吉隆坡证券交易所变成了一家归股东所有的交易所，并且转变成了一家股份有限公司，被重新命名为 Bursa Malaysia。

在 1993 年以前，马来西亚的资产市场同时受到数家机构的监管，其中包括财政部、吉隆坡证券交易所董事会、公司注册处、马来西亚央行、资本发行委员会以及外国投资委员会。对证券相关事宜进行监管所涉及的两大主要法律依据是《1965 年公司法案》和《1973 年证券业法案》(Securities Industry Act 1973)，后者后来被《1983 年证券业法案》所取代。

时间一久，多机构同时监管的方式导致了一些困难和混乱的情况出现。每所机构都有自己的指导方针和批准条件，此外每所机构都分别出台了许多规定，这些规定合在一起，导致办事流程冗长而复杂。1988 年，马来西亚建立了一支研究团队来研究资本市场的发展，该团队的研究报告建议政府成立专门的证监会。1991 年 8 月，马来西亚财政部组建了一个咨询委员会，来向财政部提议新的证监会的正式结构。同年 8 月，内阁批准了成立证监会的工作文件以及其他两项法案——《证监会法案》(Securities Commission Bill) 和《期货行业法案》(Futures Industry Bill)。所有相关法案都在 1992 年年底获得了国会的通过。随着《1993 年证监会法案》的生效，马来西亚证监会也于 1993 年 3 月 1 日正式宣告成立。这也标志了马来西亚的资本发行委员会和兼并与收购委员会从此退出历史舞台。随着证监会的成立，马来西亚的企业债务市场从此受到马来西亚央行和证监会的双重监管。为了解决二者的职权重复问题，国会通过了《1989 年银行和金融机构法案》(Banking and Financial Institutions Act 1989) 与《证监会法案》的修正案。随着这些修正案的生效，从 2001 年 7 月起，证监会成了马来西亚企业债券市场的唯一监管机构。

证监会

为了满足对单一监管机构的需要和建议，根据《1993 年证监会法案》，马来西亚证监会 (SCM) 于 1993 年 3 月 1 日正式成立。证监会主要负责马来西亚资本市场的系统发展，以及包括投资者保护在内的更广泛的问题。马来西亚证监会设定了以下任务宗旨：

> 促进并维护公平、高效、安全、透明的证券和期货市场，并促进一个创新、竞争的资本市场的有序发展(www. sc. com. my)。

马来西亚证监会的主要职责在于与监管相关的事宜，它的监管职能如下(www. sc. com. my)：

1. 作为除非上市娱乐场所以外的其他企业的创办计划书的注册单位。
2. 作为企业债券发行的批准机构。

3. 监管与证券和期货合同相关的所有事宜。

4. 监管企业的兼并和收购行为。

5. 监管单位信托计划的所有相关事宜。

6. 下发执照，并对所有持执照人士进行监管。

7. 鼓励企业进行自我监管。

8. 确保对市场机构和持执照人士进行适当引导。

为了促进证监会行使职责，证监会的组织结构被划分为几个层次。位于金字塔顶端的是证监会的9名成员，他们是由财政部指定的，都是行业中的著名人物。作为证监会的成员，他们主要负责马来西亚资本市场的监管与指导的相关政策的设定。所有政策的执行则是证券会管理层的职责范围，证监会的管理层又分为高级经理和经理两个层次。高级管理层中的主任和经理们负责领导证监会的市场监管、执行、企业资源、战略与发展、发行与投资等部门。每个部门下面又有若干个小部门，每个小部门都有自己的部门领导。伊斯兰资本市场部就是证监会的战略与发展部的下属部门。

2001年，马来西亚证监会发表了《资本市场总体规划》(Capital Market Master Plan)，描绘了马来西亚资本市场的发展蓝图。这项综合性计划的跨度长达10年，它指明了马来西亚资本市场未来10年的战略地位和发展方向。该规划推出了如下愿景（马来西亚证监会，2004）：

1. 使所有支撑马来西亚的基本资本需求、投资需求和长期经济目标的核心领域具备国际竞争力。

2. 成为引导资金流通和分配的高效渠道。

3. 利用强大、便利的监管框架为证监会提供支持，使资本市场充分发挥自身功能，并向资本市场的用户提供高度的信心。

总体规划归纳了6个主要目标、24个战略性举措和152个建议。其中6个主要目标如下：

1. 成为马来西亚企业青睐的融资中心。

2. 促进一个有效的投资管理业的发展，并为投资者提供更加优越的环境。

3. 提高市场机构的竞争地位和竞争效率。

4. 为金融中介服务打造一个强大的、有竞争力的环境。

5. 确保监管制度更加强大、更加便利。

6. 将马来西亚打造成国际伊斯兰资本市场中心。

为了确保马来西亚作为伊斯兰资本市场的国际竞争地位，总体规划还建议证监会采取13项行动：

1. 积极、活跃地引入有竞争力的、创新的伊斯兰金融产品和服务。

2. 加大力度引入和推广更多、更广泛的伊斯兰集体投资方案。

3. 进一步放松穆斯林保险行业的投资限制，以促进更多穆斯林保险资金在资本市场上的流通。

4. 通过证券化努力促进尚未利用的伊斯兰资产的流通。

5. 通过培训和教育来扩大伊斯兰资本市场上的专业人士的规模。

6. 为伊斯兰金融部门建立专门的伊斯兰教义咨询委员会。

7. 为伊斯兰资本市场建立便利的税收和法律框架。

8. 与马来西亚会计标准委员会合作，为伊斯兰资本市场开发一个金融报告框架。

9. 在国内外加大宣传力度，使人们认识到马来西亚作为伊斯兰资本市场的地位。

10. 在马来西亚与其他伊斯兰资本市场间建立战略性联盟。

11. 使政府和政府有关机构考虑在全球市场上发行伊斯兰债务证券。

12. 推动马来西亚的伊斯兰证券基金在国际市场上市。

13. 为吸纳擅长伊斯兰资本市场相关业务的金融中介和专业人士而提供激励。

马来西亚国会于 2007 年 5 月通过了《2007 年资本市场和证券法案》(Capital Markets and Securities Act 2007)，该法案于同年 9 月开始生效。它是标志马来西亚证监会加强资本市场监管框架的里程碑。该法案的主要特点之一是提高了证监会民事和行政权力，为投资者提供了更大的保护。此外，该法案还引入了一个单独的许可证制度，它可以适用于多种许可证的发放。

为了使马来西亚发展成一个全面的伊斯兰资本市场和国际市场，马来西亚证监会已经采取了多种措施，为伊斯兰证券的发行出台了一系列指导方针。这些指导方针涵盖了方方面面，如：企业在证券的发行过程中需指定一名顾问；企业在提交批准申请时需要哪些文件；哪些企业有资格发行伊斯兰债券；如何指定伊斯兰教义顾问；证券的评级要求、认购要求；证券发行的形式以及其他要求；等等。

总结

金融市场的作用是使资金的购买者和使用者聚在一处，互通有无。如果没有金融市场，盈利的经济单位将无法利用剩余资金进行有产出的投资，亏损的单位也无法获得资金，以满足它们的财务需求。在伊斯兰银行刚刚建立的那些年里，如何融资的确是一个大问题。即便是在伊斯兰银行已经建立了 30 多年后的今天，这个问题仍然困扰着伊斯兰银行业，因为大多数国家还没有推出自己的伊斯兰金融市场。由于涉及利息的金融工具是不被伊斯兰教义所容许的，因此伊斯兰国家必须开发出一系列符合伊斯兰教义的替代工具。有鉴于此，伊斯兰银行业已经在许多场合考虑并提出了建立穆斯林自己的金融市场的主张。这种思索直到今天还在继续。

在某些国家，政府对建立一个完全的伊斯兰金融市场体系表现出了极大的支持和投入，并为这个目标付出了许多努力。金融市场由四个主要部分组成，每个部分都被给予了足够的重视。在货币市场上，伊斯兰银行已经在利用一系列的伊斯兰金融工具来调整自己的流动资金头寸。此外，各国央行和金融当局通过发行可转让存款凭证来积极参与伊斯兰货币市场，以解决伊斯兰金融机构所面临的流动性问题。与此同时，伊斯兰资本市场上已经开发出了各种证券和债务工具。一家企业只要不涉及被伊斯兰教所禁止的业务，它就可以在证券交易所中进行股份交易。尽管伊斯兰债券（又称sukuk）尚未得到充分的开发，不过基于延期付款销售原则、租赁原则、提前付款、远期交付原则和利润分享原则的债券已经在一些国家中得到了发行和使用。不过在一些实行伊斯兰银行体系的国家里，它们的使用仍不广泛，这主要是由于教法学家（乌里玛）和伊斯兰教教规专家们对于某些交易和原则的合法性与可容许性问题存在分歧。

马来西亚在建立伊斯兰金融市场制度上采取了积极的举措。在马来西亚，金融市场的四个主要部分的金融工具都被成功地研发出来。此外，马来西亚还建立了一些直接参与金融市场的监督和管理的机构。例如，该国的资本市场就受到马来西亚证监会的监管。马来西亚证监会还在它的《资本市场总体规划》中详细提出了发展资本市场的计划和建议。不难想象，到了2010年，马来西亚将拥有一个全面、可靠的伊斯兰金融体系。

马来西亚国家银行（即马来西亚央行）主要负责货币市场金融工具相关事宜的监管。而马来西亚的Cagamas公司则在抵押信贷市场上扮演了重要角色。

参考文献和延伸阅读

Affin-UOB Research. "Islamic Capital Market: Its Pillars of Faith." *Investors Digest* (February): 26 - 32, 2004.

Ariff, Mohammad and Muhammad Abdul Mannan. *Developing A System of Islamic Financial Instruments*. Jeddah: IRTI, Islamic Development Bank, 1990.

Bahrain Monetary Agency. *Islamic Finance Review*, Issue 6 (July 2004).

Bank Islam Malaysia Berhad. *2008 Annual Report*. Kuala Lumpur.

Bank Negara Malaysia. *Money and Banking in Malaysia*. Silver Anniversary Edition 1959 - 1984. Kuala Lumpur: Economics Department, 1984.

Bank Negara Malaysia. *2007 Annual Report*. Kuala Lumpur

ElGari, Mohamed A. "Short term Financial Instruments based on Salam Contracts". In *Islamis Financial Instruments for Public Sector Resource Mobilization*, edited by

Ausaf Ahmad and Tariqullah Khan, 249 – 266. Jeddah (Saudi Arabia): IRTI, Islamic Development Bank, 1998.

ElGari, Mohamed A. "The Qard Hassan Bank". Paper presented at the International Seminar on Nonbank Financial Institutions: Islamic Alternatives, Kuala Lumpur, March 2004.

Hussain, Abdul Rashid. "Islamic Benchmark Bonds." Working paper presented at the Islamic Capital Market International Conference, Kuala Lumpur, 15 – 16 July 1997.

Jordan Islamic Bank. *Annual Report* (various issues).

Kamali, Mohd Hashim. "The Futures Contract: A *Syariah* Perspective." Working paper presented at the Islamic Capital Market International Conference, Kuala Lumpur, 15 – 16 July 1997.

Kamali, Mohd Hashim. *Islamic Commercial Law: An Analysis of Futures and Options*. Kuala Lumpur: Ilmiah Publishers, 2002.

Mannan, Muhammad Abdul. "An Appraisal of Existing Financial Instruments and Market Operations from an Islamic Perspective." In *Developing a System of Financial Instruments*, edited by Mohammad Ariff and Muhammad Abdul Mannan, 75 – 104. Jeddah (Saudi Arabia): IRTI, Islamic Development Bank, 1990.

Muamalah Financial Consulting Sdn Bhd. Islamic Bonds and Islamic Capital Market Course, Kuala Lumpur, 6 April 2004.

Osman, Mashitah. "Islamic Bond Market: State of Play in Malaysia." Working paper presented at the Islamic Private Debt Securities Seminar, Kuala Lumpur, 24 – 25 September 2001.

Pervez, Imtiaz Ahmad. "The Financial Instruments Used by Islamic Banks." *New Horizon*, No. 46/47 (1996): 19 – 21.

Qureshi, D. M. "The Role of Shariah Board Financial Instruments in a Muslim Country." In *Developing a System of Financial Instruments*, edited by Mohammad Ariff and Muhammad Abdul Mannan, 49 – 67. Jeddah (Saudi Arabia):

IRTI, Islamic Development Bank, 1990.

Rosly, Saiful Azhar and Mahmood M. Sanusi. "The Application of Bay' al-Inah and Bay' al-Dayn in Malaysian Islamic Bond: An Islamic Analysis." *International Journal of Islamic Financial Services*, Vol 1 No. 2 (July - September 1999).

Securities Commission of Malaysia. *Annual Report* (various issues).

Securities Commission of Malaysia. *Resolution of the Securities Commission Shariah Advisory Board*, 2002.

Securities Commission of Malaysia. *Capital Market Development in Malaysia: History and Perspectives*. Kuala Lumpur, 2004.

Usmani, Mohammad Taqi. "The Principle of Limited Liability From the Shariah Viewpoint." A paper presented at the 7th Expert-level Meeting on Islamic Banking, Kuala Lumpur, 27 - 29 July 1992.

www. bma. gov. bh

www. bnm. gov. my

www. cagamas. com. my

www. sc. com. my

第八章

Chapter eight

伊斯兰保险体系

保险是一个国家的金融体系中最重要的元素之一，传统的保险体系已经存在了大约 3 000 年之久。然而，传统的保险体系涉及利息、不确定性和赌博等因素，因此不符合穆斯林的宗教信仰。为了满足穆斯林的保险需求，一种符合伊斯兰教原则的保险应运而生。本章详细讨论了伊斯兰保险（又称穆斯林保险）的基本概念和它的实践情况。为了方便进行对比，我们还将向大家介绍传统保险是如何发行的。

简介

《牛津词典》将“保险”定义为“保险公司提供的一份协议，由个人或机构向保险公司提前支付一系列费用（称为保险费），保险公司则根据协议规定，对投保的个人和机构可能发生的损失、损坏或伤害进行赔偿”。从法律上讲，保险是指一份特殊的合同，投保人根据合同约定向另一方（即承保人）支付特定金额的保险费，而承保人则同意当投保人在未来发生合同中所规定的特定损失时，对这些损失给予赔偿或补偿。

传统的保险概念包含一个合作体系，也就是说，参加保险的一群人都同意，如果他们中的某个人蒙受了损失，则其他人会对他的损失做出赔偿。用作赔偿的资金是由这一群人共同筹集的，每个参与者都贡献了一定的金额。通过前面章节的探讨，我们已经知道伊斯兰银行体系之所以会建立起来，是由于传统的银行体系中存在利息（riba）的因素。也正是由于同样的理由，穆斯林们不能在传统的保险体系中进行交易，因为传统保险包含利息、赌博和不确定性三个违反伊斯兰教义的因素。

不确定性（Gharar）因素存在于人身保险和一般险业务中，不确定性是这类合同的主要特性。而在伊斯兰教看来，合同必须是明确和确定的。传统保险之所以会出现不确定性，是由于在签订保险合同的时候，赔偿的金额和具体时间都无法确定。例如，在传统保险中，投保人同意向一家保险公司支付保费，而保险公司则承诺在投保人发生损失和灾难时进行赔偿。不过，投保人并没有被告知赔偿方式、赔偿金的来源和赔偿的金额。而在伊斯兰保险观念下，合同各方都必须明确知道他们需要缴纳多少保险、应收到多少赔偿金。例如，如果投保人在有资格获得解约退还金前终止了参保合同，那么投保人就会失去他们的保费。对于一般险的投保人来说也是如此，如果投保人在短期内取消保单，那么保险公司将处在有利地位。

赌博（Maisir）是“不确定性”概念的延伸。例如，一个人买了一份人身保险，希望在自己死时，他的家人或受益人可以收到一定金额的赔偿。不过事实上他并不知道这笔钱的来源，也不知道家人或受益人如何能拿到这笔钱。此外，传统保险市场还存在利息因素，这是由于保险公司保证对投保人缴纳的保费支付固定金额的赔偿金。

由于传统保险存在上述受伊斯兰教义禁止的因素，因而穆斯林们（尤其是参与商业活动的穆斯林团体）迫切需要一个符合伊斯兰教义的保险体系，来为各种不可预见的灾难所造成的损失提供保险。穆斯林学者们认为，这种互助和合作的保险观念事实上是受伊斯兰教鼓励的。这种观念可以成为实施伊斯兰保险观念的基础，而所谓的伊斯兰保险观念则是由集体责任、联合和互利等核心因素构成的。

传统保险体系的背景

英文中的保险（insurance）是在1651年首次使用的。保险的意思是在缴纳保费的基础上，为生命和财产提供赔偿保证的行为或系统。通过支付保费来为损失提供保险的做法始于1635年，不过当时它只为财产损失提供保险，人的生命还不属于投保范畴。保险一词来自“insure”或“ensure”，这两个词源于法语的enseurer，意为“说服”或“起誓”。在1376年以后，人们开始用insuren或ensuren来表示“同意”或“提供保证”（Barnhart，1988）。当今的传统保险体系大体可以分为个人保险和社会保险两种类型。个人保险是面向个人的自愿性保险方案，用来为个人的灾难或损失提供保险。尽管政府有时也会提供个人保险，但大多数时候个人保险都是由私人公司提供的。从保险公司与投保人签订的合同或协议来看，这类保险的主要特点是投保人自愿参保以及风险的转移。与个人保险不同，社会保险是一种强制性的保险方案，通常由政府执行。社会保险的赔偿金一般是由法律决定的，其重点是为了促进社会效率。例如，马来西亚的社会保险公司（SOCSO）与美国的社会保障系统（Social Security System）就是社会保险的两个例子。

个人保险可以分为私人保险和财产保险两类。私人保险主要涵盖与生命和健康有关的损失，财产保险主要涵盖财产遭受灾难时的损失。早在公元前2500年左右，埃及社会就已经有了一种类似的基于互助和责任分享理念的保险方法。在这种方法下，每个社会成员都要贡献一定的资金来帮助穷人，包括为穷人筹集殡葬费用，或者为患重病的穷人支付医疗费用等。后来古希腊和古罗马人也采用了这种观念。

财产保险的基本概念是在公元前3000年左右诞生的（Vaughan and Vaughan，1999）。这一时期的中国商人在运输货物的时候就采取了风险均摊的方式。在途经湍急凶险的河流时，商人们会将货物分散放置于许多条船上，将船只倾覆造成的风险降至最低。这样一来，如果不幸发生翻船，损失也不至于过于集中，而是由许多商人共同承担，因此风险也就变得可控了。

公元前1800年左右的古巴比伦《汉谟拉比法典》也记载了风险转移的观念。根据该法典，假设一名商人向别人借了一笔贷款用来采购货物，如果他想在货物被偷时取消贷款，就需要额外付给放款人一笔费用。腓尼基人和古希腊人也在他们的海上商业中使用了类似的系统。借款人在贷款时，可以选择向放款人支付一笔高额利息，以换取放款人的保证，即如果货船沉没或被盗，贷款就一笔勾销。如果用船舶进行抵押，这种合同就被称为“船舶抵押合同”；如果用船货进行抵押，这种合同就被称为“船货抵押合同”。

海上保险（简称海险）是第一种现代意义上的保险，这种保险始于13世纪的意大利，后来被推广到整个欧洲，然后又传到英国。这种保险与船舶抵押合同的不同之处在于船舶抵押合同总是与贷款联系在一起，而海上保险则涉及自由贸易。想要投保海险的船主或商人首先要将船舶的名称、船上所载的货物、目的地以及其他重要信息写在一张纸上，对公众进行公示。这张纸上还会写明风险的种类和赔偿金额以及合同的其他条款，愿意承担风险的一方需在这段文字的下方签下自己的名字。这种在文字下方签名的做法叫做 writing under，因此保险公司或承保人又叫 underwriter。

现代的火灾保险（简称火险）诞生于1591年的德国。不过1666年的伦敦大火早已彰显了建立火灾保险的迫切需求，这场大火也成了推动火险发展的主要因素。大火过后，一位名叫尼古拉斯·巴蓬（Nicholas Barbon）的医生参与了伦敦的重建工作，他在伦敦开办了一家办公室，为房产和建筑提供保险。意外保险据说诞生于1848年，当时英国国会批准了一家保险公司的建立，这家公司专门为火车乘客提供保险。

人寿保险的历史始于1536年6月18日，这一天伦敦的一群担保人和一个男人签署了一份人寿保险单，保单的周期为一天，价值400英镑。这个男人在保险期内死亡，担保人按照协议如数支付了赔偿金。世界上的第一家人寿保险公司于1699年在伦敦成立，名为英国孤寡保险社（The Society for the Assurance of Widows and Orphans）。

像全世界大多数国家一样，马来西亚的保险服务也分为人寿保险和一般保险两个部分。人寿保险包括生命保险，还包括不可预见的灾难所造成的永久伤残和生理缺陷导致的收入损失。而一般保险则包括由火灾、被盗和其他灾难导致的财产损失。

保险是在什么时候首次进入马来西亚（前马来亚）的？这个问题现在已经无据可考。不过，英国、美国和其他国家的保险公司分支机构曾一度主宰了马来亚的各大城镇（马来西亚国家银行，1989）。如果说锡和橡胶的贸易导致了马来西亚保险业的诞生，那么马来西亚的保险业很可能形成于19世纪末20世纪初。事实上，第一家商业银行在马来西亚的分支机构是于1909年建立的。马来西亚本土的保险公司直到20世纪50年代才建立起来。在1963年，马来西亚全国只有6家保险公司；而到了2007年，马来西亚已经向126家公司颁发了保险业执照，其中有41家公司是直接承保人，7家是专业再保险机构，34家是保险经纪商，37家从事保险理算业务，7家是金融顾问。而在直接保险企业中，有9家从事人寿保险业务，7家（截止到2007年年底）同时从事人寿保险和一般保险。人寿保险的注册代理人达到 78 587 名，一般保险的注册代理人也达到了 39 165 名。到 2007 年底，保险类企业的总资产达到 1 225.503 亿令吉，其中寿险企业的资产为 1 026.013 亿令吉，一般保险企业的资产为 199.49 亿令吉。马来西亚 2007 年间新发行的保单就达到了 1 337 312 份，总价值达到 1 863.272 亿令吉。截至 2007 年，马来西亚共发行了 10 909 194 份保单，保险价值为 7 230.007 亿令吉。马来西亚在 2007 年支付的赔偿金为 46.063 亿令吉（马来西亚国家银行，2007a）。

在 1961 年以前，马来西亚保险业的操作受到《1948 年人寿保险公司法令》（Life Assurance Companies Ordinance 1948）和《1948 年火灾保险公司法令》（Fire Insurance Companies Ordinace 1948）的管理。由于保险业中出现了一些不健康的操作，因此政府引入了一项新的法律——《1961 年人寿保险法案》（Life Assurance Act 1961），该法后来经过修订，成为《1963 年保险法案》（Insurance Act 1963）。随着行业持续扩张，保险业越来越需要更有效的监督和管理。有鉴于此，从 1988 年 4 月 1 日起，随着央行行长被任命为保险业的董事长，保险业的监管职能被转移给了马来西亚央行。

在 1988 年以前，马来西亚的保险业处于财政部的监管下。当《1963 年保险法案》获得修订，并被《1996 年保险法案》所取代，保险相关法律也获得了进一步巩固。在此法案下，马来西亚央行获得了一系列监管权力，诸如保险企业的董事长和首席执行官的任命、大额股份资本的买卖、办事处和子公司的建立、审计员和精算师的任命等事宜都要经过马来西亚央行的批准。除了《1996 年保险法案》以外，保险公司还受到《1966 年保险条例》（Insurance Regulation 1966）的监管。自从该条例问世以来，它几经修正，尤其是在 1997—1998 年经济危机期间，保险行业急需改革的时候。

进入新世纪以来，马来西亚保险业面临着一些新的挑战，尤其是全球化带来的挑战。不过以国际标准看来，马来西亚保险业的规模相对较小。以下是它所面临的一些具体挑战（马来西亚国家银行，2001）：

（ⅰ）全球传统保险公司的并购和联合趋势导致了一些国际保险商的诞生，它们的规模更大、业务能力更强，而且更加集中于核心业务领域，因此这些公司的竞争力大大增加了。

（ⅱ）行业中出现了资产管理公司、自保公司（主要承保一般保险）、独立金融顾问和网络公司等新型公司。它们不需依赖中间人就可以进行保险业务，因此它们能够在扩大产品范围、提高公司业绩的同时降低各种成本。

（ⅲ）科技的进步已经改变了业务的执行方式，各保险企业纷纷做出自我调整，以适应这种变化。

（ⅳ）企业需要满足更加精明、知识更加渊博的消费者的需求。

鉴于未来的种种挑战，我们希望马来西亚的保险业可以达到以下目标：

（ⅰ）成为有活力的、有效的长期存款发起者，以支持经济的增长。

（ⅱ）在面对市场波动和竞争压力时，保持强有力的财务状况。

（ⅲ）采取国际上最好的业务操作和管理方式。

（ⅳ）跟上最近的创新步伐，向消费者提供一系列有竞争性的产品。

（ⅴ）通过广泛、多样的销售渠道，为消费者提供便利。

（ⅵ）展现高度的专业和道德水平。

（ⅶ）提高效率，节省成本。

为了使马来西亚保险业达到这些目标，马来西亚国家银行已经对保险业提出了很多建议。这些建议可以通过以下三个阶段来完成：

（ⅰ）打造本土保险商的地位。

（ⅱ）促进并购；加强激励，促进企业提高绩效。

（ⅲ）通过放宽限制和改革来促进创新。

在第一个阶段，马来西亚国家银行给出的建议之一就是允许有资质的保险公司销售穆斯林保险产品，这暗示着穆斯林保险体系将在马来西亚的保险业中扮演重要角色。

伊斯兰保险体系的历史与发展

伊斯兰保险体系又称穆斯林保险（takaful），因此在讨论伊斯兰保险的时候，我们会用到穆斯林保险这个术语。穆斯林保险是一个灾难预防体系，类似于传统保险体系所提供的灾难保护。由于传统保险体系不能为穆斯林团体服务，因此穆斯林保险体系就成了替代选择。从本质上讲，穆斯林保险是互助和抚恤金观念的延伸，早在伊斯兰教创立之前，阿拉伯人就已经在实践这两种观念了。人们相信，赔偿和集体责任的观念是被伊斯兰教和先知所接受的。穆斯林学者们和教法学家们认为，穆哈芝林（Muhajirin，即麦加的穆斯林）和安萨尔（Ansar，即麦地那的穆斯林）早已在伊斯兰教法体系中实践了共同责任原则，这个原则为穆斯林保险的诞生奠定了基础。也有人相信，穆斯林保险是在阿拉伯穆斯林将贸易扩展到印度、东南亚和其他亚洲国家的过程中诞生的。由于在大量的航行中难免遭遇天灾人祸，导致商人遭受重大损失，因此一些穆斯林商人同意共同筹集一笔资金，如果集体中的某个成员遭遇了灾难或抢劫，就用这笔资金赔偿他的损失。

早期的穆斯林保险操作与古希腊的海运贷款颇有相似之处。据说海运贷款是当代传统保险的基础。海运贷款是指船主可以借贷一笔资金，且只有当航程安全完成的时候，船主才需要偿还这笔贷款。这种贷款的利息很高，这是由于它不仅包括资本成本，也包括资本损失的风险。尽管传统的保险体系不被伊斯兰教所容许，但伊斯兰教法学家并不反对保险的概念，原因是穆斯林保险的核心原则是合作，而伊斯兰教是绝对鼓励合作的。

随着大量伊斯兰银行纷纷建立，穆斯林保险机构也被建立起来，为穆斯林提供保险服务。第一家穆斯林保险公司于1979年成立于苏丹。同年，阿拉伯保险公司（Arabic Insurance Company）成立。1981 年，国际伊斯兰金融总部（Dar al-Mal al-Islami）于日内瓦成立。1983 年，卢森堡伊斯兰穆斯林保险公司（Luxembourg Islamic Takaful Company）和巴林伊斯兰穆斯林保险公司（Bahrain Islamic Takaful Company）成立。就像伊斯兰银行一样，穆斯林保险公司的操作也同时囊括伊斯兰国家和西方国家。例如美国第一穆斯林保险公司（First Takaful USA）就是在美国建立起来的。到 2007 年年底，全世界范围内已经有了 130 多家穆斯林保险公司，光是海湾合作委员会（Gulf Cooperation Council）的国家里就有 59 家，其中巴林有 15 家，科威特有 11 家，卡塔尔有 5 家，沙特阿拉伯有 22 家，阿联酋有 4 家。除了这些国家外，伊朗有 17 家，苏丹有 15 家，埃及有 6 家，约旦有 3 家，孟加拉国有 6 家，巴基斯坦有 4 家，斯里兰卡有 2 家。在东南亚地区，马来西亚、文莱、新加坡、印度尼西亚和泰国等国也已经出现了穆斯林保险公司。

马来西亚政府在 1982 年建立了一支专门的研究团队，研究建立一家穆斯林保险公司的可行性。根据研究团队的建议，马来西亚在 1984 年通过了《穆斯林保险法案》（Takful Act）。随后，马来西亚的第一家穆斯林保险运营商——马来西亚穆斯林保险有限公司（Syarikat Takaful Malaysia Berhad）于 1984 年 11 月成立，并于 1985 年 7 月开始投入运营。在此后的 10 年里，该公司一直处于垄断地位。直到 1994 年政府决定向行业中引入竞争机制，并向 MNI 穆斯林保险有限公司（MNI Takaful Sdn Bhd）颁发了执照，使该公司得以提供基于伊斯兰教义的保险产品，马来西亚穆斯林保险有限公司的垄断地位才被打破。

马来西亚穆斯林保险体系的快速发展刺激并激励了周边的其他伊斯兰国家，促使它们也纷纷实施这一体系。例如，文莱在 1993 年批准建立了 Takaful IBB Berhad 公司，随后又建立了 TAIB 伊斯兰保险股份有限公司（Insurance Islam TAIB Sdn Bhd）和伊斯兰发展银行穆斯林保险有限公司（Takaful Bank Pembangunan Islam Sdn Bhd）。印度尼西亚穆斯林保险有限公司（Syarikat Takaful Indonesia）则是马来西亚穆斯林保险有限公司和一家印度尼西亚公司的合资企业，该公司从 1994 年 8 月起开始运营。在 2002 年，印度尼西亚全国仅有 5 家穆斯林保险运营商，而现在这个数字已经增长到了 38 家。泰国是另一个正在兴起的穆斯林保险市场，目前泰国共有三家公司提供穆斯林保险，它们分别是 Dhipaya 保险公司、Finansa 人寿保险公司和 Kamol 保险公司。同时，目前在新加坡有三家公司提供穆斯林保险，他们分别是汇丰保险（HSBC insurance）、英康保险（NTUC Income）和大华保险（United Overseas Insurance）。

1995 年 10 月 28 日，东盟穆斯林保险集团（ATG）成立。它是一个非官方的机构，旨在促进和提高东盟（东南亚国家联盟）国家的穆斯林保险运营商在信息交换和穆斯林保险业务上的合作。2003 年，东盟穆斯林保险集团修改了它的章程，开始接纳东盟国家以外的成员，并更名为亚洲穆斯林保险集团（Asia Takaful Group）。最近它注册成立了一家股份有限公司，并更名为全球穆斯林保险集团（Global Takaful Group）。此外，为了发展伊斯兰再保险业务，东盟国家的穆斯林保险机构还成立了东盟伊斯兰再保险公约（ATG Retakaful Pact），该公约从1996年10月1日起实施。1997年5月17日，东盟伊斯兰再保险国际有限公司（Asean Retakaful International Ltd，ARIL）在《1990年离岸保险法案》（Offshore Insurance Act）下成立并注册。该公司的注册资本为5 000万美元，实收资本为400万美元，这些资本都是由马来西亚穆斯林保险有限公司贡献的。成立该公司的目的是为了促进东盟国家伊斯兰再保险机构的合作，并为伊斯兰再保险（retakaful）所需的必要条件提供资助。此外，东盟以外的其他国家的穆斯林保险运营商也有望开始提供伊斯兰再保险服务。

在1997年6月于伊斯坦布尔举行的D8（8个发展中伊斯兰国家）峰会上，各成员国（孟加拉国、印度尼西亚、伊朗、马来西亚、埃及、尼日利亚、巴基斯坦、土耳其）同意由马来西亚举办针对金融、银行业和私有化问题的特别工作组会议。马来西亚银行受命研究马来西亚可以向伊斯兰国家组织（OIC）提供哪些可供合作的领域。在履行这项职责的过程中，马来西亚提供的两个合作领域是和穆斯林保险有关的——信息交换与培训。在穆斯林保险体系的国际扩展中，马来西亚已经起到了重要的作用。在1999年，一家马来西亚的穆斯林保险公司还帮助斯里兰卡建立了一家穆斯林保险公司。

为了迎接新世纪的挑战，马来西亚国家银行规划了一系列战略来促进穆斯林保险业务的发展，其中的一些战略是：

（ⅰ）增加穆斯林保险运营商的数量。

（ⅱ）改进穆斯林保险的监管框架。

此外，马来西亚国家银行还有望颁发更多的穆斯林保险执照。穆斯林保险运营商数量的增加将有助于马来西亚加速完成以下目标：

（ⅰ）更多的穆斯林保险运营商，加上更加发达的伊斯兰银行体系，将进一步促进穆斯林保险业务的发展。

（ⅱ）提高定价、产品创新、客户服务和运营效率方面的市场竞争力。

（ⅲ）促进基于伊斯兰教义的伊斯兰再保险业务的发展。

（ⅳ）突出东盟伊斯兰再保险国际有限公司在本地区伊斯兰再保险行业中的领头羊地位。

（ⅴ）使马来西亚成为穆斯林保险人才聚集的中心。

监管框架则旨在打造一个健康的穆斯林保险行业，重点有以下几个方面：

（ⅰ）审核《1994年穆斯林保险法案》以及其他相关法律法规，以找出现有的监管弱点。

（ⅱ）逐渐提高穆斯林保险运营商的法定最低实收资本限额，并提高它们发展高风险业务、承担高风险的能力。基本资本的增加将促进穆斯林保险运营商更加有效地在国内外市场进行竞争。

（ⅲ）为穆斯林保险业务引入专门的会计准则，并为穆斯林保险运营商起草格式化的保单。

（ⅳ）监管并提高穆斯林保险运营商的道德规范和市场操作。

到2008年底，马来西亚共有8家穆斯林保险运营商，它们分别是马来西亚穆斯林保险有限公司（成立于1984年11月29日）、Etiqa穆斯林保险有限公司（曾用名Takaful Nasional Sdn Bhd，成立于1993年9月20日）、Ikhlas穆斯林保险有限公司（成立于2003年4月21日）、CIMB Aviva穆斯林保险有限公司［曾用名商业穆斯林保险有限公司（Commerce Takaful Berhad），成立于2006年4月7日］、丰隆集团Tokio海运穆斯林保险有限公司（Hong Leong Tokio Marine Takaful，成立于2006年6月19日）、保诚国储穆斯林保险有限公司（Prudential BSN Takaful Berhad，成立于2006年8月8日）、汇丰穆斯林信托有限公司（HSBC Amanah Takaful Sdn Bhd，成立于2006年8月11日）和MAA穆斯林保险有限公司（MAA Takaful Berhad，成立于2007年7月1日）。到2007年12月，这8家穆斯林保险运营商的总资产达到了88.158亿令吉，市场占有率达到7.2%。在上述资产中，有74.427亿令吉来自家庭穆斯林保险，有13.731亿令吉来自一般穆斯林保险。2007年家庭穆斯林保险创造的净利润和赔偿金额为5.342亿令吉，一般穆斯林保险创造的净利润和赔偿金额为2.185亿令吉。在2003—2007年间，马来西亚穆斯林保险业的资产总额和净贡献的平均增长率分别为27%和19%（马来西亚国家银行，2007b）。

穆斯林保险的基本原理、原则和操作观念

穆斯林保险的“takaful”一词源于阿拉伯语的“kafalah”，意思是“互相担保”或“互相照顾”。“kafalah”一词作动词使用时，意为保护或照顾某人的利益，或向某人提供担保。当在这个词前面加上“ta”作为前缀，它就表达了双方互相提供担保的意思。

马来西亚的研究团队在1984年进行了一项“关于在马来西亚建立伊斯兰保险公司的研究”，并将研究报告呈交给了马来西亚总理。该报告建议，穆斯林保险的基本原理应如下文所示：

穆斯林保险的基本原则注重以互相帮助为目的的真实性。因此，为实现该目的的金融活动的贡献大小就取决于捐助（tabarru）的精神。为了与这种精神保持一致，以实现共同责任、合作和保护，遵循无私的品质，防止被仅有的可获得的利益所驱使，该研究团队决定穆斯林保险的基本原则应如下所示：

> 在为伊斯兰国家的繁荣和为社会团结所进行的社会活动中，穆斯林保险是共同责任、合作和保护精神的内在体现。

尽管伊斯兰国家直到1979年才首次引入了现代穆斯林保险体系，不过早在伊斯兰教创立之初，就已经开始提倡互助和合作的观念了。穆斯林教法学家认为，由于下列因素，保险的概念是可行的：

（ⅰ）投保人为了普通货物而进行相互合作。
（ⅱ）每个投保人都支付了所需金额，作为帮助那些需要帮助的人的捐款。
（ⅲ）根据一种社会联营制度，使风险和责任得到了分散。
（ⅳ）在认购和赔偿方面消除了不确定性因素。
（ⅴ）在这个体系中，没有哪个成员能够把自己的利益建立在他人的损失上。

穆斯林保险的原则

该研究团队还指出，穆斯林保险有三个核心原则：
（ⅰ）互相负责。
（ⅱ）互相合作。
（ⅲ）互相保护。

互相负责的品质是受伊斯兰教提倡的。穆斯林不仅要对真主负责，还要对其他生物负责。就穆斯林保险来说，对他人负责的感觉是伊斯兰社会安定团结的基础。这些原则在《布哈里圣训实录》和《穆斯林圣训实录》的经文中有所阐释：

> 每个信士的态度和彼此之间的手足之情就像一个实体。当其中一个人受到伤害，整个实体也将受到影响。穆民在彼此有爱、互相怜悯和同情方面，就像一个身体一样，一个器官不舒服，身体的其他部位也会为它失眠和发烧。
>
> （社会中的）一个信士和另一个信士之间的关系就像一座建筑一样，建筑的每一个部分都支撑着他的部分。
>
> 你们每个人都富有一种责任，对于在你责任范围之内的人，你们要对他负责。你们每个人都应是一个有责任感的人，都要对在你责任范围内的人负责。

穆斯林保险的第二个原则是互相合作，伊斯兰教是提倡教民互相合作的品质的。合作原则是通过《古兰经》和圣行建立起来的。例如《古兰经》宴席章的第2节，以及黄牛章的第177节都讲到了合作：

> 你们当为正义和敬畏而互助，不要为罪恶和横暴而互助。《古兰经》（5：2）
>
> 你们把自己的脸转向东方和西方，都不是正义。正义是信真主，信末日，信天神，信天经，信先知，并将所爱的财产施济亲戚、孤儿、贫民、旅客、乞丐和赎取奴隶，并谨守拜功，完纳天课，履行约言，忍受穷困、患难和战争。这等人，确是忠贞的；这等人，确是敬畏的。《古兰经》（2：177）

圣行也规定了合作原则，这在艾布·达吾德（Abu Dawood）编纂的《圣训》中也有体现：

无论是谁满足了兄弟的意愿，安拉也将满足他的意愿。（Yasir Qadhi，2008）

第三个原则是灾难中互相保护的原则。伊斯兰教认为灾难和繁荣都是安拉降下的。在伊本·马哲（Ibn Majah）编纂的《圣训》中有如下经文：

信者可以为人的生命和财产提供安全和保护。（Al-Khattab，2007）

不过，与当今穆斯林保险体系的发展相一致的是，今天的穆斯林保险是建立在几个原则之上的，这些原则也可以归入到伊斯兰教义和伊斯兰教的一般原则之下。例如，尽管穆斯林保险最初是建立在合作原则（或曰 ta'awun 原则）的基础上，但在今天，穆斯林保险却是基于商业（al-takjiri）原则进行管理的。因此，正如传统保险公司都是基于商业观念，并且都是由大公司运营的，穆斯林保险也是由商业公司运营的，这些公司的目标也是使资金流通，从而达到营利的目的。

在穆斯林保险操作中，商业的原则非常重要。因为穆斯林保险的参与者们所贡献的资金必须要流通，才能达到增长的目的。如果这些累积的资金闲置下来，那么它们很快就会耗尽，而参保人之间的合作协议最终也无法维系下去。因此，为了伊斯兰社会的经济增长，这些资金必须通过商业或其他经济行为而得到增加。

穆斯林保险体系的执行是一种双方交易，一方是资金的管理者和运营者，另一方则是保险的参与者，运营方可以选择使用哪种原则或模式。一般来说，穆斯林保险都要遵循商业、利润分享、代理和捐助原则。

商业（Takjiri）

Takjiri 是阿拉伯语，意思是“商业”。由于穆斯林保险是在商业原则的基础上建立起来的，因而穆斯林保险的运营商必须遵守穆斯林的商业准则。运营方不能对伊斯兰教义禁止的商业领域进行投资，保险参与者所贡献的资金也不能投资于基于利息的金融机构。运营方必须严守伊斯兰教的商业道德和准则，而且在保险运营方和保险参与者之间一定不能存在任何剥削或榨取的因素。此外，穆斯林保险还要遵守公平和公正的原则。在管理穆斯林保险公司的时候，必须避免仅仅追求利润的倾向。简而言之，无论何时都要遵守伊斯兰教的基本原则和教义。系统性的管理方法和谨慎的投资会减少损失的风险，为运营者和参与者带来利益。

利润分享（Mudharabah）

在利润分享观念下，穆斯林保险的运营方相当于是保险参与者所指定的一位企业家（mudarib），或者出资者所指定的一位投资人（shaib-ul-maal）。保险参与者们委托运营方通过商业行为来运作他们的资金，这种行为并不被伊斯兰教义所禁止。资金流通所获得的利润可以根据双方商定的比率进行分配。在这种穆斯林保险体系中，参与者对于利润的所有权取决于他所参与的保险类别。保险参与者需要以月付、年付或一次付清的方式缴纳保费，这种保费在阿拉伯语中叫做 ra's-ul-mal'。

代理（Wakalah）

在wakalah或代理原则下，穆斯林保险的运营方相当于代表保险参与者对资金进行管理。运营方可以根据ujr原则收取服务费用，但无权获得所管理的资金的利润。资金所产生的所有利润都要返还给保险的参与者。

捐助（Tabarru）

Tabarru一词来自阿拉伯语，意思是捐助、捐赠、贡献。捐助原则是穆斯林保险体系的精华。在穆斯林保险体系看来，参保人实际上缴纳了两笔资金，一笔用于储蓄，另一笔则是一种捐助或捐献，用来帮助那些遭遇困难或灾难的人。穆斯林保险公司正是用这一笔资金来向遭受某种特定损失的参保人提供赔偿的。

操作观念

穆斯林保险运营商所提供的保险操作包含四种观念或模式，它们分别是：非营利观念、利润分享观念、代理观念和综合观念（Abu Bakar，2004）。

非营利观念

本观念涉及社会中的一群个人，他们同意如果集体中的某个人遇到了灾难和不幸，则集体中的其他成员将向他提供诚挚的捐助。这种捐助可以用捐赠金（tabarru）的形式体现出来。集体成员可以定期做出这种捐助，也可以只在成员发生不幸时才做出捐助。我们可以采取一种更加现代、更加有组织的方式来进行这种穆斯林保险。如果穆斯林保险是受一个企业管理的，则捐助原则仍然适用。也就是说，运营商将扮演一个代理人的角色，由他们来对资金进行管理并收取保费。不过，参保人是无法从他们所贡献的资金池中获得任何收益的。苏丹的Al Sheikhan穆斯林保险公司（Al Sheikhan Takaful Company）使用的就是这种运营模式。

利润分享观念

利润分享观念指的是运营商和参保人之间进行合作性的风险分享。运营商相当于参保人所指定的一名企业家，代替参保人通过经济活动进行资金的流动。从保险活动中获得的利润应该在运营商和参保人之间进行分享。与其他模式一样，在利润分享模式下，参保人也需缴纳两笔资金——一般资金和捐助资金。根据利润分享观念，运营商在运营穆斯林保险的时候，不会为自己的服务而收取任何服务费用或管理费用。运营商的管理费用是从股东的资金中收取的。马来西亚穆斯林保险有限公司采取的就是这种模式。

代理观念

在代理观念下，运营商作为代理人，对保费进行管理，并且使参保人的资金通过商业行为进行流通。运营商可以为他们的服务收取管理费用，但他们无权分享资金的利润，且无论运营商利用参保人的资金进行何种商业行为，其风险也都由参保人自行承担。如果投资盈利，运营商还会另外收取一笔管理费用。基于代理观念的运营商主要提供一般穆斯林保险和家庭穆斯林保险。马来西亚的 Ikhlas 穆斯林保险有限公司采取的就是这种模式。

综合观念

综合观念是在代理原则和利润分享原则的基础上形成的。根据这种观念，穆斯林保险运营商扮演了一个代理人的角色，对参保人的资金进行管理，并对服务收取管理费用。此外，资金的投资收益也会在参保人和运营商之间进行分享。因此，所谓综合观念就是在认购行为中使用代理模式，在投资行为中使用利润分享模式。

穆斯林保险的种类

正如前文所解释的那样，传统保险始于一个集体中的若干个拥有共同利益的成员，他们为了保护集体免遭灾难的打击而聚集在一起。灾难一旦发生，将导致生命和财产的损失。然而如果真的发生了这种灾难性的情况，死者（被继承人）的继承人或受益人的利益和福利必须得到妥善的照顾。正是由于这个原因，传统的保险公司提供了两种类型的保险：一种是为了防止灾难降临到个人身上的保险，称为人寿保险；另一种则是旨在防止财产受到损失的保险，称为一般保险。出于相同的目的，穆斯林保险也提供了两种类似的保险，不过人寿保险在穆斯林保险体系中称作“家庭穆斯林保险”，财产保险则被称为“一般穆斯林保险”。现在就让我们详细地探讨这两种保险。

家庭穆斯林保险

家庭穆斯林保险方案涉及了一些社会成员的相互合作，这种合作的目标是，如果他们中的任何人遭遇了灾难，则其他成员应对他提供帮助。大体上家庭穆斯林保险可分为三种类型：

（ⅰ）普通合作。

（ⅱ）带有存款的合作。

（ⅲ）基于特定群体的合作。

在普通合作中，一个集体的成员相互保证向保险基金中贡献一定金额的保险费，保险费是以捐款的形式贡献到集体的基金中的。一旦集体中的任何成员遭遇了灾难，运营商将根据保险协议中规定的条款，利用基金中的资金向此人或他的受益人进行赔付。

在“带有存款的合作”中，除了集体成员的互相帮助之外，参与者还进行了一定金额的储蓄。在一段特定时间结束后，参保人可以取出这笔存款。因此，这种类型的投保包含两笔资金的支付：一笔资金用于个人储蓄；当其他集体成员遭遇灾难或不幸时，另一笔资金则用来对该成员进行真挚的捐助。

在所谓“基于特定群体的合作”中，参与者来自各个不同的社会群体，他们希望按照族群、机构、区域等属性来订立合同。在这种情况下，各个群体的合同条款应该使该群体享受到最佳利益。不过保险费却是由不同的群体和个人共同缴纳的。

马来西亚穆斯林保险有限公司提供了以下家庭穆斯林保险产品（www.takaful-malaysia.com.my）：

- 家庭穆斯林保险计划
- Dana Saham 穆斯林保险计划
- Ma'asyi 穆斯林保险计划
- 工人基金穆斯林保险计划
- 抵押贷款穆斯林保险计划
- 个人事故穆斯林保险方案
- 个人医疗穆斯林保险
- Hawa 穆斯林保险计划
- Rawat 穆斯林保险计划
- Sihat 穆斯林保险计划
- 个人医疗穆斯林保险 1
- Siswa 穆斯林保险计划
- Waqaf 穆斯林保险计划

马来西亚穆斯林保险有限公司还提供了以下集体家庭穆斯林保险产品：

- 集体 Rawat 穆斯林保险计划
- 集体个人穆斯林保险计划
- 集体家庭穆斯林保险计划（信托）

马来西亚的 Ikhlas 穆斯林保险有限公司提供了以下穆斯林保险产品（www.takaful-ikhlas.com.my）：

- Ikhlas 存款穆斯林保险
- Ikhlas 教育穆斯林保险

- 高端 Ikhlas 教育穆斯林保险
- Ikhlas 生活方式穆斯林保险
- Ikhlas 资本投资型穆斯林保险
- Ikhlas 首选投资型穆斯林保险
- Ikhlas 妇女穆斯林保险

一般穆斯林保险

一般穆斯林保险是一种短期合同，当参保人因灾难或不幸而蒙受物质损失或财产损失时，穆斯林保险运营商会根据该合同对参保人进行赔偿。这意味着一般穆斯林保险是由一个集体的若干成员基于合作精神共同出资建立的一个基金，用来为集体成员的财产提供保险。根据保险的类型划分，一般穆斯林保险可分为火灾穆斯林保险、意外事故穆斯林保险、海运穆斯林保险和工程穆斯林保险。例如，马来西亚穆斯林保险有限公司提供了以下一般穆斯林保险服务（www. takaful-malaysia. com. my）：

- 火灾穆斯林保险：承保对象为因火灾、闪电或天然气爆炸而造成的建筑物、机械、家庭物品和存货等的损失。此外，该险种还涵盖因暴乱、罢工、地震、洪水、暴风雨和其他自然灾害等人力无法控制的因素所造成的损失。
- 汽车穆斯林保险：当汽车因被盗或事故而造成损失或损毁时，该险种会对汽车车主进行赔偿。
- 雇主责任穆斯林保险：承保对象为雇主因己方疏忽，需向公众、雇员或他人进行赔偿而导致的损失。
- 机器损坏穆斯林保险：承保对象为机器所有人（尤其是工厂经营者）因机器损坏、爆炸而导致的收入损失。
- 海上货物穆斯林保险：在海运、空运或陆地运输过程中，或货币发生损坏或损毁，则货币的所有人（无论是买家还是卖家）将获得赔偿。
- 业主与住户综合穆斯林保险：若房屋（结构）和家居财物遭到损坏或损失，则房主与承租人会获得赔偿。

穆斯林保险体系的实施方法

对于家庭穆斯林保险和一般穆斯林保险来说，运营商可以实施的操作观念有好几种。运营商选择哪种操作观念，取决于运营商打算采用哪条伊斯兰教义原则。本节我们仅讨论马来西亚穆斯林保险体系的实施方法，我们将以马来西亚穆斯林保险有限公司、Etiqa 穆斯林保险公司和 Ikhlas 穆斯林保险公司这三家运营商为例，并且还将给出一般穆斯林保险和家庭穆斯林保险的实施方法。

一般穆斯林保险的实施

所谓一般穆斯林保险就是指对财产的保险，马来西亚的所有穆斯林保险运营商都提供一般穆斯林保险服务，不过他们的实施方法有些细微的差别。例如，马来西亚穆斯林保险有限公司在一般穆斯林保险的操作中使用的是利润分享原则和捐助原则。根据参保的险种，参保人需要向保险公司缴纳一定的金额，并与保险公司签订一份利润分享协议。与此同时，参保人还需同意将他所缴纳的金额的一部分捐献给其他受到灾难打击的人。一般穆斯林保险的操作过程如图 8—1 所示。

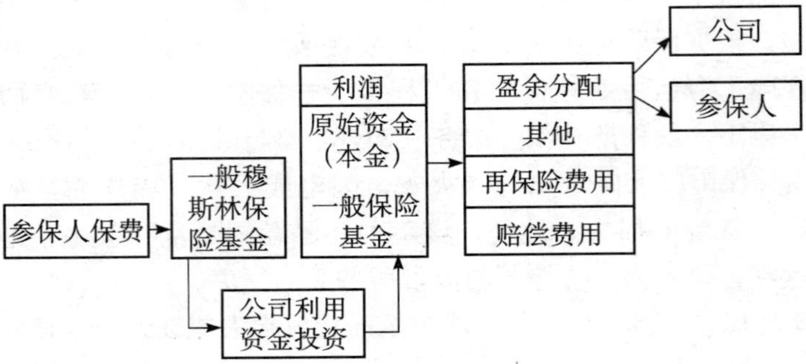

图 8—1　马来西亚穆斯林保险有限公司一般穆斯林保险的操作方法

如图 8—1 所示，所有参保人的保费都会被放入一般穆斯林保险基金中。公司会利用这笔资金进行投资，投资的收益也会被放回到基金里。在一段规定的时期结束后，基金的盈余或利润会向参保人进行分配。在分配前，保险公司会先扣除赔偿费用、再保险费用和储备金等。保险公司不会收取任何管理费用，但它会根据盈利分享原则，收取一定比例的投资利润。

Etiqa 穆斯林保险公司在操作一般穆斯林保险时使用的是捐助、代理和利润分享原则。捐助原则用于参保人互相同意彼此帮助的时候；代理原则允许保险公司对所提供的服务收取管理费用；利润分享原则必须基于参保人与保险公司之间的一项协议，即参保人同意当保险到期后，如果基金出现盈余，则保险公司可以对尚未被参保人回收的利润抽取一定的比例。

例如，该公司的利润分享保单中有以下文字：

> 在保险到期后，如果一般穆斯林保险基金中出现净盈余，且参保人在保险期中未要求任何赔偿，也未从基金中获得任何利益，则基金的净盈余将以 50∶50 的比例在参保人与保险公司间进行分享。

Etiqa 穆斯林保险公司的一般穆斯林保险方案的操作流程如图 8—2 所示。

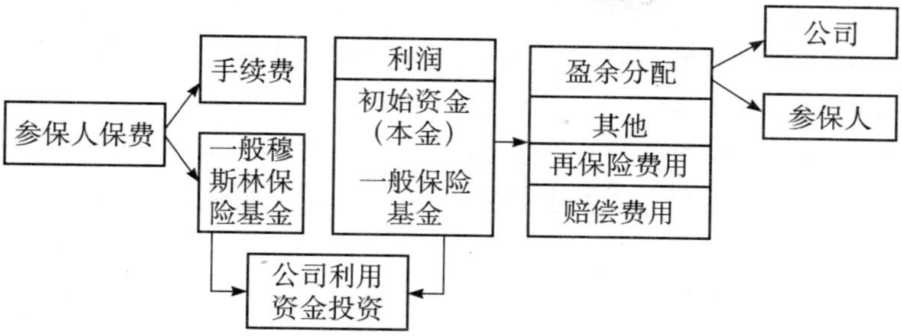

图 8—2　Etiqa 穆斯林保险公司的操作方法

如图 8—2 所示，参保人的保费会被存入一般穆斯林保险基金中，与此同时，公司会对参保人征收服务费用。保险公司会利用保险基金中的资金进行投资。像马来西亚穆斯林保险有限公司一样，投资的利润也会被放回基金中，然后保险公司会用这只累积基金支付赔偿费用和再保险费用。利润分享则是基于参保人与保险公司商定的比例、基金盈余和投资收入。

Ikhlas 穆斯林保险公司的操作流程如图 8—3 所示，它与 Etiqa 公司的流程稍有不同。(Etiqa 公司是在保险的初始阶段征收服务费用，也就是在参保人开始缴纳保费的时候。)

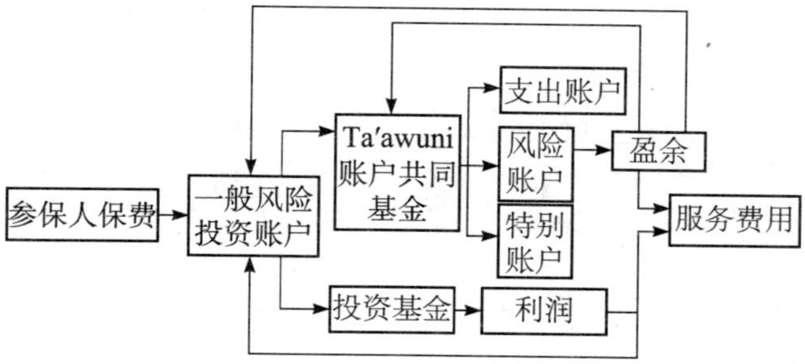

图 8—3　Ikhlas 穆斯林保险公司的操作方法

如图 8—3 所示，参保人首先向 Ikhlas 公司的一般风险投资账户（GRIA）缴纳保费。一般风险投资账户被分成两个基金——Ta'awuni 账户共同基金和投资基金。而 Ta'awuni 账户共同基金（tawaani 意为协作或合同）又被划分成三种账户或基金——支出账户、风险账户和特别账户。支出账户包含向参保人征收的前期和后期费用。前期费用是指参保人在最初购买保险或续保时所缴纳的杂费或费用，以及付给销售机构或代理人的佣金。后期费用是指向参保人征收的索赔处理费用、续保费用以及其他交易费用。风险账户是在捐助原则上建立起来的，用于参保人的互相保险。保险公司向这个账户中注入的资金金额基于一年的投保期，以及再保险费用和储备金。如果这个账户出现任何盈余，则盈余将被分配到一般风险投资账户中。特别账户也是在捐助原则的基础上建立起来的，它的作用是作为风险账户的支持基金，以及为参保人提供保险。如果这个账户中的资金不足以对参保人进行赔付，则保险公司（股东们）将发放一笔贷款，以弥补这一差额。

保险公司可以利用投资账户中的资金进行投资。如果此账户出现盈余或利润，则保险公司将收取一笔服务费用，盈余部分将存入一般风险投资账户。

家庭保险的实施

参加家庭穆斯林保险的人有三个主要目的：第一，一旦本人过早死亡，受益人可以获得财务抚恤。第二，为将来或老年时期提供某种形式的存款。第三，提前做好某种财务准备，以免将来发生意外导致长期残疾，或罹患慢性疾病。因此，穆斯林保险运营商一般都会提供一份保险方案，以满足人们的这些目的。家庭穆斯林保险可分为家庭穆斯林保险和集体家庭穆斯林保险两类，我们这里只讨论家庭穆斯林保险。

以马来西亚穆斯林保险有限公司为例，参保人支付的保费首先会被存入参保人账户（PA）和参保人特别账户（PSA）中。马来西亚穆斯林保险有限公司的家庭保险操作流程如图 8—4 所示。

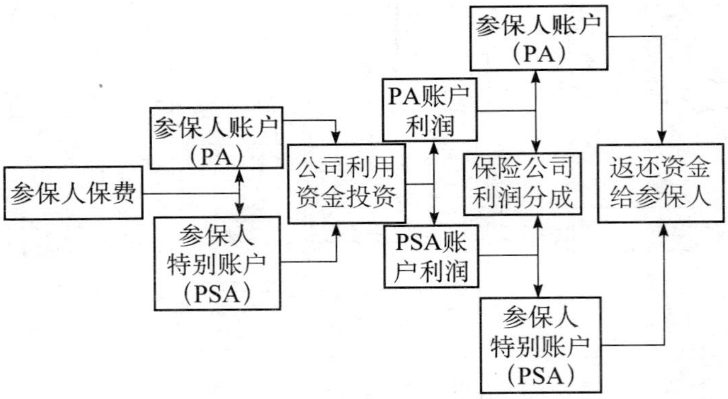

图 8—4　马来西亚穆斯林保险有限公司家庭穆斯林保险的操作流程

从图 8—4 中我们可以看出，保险公司将根据利润分享原则，利用参保人账户和参保人特别账户中累积的资金进行投资。投资利润将按照保险公司与参保人事先决定的比例进行分配。参保人账户的操作基于利润分享原则，而参保人特别账户的操作则基于捐助原则。参保人的利润份额会存入相关账户，参保人账户和参保人特别账户的投资收益也将被分别存入这两个账户中，而且这两个账户的盈余都会分别返还给参保人。如果参保人过早死亡，则受益人有权按参保人账户的保单价值要求赔偿，而且还可以获得参保人特别账户的累积金额。如果到保险期结束时为止，参保人没有要求赔偿，则参保人有权获得参保人账户中的金额，以及参保人特别账户中分配给他的盈余部分。如果参保人要求在到期日前提取账户中的金额，那么他只有权获得他的参保人账户的资金余额。

Etiqa 穆斯林保险公司的操作理念与马来西亚穆斯林保险有限公司并没有多大区别，参保人的保费也被存入参保人账户和参保人特别账户。参保人账户具有存款因素，而参保人特别账户则是建立在捐助原则的基础上的。不过二者的利润分配方式稍有不同。马来西亚穆斯林保险公司是基于毛利润进行分配的，也就是投资收益；而 Etiqa 穆斯林保险公司则对参保人特别账户的投资利润收取服务费用。只有在收取了服务费用后，Etiqa 公司才会对利润进行分配。

Ikhlas 穆斯林保险公司的穆斯林保险业务则建立在代理观念的基础上，即参保人指定保险公司作为他们的代理，替他们管理各方面的穆斯林保险交易。和其他的穆斯林保险公司一样，参保人用于互相保险的费用也是依据捐助原则进行操作。因此，Ikhlas 公司的家庭穆斯林保险产品可以分为两类：一类叫做存款保险（coverage with savings），另一类叫做单纯保险（coverage alone）。这两类保险区别不大，不过对于选择了存款保险的参保人来说，他们的保费会被存入个人投资账户（Personal Investment Account）；而对于选择了单纯保险的参保人来说，他们的保费会被存入个人风险投资账户（Personal Risk Investment Account）。Ikhlas 穆斯林保险公司的存款保险的操作流程如图 8—5 所示。

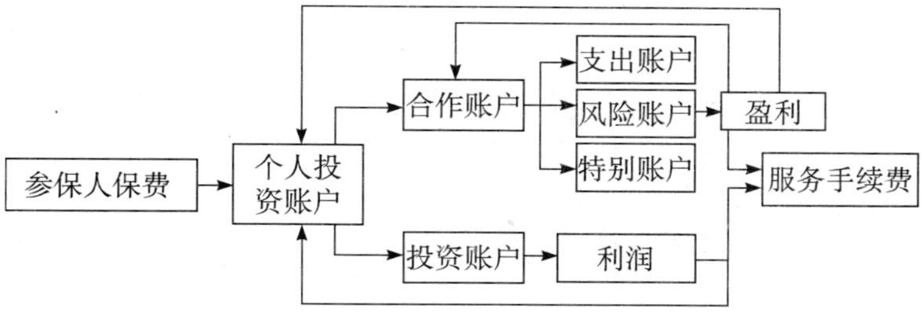

图 8—5　Ikhlas 穆斯林保险公司家庭穆斯林保险的操作方法

从图 8—5 中可以看出，参保人的保费被存入个人投资账户中，随后保险公司将所筹得的资金分配入两个账户——合作账户和投资账户。合作账户又进一步被分成三个账户：支出账户、风险账户和特别账户。支出账户主要包含保险公司因操作穆斯林保险业务而收取的服务费用；风险账户主要包含参保人互相保险的费用；特别账户则用来抵补风险账户的赤字。保险公司会利用参保人存入的资金进行投资，并对投资利润收取管理费用。盈余部分则被存入参保人的个人投资账户。

参保人的风险账户也采用了类似的操作，风险账户的任何盈余都会用于投资。保险公司会对投资利润收取管理费用，然后盈余部分会存入个人投资账户。当保险到期时，保险公司会将个人账户中的存款和风险账户中的盈余返还给参保人。如果在保险期内，参保人遭遇了不幸，则保险公司会利用个人投资账户中的资金和风险账户中的盈余对参保人进行赔付。

总结

保险之所以存在，是因为人类有着在社会中相互帮助的天然需求。保险的历史始于公元前3000年左右，当时中国的商人在途经湍急凶险的河流时，已经开始使用风险分担的方法。此外，公元前2500年左右的埃及社会也存在着一种互助体系。如果社会的某个成员无法支付殡葬费用或高额的医疗费用，那么社会其他成员就会伸出援助之手。公元前1800年左右的《汉谟拉比法典》也规定了应对遭受灾害损失的人给予赔偿。

现代保险体系诞生于公元13世纪，当时海运保险最早在意大利出现，随后人寿保险于1536年诞生。火灾保险在1591年被引入德国，1666年的伦敦大火使英国人意识到自己也需要这样一种保险。1848年，英国的一家保险公司开始向乘坐火车的旅客销售意外保险，从此开启了意外事故险的先河。保险是在什么时候首次进入马来西亚的，现在已经无据可考。不过在19世纪末20世纪初，马来西亚的锡和橡胶产业蓬勃发展，据说马来西亚的保险业就是在这一时期诞生的。到2007年，马来西亚已经向126家传统保险公司发放了保险业执照。

不过传统保险体系的特点并不符合伊斯兰教的原则。在伊斯兰教的教法学家们看来，传统保险体系包含gharar（不确定性）、maisir（赌博）和riba（利息）等被伊斯兰教所禁止的因素，不符合伊斯兰教义的原则和要求。由于穆斯林也有可能遭受各种灾难，因此建立一个符合伊斯兰教义的保险体系就显得极为重要。随着伊斯兰银行在世界各地建立起来，各国对于伊斯兰保险体系的需求变得更加紧迫，因为银行也需要某种形式的保险来涵盖各种融资拖欠的风险。因此，多数伊斯兰银行都成了伊斯兰保险公司的股东。例如，马来西亚穆斯林保险有限公司就是由马来西亚伊斯兰银行建立的。

伊斯兰保险又称穆斯林保险（takaful），诞生于伊斯兰教创立初期，是在aqila体系下建立的。1979年，苏丹的一家穆斯林保险体系投入运营，从此揭开了现代穆斯林保险体系的大幕。马来西亚的穆斯林保险体系始于1984年，其标志是马来西亚穆斯林保险有限公司的建立。现在马来西亚已经有了七家穆斯林保险公司。这些公司在运营中运用到的观念和原则并非完全统一，有些使用了利润分享原则和捐助原则，还有些穆斯林保险公司使用了代理原则。和伊斯兰金融体系的发展一样，马来西亚穆斯林保险体系的快速发展和进步在很大程度上也受到了政府参与的影响。和其他伊斯兰国家相比，马来西亚政府对穆斯林保险体系做出了高度的投入。为了提高国内穆斯林保险业的信誉，使本国的穆斯林保险体系成为其他伊斯兰国家的典范，马来西亚政府通过央行规划了一系列详细、有序的发展方略。尽管与传统保险相比，穆斯林保险体系仍然处于幼年期，但它现在已经提供了许多与传统保险体系类似的保险产品。

参考文献和延伸阅读

Abu Bakar, Md Azmi Abu Bakar. *The Development of Takaful in the Global Perspectives*. Working paper presented at the seminar *Takaful* for Non-*Takaful* Practitioners, Islamic Banking and Finance Institute Malaysia, Kuala Lumpur, 19 - 20 July 2004.

Al-Khattab, Nasiruddin. *Sunan Ibn Majah*. Beirut (Lebanon): Darussalam, 2007.

Badan Petugas Penubuhan Syarikat Insurans Secara Islam Di Malaysia. *Laporan Penubuhan Syarikat Takaful*, Prime Minister's Office, Kuala Lumpur, 1984.

Bank Islam Research and Training Institute. *Takaful (Islamic Insurance), Concept & Operational System*. Kuala Lumpur: BIMB Research and Training Institute, 1996.

Bank Negara Malaysia. *Annual Report 1989*.

Bank Negara Malaysia. *Annual Report 2001*.

Bank Negara Malaysia. *Annual Insurance Statistics 2007* (*a*).

Bank Negara Malaysia. *Annual Takaful Statistics 2007* (*b*).

Barnhart, Robert K. *The Barnhart Dictionary of Etymology*. USA: The H. W. Wilson Company, 1988.

Muslehuddin, Muhammad. *Insurance and Islamic Law*. New Delhi (India): Markazi Maktaba Islami, 1982.

New Encyclopedia Britannica, *The*. Vol. 9. Chicago (Illinois, USA): Encyclopedia Britannica Inc., 1983.

Oxford English Dictionary, *The*. 2nd ed. Vol. VII. Oxford: Clarendon Press, 1991.

Vaughan, Emmet J. and Therese Vaughan. *Fundamentals of Risk and Insurance*. 8th ed. New York (USA): John Wiley & Sons, 1999.

www. maybank2u. com. my

www. takaful-ikhlas. com. my

www. takaful-malaysia. com. my

www. takafulnasional. com. my

Yasir Qadhi, Abu Ammar. *Sunan Abu Dawood*. Beirut (Lebanon): Darussalam, 2008.

Yusuf, Mohd Fadzli. *Takaful Sistem Insurans Islam*. Kuala Lumpur: Utusan Publications & Distributors Sdn Bhd, 1996.

第九章

Chapter nine

伊斯兰银行体系的相关机构

在本章中，我们将讨论与伊斯兰银行系统相关的一些重要机构的地位和发展，包括那些在全世界范围内为伊斯兰金融机构提供服务的组织机构，也包括一些特定国家的组织机构。

简介

在伊斯兰国家早期的现代伊斯兰银行体系中，有两个主要的机构曾扮演了重要的角色，它们分别是伊斯兰发展银行（IDB）和国际伊斯兰银行协会（IAIB）。1970年12月在巴基斯坦的卡拉奇，由伊斯兰会议组织（OIC）举办的第二届伊斯兰外长会议上，决议通过了以上两个机构。当时的外长们认为有必要研究是否成立一个国际性的伊斯兰贸易和发展银行及一个伊斯兰银行的联盟。来自18个伊斯兰国家的专家组成一个相关的委员会承担了这项研究任务，在他们的研究报告中建议成立一个相应的金融机构，包括相应的参与机制。委员会又继续提出建立三种类型的机构。

第一种类型的机构是一个国际性的伊斯兰银行，它的功能包括：

- 为伊斯兰国家之间的贸易活动提供资金支持。
- 为开发和投资机构提供资金支持。
- 负责为伊斯兰国家的伊斯兰银行与中央金融机构的一些冲突提供协调、帮助和解决方案。这项功能是为今后建立一个融合的伊斯兰经济体系做一些准备。
- 在伊斯兰国家建立一些中央级的机构，这些机构将为相关国家的贸易和经济发展需求提供短期或者长期的资金支持。
- 为中央机构完成它们在伊斯兰允许的框架范围内的目标提供支持。
- 管理和运营天课税（伊斯兰国家每年一次的慈善捐款）。
- 管理中央机构的剩余资金。

第二种类型的机构是一个特殊化的机构，被称为伊斯兰国家的投资和发展实体。它的功能包括：

- 代表伊斯兰国家的利益去承担资本项目投资。
- 协调伊斯兰国家的投资项目和发展项目。
- 为投资确定合适的地点，并在这些地区开展研究。
- 为在伊斯兰国家内进行的项目提供咨询服务和技术支持。

第三种类型的机构是一个伊斯兰银行的联盟（协会），为伊斯兰银行和经济地区提供咨询服务。这个联盟需要为那些希望建立它们自身的伊斯兰银行系统的国家提供技术建议和帮助。除了指派专家去那些伊斯兰国家，协会还需要传播相关的伊斯兰银行和金融知识。另外，这个机构还扮演着一个交流的角色，联系伊斯兰银行的成员国之间进行知识和经验的交流。

这个委员会提出的建议没有立即被外长们采用。而 1973 年 3 月在利比亚召开的第三次外长会议上，外长们决定再考虑这些建议。另外，为了更好地研究建立伊斯兰银行体系的可行性，外长们决定在伊斯兰会议组织下设一个经济和金融部门。这项工作包括构建一个机构、草拟与伊斯兰银行体系相关的法律和制度，由一个来自石油生产国的专家团队完成。1974 年 8 月在沙特阿拉伯的吉达，获得了 OIC 外长会议的认可。1975 年 10 月，伊斯兰发展银行成立，总部设在吉达。

不同于由伊斯兰国家资助建立的伊斯兰发展银行，国际伊斯兰银行协会是由私人发起的。沙特阿拉伯王子，穆罕默德·费萨尔·沙特（Mohamed al-Faisal al-Saud）促成了这个协会的建立（此后，大部分伊斯兰国家的伊斯兰银行的成立也多是由他推动）。1977 年 8 月 20 日，这个协会成立，穆罕默德·费萨尔·沙特担任主席。同一年，协会获得了 OIC 外长会议的认可，并被授予观察员身份。直到 1997 年，国际伊斯兰银行协会一直在伊斯兰银行系统的研究和开发项目上发挥着重要作用。以下是该协会主要的目标：

- 推广伊斯兰银行的概念、哲学和原则。
- 协调概念性和运行的问题，并在运营和应用化方面进行伊斯兰教标准化。
- 为成员国之间创造一些合作空间。
- 在人力资本开发方面提供帮助。
- 鼓励伊斯兰银行的建立，并提供技术帮助和专家指导。
- 在伊斯兰银行之间担任代表、中介和仲裁者。
- 协调伊斯兰银行之间的数据交换，并维持所有伊斯兰金融机构的数据库。
- 发展伊斯兰内部银行市场，并推进伊斯兰银行之间的资金流动。

为了完成以上的目标，国际伊斯兰银行协会分为四个主要的部分，分别为总秘书处、伊斯兰委员会、会员大会和董事会。会员大会由来自每个会员国的代表组成，并负责任命董事会成员；总秘书处负责日常行政工作，由总秘书长领导。伊斯兰委员会的成员包括各国银行委员会的领导人，并邀请了穆斯林法学家。委员会也需要负责监督和管理会员国的行为，以保证不脱离伊斯兰教义。委员会同时形成了由会员国坚持的法规裁决和指令。虽然协会的目标非常宏伟，并给伊斯兰银行业和穆斯林协会带来了很多益处，但这个协会还是在 1997 年解散了。

它的后继者，伊斯兰银行和金融机构总理事会（The General Council of Islamic Banks and Financial Institutions）在巴林成立。为了更好地建立伊斯兰银行系统，其他一些协会也相继成立。这些后成立的机构包括总部设在吉隆坡的伊斯兰金融服务委员会（Islamic Financial Services Board），总部设在巴林的国际伊斯兰金融市场（International Islamic Financial Market）。在马来西亚，一个名为马来西亚伊斯兰银行机构协会（Association of Islamic Banking Institution Malaysia）的组织成立，成员是那些提供伊斯兰金融产品和服务的金融机构，目的是更好地推进和代表其成员的共同利益。在教育领域，马来西亚伊斯兰银行与金融研究所（The Institute of Islamic Banking and Finance Malaysia）成立，以推动伊斯兰银行的相关教育和培训。

伊斯兰发展银行

1975 年 10 月 20 日，伊斯兰发展银行成立，总部设在沙特阿拉伯的吉达。尽管它的成立是为了向伊斯兰国家提供基于伊斯兰教义的帮助（因为大部分的伊斯兰国家都是 IDB 的股东），但是，要成为伊斯兰国家中的“世界银行”仍然是它努力的方向。它的目标是促进这些成员国的经济发展和社会进步，并加强 OIC 国家之间的合作交流。伊斯兰发展银行还需要在成员国内部或者成员国之间调动更多的金融资源。另外，IDB 还有权提高成员国的储蓄和投资的水平，并增加由于发展因素需要的资金流入量。当然，这些目标都是基于成员国对于伊斯兰教原则的一致性。IDB 的一些功能如下：

- 以股权资本的形式参与到成员国的生产性项目和企业中。
- 以股权资本的形式或者其他的投资方式，为成员国的基础设施项目投资。
- 为私人组织或者公众实施项目、开创企业等募集资金。
- 为一些特殊基金的特定用途募集资金。
- 建立和管理信托基金。
- 接受或调动与伊斯兰模式原则相兼容的储蓄和资金。
- 帮助促进成员国之间的贸易，特别是资本项目的贸易。
- 对于在运营中的剩余资金进行合理投资。
- 为成员国提供技术帮助。
- 为成员国的发展活动培训提供人员和物资设备的帮助。
- 在伊斯兰经济、银行和金融领域进行研究和开发工作。
- 加强成员国之间的经济交流合作。
- 开展其他一些旨在达成其目标的活动。
- 遵循伊斯兰教义的基本原则。

在 2007—2008 年度的报告中，这些功能被总结如下（详见伊斯兰发展银行，《年度报告 2007—2008》中的附录 4）：

> IDB 的主要职能是为成员国发展提供各种形式的帮助，从减少贫穷到人类发

展，通过促进成员国之间的贸易和投资来加强各方的经济合作，加强伊斯兰金融在各国的社会和经济发展中的作用。它建立了一些特殊基金用于特定用途，如成立一个在非成员国帮助穆斯林社区的基金，以及建立信托基金。

此外，IDB在符合伊斯兰教法规的模式下调动金融资源，并为成员国提供技术支持，包括为成员国的发展活动提供培训的设备和人力。

在伊斯兰发展银行成立初期，仅有22个成员国，但是到1994年底时扩大到47个。到2008年底，又增加到56个。成为成员国的前提条件之一是必须先成为OIC成员国，并接受IDB管理委员会的规定的条款。在银行成立的早期，其指定货币为伊斯兰第纳尔（ID），资金额为60亿第纳尔。第纳尔是IDB使用的税务会计单位，一个单位的第纳尔相当于国际货币基金组织的一个单位的特别提款权。在2007年，其授权的资金总额为300亿第纳尔，其认缴资本为150亿第纳尔。成员国的基金总额达到53亿第纳尔，其中实收资本增长了9.3%，达到307万第纳尔。截至2007年底，成员国基金的其他部分分别为2 270万第纳尔资本准备金，15.239亿第纳尔普通准备金和5.381亿第纳尔公允价值准备金。

伊斯兰发展银行的总部设在沙特阿拉伯的吉达，并在1994年和1995年分别在摩洛哥的拉巴特和吉隆坡设立了分区办公室。1997年，IDB在哈萨克斯坦的阿拉木图开设了一个代表处，用于更好地联系IDB成员国和中亚国家。2007年第四个分区代表处在塞内加尔的达喀尔成立。另外，银行还在14个成员国派驻了外务员，分别为印度尼西亚、伊朗、乌兹别克斯坦、利比亚、巴基斯坦、塞内加尔、苏丹、塞拉利昂、几内亚、几内亚比绍、毛里塔尼亚、尼日利亚、孟加拉国和阿塞拜疆。银行的官方语言为阿拉伯语，英语和法语为代替性工作语言。除了成员国出资的资本金，IDB也获得了其他形式的资金以维持它的运作。这些资金一般来自金融活动、公司的股权收入和在期货交易中获得的流动资金。此外，其资本金的财务报表并不合并到银行的财务报表中。银行也扮演伊斯兰金融机构（mudarib）或者企业的角色，承担一些贸易投资（其他机构的资金也可以加入），并征收这些投资的运营费用。

为了使其认缴资本更加充裕，IDB发展了许多与伊斯兰教义原则相兼容的计划和金融工具。包括投资保证金计划、IDB单位投资基金、伊斯兰银行证券投资组合（用于投资和发展）、出口金融计划、阿拉伯非洲经济发展银行（BADEA）出口金融计划和特别扶助资金。

投资保证金计划在1980年第一次被引进，是一个短期的投资项目，投资者可以参与国外贸易的金融运营。其融资模式建立在加价制原则上（即规定银行给某方资助贸易时，发放实物贷款或代购商品，通过标高价格进行结算获得收入。凡提供的贷款，只按贷款数额向借贷一方收取年利率为2.5%的手续费，用以支付银行的管理费用和通货膨胀的差额）。货币为第纳尔或美元和沙特里亚尔。2007年，基金通过这个计划募集了3 530万第纳尔。它被用于在IDB下的普通murabahah金融项目。

特别扶助资金计划是依据管理委员会的解决方案 BG/3—1417（Resoltuion BG/3—1417）条款在 1998 年早期开展的。通过这个方案，建立了一个金额达到 10 亿第纳尔的基金，其中包括 IDB 之前建立的特别扶助资金。随着宗教基金（Waqf Fund）的建立，在 1979 年建立的特别扶助账户的所有资产和负债，都合并到这个新的基金中，包括曾在特别扶助资金账户下的三种活动，分别为特别扶助、最不发达国家的特殊账户和特别准备金。其中，特别准备金由宗教基金代替。到 2007 财年的年底，基金余额达到了 9.399 亿第纳尔，由 7 980 万美元特别扶助账户、2.307 亿美元最不发达国家的特殊账户和 11.957 亿美元的宗教基金组成。

除了以上的基金，IDB 还建立了其他基金，被称为 IDB 基础建设基金和奥卡夫（Awqaf）财产投资基金（APIF）。这些基金是由成员国的股权资本建立的，或者是通过一些与 IDB 目标相一致的特殊计划实现的。由银行开展的活动可以归为三类，分别是：

（ⅰ）项目投融资、技术支持和宗教基金运营（特别扶助）。

（ⅱ）贸易投融资项目运营。

（ⅲ）特殊基金和附属机构的活动。

项目投融资、技术支持和宗教基金运营（特别扶助）

最初，伊斯兰发展银行采用的金融方式是简单的贷款，并以项目中相关的产权作抵押。然而，银行的金融工具在近年来不断发展，包括在 1977 年引进的金融租赁，1978 年的利润分红，1985 年的分期付款销售和 1996 年 3 月开始实施的预付货款。

除了直接投资，伊斯兰发展银行还通过国家发展金融机构（National Development Financing Institutions，NDFI）扩展金融渠道，其中包括给予中小企业的资金和一些在私人和公共领域的投资。除了直接投资，NDFI 还采用了租赁、分期付款销售、委托预定制（istisna），或者以上形式结合的金融方式进行投融资。这类方式也被称为金融流水线（line of financing）。

IDB 提供的技术支持与项目投融资紧密结合，旨在帮助成员国确定潜在的项目。这些支持包括前期的可行性研究，细节化的设计和工程部分，咨询服务的提供和投标文件的准备。此外，还提供研究和培训设备的帮助。IDB 也帮助实施区域研究和监测项目的实施情况。这些技术支持都会优先提供给最不发达的成员国。

waqaf 的概念是指给那些需要帮助的国家及时支援。1979 年，宗教基金成立，用于给非成员国中的伊斯兰国家一些支援，特别是在教育和健康方面。基金同时也致力于减少自然灾害为伊斯兰国家带来的损失，包括成员国和非成员国，这些自然灾害包括干旱、洪灾和地震。基金还用资金支持那些非营利性活动。目前，宗教基金产生的收益被用于支持以下的社会发展项目：

- 特别扶助项目，尤其是在 IDB 非成员国的伊斯兰国家开展。
- 伊斯兰研究和培训机构（Islamic Research and Training Institute，IRTI）。

● 奖学金项目。

● 技术支持项目。

● 迪拜生物技术农业国际中心（International Center for Biosaline Agriculture，ICBA）。

表 9—1 显示了在 2007 财年，以及在 1976—2007 年中，IDB 投资的所有项目和技术支持。

由表 9—1 可知，2007 财年，其投资总额约为 17.38 亿第纳尔（即 26.64 亿美元），共 183 个项目中，包括 110 个项目融资和 73 个技术支持项目。从 1976 年到 2007 年期间的投资总额为 148 亿第纳尔（即 206 亿美元，不包括摊销部分），其中 98.8%，即 147 亿第纳尔（204 亿美元），用于项目融资，其余 1.74 亿第纳尔（2.32 亿美元）为技术支持。共有 2 338 个项目，其中 1 732 个为项目融资，而 663 个为技术支持。

表 9—1　　伊斯兰发展银行项目投融资和技术支持　　单位：百万第纳尔

投资方式	2007			1976—2007		
	项目数目	投资金额	%	项目数目	投资金额	%
项目融资：						
贷款	39	239.2	13.8	732	3 361.2	22.6
股权	24	207.7	11.9	213	1 299.1	8.8
金融租赁	22	623.9	35.9	330	4 473.6	30.1
分期付款销售	8	222.5	12.8	231	2 154.8	14.5
利润分红	2	48.1	2.8	11	148.2	1.0
委托预订制	12	288.1	16.6	126	2 339.5	15.8
金融流水线	3	97.5	5.6	32	351.8	2.4
其他	0	0	0	57	542.5	3.7
合计	110	1 727	99.4	1 732	14 670.8	98.9
技术支持	73	10.9	0.6	663	174.0	1.1
总计	183	1 737.9	100	2 395	14 844.8	100

资料来源：伊斯兰发展银行，《年度报告 2007—2008》。

注：（ⅰ）1976—2007 年的总投资不包括已经摊销的部分。

（ⅱ）2007 年公布的投资包括通过最不发达成员国特殊账户（the Special Account for Least Developed Member Countries）的投资。

（ⅲ）“其他”指向 sukuk 和金融机构的投资。

伊斯兰发展银行参与的项目涵盖了很多领域，包括社会类的（教育和健康）、农业、公共设施、交通运输和传播产业、矿业和伊斯兰金融服务。2007 财年的分类项目包括：在农业及其相关领域的 6 个项目、在产业和矿业领域的 7 个项目、21 个交通运输和传播类项目、24 个公共设施项目、51 个社会服务类项目和 38 个金融服务领域的项目。

表 9—2 说明了伊斯兰发展银行基金在 2007 年 3 月前，即财年结束时，以及从其建立到 2007 年在不同领域的投融资情况。通常，获得贷款的项目有一定的社会经济影

响。这些项目包括基础建设开发，如道路、港口、机场、灌溉系统、土地开发及其他。通常，普通贷款年限为15～25年，并有3～7年的宽限期。在2007年，其投资总额达到13.72亿第纳尔（20.87亿美元）。在特别账户中，给予最不发达国家的贷款年限为25～30年，包括10年的宽限期。银行规定每年收取不高于2.5%的普通贷款服务费用和不高于0.75%的特殊贷款服务费用。最高的普通贷款上限为1 000万美元，而给予最不发达国家的特殊贷款区间在50万～300万美元不等。但是，特殊情况下，给予最不发达国家的贷款可以达到500万美元。

表9—2　　伊斯兰发展银行项目投融资和技术支持在不同领域的分布情况 单位：百万第纳尔

领域	2007			1976—2007		
	项目数目	投资金融	%	项目数目	投资金融	%
农业及相关领域	6	30.2	2.2	329	1 176.6	10.3
工业及采矿业领域	7	89.6	6.5	152	1 231.0	10.7
交通运输和传播	21	407.1	29.7	332	2 565.6	22.4
公共设施	24	463.2	33.8	334	3 432.8	29.9
社会服务	51	226.9	16.5	567	2 385.8	20.8
金融服务	38	155.3	11.3	300	678.6	5.9
总计	147	1 372.3	100	2 014	11 470.4	100

资料来源：伊斯兰发展银行，《年度报告2007—2008》。

在股权融资中，伊斯兰发展银行也会购买新上市公司的股份。这部分股权有两种参与方式：直接入股（IDB直接投资参与到商业机构）；通过NDFI投资。但无论是以上哪种方式，其参股比例都不会高于项目公司实收资本的三分之一。

租赁设备通常包括资产设备或者其他固定资产的购买，IDB将在租赁年限中，逐步返还其租赁资产的所有权。租赁年限可达到20年，以及起步阶段的5年。这些设备一般提供给成员国中的中等或者高收入国家。目前，其边际收益设定为5.1%，利率可浮动。每个金融租赁项目的最高额度为8 000万第纳尔。

在分期付款销售中，伊斯兰发展银行会购买一些设备，再以更高的价格销售给客户。还款期限可达20年。这种方式与金融租赁的最大不同点是，所有权在第一次购买中就已经转移给了买方。而在金融租赁中，所有权直到最后才被转移。在这里，IDB的溢价为5.1%，其销售额上限为8 000万第纳尔。

盈亏分摊制的概念包括将基金分摊到两个或两个以上的机构，共同融资一个项目，根据共同协商形成的合同来确定每个机构的收益和成本。委托预定制（istisna）在1998年第一次引进，是指在卖方同意的条件下，在一个共同确定的日期向买方进行销售交易。这种融资方式用于促进和加强在成员国内部之间的一些交易，以及一些私人部门购买基础设施项目，如电子发射器和变压器等。委托预定制经常在分期付款销售不能适用时采用，但与分期付款销售相同，其年限也可达20年，以及起步阶段的5年，溢价为5.1%，最高额度为8 000万第纳尔。

IDB通过NDFI投资的项目是鼓励一些在私人领域的中小型产业的发展。其采用的金融模式包括分期付款、委托预定制和金融租赁。这种模式之前只限于直接通过NDFI的投资，但自1999年开始，也扩展到各成员国政府各自建立的国家发展金融机构(NDFIs)。这些贷款的上限每个项目不超过700万第纳尔，并为免息贷款。然而，其受益人需要支付伊斯兰发展银行一定的行政费用，一般每年不超过2.5%。还款期限为15～20年，宽限期为3～7年。然而，最不发达的国家，其条件可以再宽松一些，还款年限为30年，以及10年的宽限期。每年的行政费用也不得超过0.75%。

IDB提供的技术支持包括实施可行性研究，前期的技术化设计和招标文件，分部门计划的准备，建设项目，融资的机构支持和在项目实施阶段的咨询服务。投融资的形式为拨款或者免息贷款。拨款的最大额度为30万第纳尔，免息贷款的最长还款期限为16年，以及4年的宽限期，且每年的服务费用不超过1.5%。拨款由IDB的宗教基金负责授予。

在国际贸易的投融资上，加价制被伊斯兰发展银行采用，指购买需要的原材料，并反售给受益人的行为。进口投融资的最长期限为30个月，而出口为120个月。进出口溢价的计算都以伦敦银行同业拆借利率为准，参考支付当日的路透社的LIBOR数据，并加上一定的价差。按时或提前交付的可享受30%的价差折扣。

如本章之前所述，宗教基金用于各种各样的项目，特别是非成员国的穆斯林社区的项目、伊斯兰研究和培训机构、奖学金项目、技术合作项目、为最不发达国家提供特殊基金、技术支持的投融资、无费用金融和Adahi Project。以下的讨论将只包括特别扶助项目、奖学金项目、技术合作项目、伊斯兰会议组织的免疫和扫盲项目。

特别扶助项目自1979年开始，主要的目标是促进社会经济的发展，提高非成员国的穆斯林伊斯兰教社团（Muslim ummah）的力量，主要侧重于教育和医疗方面。这个项目也致力于减少成员国和非成员国受到自然灾害损失。在这个项目建立初期，IDB管理委员会对其可以涉及的领域做了如下的规定：

（i）为成员国提供培训和研究，以便其在伊斯兰教法律下，能更好地再定位其经济、金融和银行活动；

（ii）为自然灾害或者其他冲突提供修复帮助；

（iii）为成员国提供帮助，扩大或加强其伊斯兰 syiar。

自从这个项目实施以来，给予非成员伊斯兰国家的帮助主要致力于穆斯林社区的社会发展，特别是在教育、社会和医疗方面，包括紧急救助和营救行动。2007年，伊斯兰发展银行为62个特别扶助项目提供了2 570万美元的资金支持，其中，23个项目在成员国，共1 110万美元，而39个项目在非成员国的伊斯兰国家，共1 460万美元，这些项目都通过伊斯兰发展银行的宗教基金进行。至此，共开展了1 185个项目，共6.408亿美元，其中包括465个成员国项目，共4.176亿美元，以及2.322亿美元的729个非成员国项目。

伊斯兰发展银行奖学金项目自1983年开始，到2007年，共开展了以下三种类型的奖学金：

● 非成员国伊斯兰国家的奖学金。

● 伊斯兰发展银行高科技进步奖学金。

● 在最不发达的伊斯兰发展银行成员国开展的科学技术专业领域的科学硕士奖学金。

非成员国伊斯兰国家的奖学金设立于伊斯兰历1404年（1983—1984年）。它旨在为这些国家提供更好的教育机会以追求学术进步，并为它们在完善本科学科建制提供资金支持。涉及的学科包括医科、牙科、农业、管理学、商学等。奖学金以捐赠或者是无息贷款的方式发放（学生可以在毕业后再偿还，或者可以选择在毕业后为宗教基金工作）。偿还的贷款可以继续用于同一领域的下届有需求的学生。奖学金自设立至2007年，共有6 700万美元，7 877个奖次。其中，5 237个获奖者已经完成了他们的学业，而2 640位还在继续求学中。近日，伊斯兰发展银行已经把奖学金的范围扩展到48个国家，包括10个成员国。

伊斯兰发展银行高科技进步奖学金设立于伊斯兰历1411年（1991—1992年），并自设立第二年开始实施。它旨在为成员国培养高科技人才，并促进其在科学技术领域的进步。2003年，这个项目进行了重大的改革，每年的奖学金数量从20个增加到35个，其获奖范围也扩展到一些亚洲和其他成员国的高科技研发机构。此外，其获奖者仅为博士学位的学生。通常，从已有三年学习经历的博士生候选人到工作一年的博士后，都可以被授予这些奖学金。自建立到2007年，发放总金额为1 500万美元，包括392个获奖者，来自46个成员国的254个研究机构。

科学硕士奖学金设立于1998年，旨在帮助最不发达的成员国培养科学技术人才。这个奖学金向19个最不发达的国家发放奖学金，包括阿富汗、贝宁、布基纳法索、乍得、科摩罗、吉布提、冈比亚、几内亚、几内亚比绍、马尔代夫、马里、毛里塔尼亚、莫桑比克、尼日尔、塞拉利昂、索马里、多哥、乌干达、也门。自设立后，发放了205个奖次，共100万美元。其获奖学生也分布在成员国的不同机构中，如埃及、马里、马来西亚、摩洛哥、巴基斯坦、塞内加尔、土耳其和乌干达。

技术合作项目设立于伊斯兰历1404年（1983—1984年），有以下目标：

● 促进和加强成员国之间在技术方面的交流。

● 促进成员国之间的合作，加强与发展相关的经验、信息和技术的交流。

● 减少管理的、技术的和行政上的障碍以缓解项目实施的拖延情况。

2007年，共实施了108个项目，资金总额为280万美元。具体包括三种类型的活动，分别为专家招聘、在职培训和研讨会。设立至今，共实施了1 510个项目，3 370万美元。其中，470万美元用于专家招聘，1 180万美元用于在职培训，而1 720万美元用于各类研讨会。1999年12月，执行委员会批准了两项捐赠，分别为350万美元和560万美元，用于伊斯兰世界的文学教育和疫苗生产的自给自足项目。前者的惠及国包括孟加拉国、乍得、吉布提、冈比亚、约旦、毛里塔尼亚、摩洛哥、塞拉利昂、苏丹和也门。疫苗的项目给予了阿尔及利亚、埃及、伊朗和突尼斯。

贸易投融资项目运营

贸易投融资活动是伊斯兰发展银行最早开展的活动之一，通过银行的直接资金支持或者通过其下设的特定基金完成，一些项目以其资助的基金名字命名。为了更好地加强贸易投融资活动，伊斯兰发展银行发展了两步走的成本加利润销售/期货成本加回报模式。在这种金融模式下，伊斯兰发展银行首先给予金融机构直接的融资以资助其自由的贸易活动；其次，银行接受来自金融机构的基金去支持其自身贸易活动的运行。直至2007财年底，贸易融资计划被用于以下的项目：

- 进口贸易投融资
- 出口融资计划
- 伊斯兰银行用于投资和发展的证券投资组合
- 伊斯兰银行单位投资基金

进口贸易投融资计划（ITFO）建立于1977年，其资金主要来自于银行的自有资金和两步骤融资计划，其目标如下：

- 为成员国的进口需求提供资金。
- 促进和鼓励成员国之间的贸易。
- 通过与伊斯兰教义相兼容的贸易融资协助伊斯兰银行的活动。

进口贸易投融资计划（The Import Trade Financing Operations，ITFO）一般提供短期融资。方式为购买商品，加上一定的利润转售给成员国。2006年，共实施了67个项目，总额为26亿美元。其支持的商品范围也扩展到原油及石油产品、原材料和化学原料、肥料、铁矿石、备用材料、纸浆和天然橡胶。自成立到2006年，共有1 420个项目，总额为235亿美元。

出口融资计划是依据一个特殊基金建立起来的。这个基金根据伊斯兰发展银行 Articles of Agreement 第22条款在1985年建立，原名为“长期贸易投融资计划”，旨在促进成员国之间的传统和非传统的商品贸易。它建立了自己的会员系统。资金资源独立，并有自己的预算系统和财务账户。计划为非成员国出口到成员国的商品，提供6个月到5年的延期付款。一般的消费品，其延期付款的限制为24个月。原材料和资本商品，最大的期限分别是3年和5年。在2006年，计划总额为3.781亿美元。截至2006年底，共有217个项目，总额为17亿美元。

BADEA出口融资计划是在1998年2月23日，伊斯兰发展银行和阿拉伯非洲经济发展银行（BADEA，总部设在苏丹的喀土穆）达成的备忘录上建立的。它将为阿拉伯联盟成员国家与非洲联盟成员国家（且不属于阿拉伯联盟的非洲国家）之间的贸易合作提供5 000万美元的融资。1998—2006年，共实施了12个项目，总额为1.636亿美元，其中，3 910万美元是2003年达成的。大部分的资金用于非洲国家从阿拉伯国家进口的资本商品。

伊斯兰银行用于投资和发展的证券投资组合也是致力于贸易活动。2006 年，共有 8 个项目，总额为 2.28 亿美元，参与国家包括孟加拉国、黎巴嫩、埃及、巴基斯坦、沙特阿拉伯、突尼斯和土耳其。截至 2006 年，共有 186 个贸易融资项目，总额为 30.391 亿美元。伊斯兰银行单位投资基金也将其中一部分用于支持贸易融资，通过直接投资和辛迪加组织实现，共有 111 个贸易项目，总额为 9.213 亿美元。

2006 年是伊斯兰发展银行参与贸易融资的最后一年。到 2007 年，其下所有的贸易活动，如 ITFO、BADEA 等都将由国际伊斯兰贸易金融公司（ITFC）接管。国际伊斯兰贸易金融公司是在 2005 年 6 月，根据伊斯兰银行管理委员会第 30 次会议的决定建立的，并在 2007 年开始运行。其主要目标是促进成员国之间的贸易融资，并提升其出口能力。

自 2000 年起，伊斯兰发展银行的其他基金也开始参与贸易融资，如伊斯兰私人部门发展公司（Islamic Corporation for the Development of the Private Sector，ICD）、Awqaf Properties 投资基金、国债部。截至 2007 年，以上三者支付的金额分别为 5 130 万美元、4 010 万美元和 5.487 亿美元。伊斯兰发展银行在 2007 年涉及的项目和金额可见表 9—3。

表 9—3　　伊斯兰发展银行贸易融资总计

投融资计划类型	2007			总计		
	项目数目	投资金额（百万美元）	%	项目数目	投资金额（百万美元）	%
进口贸易投融资	67	2 602.5	99.4	1 420	23 512.3	80.7
出口融资计划	—	—	—	217	1 669.9	5.7
伊斯兰银行证券投资组合	—	—	—	186	3 039.1	10.4
单位投资基金	1	15	0.6	111	921.3	3.2
总计	68	2 617.5	100	1 934	29 142.6	

资料来源：伊斯兰发展银行，《年度报告 2007—2008》。

特殊基金和附属机构的活动

伊斯兰发展银行在应对目前的发展和挑战时，积极寻求新的方式，并将其活动与组织中正在发生的变化统一起来。今天，伊斯兰发展银行是一个母体，其下还有许多公司实体，它们的法律和金融运行是独立于母体的。此外，银行还建立了许多基金，使自己成为融资的催化剂或者是整合资源的媒介，以帮助银行实现其他额外的任务，如提供关于伊斯兰金融和银行领域知识的培训和研究，其涉及的实体和基金如下：

- 伊斯兰发展银行单位投资基金
- 伊斯兰银发展行基础建设基金（IFF）
- 伊斯兰团结发展基金（ISFD）
- 伊斯兰投资保险和出口信用公司（Islamic Corporation for Insurance of Invest-

ments and Export Credits，ICIEC)

- 伊斯兰私人部门发展公司
- 伊斯兰研究和培训机构
- 伊斯兰发展银行沙特阿拉伯王国的献祭肉品利用项目
- Awqaf Properties 投资基金
- 世界伊斯兰宗教基金会（World Waqf Foundation)
- 生物技术国际农业中心，迪拜
- 伊斯兰发展会议组织私人有限公司，马来西亚

伊斯兰发展银行单位投资基金是在 1989 年 12 月根据伊斯兰发展银行 Articles of Agreement 第 23 条款建立的信托基金。其主要目标是通过联合机构存款和个人投资者的资金参与成员国的经济发展。此基金在巴林证券交易所上市。在 2007 年底，其首次发行额为 1 亿美元，并成功在 20 个来自 11 个国家的投资者中募集了 3.25 亿美元。积累的基金通过直接融资、共同融资和辛迪加融资运作。涉及的金融原则包括加价制、委托预定制，分期付款销售、转售和金融租赁。自从其建立以来，共为 111 个项目融资，总金额为 9.213 亿美元。在 2007 年的执行委员会会议上，委员会同意将单位投资基金转到伊斯兰发展银行成员国组织的伊斯兰私人部门发展公司。

伊斯兰发展银行基础建设基金建立于 1999 年，总部在巴林。这个基金特别关注伊斯兰发展银行成员国的基础建设发展。因此，其基金主要投资在基础建设项目及其相关的产业。到 2007 年底，基金投资了 11 个项目，共 5.84 亿美元，覆盖了 9 个成员国。

2007 年 5 月，伊斯兰发展银行发起了伊斯兰团结发展基金，其主要目标是在成员国中减少贫困、增强能力建设、消除文盲和消灭疾病和瘟疫。其基金是由成员国自愿捐赠而建立的，也可以作为一种形式的宗教基金，并在 2008 年初开始运行。伊斯兰发展银行捐赠了 10 亿美元作为资本金，而其余的 16 亿美元则来自 30 个成员国。

伊斯兰投资保险和出口信用公司（ICIEC）成立于 1994 年 8 月 1 日，并在 1995 年 7 月开始运行，其授予的资本金为 1.5 亿第纳尔（2.4 亿美元)，由每股 1 000 第纳尔的 15 万股组成。伊斯兰发展银行给予了 1.6 亿美元，而其他 37 个伊斯兰会议组织成员国共同出资 7 700 万美元。这个根据伊斯兰教义建立的组织的主要目标如下：

- 为未支付的出口应收账款产生的商业或者是非商业的风险提供出口信用保险和再保险。

- 为政治风险提供投资保险和再保险。

自 1996 年到 2008 年 1 月，ICIEC 的商业保险总额为 37 亿美元。在 2006—2007 财年，其涉及政策而形成的保险共 75 项，总金额为 14.67 亿美元。而在同一财年，其商业保险总额为 8.59 亿美元。

伊斯兰私人部门发展公司在 1999 年 11 月建立，作为一个独立的国际性组织，其资本金为 10 亿美元。除此之外，还有 5 亿美元的余额，其中，伊斯兰发展银行提供了 50%，而其他成员国提供了 30%，成员国的公共金融机构提供了 20%。它提供了一系

列的金融产品，包括直接投资、资产管理、结构化金融和咨询服务。其利用的模式与伊斯兰金融的概念是统一的，即股权参与和项目融资，包括加价制、金融租赁、分期付款销售和委托预定制（istisna）。自从建立以来，共参与了121个项目，总金额为6.805亿美元。在2007年底，共有23个成员国参与，其主要目标如下：

● 在私人领域确定可以获得的机会，以便其促进经济发展。

● 提供一系列的根据伊斯兰教义的金融产品和服务。

● 鼓励伊斯兰资本市场的发展，并扩大其进入渠道。

伊斯兰研究和培训机构（IRTI）在1981年建立，授命承担在伊斯兰经济、金融和银行领域的研究和培训活动。这个机构还为成员国提供一些培训设施。这个机构的功能具体如下：

● 组织和实施一些基本的和应用型的研究，旨在发展一些模型和方法，加强伊斯兰教原则在金融经济领域的应用。

● 对成员国相关人员提供人力资源培训。

● 建立一些中心，收集、组织和传播一些相关信息。

● 实施一些相关活动以达到它的目标。

1982年，沙特阿拉伯政府指定伊斯兰发展银行去管理“利用朝圣肉品”项目。这个项目的主要目标是帮助朝圣者完成动物祭品的一项重要仪式，同时充分利用这些祭品，分发给一些有需要的穷苦的伊斯兰国家，无论它是否为成员国。在2007年，伊斯兰发展银行共宰了73.29万头动物，其肉类祭品在麦加分发，通过航空、海运和地面运输到27个国家的不同地区。

Awqaf Properties 投资基金（APIF）于1997年10月29日在雅加达创立，是第六届宗教部长会议的决定。基金初始的资本金为5 100万美元，到2007年资本金增长为5 900万美元。自从建立起，APIF共通过了28个项目，总额为5.29亿美元，参与的国家有：印度尼西亚、科威特、马来西亚、沙特阿拉伯和阿拉伯联合酋长国。

世界伊斯兰宗教基金会在2001年9月成立。伊斯兰发展银行给予其2 500万美元的启动资金。个人最小的捐助为100万美元。其创立的主要目标为：

● 进一步加强伊斯兰发展银行在宗教基金发展方面的作用。

● 支持宗教基金在伊斯兰国家的社会和经济发展中的作用，并进一步消除贫困。

● 建立国际性的宗教基金会组织的福利和慈善。

● 按照其建立的原则，安全管理宗教基金的资产，并根据伊斯兰教义的要求来支出其收入。

生物技术国际农业中心（ICBA）的总部设在迪拜，自1999年6月开始运行。其目标是发展灌溉农业技术，用水分来中和高盐度。中心希望能发展种植技术，利用各种不同层次的海水来生产农作物。自从它建立以来，伊斯兰发展银行和其他捐助者共投资了2 960万美元。在2007年，中心开展了三项科技实验、21类生产和管理系统项目及7个合作项目（关于传播、网络、信息管理）。中心还主办了7个不同的课程和4个研讨会。

伊斯兰会议组织信息系统网络（OICIS-Net）是1987年在科威特召开的伊斯兰国家首脑会议决议建立的。作为一家合资公司，伊斯兰发展银行占51%的股份。该公司的主要活动是信息服务、电子商务、网络连接和咨询服务。这个项目旨在提高成员国之间信息资源交换和共享。领航员计划在9个国家开展，分别为埃及、印度尼西亚、科威特、马来西亚、摩洛哥、巴基斯坦、塞内加尔、阿曼和土耳其。信息系统由很多部分组成，包括网络机构的发展、数据库的发展、系统和标准、信息服务、电子通信和信息人员的培训，以及传播技术。在数据库发展中，优先发展的领域是贸易、公司和农业部分。

伊斯兰金融机构会计与审计组织

伊斯兰金融机构会计与审计组织（AAOIFI）是一个非营利性组织，1991年3月27日在巴林成立。这个组织曾被称为是伊斯兰银行和金融机构的财会机构，旨在发展伊斯兰金融机构的会计、审计、公司治理、商业道德和伊斯兰教义的标准。其主要发起人为Rifaat Ahmed Abdel Karim博士，他也是第一任总秘书长。现任的总秘书长为Mohamad Nedal Alchaar博士。

其组织结构包括六个部分，分别为成员国大会、董事会、会计与审计标准委员会、伊斯兰教义委员会、执行委员会和总秘书长。成员国大会是最高的权力机构，它负责制定规则和政策。会员包括四个类别，分别是创始成员国、准会员、监督会员和观察会员。创始会员包括伊斯兰发展银行（沙特阿拉伯）、Dar Al Mal Al Islami（瑞士）、al-Rajhi金融投资公司（沙特阿拉伯）、Albaraka银行（巴林）、科威特金融公司（科威特）和布哈里资本（Bukhari Capital，马来西亚）。到2008年底，该组织的成员国包括来自40个国家的160个机构。

由成员国大会任命的20个兼职董事组成了董事会，5年一届，以旧换新。任命的原则按照地理位置划分，并从如下类别产生：

- 监管机构
- 伊斯兰金融机构
- 伊斯兰金融机构会计与审计组织
- Syariah fiqh学者
- 伊斯兰金融机构的财报使用者

董事会有权任命董事会成员，并根据实际情况中止他们的会员资格，为组织安排金融资源，任命2名会员成为执行委员会成员，任命总秘书长，但董事会无权干涉该组织其他部门的工作。

会计与审计标准委员会由董事会任命的20个会员国兼职担任，任期5年，委员会至少2年举行一次会议，兼职会员国从以下机构产生：

- 监管机构
- 伊斯兰金融机构
- 伊斯兰金融机构会计与审计组织
- 伊斯兰教义委员会
- 伊斯兰金融机构的财报使用者
- 金融财会领域的大学教授
- 注册会计师

该委员会的职能如下（www.aaoifi.com/aasb）：

- 为伊斯兰金融机构拟定并实施有关会计、审计和管理的条款、标准、指导方针，对此提供解释。
- 为伊斯兰金融机构拟定并实施有关其经营活动的道德准则和模范标准。
- 审查会计与审计标准委员会拟定的有关会计、审计的条款、标准、指导方针，对其进行补充、删减和修订。
- 为会计与审计标准委员会拟定标准、规则、章程的过程设定应有的步骤。

与其他委员会一样，伊斯兰教义委员会不超过20个成员，任期为4年。其专家队伍包括AAOIFI成员国的伊斯兰金融机构的伊斯兰教义监督委员会的代表，以及中央银行中的伊斯兰教成员。该委员会的角色和功能包括（www.aaoifi.com/shariaboard）：

- 确保伊斯兰金融机构的伊斯兰教义委员会的规则与伊斯兰教法规委员会达成统一，以防止冲突和不一致。
- 协助发展伊斯兰教义相统一的金融工具，并为其在金融、投资和其他银行服务提供设备。
- 为伊斯兰金融机构向伊斯兰教义委员会提出的各种要求采取行动，包括给予基于伊斯兰教义的意见，或者提出不同的意见，扮演仲裁人的角色。
- 研究AAOIFI提出的关于审计、会计和道德准则方面的标准，以确保与伊斯兰教义的规则和原则相符合。

执行委员会包括六个成员，分别为总秘书长、会计与审计标准委员会主席、伊斯兰教义委员会主席和三位来自董事会的成员。执行委员会的职责包括审核工作计划、年度预算、财务和审计报表。委员会也需要审核AAOIFI的工作和金融制度。总秘书长是日常行政工作中最主要的人物。他的工作包括实施经过监督委员会和金融财会委员会通过的计划。

自从AAOIFI建立以来，开始运行的主要有以下三种：伊斯兰金融机构的会计、审计和监管标准，伊斯兰教义标准，以及伊斯兰银行资本充足率的申明和计算方法（www.aaoifi.com）。这个组织已经发布了关于伊斯兰金融的68个标准。

伊斯兰银行和金融机构总理事会

2001年5月，伊斯兰银行和金融机构总理事会（CIBAFI）在巴林的麦纳麦成立。目前，它的主要成员国来自阿联酋、科威特和马来西亚，包括来自40个国家的130个机构，涉及伊斯兰商业银行、在伊斯兰窗口的商业银行和金融机构、伊斯兰基金和保险公司。

CIBAFI是一个国际性的非营利性组织，旨在通过符合道德准则的投资、专业主义和透明性来加强其成员国的形象和服务客户的能力。其主要的角色如下（www.cibafi.org）：

- 建立一个遵守伊斯兰道德准则的银行和金融机构的数据库（或索引）。
- 通过鼓励在这个领域的研究和组织会议，来参与伊斯兰金融的发展。
- 加强对于伊斯兰金融的理解，提高它在地区和全球的价值。
- 为成员国提供培训、咨询服务和技术帮助，参与成员国的人力资源开发。

理事会包括成员国大会、董事会、执行委员会和总秘书长。成员国大会的会员包括一般会员和观察员。每年召开一次大会，起草和审议一些理事会实施的政策或特例。董事会提前审议需要在成员国大会上审议的活动报告。这些活动或项目都要通过执行委员会的监督。总秘书长是理事会的主要管理者。

为了更好地发挥其作用，理事会加强了对各国政府人员进行培训和向全世界的公众说明伊斯兰银行的主要原则的活动。作为一个提供信息的组织，CIBAFI积极出版了一系列研究成果，包括《海湾合作理事会的伊斯兰金融》（Islamic Finance in the Gulf Cooperation Council）、《伊斯兰金融目录2007》（Islamic Finance Directory 2007）、《CIBAFI绩效指数》（CIBAFI Performance Indicators）、《伊斯兰金融目录2006》、《伊斯兰金融目录2005》、《IFSI全球报告I》（IFSI First Global Report）。理事会还是开展综合性研究的中心（如法律和其他相关领域）。目前，CIBAFI与伊斯兰发展银行和伊斯兰金融服务委员会一起合作，引进一个核心的伊斯兰教义理事会，使之发布伊斯兰教法规来帮助处理在全世界司法上一些与伊斯兰教义相兼容的标准和实践有所不同的解释。

国际伊斯兰金融市场

一个统一的伊斯兰金融市场，对于整合伊斯兰世界的金融工具无疑是至关重要的。

马来西亚中央银行和纳闽境外金融服务局（LOFSA）认识到了这一点，并建议设立了一个非营利性组织——国际伊斯兰金融市场（IIFM）。马来西亚的建议一经提出，即得到了众多国家和国际金融机构的响应，伊斯兰发展银行和巴林、印度尼西亚、苏丹等国央行乃至文莱财政部都加入了提议。于是，2001 年 11 月 13 日，基于对伊斯兰世界金融系统缺点的共识，有关各方签署了一项协议。协议公认的缺点有：

- 伊斯兰世界缺乏统一的金融市场。
- 伊斯兰世界的资本并未得到合理的开发。
- 市场参与者严重不足，而符合伊斯兰教义的金融工具也存在同样的问题。
- 对于伊斯兰教义中与之相悖的一些疑问与怀疑，并没有统一的认识。
- 伊斯兰世界缺乏适当的能够建立金融市场的机制。
- 全球对伊斯兰世界的审计标准与实践并没有一致接受。
- 不存在一个可以办理符合伊斯兰教义的金融业务的二级市场。

为了克服这些缺点，相关发起方对即将成立的机构寄予了厚望，期望它能够促进伊斯兰世界中活跃而有序的金融产品交流。预想中的机构被赋予了统一伊斯兰世界金融市场，并将其打造成世界主流市场的重任。机构的所在地最初在马来西亚的纳闽岛，但是在 2002 年 4 月 1 日移至巴林。2002 年 8 月 11 日公布了建立机构的皇家敕令，登记工作则在随后的 11 月 25 日宣告完成。机构宣称自己的目标有：

- 在不违反伊斯兰教义的前提下，促进国际金融市场的发展。
- 吸引伊斯兰和非伊斯兰的金融机构参与二级市场的活动。
- 协调、组织对伊斯兰教经文有关金融市场的解释工作。
- 增加全世界伊斯兰金融机构之间的合作框架。
- 通过制定市场规则、总结规范程序的方式，协助伊斯兰金融机构的形成。

最终，新成立的伊斯兰金融市场拥有 43 个成员，共分为五组：创始成员、全权成员、普通成员、助理成员以及观察员。创始成员每年需缴纳 35 000 美元的会费，并担任理事会的永久成员。全权成员包括各国央行以及金融管辖机构，年费为 25 000 美元，在理事会占据四个席位。普通成员主要指的是伊斯兰世界的各金融机构，年费 20 000 美元，占据理事会的五席。助理成员包括非伊斯兰金融机构，年费为 5 000 美元。而观察员的年费是 2 000 美元。二者在大会中都没有投票权。

虽然这个组织有非常多的职能，但其主要开展的是以下四个方面：Syariah 背书保证、标准化和统一化、上市和交易、发行指导。其组织机构包括董事会（16）、伊斯兰教义监督和咨询委员会（8）、执行委员会（7）和 IIFM 管理层。

原则上说，董事会负责政策的制定，也有权提名新的成员和任命 IIFM 的官员。伊斯兰教义监督和咨询委员会的职责是审核一个特定的金融产品的交易应用和机制，与 AAOIFI 伊斯兰教义委员会一起合作，在决策时提供统一指导，检阅董事会和执行委员会的工作。

自从建立以来，IIFM 背书支持了一些全球性的金融工具，包括 2002 年 6 月 26 日发行的价值6亿美元的马来西亚全球伊斯兰债券，2003年8月3日发行的价值4亿美元的伊斯兰发展银行债券，2003年9月8日发行的价值7亿美元的卡塔尔全球伊斯兰债券，以及2004年发行的价值2.5亿美元的巴林国际伊斯兰债券。在2004年，又发行了1亿美元的Tabreed金融公司伊斯兰债券。马来西亚全球伊斯兰债券和卡塔尔全球伊斯兰债券是根据租赁的概念建立的，而伊斯兰发展银行债券是根据租赁、加价制和委托预定制的概念建立的（www.iifm.net）。全球发行的伊斯兰债券是由Tabreed金融公司发行的，它是一些远期金融租赁合同概念的组合。

在2006年8月，随着IIFM重新启动，它通过更加集中和更加针对市场的模式，定位成为全球伊斯兰金融系统中的重要成员。新的商业计划更加注重伊斯兰金融工具和合同标准的建立，跨区域贸易和基础设施发展。而之前，其重点在Syariah背书支持，金融机构发行的金融产品的合法性和合理性。但是，全球一级和二级资本市场的发展，短期金融市场的发展，以及创建一个伊斯兰金融产品的市场仍然是IIFM努力的领域。为了确保IIFM开发的标准化文件和产品被全球的伊斯兰金融机构认可和采用，它参加了许多行业的学者参与的研讨，并组成了相关的工作小组，目前包括Documentary Convergence工作小组，IIFM/ISDA伊斯兰金融工作小组和IIFM/ICMA Shariah Compliant Repo Core工作小组。

在2008年10月，IIFM发布了国债配售主协议（Master Agreement for Treasury Placement，MATP），它是第一个关于商品加价制交易的标准化协议，包括一个独立的成本加融资主协议、机构协议和商品购买理解备忘录。在这之前，金融机构必须要在商品加价制交易中采用20个不同的文件。设想如果采用这样一个标准化的协议，可以为金融机构节约大量的成本和资源。目前，IIFM正在处理另外两个标准化文件，分别是伊斯兰对冲金融主协议（Master Agreement for Islamic Hedging）和伊斯兰兼容的再购协议（Repo）。当完成时，前者是用于私下谈判与伊斯兰教义兼容的对冲交易的标准化文件，它是由IIFM和国际掉期及衍生工具协会（International Swaps and Derivatives Association，ISDA）共同开发的。后者是IIFM和国际资本市场协会（ICMA）合作开发的，主要关注的方面包括统一推荐信、标准文件、统一的语言、二级市场交易指导、伊斯兰债券交易的操作标准和其他伊斯兰金融产品。它们还将开发全球再售主协议（Global Mastet Repuuchase Agreement）和一本关于如何进行伊斯兰债券交易的指南。

伊斯兰金融服务委员会

伊斯兰金融服务委员会（IFSB）于2002年11月3日成立，并自2003年3月开始运行。委员会根据《2002年伊斯兰服务委员会法案》（Islamic Financial Services Board

Act 2002）在马来西亚建立，该法案授予其豁免权和特权（一般会授予国际组织和外交任务）。该组织与其他国际性的设定标准化的实体相同，都在建立和促进金融系统的优化操作方面有既定的兴趣，包括巴塞尔银行监理委员会，并在国际清算银行和国际证券事务监察委员会组织（IOSCO）、国际保险监督官协会（IAIS）的赞助下运行。伊斯兰金融服务委员会是一个统一金融监管机构的组织，特别是那些采用伊斯兰银行系统的国家，目的是确保系统的公正和稳定。

因此，IFSB的主要职能是发布伊斯兰金融机构的标准、指导原则和技术说明。它包括三种类型的会员：正式会员，包括每个主权国家的监管当局；准会员，包括货币监管和金融监管组织；观察员，包括全世界的伊斯兰金融机构。截至2008年，共有21个正式会员、21个准会员和136个观察员（www.ifsb.org）。

自从它建立以来，IFSB共为伊斯兰金融服务业出版了7个标准和指导原则，依次如下：

● 伊斯兰债券资产证券化和房地产投资的资本充足率要求。

● 伊斯兰合作投资计划的指导原则。

● IFSB-5：关于伊斯兰金融服务机构的监管复核程序中的五个重要组成部分的指南（不包括伊斯兰保险机构和伊斯兰共同基金）。

● IFSB-4：为促进透明性和维护市场纪律的伊斯兰金融机构的信息披露制度（不包括伊斯兰保险机构和伊斯兰共同基金）。

● IFSB-3：关于仅提供伊斯兰金融服务的机构的公司监管的指导原则（不包括伊斯兰保险机构和伊斯兰共同基金）。

● IFSB-2：关于仅提供伊斯兰金融服务的机构资本充足率的要求（除保险公司）。

● IFSB-1：关于仅提供伊斯兰金融服务的机构的风险管理的指导原则（除保险公司）。

在IIFM建立的标准或原则文件中，可以找到关于冗长、严格的标准如何产生的解释。标准的产生也需要在草案的披露时听取公共讨论会，包括组织的研讨会和听证会（当时机需要时）。在2008年，IFSB出版了两个行业指南，分别是：

● 与资本充足标准相关的指导性说明：外部评审机构在伊斯兰教义相兼容的金融工具方面的排名认可。

● 加强伊斯兰金融服务机构的流动性管理的技术说明：伊斯兰货币市场的发展。

除了以上这些文件，IFSB还在2007年发布了关于伊斯兰金融结构性指标的指南。随着这个指南的发布，一个提供伊斯兰金融服务的机构中需要的数据编辑和传播的标准方法，目前在市场参与者和监管机构中都可以获得。为了能更好地提高监管的意识，并在非伊斯兰国家建立这种监管意识，IFSB已经积极地在全世界组织国际会议、研讨会和对话。

马来西亚伊斯兰银行机构协会

马来西亚伊斯兰银行机构协会（AIBIM）是一个在马来西亚注册的机构。协会成立于1995年7月12日，其主要目标是加强和提高伊斯兰银行系统的知名度，并在马来西亚进行实践。它通过与马来西亚国家银行和其他监管机构的合作和商议完成它的使命。

AIBIM努力在促进和代表成员国的利益与马来西亚的法律保持一致方面发挥作用。为了改进伊斯兰银行系统在马来西亚的实践，协会还提供并促进教育和培训。为了完成以上目标，协会与其他当地和国际性的类似组织建立联系。此外，协会也给那些为伊斯兰银行在马来西亚发展做出贡献的机构和个人颁发奖项，包括伊斯兰金融人物和最杰出贡献奖。

协会有两类会员：普通会员和准会员。普通会员向所有经过马来西亚财政部批准的伊斯兰银行、商业银行、金融公司和其他提供伊斯兰金融服务的机构开放。准会员包括那些被协会确认资格和接受的机构，但这些会员不能代表AIBIM委员会，且在例会上没有投票权。协会的管理层包括11个选举产生的会员和3个指派的普通会员。选举产生的会员中也将产生机构的主席、副主席、荣誉秘书长和荣誉财务主管，而协会的日常管理由执行秘书长负责(www. aibim. com. my)。

马来西亚伊斯兰银行和金融机构

BIMB研究和培训私人有限公司（BIRT），一个BIMB的子公司，是第一家将主要目标定位于在伊斯兰银行中促进人力资源开发和提高对伊斯兰银行系统认识的机构。这个机构在1995年4月13日根据《1965年公司法》建立，并在1995年8月1日开始运行。除了组织各类研讨会和短期培训项目，这个机构还通过一些教育机构，如伊斯兰银行和金融学院，提供一些学位课程，其颁发的学位包括伊斯兰银行、市场营销和保险。

与2001年初期发布的金融领域硕士计划蓝图相一致，马来西亚政府计划建立一个由伊斯兰金融和银行业全权所有的机构（马来西亚国家银行，2001）。因此，BIRT是行业发展所需，并把名字改为马来西亚伊斯兰银行和金融机构（IBFIM）。这个新机构由马来西亚的财政部长敦·戴姆·扎伊努丁（Tun Daim Zainuddin）在2001年2月19日发起，其股东包括马来西亚国家银行和12个提供伊斯兰银行金融产品的金融机构。

IBFIM 的愿景是成为一个在伊斯兰金融方面领军的国际性人力资源和商业开发者。在教育和培训领域，IBFIM 提供两个主要的项目：培训项目和结构化项目。在它的培训项目中，IBFIM 积极地参与组织在项目内部和公共的关于伊斯兰金融和管理的研讨会或会议。结构化项目包括一些授予证书的课程、伊斯兰金融的技能培训课程和国际性的高级课程。目前，IBFIM 提供三类证书课程，分别为伊斯兰注册信用专业人士、伊斯兰金融规划师和伊斯兰学者引进项目。

在伊斯兰教义咨询和审计服务方面，实施的咨询服务活动包括：伊斯兰金融、保险、单位信托基金、共同基金和资产管理、伊斯兰债券、伊斯兰房地产投资信托基金、金融租赁和信息技术。IBFIM 也提供一些其他服务，如搜索与伊斯兰教义相兼容的证券和股票、伊斯兰教义支持的金融机构的发展和伊斯兰审计服务。商业咨询和开发的研究领域具体涉及伊斯兰金融产品的开发和建构、伊斯兰金融运行模式、会计准则、风险管理和伊斯兰金融资产和负债的管理(www. ibfim. com)。

总结

伊斯兰金融机构在 20 世纪 70 年代迅速发展。随着它们的数量显著增长，开始需要一个特殊的组织，扮演联络者或者是仲裁人的角色，去解决一些伊斯兰金融服务行业的共同利益问题。总部设在吉达的伊斯兰发展银行就是在全球伊斯兰银行的一个最重要的媒介。它在 1975 年建立，通过加强合作来调动伊斯兰国家的财富，并提高最不发达的伊斯兰国家的经济发展水平。银行开展的项目不仅仅是为了造福其成员国，也辐射到伊斯兰国家中的非成员国。银行共开展三个类型的项目，分别是项目投融资、技术支持和宗教基金运营；贸易投融资项目运营；特殊基金和附属机构的活动。

除了伊斯兰发展银行，其他一些机构也被建立起来，它们的会员也是伊斯兰金融机构，目标是更好地保护成员国的共同利益，并开始一些相关活动。第一个此类组织是国际伊斯兰银行协会，这个协会在经历了 30 年的运行后于 1997 年解体。而伊斯兰银行和金融机构总理事会在巴林成立，继续履行它的职责。然而，这个理事会还没有得到行业的完全认同，因为其活动仅限于组织研讨会和会议。在国家层面，一些协会建立起来，如马来西亚伊斯兰银行机构协会，是为了保护一些地方性的伊斯兰金融机构的利益。这个协会旨在促进和加强伊斯兰金融的发展。

为了补足以上机构的职能，一些成员国在中央银行和货币监管当局下建立起一些机构。如伊斯兰会计与审计标准委员会，总部设在巴林，旨在特别解决一些与伊斯兰金融机构相关的会计和审计问题。伊斯兰金融服务委员会，总部设在吉隆坡，是为了通过监管行业来确保伊斯兰金融的公正和稳定。国际伊斯兰金融市场，总部在巴林，负责在资本二级市场的伊斯兰金融产品和工具的开发。

在教育和培训方面，一系列国际性的或是国家级的组织建立起来，如马来西亚伊斯兰银行和金融机构，以及总部在吉达的伊斯兰研究和培训中心，其目的是为了培养伊斯兰银行的人力资源。

参考文献和延伸阅读

Bank Negara Malaysia. *Financial Sector Master Plan*. Kuala Lumpur，2001.

Islamic Development Bank. *Annual Report* (various years). Jeddah (Saudi Arabia).

Musa Kamal，Rahayu. "Standardization：The Password to Progress." *Islamic Finance News*，August/September 2008：28－30.

www. aibim. com. my

www. banking-business-review. com

www. ibfim. com

www. ifsb. org

www. iifm. net

www. isdb. org

www. islamicfinanceonline. com/gcibfi

www. Lariba. com

www. mcca. com. au

词汇表

A'mal mal （工作）的复数形式，指合伙企业中的工作，或者是在合伙企业设立时签订的契约、条款。

'Abd 雇员，员工；'abd ma'dhun是指一个获得授权代表他的雇主完成一定任务的员工。

Ahad 只有唯一的讲述者或者唯一的信息来源的叙述故事。

Ahkam al-muamalat al-Islamiah 伊斯兰商业准则。

Ahkam 规章，指导原则，规则。单数形式：hukm。

Ahliyah 立法能力。

Ahliyat al-ada' 完成某一职责的立法能力。

Ahsan al-hadith 最出色的口头描述。

Ajal 一段时间；交付货物的延展期。

Akhlaq 行为，行动，职业道德。

Al-adillat-al-ijtihadiyyah 深思熟虑后得出的观点、意见；解决眼前问题的坚持不懈。在伊斯兰教法中，指的是公议和类比。

Al-adillat-al-qatiyyah 真实性不容置疑的绝对的观点和意见。在伊斯兰教法中，指的是《古兰经》和《圣训》。

Al-amin 可靠的，诚实的，值得信任的。

Al-arabun 见 urbun。

Al-bai bithaman ajil 见 bai bithaman ajil。

Al-Bayan 解释。

Al-Burhan 观点。

Al-Dikra 催缴单的提供者，或者贵族渊源。

Al-Furqan 真实与虚假的区别，或可信的与讹误的区别。

Al-Haqq 真实，真相。

Al-hawala 债务转让。也写成 al-hiwalah。伊斯兰银行体系中的经营原则之一（通常写成 hiwalah）。

Al-Hikmah 智慧。

Al-hiwalah 见 Al-hawala。

Al-Hakim 裁决并执行规章的人。

Al-ijarah 见 ijara。

Al-ijarah thumma al-bai　向承租人提供购买期权的租约，马来西亚伊斯兰银行体系中运用的伊斯兰经营原则之一。

Al-kafalah　担保品，抵押品。所有人将自己的物品委托给第三方时，为其进行担保。当所有人宣称其对担保品所具有的权利时，担保人必须完成。马来西亚伊斯兰银行体系中运用的伊斯兰经营原则之一（通常叫做 kafala）。

Al-khair　善事，善行。

Al-Mau'izah　顾问或评论家。

Al-Mofaviza　一般合伙人（合伙出资方式的一种）。

Al-mudharabah　见 mudharabah。

Al-muhaimin　监护人，保护者。

Al-murabahah　见 murabahah。

Al-musyarakah　见 musyarakah。

Al-Naimah　祝福，祝愿。

Al-Nur　光。

Al-qardhul hasan　见 qard hasan。

Al-Qayyim　监护人，保护者。

Al-Rahmah　宽恕。

Al-rahn　见 rahn。

Al-Ruh　生活。

Al-Shifa　加热器。

Al-Tadhkirah　向真主致意。

Al-Tanzil　直接来源于最高启示的指示，比如真主的神示。

Al-ujr　提供服务收取的佣金和费用。马来西亚伊斯兰银行体系中运用的伊斯兰经营原则之一。

Al-urbun　见 urbun。

Al-wadiah yad dhamanah　有保证或者担保的信托存款，托管人要保证应委托人要求归还信托财产。马来西亚伊斯兰银行体系中运用的伊斯兰经营原则之一。

Al-wakalah mal　中介机构，代理。

Al-wakala al mutlaqa　独立的中介。

'Amal　工作，行动。

Amil 见 mudarib，也写成　amel。

Amwal　mal（财产）的复数形式，作为资本金投入合伙企业的财产。

Ansar　麦加时期，为从麦加逃离迫害的人提供帮助的麦地那穆斯林。

Aqa'id　见 aqidah。

'Aqd　协议，契约。

Aqidah　穆斯林对真主的信仰、信念，也写成 aqa'id。

Aqilah　在过失杀人案中，与凶手有家庭关系或者合作关系而提供协助的人。他们需要与凶手一起承担赔偿责任。

Arboon　见 arbun。

Ardh　土地。大多数法学家认为，与财产、劳动力、存款能力等生产要素相比，土地所有者并不具备受益资格。

Arkan　行动的关键要素，缺少则无效。

Arsh　遭受外来伤害的补偿金。

As-salam　预付，销售购买用语，指在收到货物前先行付款。

Asbab al-nuzul　真主降下的经文（指《古兰经》的章节）。

Athaman mutlaqah　绝对货币。指第纳尔或者迪拉姆的使用。

Awqaf　自愿转移给信托基金的用于公众福利的财产。

Ayah　真主的指示、神迹，或者是与真主的交流。单数形式是 ayat，指的是《古兰经》的章节。

Ayn　有一定物理形态的有形资产。

Aziz　只有一个传述人的《圣训》，这个传述人是高度可靠的且被认定为传述人。

Bai'　表示销售、交易、签订合同的一个泛指概念。

Bai al-dayn　赊销。基于真实交易合同的贷款。马来西亚伊斯兰银行体系中运用的伊斯兰经营原则之一。

Bai'al-Inah　回购协议。例如，卖方将货物以信用形式售出，随后以更低的价格用现金购回。这一方法为马来西亚伊斯兰银行体系所应用。

Bai'al-istijrar　一种销售合同，在事先确定的价格和支付方式下保证持续供货。它通常也称为 istijrar。

Bai' al-istisna　订单销售（见 istisna）。

Bai'al-muzayadah　通过在公开市场上投标的销售方式，由出价最高者获得商品。

Bai al-urbun　预先付款或者支付首款的销售。

Bai'al-wafa'　附有条件的销售合同，卖方向买方支付商品买价，买方退回商品。

Bai'bithaman ajil　延期支付的附加费用，也写作 bay'mujjal 或者 bai muazzal。

Bai'muazzal　见 bai'bithaman aji。孟加拉国伊斯兰银行的房地产贷款常用方法。

Bai'-salam　一种销售方式，买方即时支付，卖方在未来一定时期内交付货物。也写成 baiul-salam。

Bay'bi'l-nasiah　信用销售。

Bay'mujjal　见 bai bithaman ajil。

Buda'ah　提供货物给他人交易，不要求任何回报和利润分享。

Da'if　《圣训》中效力较弱的条款。当与宗教命令或者禁令违背时可以被否决，作为建议、寓言或者善行时可以当做规范。见 sakim。

Dar al-harb　有可能与伊斯兰国家发生战争的国家和地区。

Dar al-Islam　奉行伊斯兰教法的国家和地区。

Dar al-sulh　与穆斯林有协定的国家和地区。

Darb　努力。

Dayn/dain　贷款，应收账款。

Dayn mu'ajjal　贷款延期附加的费用。

Dhaman　赔偿金，偿付债务的款项。

Dhaman al-'amal　合伙制企业中分工责任，一个合伙人负责执行经过了其他合伙人一致同意的合同或者任务。

Dhaman al-thaman　合伙制企业中信用责任，所有的合伙人联合或者单独为赊购的货物支付货款承担责任。

Din　顺从，遵从。

F'il　行动。

Far　见 furu。

Fard　在所有的阶层中只有一个传述人或者只由一个地区的人传述的《圣训》。

Fasidun　引起灾难或破坏的人。

Fasiqun　背叛者。

Faskh　取消，解散。

Fatwa　由伊斯兰国家当局提出的法规。

Furu　分支，分店。单数形式是 far。

Ghaib　只有唯一渊源的《圣训》，也就是说，其来源于使徒或者之后追随他们的人。

Gharim　未能履行偿付义务的贷款者。

Hadith/hadis　《圣训》，先知穆罕默德传教、立教的言行记录。

Hamish jiddiyyah　购买商品的首付款。

Haram　伊斯兰教法的禁令，伊斯兰教的规章之一。

Hasan　好的，合理的，合适的，指可以被采用的《圣训》。

Hizim　有约束力的合约。

Hibah 天赋，才能。

Hila　复数形式是 hiyal。用于改善与伊斯兰教义违背的法规的法律手段。这一用法仅见于哈乃斐和沙斐仪教法学派，罕百里和马立克教法学派不反对这一用法。

Hiwalah　见 al-hiwalah。

Hiyal　见 hila。哈乃斐教法学派的观念，设立一个无限责任的合伙企业，权利和贡献在所有合伙人中均摊。

I'ktikadat　规定，条文。

Ibadah　礼拜仪式。

Ibahah　真实，真相。

Ibra’ 撤销个人权利。比如债权人有权要求债务人偿还贷款，但他也可以通过撤销贷款来放弃行使这个权利。

Ijara 租约。也写成 al-ijarah。出租人将财产出租给承租人一个规定的时间，作为报酬，承租人根据事先确定的数量和时间支付租金。这是伊斯兰银行体系的一个经营原则。

Ijara wa-iqtina 一种租售合同，在租期结束时租赁资产的所有权转移给承租人。

Ijma 公议。伊斯兰教法立法渊源之一。

Ijtihad 法学创制，指全心全意、坚持不懈、竭尽全力地献身于某一问题的解决，尤其是与宗教相关的问题。

Ikala 交换意见。也写成 iqala，即经过公议取消合约。

Ilahi 见 kudsi。

Illa 来自同一过程的推理，复数形式是‘ilal。

Ilm al-ma’ani 修辞学的知识，华丽辞藻的应用艺术。

Ilm al-tajwid 《古兰经》的吟诵学。

Inan 有限合伙制。

Inan syarikat mal 有限合伙制。

Intiha’ 合伙制的终结、解散、取消。

Iqala 见 ikala。

Isnad 《圣训》的传述系统的连接。

Isqat 权利取消，撤销。

Istikhraj 类比得出结论。见 istinbat。

Istinbat 经过法学创制得到的潜藏含义。也写作 istikhraj。

Istisna 商品生产、制造合同。

Istijrar 见 bai al-istijrar。

‘Iwadh 补偿，重置价值。

Ja’iz 中立的行动，既不支持也不反对，无赏赐也无罪孽。也写作 mubah。

Jami 积聚、积累的事物。也写作 musannaf。

Jihalah 合同中的不确定条款，可能在未来引起争议。

Jins 来自同一类型、种群。

Jo’alah 服务费，接受服务的一方要付给提供服务的一方的费用。伊朗的伊斯兰银行体系中运用的伊斯兰经营原则之一。

Kafil 保证人。

Kafirun 非穆斯林。

Kalam-Allah 真主的指示。

Khiyar 权利。复数形式是 khiyarat。

Khiyar al-‘ayb 买方或者承租人的权利，在发现商品缺陷时可以撤销购买或租赁。

Khiyar al-ru'ya　买方或者承租人检查商品后撤销合约的权利。

Khiyar al-shart　买方或者承租人在一定条件下享有的权利。

Khiyar al-wasf　买方或者承租人的取决于商品质量的权利。

Kudsi　包含真主的启示的《圣训》，从真主使者的圣行中得来。也写作 nabawi hadith、ilahi 或者 rabbani hadith。

Lazim　连结，连接。

Ma'lul　见 mu'allal。

Mahfuz　可以采纳的《圣训》的一种，较之单传的《圣训》地位更高。

Mahjoor　被禁止签订合约和从商的人。

Majmul　信念，信仰。

Makbul　满足所有条件可以被采纳的《圣训》。通常也被分类为健全的《圣训》和良好的《圣训》等。

Makruh　既不鼓励也不禁止的中立行为，实施后不会引致罪孽。伊斯兰教法的戒律之一。

Maktu　再传弟子训，来源于圣门弟子以后的人留下的遗训。

Mandub　见 sunna。

Maniha　授予一定时期内的资产使用权。

Mansukh　见 nasikh。

Mardud　不可采纳的《圣训》，来源于无名的传述人或者与其他可靠的传述有差异。见 munkar，matruk，matruh 和 mawdu。

Marfu　直接传述自真主的使者穆罕默德的《圣训》。

Maruf　可以采纳的《圣训》。但被认为是羸弱的，由其他的《圣训》证实的。

Marufat　好的，善事。

Masaqat　一种合约，树木的拥有者可以将树木交由他人管理，收益以约定比率分摊。也写作 mosaqat。伊朗的伊斯兰银行体系运用的原则之一。

Masnun　见 sunna。

Matn　《圣训》的内容。

Matruh　不能采纳的《圣训》，来自于有不诚实行为或伪造《圣训》的传述者。见 mardud、munkar、matruh 和 mawdu。

Mawdu　想象，构想，编造。不能采纳的《圣训》，基于特定目的编造的，被认为是最危险的、地位最低的。见 mardud、munkar、matruk 和 matruh。

Milk mushtarak　共有产权。

Modaraba　见 mudarabah。

Modarabah　见 mudarabah。

Mosaqat　见 masaqat。

Mozara'ah　一种合约，土地所有者将土地让渡给他人使用，获得利润以约定比率分摊。伊朗的伊斯兰银行体系运用的原则之一。

Mozare　上述合约中的土地所有者。

Mozarebeh　见 mudarabah。

Mu'allah　可疑的，暂时不用的。指在传述过程中有一两个甚至全部无名的传述者的《圣训》。

Mu'allal　在传述系统的连接或者内容上有缺陷的《圣训》。也写成 ma'lul。

Muamalat　生意，业务，交易及其他设计合约方的活动。

Mu'ayyan　为交易目的测量的商品的重量规格。

Mubham　模糊的，不清楚的。

Mudarabah　合伙制。也写成 modarabah、al-mudharabah 或者 modaraba。也称为 qirad 和 muqaradah。企业的投资人不干涉企业的经营，利润以事先约定的比率分享，风险由投资人承担。伊斯兰银行体系的经营原则之一。

Mudarib　打理生意或管理他人资本的企业主。也写成 amil 和 rabb al-mal。

Mufawada　哈乃斐教法学派的观念之一，合伙人之间在所投入资本方面是平等的。

Muhajirun　与先知穆罕默德一起迁往麦地那的麦加教众。

Muhaqalah　销售还未收获的食物（伊斯兰教法不允许这种销售方式）。

Muhkamaat　意思清楚的，明白的。

Mujtahid　具备伊斯兰教法以及其他宗教分支学科的专业知识的人。

Mukhabarah　一种合约，地主在选定的区域内下订单，分享农产品（这类合同是被禁止的）。也写成 musaqah，指与亥巴尔的犹太人做生意。

Munafa'a　收益权，使用权。

Munfasil　在传述过程中有断裂的《圣训》。见 munkati。

Munkar　不理会。不能采纳的《圣训》，只有一个传述者且与其他可信的传述有差异。见 mardud、matruk、matruh 和 mawdu。

Munkarat　恶行，罪行。

Munkati　沙斐仪教法学派用于指在传述过程中有断裂的《圣训》。

Muqaradah　见 mudarabah 和 qirad。

Muqasah　用对冲交易摊还贷款。

Murabahah　附加费用，赊账加价，也写成 al-murabahah。伊斯兰银行体系中应用的经营原则之一。

Mursal　来自生活在穆罕默德的同伴之后时期的传述者的《圣训》，它们直接记录了先知的言论，却未提到同伴们的姓名。

Musannaf　见 jami。

Mushrika　见 musyarakah。

Mushrikoon　在真主的使者穆罕默德时期的伊斯兰教法的反对者。

Musnad　权威。权力，也写成 sanad。

Mustahabb　见 sunna。

Musyarakah　合资企业。也写成 al-musyarakah 和 mushrika。几个投资者共同为某一风险项目投资，投资者参与经营管理，利润以事先约定的比率分摊，损失以出资额的比率分担。伊斯兰银行体系的经营原则之一。

Mutasyaabihaat　模糊的，隐晦的，难以判断准确意思的。

Mutawatir　有许多传述者的不可置疑的《圣训》。

Muttasil marfu　传述渠道没有断裂且是直接引自真主的使者穆罕默德的《圣训》。

Muttasil mawkuf　传述渠道没有断裂且是直接引自穆罕默德的同伴的《圣训》，圣门弟子训。

Muzayadah　见 bai al-muzayadah 。

Nabat al-bi'ra　挖井取水。

Nabawi　从真主使者穆罕默德的圣行中而来的《圣训》，包含真主的启示。也写成 hadith kudsi。

Nasa'a　见 nasiah。

Nasiah　延迟，延期。来源于 nasa'a。

Nasikh　取消，撤销。也写成 mansukh。

Qard　贷款。

Qard al-hasanah　见 qard hasan。

Qard hasan　福利贷款。也写成 qard al-hasanah、al-qardhul hasan 和 qarz-e-hasna。伊斯兰银行体系的经营原则之一。

Qard-e-hasna　见 qard hasan。

Qirad　信托集资，受托管理人的利润分享，权益分享，也写作 mudarabah 或者 muqaradah。

Qiyas　类比的法律手段。伊斯兰教法的立法渊源之一。

Qal　演讲，致辞，辩论术。

Rabb al-mal　见 mudarib。

Rabbani　见 kudsi。

Rabia　小山，高地。

Rahn　抵押，担保。也写成 ar-rahn。马来西亚伊斯兰银行体系的经营原则之一。

Riba　利息，利息率。

Riba al-buyu　见 riba al-fadl。

Riba al-duyun　见 riba al-jahiliyya。

Riba al-fadl　交易或者买卖中的利息。也写成销售利息，也写成 riba al-hadith、riba al-sunnah、riba al-buyu、riba ghyr al-mubashir 和 riba al-khafi。

Riba al-hadith　见 riba al-fadl。

Riba al-jahiliyya　在伊斯兰教成立前业已存在的利息。它的出现源自贷款期限的延长，通常被称为贷款利息。也写成 riba Al-Quran、riba al-nasiah、riba al-duyun、riba al-mubashir 和 riba al-jali。

Riba al-jali　见 riba al-jahiliyya。

Riba al-khafi　见 riba al-fadl。

Riba al-mubashir　见 riba al-jahiliyya。

Riba al-nasiah　见 riba al-jahiliyya。

Riba al-qaradah　利息的一种，起源于债权人由于贷款展期而要求债务人额外支付的款项。

Riba Al-Quran　见 riba al-jahiliyya。

Riba al-sunnah　见 riba al-fadl。

Riba ghyr al-mubashir　见 riba al-fadl。

Ruhul-kudus　神圣的精神，圣洁的心灵。

Saddadah-dhara'i　使用某一方法的阻碍。马立克教法学派的信条，用于限制那些为伊斯兰教法所允许却为真主所禁止的行为。

Sahib al-mal　投资基金的所有人。

Sahih　可以采纳的《圣训》。

Sakim　不显著的，不重要的。用于指《圣训》中效力不强的条款，当与宗教命令或者禁令违背时可以被否决。作为建议、寓言或者善行时可以当做规范。

Salam　见 bai'salam。

Samsarah　接受委托的代理人，中介人。

Sanad　见 musnad。

Sandauq al-zakat　天课基金。

Shadhdh　来自唯一的可信渠道的《圣训》。且其内容与其他传述者的略有不同。

Shirkatul meelk　见 syarikat mulk。

Shurut　条件，条款。

Sukuk　投资凭证，债务凭证。

Sunan　见 sunnah。

Sunna　鼓励但不是义务的行为。伊斯兰教法的准则之一。也写成 masnun、mandub 或者 mustahabb。

Sunnah　习惯，惯例，行为准则。穆斯林用于指先知穆罕默德的言行。复数形式：sunan。

Sunnat al-awwalin　过去的人的行为，典范。

Sura　高尚的，圣洁的，纯粹的。单数形式：surat。用来指《古兰经》经文。

Surat　见 sura 。

Syahadah ad-dayn　债务凭证。

Syar　源泉，水源。见 syariah 和 syara'a。

Syariah　路线，方式。也写成 syar。通常指伊斯兰教法。

Syarika　合伙制，见 musyarakah。

Syarikat 'aqd　合伙经营，合伙制。它包括共同集资，风险管理。

Syarikat a'mal　以劳动力出资进行合资经营。在这一合资方式下，合伙人的经验和专业技术是重要的衡量标准。

Syarikat mal　以资本出资进行合资经营。在这一合资方式下，现金是重要的衡量标准。

Syarikat mulk　以资产出资进行合资经营。也写成 shirkatul meelk。它只包括合资企业对资产的所有权，不涉及合资企业对资产的进一步使用。

Syarikat wujuh　以信用出资进行合资经营。在这一合资方式下，合伙关系的建立基于信用。

Taqrir　毋庸置疑的真相，真理。

Ujr　见 al-ujr。

Ummat Al Islam　整个伊斯兰群体，穆斯林民族。

Uqud　誓言，承诺，职责。

Urbun　也写作 arboon。定金，购买商品或服务时的首付款，即使交易取消也不退回（罕百里教法学派允许退回）。

Usul　起源，源头。

Usul al-figh　关于伊斯兰教法和法律体系渊源的知识。

Wadiah　信托。也写成 al-wadiah。财产所有人将财产委托给保管人，保管人要应委托人要求归还财产。伊斯兰银行体系的经营原则之一。

Wahy matluww　宣读的神示。

Wajib　见 fard。

Wakalah　见 al-wakalah。

Warik　在伊斯兰教初期流通的一种货币，起源于用银来制迪拉姆。

Yastinbitun　见 istinbat。

Zalimun　犯下罪行、恶行的人。

译后记

近几年，伊斯兰金融与银行机构得到了国际社会前所未有的重视，特别是在全球性经济危机的背景下，伊斯兰金融系统显现出蓬勃的生机，在金融资产质量、负债率、流动性等各个方面，伊斯兰银行系统的强势特征尤为明显。本书旨在揭示伊斯兰金融机构、银行监管的特殊性和宗教特征，希望能够让读者对相关伊斯兰金融部门有较为深刻的了解。

特别感谢如下相关人员的大力协助：第一章由上海大学王梦奇协助翻译；第二章、第三章由中国人民大学鲁蕾、李玥瑶、刘宁骎协助翻译；其余各部分由译者本人负责翻译。

译者

Sudin Haron, Wan Nursofiza Wan Azmi
Islamic Finance and Banking System: Philosophies, Principles & Practices, 1st edition
9789833850617

北京市版权局著作权合同登记号：01-2010-1339

图书在版编目（CIP）数据

伊斯兰金融和银行体系：理论、原则和实践/苏丁·哈伦，万·纳索非泽·万·阿兹米著；刚健华译．—北京：中国人民大学出版社，2012.2

ISBN 978-7-300-15082-6

Ⅰ.①伊… Ⅱ.①苏… ②万… ③刚… Ⅲ.①伊斯兰国家-金融体系-研究 ②伊斯兰国家-银行体系-研究 Ⅳ.①F833.701

中国版本图书馆 CIP 数据核字（2012）第 003623 号

伊斯兰金融和银行体系——理论、原则和实践

苏丁·哈伦
万·纳索非泽·万·阿兹米 著
刚健华 译

Yisilan Jinrong he Yinhang Tixi

出版发行	中国人民大学出版社		
社　　址	北京中关村大街 31 号	**邮政编码**	100080
电　　话	010－62511242（总编室）		010－62511398（质管部）
	010－82501766（邮购部）		010－62514148（门市部）
	010－62515195（发行公司）		010－62515275（盗版举报）
网　　址	http：//www. crup. com. cn		
	http：//www. ttrnet. com（人大教研网）		
经　　销	新华书店		
印　　刷	北京东方圣雅印刷有限公司		
规　　格	185 mm×260 mm　16 开本	**版　　次**	2012 年 8 月第 1 版
印　　张	19 插页 1	**印　　次**	2012 年 8 月第 1 次印刷
字　　数	385 000	**定　　价**	49.00 元